U0903842

语言生活皮书

中国语言政策研究报告（2018）

国家语言文字工作委员会　组编

2019年·北京

编写说明

《中国语言政策研究报告》是由国家语言文字工作委员会组编的语言生活蓝皮书，通过对国内学术杂志、报纸及自媒体上以中文公开发表的语言政策研究类文章进行梳理、分类、遴选和摘编，介绍展示年度语言政策研究状况，服务政府语言决策、服务国家语言事业、服务学界语言研究、引导社会语言生活。本报告与《中国语言文字事业发展状况报告》（语言生活白皮书）、《中国语言生活状况报告》（语言生活绿皮书）、《世界语言生活状况报告》（语言生活黄皮书）一起构成语言生活皮书系列，分别反映我国语言生活的学情、政情、社情，以及语言生活的世情。

本报告关注的语言政策研究包括针对语言问题的政策研究和战略研究、国家语言文字事业发展方略研究和语言政策理论研究，内容涉及国家通用语普及、语言文字规范化标准化信息化建设、语言资源科学保护、中华语言文化传承传播、语言教育、语言服务、语言产业等。

本报告2015年首次出版，曾用名《中国语言文字政策研究发展报告》，2016年起使用现名。2015年至2017年，报告以研究内容为纲，比较全面地爬梳、摘编各内容板块下公开发表的论文或文章。自2018年起，报告设“事业篇”“热点篇”“理论篇”“参考篇”等，聚焦国家建设和发展战略中的语言问题、国家语言文字事业发展中的学术问题、语言学界关注的政策性问题、语言政策与规划（LPP）理论的前沿问题、世界各国及国际组织语言政策中的热点问题等，系统梳理已有研究情况，分析展示年度研究新进展。

本报告由上海市教育科学研究院国家语言文字政策研究中心执编，在编委会指导下，组织中青年学者、特别是国家语委历次“语言文字应用研究优秀中青年学者研修班”的有关成员共同编写。编写组全体成员抱持“向时贤致敬”的态度，广泛阅读、深入思考、精心提炼，在编制报告的过程中，得到了学术滋养，提升了学术视野。

《中国语言政策研究报告（2018）》设“事业篇”“热点篇”“理论篇”“参考篇”，就“新时期普通话异读词审音的原则与成果”“科学保护语言资源的内涵与举措”“华语的内涵与全球华语的发展趋势”“家庭语言政策研究”“中亚五国的‘去俄罗斯化’语言政策”等20个专题，在梳理已有研究情况的基础上，分析展示了2017年的研究新进展。编制过程中，得到了编委会全体专家及顾定倩、魏丹、黄友义、战菊等专家的指导与支持，特此鸣谢！

由于水平有限，疏漏和不当之处，敬请方家批评指正。

写在水头浪尖处

——序《中国语言政策研究报告（2018）》

“语言生活蓝皮书”（《中国语言政策研究报告》），在连续发布三年之后，进行了全面改版：由文献摘编式嬗变为述评与摘编相结合；对年度学情全景扫描之时，突出热点，梳理发展脉络，综述带有评价。改版加大了成书难度，但反映了编者不懈探索、敢于担当的学者精神，也提升了蓝皮书服务决策、反映热点、引导趋势的学术功能。

编纂语言生活皮书，海内外无先例，无经典可援引，无范式可仿制。创新之物主要靠智慧运作，靠不断反思经验。在此创新的过程中，有三点是需要经常考虑的。

一　给谁看，影响谁

给谁看，影响谁，这是编书需考虑的首要问题。语言生活皮书意念上的读者群，有学界、政界和社会大众，皮书的语言和内容都要顾及这“三界”，评价皮书做得到不到位，也主要看这“三界”的反映。

（一）学界

中国语言政策与规划的研究主要在学界，故而《中国语言政策研究报告》首先是为学界而作。学界可析分为三个方面：

其一是语言政策与规划的研究者。他们是本领域专家，对诸多问题都有深邃思考及独到见解，但不一定有时间把本领域的文献都读完看遍。蓝皮书应是这些学者的眼、耳、手，帮助他们收集资料、分析文献。

其二是不做本研究的语言学者。他们通过蓝皮书可以快而全面地了解语言政策与规划领域的研究状况，进而关心这一领域的研究，支持这一领域的研究，乃至转入这一领域的研究。中国目前的语言政策与规划研究者，几乎都从另一学域转来。对这些语言学者，热点及评论所起作用较大，热点引发其兴趣，评论诱发其思考。有兴趣、有思考，就可能想做点这方面的研究，成为票友。票友做久了，就可能下海成为台上正角。

其三是语言学之外的其他学者。语言政策与规划本就是跨学科研究对象，多学科联袂合力，方能把它研究好。只有语言学家研究的语言政策与规划，常患"营养不良"症。学科间的横向辐射是近半个世纪的科学新动向，"学科互济、学科互动"已成国际学界常态，不同学科，甚至连文理学科之间都能形成共同的学术追求，可以共享学术成果。一个学科的新理念、新方法、新材料，马上就会被相关学科吸收利用。某一领域、某一学人的发现马上就可能成为整个学界的科学思考。不同学科甚至会通力合作，验证某种假说，解决某些问题。因此会产生乔姆斯基现象、哈贝马斯现象。

但在我国，学科之间壁垒森严，就是一个学科内也常画地为牢，实难沟通，一位学者、一个领域、一个学科的研究成果，不管多么丰硕，都难以推进整个中国科学向前发展。语言学当然不例外，相关学科对语言学的研究成果关注不多，语言学对相关学科的实际影响也不大。若说我们与国际学界有差距，"学科互济、学科互动"方面的差距最大。蓝皮书如何考虑非语言学专业的兴趣与需求，如何影响相关学科，打破学术壁垒，建立学科联动，尚需用些心思。

当然，现在的学界已不能拘于国境线，海外学者也应列入蓝皮书的读者群。建立人类命运共同体，也包括建立人类的学术共同体。在选材、评论、用语等方面，一定要有海外意识，有国际视野，有理论自觉，要通过蓝皮书来塑造中国学界形象乃至中国形象。

（二）政界

政界是语言政策的主要制定者和执行者，语言政策研究成果之一用就是资政。蓝皮书怎样照顾政界这一读者群，发挥资政作用，也需多思考，多探索。

近20年来，上升到国家层面的语言文字工作已有数件。首件就是《国家通用语言文字法》的制定。这部法律一直被称为“没有牙齿的老虎”，甚至连法律界都很少有人知道这部法律，但是，几届国家领导人都重视它，特别是在处理民族地区的语言问题时，常常引用它。其次就是“语言扶贫”，已经列入国家扶贫的重要举措。在国家脱贫攻坚的关键时刻，语言文字工作能够为扶贫脱贫贡献绵力，也是幸事。我国的语言经济学发展较晚，如今也是个发展的好机遇，语言经济学的发展可使语言规划具有更好的经济学视角。

2014年6月5日至6日，中国政府与联合国教科文组织在苏州联合召开“世界语言大会”，形成了关于语言能力的《苏州共识》。2018年9月19日至20日，中国教育部、国家语委与联合国教科文组织在长沙联合召开“世界语言资源保护大会”，发表了保护和促进世界语言多样性的《岳麓宣言》。这表明中国语言规划的理论和实践开始发挥世界影响。

其实,《国家通用语言文字法》、语言扶贫、语言能力、语言资源保护等，都是在研究与实践的基础上形成国家行为的，是学术发挥资政作用的几个范例，也是着力打造学界与政界的智力“旋转门”的成果。

（三）社会大众

近些年，人们把我们这些做语言政策与规划研究的学者，称为“语言生活派”。语言生活派的基本主张，就是关注语言生活，关注国家进程中乃至人类发展中遇到的现实语言问题。其学术目标可以概括为两句话：提升个人和国家的语言能力，构建和谐的语言生活。

语言生活不仅是学界研究之事、政界关心之事，更是社会大众的切身之事。语言政策与规划的研究，不仅要惠学资政，更要服务社会大众。语言学，特别是语言规划学，不只是工作室、实验室里的学问，更是现实生活里的学问。作为学者个人，当然可以选择“象牙塔”，但作为一个学科，不能不关注语言生活，不能不从语言生活中去选题立项，不能不去解决语言生活问题，否则就会丧失学术的社会职责，也会丧失学术发展的原动力。

把社会大众作为蓝皮书的读者，不仅讨论的问题要“接地气”，要具有社会兴奋点，而且也要探索如何用社会话语表述学术研究成果。现在的学术论文，话语欧化极为严重，许多论文连语言学行内人读来都困难，何况语言学的行外人。学术论文与社会话语是有差别，但差别大到严重影响阅读的地步，就是较为严重的“文风问题”了。这也是蓝皮书的编者需要特别注意的问题。

二　评价什么，如何评价

蓝皮书对本年的学术研究不仅要有全景扫描，还要有所评价。评价反映着编纂者的立场与见识，寄托着编纂者的旨趣及欲施加的影响。

年度研究热点自然是评价的重点。要描述热点现象及其已有热度，分析热点产生的原因，揭示学术热点与语言生活热点的关系，预测热点的发展趋势，指出研究热点的理论收获、学术史意义以及实践价值。

同时要特别关注学术创新点。学术创新或是有新材料，或是有新方法，或是有新观念，或是有新阐释，或是有新用途。学术创新点可能不是热点，可能有许多不完善，但却弥足珍贵。发现学术创新，特别是学术原创，需要敏锐的眼光，需要宽容的胸襟，甚至还需要有“唯新是举”的胆略。

关注热点和创新点的同时，也要关注年度研究的“弱点”。所谓弱点，主要是指一些重要的本该多着笔墨的研究领域，却研究较少、成果较弱。所谓重要的本该多着笔墨的研究领域，主要包括语言生活的热点问题、语言规划的重要方面、学术上急需完善的环节、国外有较多研究的领域等。特别是语言生活热而研究不怎么热的地方，例如中国的国际话语权问题、国际语言冲突问题、汉语国际教育低龄化问题、中国的外语生活与外语教育问题等。

在语言学界，语言政策与规划研究还是薄弱领域，研究队伍及成果还无法对国家语言政策的实施与完善进行有力的全方位的学术支撑，对整个社会的语言意识的影响也远不到位。纵向看，我国的语言政策与规划研究有了不小进展，且也发挥了不小的助学资政作用，但是总体上说，我们的研究还是自发的、零散的、兴趣性的。如何组织学术队伍，加强学科建设，加快人才培养，提升研究品味，也应当给以评价。一个学科的声望和价值，来自学科的学术水平和学术品位。

语言政策不是国家政治的简单演绎，它还要受到历史传统、社会语言意识和语言生活的制约。好的语言政策必须符合语言生活实际，并且能够指引语言生活的和谐发展。语言政策与规划研究也不是对语言政策的简单阐释，起码有三个方面的任务：（1）考察已有语言政策与语言生活的切合度，及其对语言生活的指引力；（2）据此提出语言政策的维护、完善建议；（3）根据语言生活的发展探究新的语言政策。

1949年以来的国家语言政策发生了不小变化。由文字改革的三大任务，发展到语言文字的规范化、标准化、信息化和语言文字工作的法制化，再发展到构建和谐的语言生活。这些变化，都是研究在先，实践在先。蓝皮书要鼓励语言政策与规划研究。蓝皮书在年度评价之时，也可以提出语言政策调整完善或是制定某一语言政策的建议，甚至是具体建议内容。这些具体建议的内容可以叫作“学术蓝本”，若其的确可行，就会经过一定程序发展为语言政策。

三　问题意识，前瞻眼光

蓝皮书不仅要全面真实地反映我国语言政策与规划的研究，更要引导其研究，这就要求其编纂一定要有问题意识、前瞻眼光。这种问题不仅是研究呈现的热点问题，更应当是语言生活中的重要问题，是国家和人类发展中的重要语言问题，是“水之头”“浪之尖”上的问题。“水头”就是时代潮流之“头”，“浪尖”就是问题聚集处、矛盾交织处、思想交锋处。

比如，我国最近在国际上提出了“建立人类命运共同体”和“全球治理”的理念，一些新的学术问题也随之而生：语言在“建立人类命运共同体”和“全球治理”中的作用？全球语言生活需要如何治理？这便是“水头”处的问题。

觉察到“水头浪尖”处的问题、能够评说“水头浪尖”处的问题，是需要前瞻眼光和学术功力的。皮书编纂者要通过开会与讨论广集智慧，增强眼力，增长功力。比如汉语国际教育，除了人们常谈的问题之外，还起码有四个问题值得探讨：

第一，汉语国际教育低龄化问题。许多数据表明，在汉语国际教育中，幼儿园、小学、中学的低龄人群已经占比50%—60%，而现在的汉语国际教育基本上是成人教育体系，在教师、教材、教育方法等方面，需要一系列的重大转变。

第二，汉语学习之后的汉语生活。我们现在比较关心有多少人在学汉语，但很少关注汉语学习之后人士的汉语生活，比如有多少人还在用汉语做事情？他们使用汉语还有哪些困难？还需得到哪些帮助？学习汉语是个过程，应用汉语才是目的。而我们只关注过程而不关注目的，说来挺奇怪的。

第三，智慧学习。互联网和人工智能的发展，使得语言学习的手段、场合、理念、目标都发生了巨大变化。如何利用互联网、微课程和伴学机器人，开启智能学习新时代，这是时代应有的新话题。

第四，汉语国际教育在人类语言生活中所扮角色。跨国跨文化的语言交流，可以促进人类之间的相互交流和相互理解，是人类语言生态多样性的需要。世界上有十余个语言文化传播机构，如英国文化委员会、法语联盟、德国歌德学院、西班牙塞万提斯学院、韩国世宗学堂等，都在帮助人类形成多样化的国际语言生活。如果放在人类语言生活格局中考察语言国际传播，那么汉语国际教育应秉持什么理念、采取什么样的方略呢？

汉语国际教育应当是处在"浪尖"处的语言问题。不能仅仅讨论教学等技术问题，也不能钻入国际上某些人设置的话语套子中，而应当有些新角度，说些新话语，提些新建议。而要有这些"新"，便需要学术眼力和学术功力。

此类问题还有很多，比如外语教育规划、家庭语言政策、抢险救灾中的语言问题、语言与智慧城市建设、国际组织的语言政策等。这些问题都需要开展语言政策与规划方面的研究，更需要蓝皮书去促进、引导这些研究，把文章做在"水头浪尖"处。

李宇明

序于2018年10月1—4日

目　录

第一部分

事 业 篇

新时期普通话异读词审音的原则与成果

普通话词汇中，有一部分词（或词中的语素）在习惯上有两个或几个不同的读音，这些词被称为“异读词”。异读词反映了普通话的语音歧义现象，对其读音进行审订，是普通话语音规范的重要工作。

新中国成立以来，我国先后开展了三次普通话异读词审音工作。（1）第一次是在20世纪50至60年代，先后形成《普通话异读词审音表初稿》的正编、续编、三编，于1963年汇集成《普通话异读词三次审音总表初稿》（简称《初稿》）发表，共审订异读词1800余条。同期，还审订了地名读音，发表有《本国地名审音表初稿》，共审订地名读音170余条。（2）第二次是在20世纪80年代初，主要工作是对《初稿》进行修订并定稿，于1985年发布了《普通话异读词审音表》（简称《审音表》）。（3）第三次就是当前正在进行的新时期普通话异读词审音工作。“十一五”期间（2006—2010年）就开始酝酿并开展了相关学术准备工作，2011年正式启动。主要任务是对《审音表》进行修订，目前可见的成果是2016年公布的《普通话异读词审音表（修订）》（简称《审音表（修订）》或《修订稿》）的“征求意见稿”。

普通话审音工作跨度60年，每一次推进均与时代需求相适应，解决了语言生活中存在的问题，但同时也都多少存在一些不足。各时期的研究成果在述介每一次审音成就的同时，也都伴随着对这些不足的反思与讨论，主要形成了以下研究热点。

——审音理念。有两个关系密切的核心话题。（1）“从理”与“从俗”的关系问题。历次审音工作中的不足，有的是“从理”未坚持，如“鳖”字的定音（厉兵1992）；有的是未照顾语言使用的客观事实，如王红旗（1998）所谓的“规范过度”。国家语言文字工作委员会“十一五”重大专项课题“普通话审音工作宣传与意见征集研究”（简称“课题”）在辞书界和教育界的调查结果显示了在这个问题上的认识分歧：辞书界认为应从语音现实出发的观点居多，教育界“遵循音理”的意见比例较高。对此，石锋和施向东（2012）、孟蓬生（2016）、钟英华和张洪明（2016）、靳光瑾（1995）等指出，要统筹兼顾、妥善处理好二者关系，处理好理论认识与实际运作、专家审音与大众参与的关系，要在语言事实调查的基础上运用各种审音原则进行综合考量，要兼顾历时理据和共时理据，要在认识客观规律的基础上进行行政干预。（2）关于“统读”的问题，王群生（1999）、赵贤德（2011，2013）等认为应增加统读，王晖（2012）则指出“《审音表》不是‘统读表’”。应该说，审音的目的就是为了消除异读现象，天然以“统”为主，“所谓审音就是根据一定的标准，对异读词的几个读音做出取舍，从中确定一个读音为标准音加以推广，其余的读音作为异读淘汰不用”（苏培成 2010）；但一味而机械的“统”也会遇到问题，如不被社会接受、增加了同音词等。对此，石锋和施向东（2012）指出要处理好严格规范与适当灵活等关系；刘凌（2012）建议规范要有弹性，为辞书编纂、行业规范留有余地。由此衍生出的另一个热点话题是《审音表》与辞书的关系问题，陈会兵等（2015）、赵贤德（2013）等曾就此开展专题研究。

——审音原则。据王均（1995），《初稿》的审音原则包括：审音对象以词为单位（但只审订有异读的词），不以字为对象；审音标准以北京音系为准（但北京话中有分歧的或过土的读音也应予以规范或审订）。面对在这些原则下审音中存在的不足，王力（1965）系统阐述了审音原则问题。关于审音对象，根据汉语的特点，他主张将审音对象由“词”扩大到“字”，因为作为词素的“字”也有多音问题；关于审音标准，他提出了“不超出北京音系，同时照顾全国方言，不必拘泥和迁就北京特殊读音”的思想；他还提出了若干操作性具体原则，包括异读辨义的要甄别辨义功能、方言词可以适当吸收、文白异读要加以精简、连读音变不一定要硬性规定等。第二次审音工作中，《审音表》对《初稿》的修订，在很多地方体现了王力的思想。之后系统阐述审音原则的，主要是曹先擢（2002，2006，2008a，2008b，2009，2010）的系列研究。关于审音对象，他指出，要把普通话和北京土语区别开来、不要涉及北京土语词的读音，要以书面语为主、照顾到口语，要在普通话常用词、通用词的范围内来审音而不必把审音的网撒得很大；关于审音标准，他提出要以符合语音发展规律为标准，要坚持音义结合的原则，要坚持语音规范与词汇规范相结合；他还特别就审音对象由“词”扩大到“字”后“多音字”的审音问题进行了深入阐发，提出不同性质多音字的审音目的不同，并就自由音项和黏着音项[①]、一般音项和特殊音项、书面语音项和口语音音项提出了

① “黏着音项”相对于“自由音项”。可以用来自由造句或造词的音项是自由音项，不能用来自由造句、造词而仅仅依附于别的语素等成分的音项是黏着音项（曹先擢 2008a）。

不同的审音原则。其他学者的相关研究相对比较零散，如：王洪君（2016）在讨论“粳”字的读音时指出“粳”在方言中的常用度和词义显豁度北低南高，差异极大，是审音定音必须要考虑的，意即定音应“考虑方言区的通行度、接受度”；厉兵（1993）围绕“荫”字定音讨论了《审音表》是否应该涉及词形调整的原则性问题；石锋和施向东（2012）认为，审音范围要有限定，要以常见词语为主，尽量多审订常见词语中的异读字和人们经常会遇到的人名、地名中的异读字，以方便群众的工作与生活；刘凌（2012）、赵贤德和冯寿忠（2012）等针对《审音表》未在《初稿》基础上新审人名地名、轻声、儿化的不足，呼吁扩大审音范围，以满足社会使用需求。

——针对不同异读现象的审音处理方法。据王均（1995），《初稿》针对轻声、儿化、方言词、外来词、专门术语、人名地名等问题确定了八种处理方法。此外，尤敦明（1983）、王洪君（2016）等探讨了古入声字的审音问题，靳光瑾（1995）、赵贤德（2011）、王晖（2012）等探讨了“文白异读”的审音问题，厉兵（1992）探讨了“训读音”的审音问题，胡利权（2003）探讨了“叶音”的审音问题，赵贤德和万莹（2011）探讨了“破读音”的审音问题，王琪（2016）探讨了科技异读词的审音问题，等等。

以上三个方面，由宏观而渐次微观，构成了更广泛意义上的审音工作原则研究的三个层次。探讨新时期审音原则，应当兼顾上述三个层次。除此以外，对新时期普通话审音工作而言，还有一个亟待深入探讨的重要问题是如何处理好“定期修订”和“保持稳定”的关系。普通话审音工作宣传与意见征集研究课题组2011年系列调查报告指出，与普通话应用关系密切的教育界、各级语委工作机构、媒体界、辞书界都认为开展新时期审音工作十分必要。刘凌（2012）指出，“社会语言生活发生了巨大变化，过去已经审定的内容，存在着当时条件所决定的一些不足，在新形势下有的需要调整；许多新出现的语音现象、语音分歧需要进一步审订、规范；以往基本未审的行业专名和轻声儿化词、译音词、文言词等，在应用领域的矛盾分歧日益突出，规范化呼声很高；尤其是在普通话审音历经40余年检验之后，已有的思路原则需要重新思考调整，在审音的范围、数量、内容、层次、体系性等方面，都需要深入调查，通盘考虑”。然而，《审音表》从1985年发布以来，在强调语言文字规范化和标准化的时代背景下，特别是通过普通话水平测试工作的贯彻，形成了广泛而深刻的社会影响，是普通话（即国家通用语言）标准音的基础规范，其修订必须考虑尽量减少社会震动。普通话审音工作宣传与意见征集研究课题组2011年系列调查报告均指出，“保持稳定”是第一位的，是总原则；否则“标准多变，造成混乱”。至于如何“保持稳定”，是新时期审音工作必须面对并深入思考的问题。2017年，经公开征求意见并根据征集到的意见进一步修订后，《审音表（修订）》通过了国家语委语言文字规范（标准）审定委员会的审定，报国家标准委审核，如通过审核，将作为国家标准（GB）颁布施行。《审音表（修订）》起草组专家刘祥柏、刘丹青（2017）发表了《略说普通话异读词的审音原则》，就新时期审音的原则进行了解读，不难看出，前述已有研究的成果在此次审音中得到了不同程度的体现，不过该文未就审音对象和范围展开讨论或说明。此外，宋欣桥（2017）进一步强调了普通话异读词审音工作的目标是“统读”；王彤伟（2017）在王洪君（2016）的基础上，进一步充实了“粳”字审音的理据；张莉（2017）、张冰（2017）、刘娟（2017）根据《审音表（修订）》的“征求意见稿”，就新时期普通话审音工作的成果特点进行了述介，同时指出了存在的问题，提出了改进建议。

2017年值得关注的研究内容摘编如下：

一 新时期普通话异读词的审音原则

（一）以北京语音系统为审音依据

1955年10月现代汉语规范问题学术会议召开并形成决议，决议认为普通话“以北方话为基础方言，以北京语音为标准音”。1956年2月6日，国务院发出关于推广普通话的指示，指出普通话内涵是“以北京语音为标准音、以北方话为基础方言、以典范的现代白话文著作为语法规范的普通话”。普通话定义自此确立。因此，普通话审音原则以北京语音作为依据，是无可置疑的。当然，这个语音标准指的是北京语音系统，包括声母、韵母、声调以及连读变调的语音系统，而不是指每一个字音或词音。现代北京话没有入声、不分尖团，因此，普通话语音相应也就没有入声、不分尖团，这一类语音问题就是依据北京语音系统。【刘祥柏，刘丹青】

（二）适当参考在官话及其他方言区中的通行程度

王力先生曾发表专文《论审音原则》探讨审音原则所涉及的具体问题，文章给出一些实例，来说明普通话审音所定的读音一方面不能超出北京音系，另一方

面又不能拘泥于北京话每一个字的读音。同时，对于普通话审音委员会所确定的审音原则，王先生也提出一些保留的看法。比如对于异读音在多大程度上要依照北京音这个具体问题上，王先生说，“能依照语音发展规律，就能照顾全国方言，有助于普通话的推广；如果迁就北京的特殊读音过多，表面上虽然统一了读音，实际上会造成更大的分歧”。这个看法是说，审音涉及具体字音时不光要依据北京音系，要考虑北方方言，同时，还应该能够照顾全国方言。

……

北京读音发展规律与北方官话方言大体上是比较接近的，跟其他方言的语音系统也存在着对应规律。审订北京话存在的异读音需要参考广大北方方言区乃至全国汉语方言的对应规律，符合北京语音发展趋势或符合广大方言区的读音对应规律是需要优先考虑的读音选项。【刘祥柏，刘丹青】

关于“粳”字的读音，虽然 jīng 音也符合语音演变规则，但北方方言的语音实际中，除了东北官话、北京官话有读为 jīng 者外，其余绝大部分地区，尤其是中原地区都读 gēng。因此，将“粳”字审订为 gēng，既符合历史原则，也符合现实原则。【王彤伟】

（三）普通话使用者已广泛接受的原审音表读音维持不变

1. 原审音表加以统读的字，现在绝大部分呈现出统读的局面。表中的部分异读词目在实际口语中有读音合流的倾向，本次审音考虑到维持原表审音的稳定性以及普通话使用者对原审音的接受度，仍然维持原审音表的读音，并未强行统读。

2. 根据调查，实际口语中存在异读，有的异读音比例甚至很高，本次审音出于维持原有审音稳定性的考虑，未增加新的异读音。【刘祥柏，刘丹青】

（四）尽量减少没有别义作用或语体差异的异读

有一些普通话的词存在异读，而且这些异读并没有别义作用，也不存在文白等语体上的差异，给方言区人和外国汉语学习者学习普通话带来较大困惑。本次审音根据实际情况适当减少这种异读。【刘祥柏，刘丹青】

目前正在进行的“普通话审音工作”是确定普通话语音标准的工作。“普通话审音工作”审音的对象是“异读词”，审音工作的全称是“普通话异读词审音工作”。因此，审音的工作也是“求同”的工作。尽管有个别词语的读音可能要调整一下，由原来的“统读”改成不同的“异读”音，这一定是极其个别的现象。委员们都很清楚，由“统读”改为“异读”不是他们的主要工作。他们的主要职责是把“异读词”确定为“统读词”，这是历届审音委员会专家学者的使命。“异读”是客观存在的，这个委员会的委员提出由“统读”改为“异读”会极其慎重，因为委员们都十分清楚，造成读音上的混乱局面不是审音工作的目的。【宋欣桥】

（五）暂时保留异读并提出推荐读音的个别情况

历史理据和现状调查都不足以支持统读的个别条目，暂时保留异读并提出推荐读音。部分条目在普通话中存在异读，在北方方言中往往也同样普遍存在异读，本次审音并未完全统读，仍旧用括注的方式保留异读，但是根据调查结果提出推荐读音。【刘祥柏，刘丹青】

二 新时期普通话审音工作的特点

（一）大规模真实口语调查

本次审音有别于以往普通话审音的地方在于进行了较大规模的真实口语调查，对普通话使用者的异读现状进行多种形式的调查，结合历史文献、汉语方言和较大规模社会语言学调查，再根据以上的异读词审音原则对原有的异读词审音表进行审慎的审订，对其中问题比较明显的条目进行修订，对所修订的结果进行多种形式、多轮次意见征集，覆盖各个专业领域以及公众领域。【刘祥柏，刘丹青】

（二）《审音表（修订）》的体例调整

1. 注重相关性、系统性。

异读比较突出的问题是在文白异读词、古语词和轻声词方面。此次修订在具体异读词的处理上，比较注重相关性和系统性。

在原审音表中，文白异读词标注的处理存在不一致的现象，如“尾”，没有进行“文”和“语”的标注。在修订版中不仅添加了标注，而且增加了例词。

能进入《审音表》的古语词在现代汉语中都有一定的使用频率。在审订这些古语词时，不能只审订有异读情况的词语读音，还要考虑其他的古音情况，如

“乘”，原审音表只审订动作义的 chéng 音，修订版中还审订了名物义的 shèng 音（“千乘之国”），并且在 chéng 音之下，增加了佛教术语的例词（“大乘、小乘、上乘”）。

按照《审音表》的说明，轻声一般不审订。修订版中对个别轻声词做了调整，如“疲沓”“零散”在原审音表中读轻声，调整后读 pítà、língsǎn。

2. 例词选取更充分、全面、合理。

例词的选取既要做到音例相符，也要做到充分、全面，还要考虑到分布合理。只有这样，才能真正起到指导正音的作用。

（1）通过增加例词，从多角度覆盖音义关系，方便类推、使用……

（2）特殊情况有必要进行说明的，可以通过增加例词来达到防止误用的效果。【刘娟】

（三）《审音表（修订）》的内容调整

内容调整一定要反映新的语言现象，解决新的语言分歧。随着普通话的推广普及，有些异读词的异读现象不是很明显了，可以考虑从审音表中删除。另外还要进行深入调查，听取百姓呼声，结合语言实际来审订异读词。内容是增加还是调整，都要根据审音的需要。

1. 多音字单音化趋势。

一是完全统读，毫无例外……

二是完全统读，通过注明写法上的区别交代异读音的去向……

三是部分统读，还存在推荐读音之外的常见读音……

2. 新的异读现象产生。

一是增加新的读音。如新审订后的“拜”增加了 bái 音（拜拜，表示“再见、分手”）；“的”增加了 dī 音（打的）。

二是统读变异读。原审音表中“剽”统读 piāo，新审订后为 piáo（剽窃）、piào（剽悍）两音，异读后与原有读音完全不同；原审音表中“荫”统读 yìn，新审订后为 yīn（荫蔽、荫翳、林荫道、绿树成荫）和 yìn（庇荫、福荫、荫凉）两音。

3. 其他情况。

一是异读情况有主次之分，修订版中做了特别注明……

二是加注词义说明，以便读者分辨……

三是修订释义……【刘娟】

三 《审音表（修订）》的商榷与完善

（一）关于审音对象的商榷

《修订稿》条目“泊”的“bó”音项之下，较《审音表》新增了审订词语“泊车”。“泊车”一词，自第5版增补进《现代汉语词典》，5版到7版，该条目一直标注为“〈方〉”。“圩场”一词，在《审音表（1985）》中，是条目“场”cháng音项下所审订词语；《修订稿》中该词仍在列，只是《修订稿》将其调整到了“场”chǎng音项下。《现代汉语词典》从1956年试用本到2016年第7版，均收录了该词，皆标注为“〈方〉”。《审音表》“说明”之第一条做了明确的表述：“本表所审，主要是普通话有异读的词和有异读的作为‘语素’的字。”很清楚，方言词，非普通话词汇成分，应当不在审订之列。【张莉】

作为成语，“石室金匮”使用频次极低且适用对象范围狭窄，当属罕用。“《金匮要略》”作为专书，只在中医学专业领域之内使用。《审音表》“说明”部分第九条，谈到了它对《普通话异读词三次审音总表初稿》词条的删汰，包括六种情况，其二是“罕用词语”，其四是“不常用的文言词语”。对照该原则，《修订稿》所增审的这两个内容，实无增审必要。【张莉】

（二）关于条目说明的商榷

关于条目“钻”……《审音表》音项zuān所审有“钻孔”这个成分，无括注；《修订稿》给它增加了括注说明“从孔穴中通过”。如果是表示“从孔穴中通过”，我们一般应该说“从孔中钻过去”或者“钻到孔里去了”。我们很难想出在什么样的语境中会用“钻孔”来表达“从孔穴中通过”之义。“从孔穴中通过”一义，其典型表达形式并非“钻孔”。《修订稿》给音项zuān“钻孔”所增括注说明“从孔穴中通过”并不确当。而且假设当真是“从孔穴中通过”这一意义，“钻”“孔”各为一词，此时“钻”为动词，读zuān，应该并不存在异读，也就没有审订必要。另外，条目“钻”音项zuàn，《修订稿》较《审音表》所审增加了“钻孔”且给其加括注说明“用钻头打孔”。《修订稿》增审“钻孔”一词是有必要的，但其括注说明“用钻头打孔”不够全面，应当再补充“用钻头所打出的孔”这一内容。【张莉】

（三）《审音表（修订）》的进一步完善

1. 体例的规定要更科学、严格。

（1）说明方式和例词的给出方式不一致。例如："薄"与"塞"都属于文白异读词，但"薄"先标注的是"语"，而"塞"先标注的是"文"；"畜"和"苫"都有"名物义"和"动作义"，但"畜"先标注的是"名物义"，而"苫"先标注的"动作义"。又如上文提到的例子中使用的"其余义读""其余读为""其他读""都读"也说明了虽然性质相同，但说明方式和例词的给出方式却不一致。

（2）标点符号的使用不统一……作为规范标准，表中各处标点的使用都应该保持严格统一。

（3）异形词的选用不一致。如修订版中的"和"huo 音条目下所举例词"掺和"，使用的是《第一批异形词整理表》推荐词形；而"泊"bó 音下的例词"飘泊"没有使用推荐词形。

2. 例词的选用要更全面、合理。

例如"场"作为量词有 cháng 和 chǎng 两个读音，经常被误读。读 cháng 音时一般表示一事起讫的经过，chǎng 多用于文娱体育活动。修订版中将"一场（cháng）雨"变成"一场（chǎng）大雨"，没做任何标注说明。那么，遇到同样表示事情起讫经过的"一场雪""一场战争""一场大病"时，怎么处理？也要读成 chǎng 吗？如果多举几个例词，或是说明调整理由，就便于类推掌握"场"的量词用法了。

又如"薄"（báo）虽较 85 版在"纸很薄"的基础上增加了"厚薄不均"，但在实际运用中还是不好确定，不容易掌握，多举几例，如"薄云、薄雾、薄烟、薄脆"等，就可以帮助人们解惑了。

再如"差""倒"等，都存在有的读音下例词多且重复或不全面的问题。"差"chā 音列举 19 个例词，chà 音列 4 个例词；"倒"dǎo 音列 12 个例词，其中"颠倒、颠倒是非、颠倒黑白"几词重复，dào 音之下只有"倒粪"1 个例词，其实 dào 音下的基本意义有多个，对应的例词可以有"倒挂、倒水、倒贴、倒退"等。

若所举例词不够典型、不够全面的话，就达不到纠正异读的目的。所以，在选择例词时可以参照其他词典的做法，尽量保证例词充分、分布合理。【刘娟】

四 《审音表（修订）》与辞书关系处理

《审音表（修订）》跟《现代汉语词典》在订音上存在的种种差异，主要是由于二者订音收音的原则各有侧重所造成的，如《审音表（修订）》只订“统读”音，《现代汉语词典》则兼收了一些方言音、书面语读音、古音、姓氏读音、地名国名读音，等等。这是因为《审音表》一般不审订人名、地名等专有名词的读音，更注重于根据普通话异读词在实际语言生活中的使用情况去审订读音，而《现代汉语词典》作为一部中型的语文辞书，因为侧重实用和兼顾传承而采取兼收并蓄的做法。另外，《审音表（修订）》对于某些异读词改订了读音，很多是做了大量的语音调查，根据当下实际的语音情况而做出的相应改动……我们认为，参考《审音表（修订）》，体现相关异读词的时音变化，这是《现代汉语词典》在下一版的修订中应该做的工作。【张冰】

来源文献

［1］刘 娟 .《普通话异读词审音表》（修订版）浅析［J］. 现代语文（语言研究版），2017（3）：138—139.

［2］刘祥柏，刘丹青 . 略说普通话异读词的审音原则［J］. 语言战略研究，2017（5）：65—70.

［3］宋欣桥 . 我国语言文字工作者的“同异观”（上）［N］. 语言文字周报，2017，11 月 22 日第 4 版 .

［4］王彤伟 . 关于“粳”字的读音问题［J］. 语言文字应用，2017（4）：11—18.

［5］张 冰 .《普通话异读词审音表（修订稿）》与《现代汉语词典（第 7 版）》订音的差异［J］. 内江师范学院学报，2017（5）：59—63.

［6］张 莉 .《普通话异读词审音表》讨论二题［J］. 河北师范大学学报（哲学社会科学版），2017（4）：102—104.

相关文献

［1］曹先擢 . 普通话异读词审音［J］. 中国语文，2002（1）：82—87，96.

[2] 曹先擢 . 谈谈普通话异读词审音 [N] . 语言文字周报，2006，5 月 10 日第 4 版 .

[3] 曹先擢 . 浅谈普通话异读词审音的研究 [J] . 语言文字应用，2008a（3）：3—5.

[4] 曹先擢 . 谈谈普通话异读词审音——庆祝《汉语拼音方案》颁布 50 周年 [A] . 中国语文现代化学会 . 语文现代化论丛（第八辑）[C] . 北京：中国语文现代化学会，2008b.

[5] 曹先擢 . 说说普通话异读词审音 [J] . 语言文字应用，2009（3）：13—17.

[6] 曹先擢 . 王力先生对普通话异读词审音的历史性贡献 [J] . 北京大学学报（哲学社会科学版），2010（5）：132—134.

[7] 陈会兵，朱良群，杨晨笛 .《新华字典》《现代汉语词典》与《普通话异读词审音表》审音比较研究 [J] . 重庆三峡学院学报，2015（5）：114—120.

[8] 胡利权 . 从《普通话异读词审音表》谈起 [J] . 西南民族大学学报（人文社科版），2003（6）：260—262.

[9] 靳光瑾 . 北京话的文白异读和普通话的正音原则 [A] . 语言文字应用研究论文集 [C] . 北京：语文出版社，1995.

[10] 厉　兵 . 异读词中的训读问题——《普通话异读词审音表》随笔之一 [J]. 语文建设，1992（9）：19—21.

[11] 厉　兵 . 汉字异读问题纵横谈 [J] . 语言文字应用，1993（3）：27—38.

[12] 刘　凌 . 谈《普通话异读词审音表》的修订 [J] . 语言文字应用，2012（2）：95—104.

[13] 孟蓬生 . “钻（鑽）” 字的读音 [J] . 中国语文，2016（4）：493—497.

[14] 普通话审音工作宣传与意见征集研究课题组，孙海娜，姚喜双，魏　晖 . 普通话审音工作分领域（教育系统）意见调查分析 [J] . 语言文字应用，2011（3）：18—26.

[15] 普通话审音工作宣传与意见征集研究课题组，王　敏，姚喜双，魏　晖 . 关于开展新世纪普通话审音工作的调查报告 [J] . 语言文字应用，2011（1）：4—11.

[16] 普通话审音工作宣传与意见征集研究课题组，王　敏 . 普通话审音工作分领域（辞书界）意见调查分析 [J] . 语言文字应用，2013（S1）：141—148.

[17] 石　锋，施向东 . 普通话审音工作的初步研究和体会 [J] . 南开语言学刊，2012（1）：1—6，184.

[18] 宋欣桥 . 我国语言文字工作者的 “同异观”（下）[N] . 语言文字周报，2017，11 月 29 日第 4 版 .

[19] 苏培成 . 当代中国语言改革和语文规范 [M] . 北京：商务印书馆，2010.

[20] 王红旗 . 汉语 “规范过度” 现象产生的认识根源 [J] . 语文建设，1998（11）：

42—46.

［21］王洪君．“粳”字的读音［J］．中国语文，2016（4）：490—493.

［22］王　晖．文白异读与语音规范［J］．语言文字应用，2012（2）：87—94.

［23］王　均．当代中国的文字改革［M］．北京：当代中国出版社，1995.

［24］王　力．论审音原则［J］．中国语文，1965（6）：439—445.

［25］王　琪．浅谈科技异读词的规范问题［J］．中国科技术语，2016，18（4）：16—18.

［26］王群生．“异读词”的整理也要体现改革精神［J］．语文建设，1999（2）：37—39.

［27］许建中．语文教学的新导向［J］．学科教育，2000（8）：14—17.

［28］尤敦明．关于古入声字的审音问题［J］．文字改革，1983（3）：9—11.

［29］赵贤德．关于《普通话异读词审音表》之“文白异读”的思考［J］．辞书研究，2011（2）：101—103.

［30］赵贤德．关于《普通话异读词审音表》偏爱的几个问题探讨［J］．汉字文化，2012（3）：76—77.

［31］赵贤德．关于汉语异读词读音单音化问题的思考［J］．齐鲁学刊，2013（2）：157—160.

［32］赵贤德，冯寿忠．《普通话异读词审音表》的审音范围应进一步扩大［J］．辞书研究，2012（3）：81—84.

［33］赵贤德，万　莹．关于破读音问题的思考［J］．湖北社会科学，2011（8）：133—136.

［34］钟英华，张洪明．“荨”的审音理据平议［J］．中国语文，2016（5）：632—637.

化学元素中文命名的原则与方法

化学元素的中文命名是科技术语规范的重要内容。用汉字给化学元素确定中文名称，以利社会日常使用，对推动科学技术普及、教育与发展具有重要意义。

关于化学术语的翻译，曾有人建议全部采用或部分采用外来语，用汉语拼音进行转写等，但都没有得到化学界的认同。对此，才磊（2016）认为，“原因是汉语不是日语，日本人喜欢多音节，日语针对西方外来语，除一部分的外来语是用汉字表示的（基本上读音保持不变），其他西方外来语都是用片假名来音译。如果像日语那样造出‘汉字＋汉语拼音’的复合词，或者汉语拼音后面再加上不同的词尾变化，比起造一个新字（如‘苯’），再用这个新字（如‘苯’）构建组合词（如‘甲苯’‘苯乙烯’等），相信中国人更容易接受后者”。曹先擢（2006）也指出，“名词术语是一种指称，指称有两个功能：即交际的功能和揭示的功能。所谓交际的功能，就是人们凭借它来进行语言信息的交换，这种交换是全社会的、全民的。如果不用汉字，而用数字，例如‘镥’这种可用于核工业的金属元素，我们不用‘镥’，而用 71Lu 去称说，在交际时，该是何等的困难”。

20 世纪 30 年代至今，我国先后十多次正式公布或报请批准元素中文名称。王宝瑄（2006）指出，70 多年来，元素中文定名发生了一些变化，主要是由于三方面原因：“其一是国际纯粹与应用化学联合会（IUPAC）对元素名称做了更改，我们为与国际上的通用名称保持一致，故也做了相应的改动；其二是在使用过程中发现有的同音字与其他化学用字的读音混淆，故做了修改；其三是随着科学的发展发现了新的元素，必须给予定名，这属于增订的内容。”

用汉字给元素确定中文名称，有很多优越的条件，也存在一定的难度（王宁 2006）。面对这些困难，关于化学元素中文命名的已有研究，主要是结合具体元素名称用字的理据考辨，探讨元素中文定名的基本原则与方法。

王宁（2006）提出了三个选字或造字原则：（1）区别性原则。选字尽量避开生活常用字和已经用作其他行业专用字的汉字；新造字与已有的元素用字不但不能重复，还应尽量避免完全同音，以增加区别度，减少混淆。（2）准确性原则。新造汉字的声符应最大限度地接近原始名称的语音，而且要坚持采用现代普通话的常用音，不要采用方言音或古音，以便于辨认、称说。（3）优选的原则。在实现上述两个原则的前提下，还要注意优选汉字的声符。首先，选用或新造汉字的声符应尽量采用笔画偏少的字，以便于书写。同时尽量采用简体、繁体是同一字样的字，如“羊”，或简繁是一对一的字，如“铁”对“鐵”，以利于海峡两岸的定名统一；其次，如果元素曾有历史定称，一般优先考虑尊重历史习惯。

全国科技名词委（2006）根据第111号元素定名研讨会达成的共识，提出了元素中文定名的六条处理原则：（1）能不造字就不造字，尽量选用已有的字，不得不造时，依据有关原则和方法造新字。（2）选用汉字应遵循有关规范，或起用旧字，或类推简化，造字应遵循汉字规律。尽量选用或新造笔画适中、字形美观、结构简明、区别度大的字，避免选用或新造怪异字。（3）选字或造字要符合以形声字为主体的汉字书写特点，以体现元素的性质，发音靠近国际命名。（4）选字或造字避免与以前的元素名称同音，避免用多音字。（5）为了避免歧义，选用汉字应尽量避开生活常用字和其他行业专用字。（6）选字或造字最好是繁简无差别的字，以利于海峡两岸和汉语文化圈科技名词的统一；如果被造字是繁体字，应类推简化。

在探讨原则过程中，要不要新造汉字受到较多关注。据才磊（2016）介绍，“语言学界在对化学家们的用字问题一直有着不同的声音”，鲁迅、刘泽先、苏培成等都反对新造字，主张多用复音词，尽量避免单音词。对此，化学家吴国庆（石磬 2001）[①] 指出，“问题在于，化学元素不仅仅以单质（即游离态元素）的形态出现，更经常的却是它们彼此结合成化合物，而且变化多端，情形复杂，造个新字才可较好地构建这些化合物的术语，因此这绝非化学家们要造麻烦，相反，倒是想把事情简化”。王宁（2006）也指出，“有人从减少汉字字量出发，反对给元素命名时造新字，这是不现实的想法，元素的中文称谓要遵循准确、唯一和便利使用的原则，完全不造字是难以做到的，何况，新的元素发现的周期比之一般词汇增长的周期要长得多，而且只会越来越长，并不会妨碍汉字规范。完全不造新字，必然增加遵循准确、唯一和便利使用原则的难度，也不利于高科技在中国的发展、普及与教育。因此，在选字未果的情况下，新造字是必要的”。从实际使用状况看，“已经公布的元素的中文名称中，就有106个新造的汉字”（才磊 2016）。可见，适度地新造汉字已被社会广泛接受，并在日常交流中发挥了重要作用。

此外，海峡两岸和汉语文化圈元素中文名称的协调与统一问题也得到较多讨

① “石磬”为其笔名。

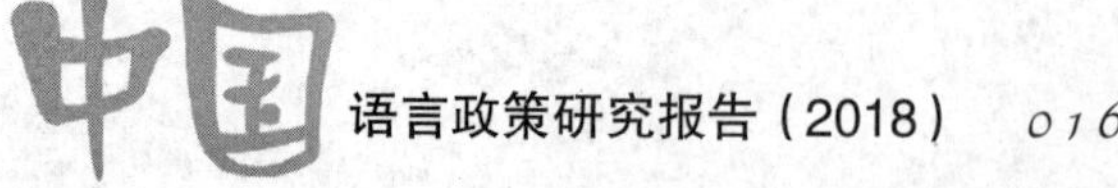

论。为促进海峡两岸语言文字的交流与融合，以利两岸和平统一，李行健（2017）指出要“尽可能协调两岸的语文规划，力求减少已有差异，不再产生政策性的新差异”，这理应成为大陆方面在元素中文定名工作中重要的政策性考量。王宝瑄（2010）曾对海峡两岸化学用字的差异进行了呈现和讨论，认为“两岸在制定新的化学用字时，使用的原则是相同的，但所用之谐声字不同。这主要是由于长期的隔绝，另外，汉语的文字词汇丰富，谐声字和同义近义字多，因而选字的余地就大。相信通过交流、切磋会达成共识，使海峡两岸学术交流渠道更通畅”。

2017年，关于化学元素中文命名的研究，随着113号、115号、117号、118号四种新元素中文定名工作的推进取得了新的进展。这四种新元素的英文名称和元素符号是国际纯粹与应用化学联合会于2016年6月8日正式发布的，我国全国名词委立即开展了中文定名工作。2017年5月9日，中国科学院、国家语言工作委员会、全国名词委在北京联合举行新闻发布会，正式向社会发布四种新元素的中文名称“鉨”“镆”“鿬”“鿫”。四种新元素中文定名工作过程中广泛征求了专家意见，关于化学元素中文定名的诸多学术问题在2017年得到了充分而深入的讨论。相关研究全面考察展示了这四个用字的理据，围绕113号元素的选字发表了不同意见，由此，进一步引发了关于定名原则与方法的思考。王铁琨（2017）将定名原则区分为指导性原则和操作性原则，在王宁（2006）的基础上做了进一步阐发；王宁（2017）就选字原则和方法做了更细致的分析。此外，王宁（2017）和王铁琨（2017）都进一步强调了新造字的必要性。

2017年值得关注的研究内容主要如下：

一　化学元素命名的国际法则

（一）化学元素命名的基本方法

国际上元素命名法则几经调整，但主旨精神并未改变。2016年IUPAC新版元素命名指南规定新元素的发现者有命名的优先权。新元素的命名可从以下几方面考虑：（1）神话人物（包括天体）；（2）矿物或相似的物质；（3）地名或地理区域名；（4）元素的性质或者其他；（5）科学家。【王铁琨】

（二）化学元素命名的拉丁文规则

对比2012年版命名指南，新版最重要的变化是：所有新元素的命名，必须反映历史并保持化学的一致性，即属于第1—16族（包括f区元素）的元素，命名以“-ium”结尾；属于第17族的元素，命名以“-ine”结尾；属于第18族的元素，命名以“-on”结尾。【王铁琨】

二 化学元素中文命名的原则与方法

（一）化学元素中文命名的指导原则

王宁先生率先提出区别性原则、准确性原则和优选的原则。回顾过往元素定名的理论和实践，笔者认为当下和今后元素中文定名，至少应该遵循以下五条原则：

1. 系统性原则。元素名称均用单个汉字表示。元素定名取字，依形声字形符表义、声符表音的规律保持一定的系统，以体现概念体系的逻辑相关性。一般采用左右结构的形声字，尽量避免三个独立偏旁并列的左中右结构汉字。

2. 习惯性原则。保留历史定称，如金、银、铜、铁、锡等古已有之的元素名称用字，社会应用面较广，人们早已习惯，至今仍在使用，有的甚至已成为制定新元素名称的造字依据，不宜轻易改换。

3. 唯一性原则。一个元素只能确定一个与之对应的中文名称。为了避免歧义，选用汉字应尽量避开生活常用字和其他行业专用字，选字或造字还应避免与以前的元素名称用字完全同音，应选用区别度大的字，避免用多音字。

4. 准确性原则。根据“能不造字就不造字”的原则，在选字未果、不得不另造新字时，造字应符合形声字为主体的汉字书写特点，确定元素的普通话读音应靠近国际命名，避免采用方言读音或古音，以准确表达单个元素的科学内涵和本质属性。

5. 便利使用原则。元素用字在一般社会应用领域多数使用频率不高，因此定名要简明，易懂、易读、易记，方便使用。选字时或启用旧字，或类推简化，均应遵循有关规范，新造字要遵循汉字规律，笔画适中、字形美观、结构简明、区别度大。避免选用生僻字，避免新造怪异字。

上述五条原则和相关细则，在实际定名中需要综合考虑，协调兼顾，加强研究，慎重抉择，切勿片面强调某一点而不及其余。【王铁琨】

（二）化学元素中文命名的操作原则

2016年新版中文命名原则，包括七条：（1）尽量少造新字，需要时尽量选用已有的古字；（2）选用或新造汉字应符合国家汉字规范；（3）符合以形声字为主体的汉字书写特点，以体现元素的性质，发音靠近国际命名；（4）避免与以前的元素名称同音，避免用多音字；（5）使用简化字，避免用怪异字，尽量选用笔画少的字；（6）为了避免歧义，选字应尽量避开生活常用字和已经用作其他行业专用字的汉字；（7）尽量采用繁简无差别的字，以利于海峡两岸和汉字圈科技术语的统一。

这七条原则，是在2006年第111号元素定名会上，与会的化学、物理和语言学家共同提出的元素中文命名"处理原则"（六条）基础上微调形成的。今天看来，这些"处理原则"其实是用汉字给元素定名的操作原则……【王铁琨】

（三）化学元素中文命名的选字方法

元素中文定名的汉字主要分两类情况：一是根据自源词命名，如中文固有的金、银、铜、铁、锡、铅、硫等字，一是由会意字向形声字转化，利用汉字的基础部件，仿西方读音创造新字。1932年，国民政府教育部公布的《化学命名原则》确立了新元素的造字依据：金属元素名称用"金字旁"，非金属元素的单质在常温下为固、液、气态的，分别以"石字旁""三点水"和"气字头"为偏旁，一般采用左右结构左形右声的形声字。【王铁琨】

给国际元素定中文名称，此前已经有了一些不成文的规定——一律选用一个汉字来表示。汉字是单音节的语素文字，选用的都是形声字。形声字的义符有分类作用，为了定名的系统性，元素一律用不同的义符分别表示元素在常温下不同的物态："气"表示气体，"氵"表示液体，"石""金"分别表示固体的非金属与金属。因此，为元素定中文名称，其实就是确定这个汉字的声符。

元素的中文名称，如五金的汉字"银""铜""铅""锡""铁"等，都是古代已经有的字，正是因为有了这些金旁的字，才导致了金属与非金属定名的差别。此后的定名一律采用形声字，也是基于汉字分类的传统。在选择声符的时候，有三种情况：

第一种，采用汉字原有的字加上义符。例如：

"炭"是古代就有的汉字，《说文解字·火部》："炭，烧木余也。"本义是木头烧煳剩下的物质，正好含元素符号为 C 的碳元素，因为它是非金属固体，累加上义符“石”写作“碳”。

“粦”是一个古老的汉字，《说文解字·炎部》：“粦，兵死及牛马之血为粦。粦，鬼火也。从炎舛。”从古文字中可以见到“粦”字“从炎舛”的字源。“炎”表示火光，“舛”是两只脚，表示行走，正是人们在墓地里常常看到游走的粦光的状态，这粦光正是元素符号 P 的磷元素，中文命名因此选择“粦”作声符，再加上义符“石”，说明它是非金属的固体。

这两个中文元素符号的定名告诉我们，古人在生活经验中发现的现象，加上义符进入元素命名系统后，就成为元素科学术语的定称。

第二种，虽然选用的汉字不是古代就有的，但是选择了一个具有示源功能的声符来定名（汉字中有一种形声字，声符可以表示它的词源意义，称作“有示源功能的声符”，例如：“支”表示“分支”，是“枝”“肢”“翅”的示源声符），其名称显示这个元素的性能或特点。例如：

“氢”的元素符号是 H，中文选择“巠”作声符，是表明它轻。这个性能，是人们从氢气球等事物中体验到的。从汉字的关系说，“氢”与“轻”同一字族。

“氧”的元素符号是 O，中文选择“羊”作声符，是表明它对动植物生长有营养作用。这个性能，是人们从日光、空气、水对人类生存的作用中体验到的。从汉字的关系说，“氧”与“養（养）”“祥”等字同一字族。

第三种，根据元素名称第一音节采用音化字，也就是假借字。上面两种定名，不论声音还是意义，都是可以进入汉字固有的造字系统的。而这些元素都与人的生活有关。随着物理、化学科学的进步，新发现的元素越来越与人的生活远离，元素符号的中文定名，一般采用第三种定名方法来选择形声字的声符了。

国际元素定名的原则日趋固定，或采用发明者的名称或其所在国度的地方名命名，或采用拉丁文和希腊文混合数字词头加词尾“-ium”来命名。第三种方法就是采用一个与元素国际名称第一音节语音近似的汉字来充当。对于被命名的元素来说，这不过是一个与语义无关的音化符号。【王宁】

三　四种新元素的中文命名

（一）四种新元素中文命名的学理依据

IUPAC 支持非拉丁语的主要语种将元素名称进行恰当的翻译。在我国，针对

新元素的中文定名也形成了一些原则。根据这些原则，全国科学技术名词审定委员会及时组织语言学家、物理学家和化学家针对113号、115号、117号和118号元素的中文名进行了多次讨论，并提出了恰当的建议。

2016年4月1日IUPAC公布的新版元素命名指南中明确提出，新元素的命名必须保持化学的一致性。我国针对元素进行的中文定名早有类似的规则。根据这个规则，113号、115号元素的中文名应以“金”为形旁，117号元素的中文名应该用“石”作为偏旁，而118号元素的中文名则应冠以“气”字头。

113号元素名源于Nihon。Nihon是日本国的国名“日本”的两个日语称呼中的一个，另一个为Nippon。因此，包括笔者在内的很多人曾建议“钼”（繁体为“鈤”）为其中文名。但“鈤”是我国化学家造出来的字，曾用作32号元素（现名“锗”）和88号元素（现名“镭”）的旧译名。为避免造成歧义及混淆，不能选“钼”作为113号元素的中文名。目前建议“鉨”（繁体为“鉨”）作为113号元素的中文名。该字的第一个发音与nihonium的第一个音节接近，而且结构简单，易于书写，是一个比较合适的选择。

为了纪念发现115号元素（和很多其他新元素）的俄罗斯杜布纳联合核子研究所所在的地区——Moscow，115号元素命名为moscovium。Moscow的中文译名为“莫斯科”。为忠实推荐名来源，该元素的中文名建议为已有汉字“镆”。“镆”字的发音与moscovium的第一个音节很接近。这个中文名符合元素中文命名规则，采用了左右结构、左形右声的形声字。

117号元素也是在俄罗斯杜布纳发现的。该元素名为tennessine，是为了认可美国Tennessee地区的橡树岭国家实验室、范德比尔特大学以及田纳西大学诺克斯维尔分校对超重元素研究做出的重要贡献。Tennessee的中文译名为“田纳西”。因此，117号元素的中文名选为“石田”是很自然的。“石田”的建议发音同“田”，与tennessine的第一个音节比较接近。这个新造字也符合元素命名规则，即采用左右结构、左形右声的形声字。

为了表彰俄罗斯核物理学家Oganessian院士对于超重元素研究的卓越贡献，118号元素命名为oganesson。这是历史上第二次以在世的科学家姓氏命名一个新元素。Oganessian的中文译名为“奥加涅相”。将Oganessian院士姓氏的中文名第一个字“奥”与“气”字头组合在一起，即造出118号元素的中文名“气奥”，建议的中文发音同“奥”，与oganesson的第一个音节接近。“气奥”这个字比较繁，写起来不是很容易。但是，笔者认为我们应该尊重国际科学界的共识，在中文名上也

明确体现出对奥加涅相院士在超重元素研究中所做贡献的表彰。因此，这个字是118号元素中文名的不二之选。【周善贵】

这四个元素中文定名的确定，符合以下优化条件：

第一，选择的汉字均为形声字，声符的读音与元素名称第一音节或同音，或相近。

需要说明的是："鉨"读 nǐ，符合汉字构造中的省声字，即"你"省声。省去声符中的一个部件，使左中右三分结构变为左右两分结构，这是汉字为了结构紧凑常有的省略。在联想上，也符合认知规律。例如："炊"为"吹"的省声字，"恬"为"甜"的省声字，"珊、姗"为"删"的省声字，等等。

第二，所选汉字尽量不使用常用字，以保证科技用语的专业性，不与生活用语混淆，不产生歧义。

这四个元素定名，大多是已有的罕用字。需要说明的是："镆"用于联绵词"镆铘"，是古代的剑名，但几乎不单用，没有常用义。"鉨"在古文字中是"玺"的异体字，但在现代汉语里不是规范字，也不常用。且在元素符号里读 nǐ 不读 xǐ，也不会混淆，不会产生歧义。

第三，所选汉字尽量简繁无别，方便两岸在中文元素定名上减少分歧。

汉字简化后，命名出现了一些新问题，那些具有简繁对应的汉字，不但要避开简体字的生活用字，还要避开与之对应的繁体字。在已经命名的元素中，已经产生了一些容易混淆的问题。例如，70号元素"镱"与39号元素"钇"，如果按照"億、憶"简化为"亿、忆"的偏旁无限类推，就易于混淆。而这次的命名，没有产生这样的问题。

第四，一般不造新字。

在元素中文定名时绝对不造新字，是不现实的。元素的中文称谓要遵循区别性、准确性和优化原则，完全不造字是难以做到的。新的元素发现的周期比之一般词汇增长的周期要长得多，而且只会越来越长，所以并不会妨碍汉字规范。完全不造新字，必然增加遵循上述原则的难度，也不利于高科技在中国的发展、普及以及教学工作。因此，在选字未果的情况下，新造字是必要的。这次选定的四个字只有"氮"尚未进入国际编码，但在汉字中，读 ào 的字很难找到易读字，根据选择音化字以读音为首要条件的原则，造字是必要的。

用汉字表示元素名称有一定的优越性。汉字虽是单音节，同音字众多，但有了字形的差异，元素名称的区别度得到了保证。加之普通话有四个声调，即使音

节相同，还可以用声调体现区别度。在科技领域，首先必须遵循国际共同的命名，但在中文定名时，又必须考虑汉语和汉字自身的特点，以上的原则，正是根据中国通用语言文字的特点来确定的。【王宁】

（二）四种新元素中文名称中的新造字

四个新元素的中文定名中，“鉨”“砷”“氭”属于新造字，针对元素中文名采用新造汉字的主要原因如下：

1. 汉字属于表意文字的词素音节文字，不能像印欧语系的各语言之间那样，在引进科技名词时可采用转写的方式。要从气、石、金部中寻找一个形声字而不与其他常用字重复是很困难的。

2. 元素定名必须符合 1932 年以来的“元素命名原则”中关于元素用字的右半边为声旁的惯例。

3. 复活一个古字，与创造一个新字，对于科技界和公众来说，其接受的难易程度是相同的，所付出的成本也是相同的。

因此，元素的中文命名要准确、唯一和便利使用，很难从已有汉字中选出。何况，新的元素发现的周期比之一般词汇增长的周期要长，因此并不会妨碍汉字规范。所以在选字未果的情况下，新造汉字是必要的。【才磊】

由于中国语言文字的独有特点，新元素的中文定名只能采取翻译的形式，这就涉及汉字的选用和新造问题。过去从汉字“四定”（定量、定形、定音、定序）和限制造新字出发，曾有人反对给新元素中文定名时造新字，甚至一度认为，20 世纪 80 年代用“10× 号元素”命名新元素的做法，是限制造新字的初步成果。但随着科技和社会生活的发展，新事物新概念不断产生，语言文字中特别是专业领域就会增加一些新词术语。文字是记录语言的工具，新术语产生后需要用汉字来记录，当已有的汉字无法准确记录新术语时，就只好造新字了。所以，汉字的使用有“社会通用领域”和“专业用字领域”之分，不同用字领域应有不同的用字要求，不加区分、不看需求地反对新元素中文定名时造新字，是不现实的，也是难以做到的。IUPAC 和中国后来相继改变了用“10× 号元素”命名 106 号、107 号、109 号元素的做法，中国采用汉字“𬭳”“𬭛”“鿏”来重新命名这三个元素，才算了断了这桩公案。此次讨论 113 号、115 号、117 号和 118 号新元素中文定名，笔者不由想起这段过往。它提醒我们新元素中文命名在选字未果的情况下，造新字是必要的；当然我们也要注意防止不加限制地滥造新字，因为那会增加民众记

忆的负担，影响汉字规范化的进程。【王铁琨】

（三）四种新元素中文名称用字的信息化

为了在计算机及电子装置内处理各国、各地区的字符，世界各地采用了不同的编码标准。例如中国香港及台湾地区使用繁体字，通常采用大五码；中国大陆使用简体字，通常采用国标码。由于不同的编码标准互不兼容，一个编码在不同的编码标准内可能代表不同的字。随着全世界信息交换需求的增加和信息技术的发展，国际标准 ISO/IEC 10646（通用多八位编码字符集）提出对全世界古今文字统一编码。采用该标准后，世界上所有文字，可以在一个计算机平台上处理多种语言文本而不需转码。就汉字而言，自 20 世纪 80 年代以来，中国、日本、韩国、越南这些汉字的主要使用者就积极加入到这个国际标准的研制工作中，并于 1990 年成立了汉字编码国际工作组（IRG）。今天，无论是桌面系统（常见者如 Windows、macOS、Linux）还是移动系统（常见者如 Android、苹果的 IOS），都采用了这个国际标准。

此次元素中文定名中的新造汉字，全国科技名词委将在 2017 年 5 月，按照国际标准 ISO/IEC 10646 提案要求，进行属性标注，并配备合格的证明资料，争取尽快取得其在 ISO/IEC 10646 的区位码和字符集，从而实现新造汉字的全面信息化。【才磊】

四　关于 113 号元素中文名称的不同意见

（一）主张命名为“钼”的意见

113 号元素 nihonium（元素符号为 Nh）的中文译名据说已经确定为“鿭”，读音为 nǐ，声调为上声。我认为这个定名不妥。“鿭”这个字是一个多音字，有 nǐ，niě，xǐ 三个不同的读音，现在采用其中的 nǐ 来给 113 号元素命名有一些缺陷：由于这个字是多音字，用户看到这个字时，要在这三个不同的读音中进行选择，在使用中会引起不便。

而且，113 号元素定名的读音若为 nǐ，与元素周期表中的 41 号元素“铌”（元素符号为 Nb，读音为 ní，声调为阳平）的声母和韵母完全相同，仅是声调不同，是一个准同音字，存在严重的同音问题，在称说时极易混淆，造成歧义，会在教学和科学研究中带来麻烦，引起误解。

我不赞成“鿭”这个译名，建议把113号元素命名为“钼”，读音为rì，声调为去声……如果把113号元素nihonnium的中文译名改为“钼”（读音为rì，声调为去声），就完全避免了同音问题和一字多义问题，称说时不会产生混淆，便于教学和科研，比之于定名为“鿭”（读音为nǐ，声调为上声）的优点是显而易见的。

有专家认为，元素的中文译名中已经有同音的先例，例如“锡”和“硒”的读音都为xī，因此，把113号元素nihonium定名为“鿭”（读音为nǐ），尽管会产生严重的同音问题，但是有先例可以遵循，不足为怪。我认为这种看法是错误的。科学技术术语的命名原则之一就是要求术语具有单义性，不仅在语义上不能混淆，在语音上也不能混淆。多年以前，元素周期表第14号元素Si的中文译名为“矽”，读音为xī，与元素“锡”和“硒”的读音相同，不便于称说，曾经产生过严重的同音问题，给化学教学带来很大的麻烦。20世纪50年代我上中学，老师称说“矽”“锡”和“硒”的时候，要分别说明它们的字形结构，把它们分别称说为“石+夕的xī”，“金字旁的xī”和“石+西的xī”，非常不方便，我们学生学习起来也非常困难，常常产生误解。为了解决这个问题，当时国家采取果断的措施，把元素周期表第14号元素Si的中文译名改为“硅”，读音为guī，声调为阴平，才缓解了由于元素严重的同音问题而带来的麻烦和误解。“锡”和“硒”同音已经造成了称说的混淆，给教学和科研带来极大的麻烦和误解。现在我们给113号元素命名的时候，应该避免这个问题。【冯志伟】

（二）主张命名为“鿭”的意见

必须说明元素中文定名的优化原则与约定原则。元素是科学，但定名却带有人文性。每一种方案都有利有弊，上述四个元素的定名并非十全十美，其合理性是相对的，其他的方案有些也是很有道理的。例如：113号元素的中文定名有一个“钼”的方案，因为nihonium是以发明的国家命名的，Nihon正是发明国日本的古代国名。用“日”作声符正与中国称日本的语音相合；而且从上古音“娘日二纽归泥”（音韵学的一个定律，就是根据上古音，今天的声母r和n有同一个来源，所以nihon的ni，可以读作“日［本］”）之说，写“日”可以读rì，也可以就读ni。这样定名尊重了历史，是它的优点，但在今天理解起来较迂曲，利弊权衡，考虑优化，还是根据多数人的意见定了“鿭”。就科学而言，并不是少数一定要服从多数；但就语言文字使用的人文特征而言，《荀子》曾说："名无固宜，约之以命；约定俗成谓之宜，异于约则谓之不宜。"定名有不同意见的时候，最后由表决来确定，主要是遵循了约定性原则。【王宁】

在进行社会广泛征求意见期间，有约 1/3 的读者来函中提出将"钼"作为 113 号元素的中文名。理由主要为：113 号元素的发现者主要为日本科学家，113 号元素具有金属特性，因此左边为"钅"，右边为"日"，很自然构成了"钼"；其繁体字，在《汉语大字典》中有收录，读音为 rì。

以上提法虽有一定道理，但经两次专家的讨论会以及学界征求意见后，未将"钼"作为 113 号元素的中文定名，其主要理由如下：

1. "钼"未收录在《现代汉语词典》中，其繁体字"鈤"（rì）在《康熙字典》上查无此字，"鈤"曾是中国化学家造出来作为 32 号元素 germanium（锗）以及 88 号元素 radium（镭）的译名。因此，为避免造成歧义，"钼"不宜作为 113 号元素候选名。

2. "钼"发音为 rì，违背了元素中文定名中很重要的原则之一：仿造西方读音造字的原则。历史上以国家名称命名的元素，除了 113 号元素，还有七个元素：copper（铜，29 号元素），源于塞浦路斯的国名 Cyprus；gallium（镓，31 号元素），源于法国古名 Gallia；germanium（锗，32 号元素），源于德国的国名 German；ruthenium（钌，44 号元素），源于俄国国名 Russia 的拉丁文 Ruthenia；polonium（钋，84 号元素），源于波兰的国名 Poland；francium（钫，87 号元素），源于法国国名 France 的拉丁文 Francia；americium（镅，95 号元素），源于美国的国名 America。这七个元素的中文定名除铜是中国早已有的汉字外，其余元素的中文定名大都是根据其拉丁文定名的第一音节发音而造的字，并没有按照其国名加金属旁的方法去造字。

3. 将"鈤"进行类推简化，成为简化字"钼"，如选用"钼"，将来还要在计算机的字库中加字，不便于今后的推广及运用。

4. "钼"与 42 号元素"钼"字形相近，易引起混淆。【才磊】

经全国科学技术名词审定委员会广泛征求意见后，提出 113 号元素候选名：①"鉨"，读音 nǐ，有繁体字；②"鈮"，读音 ní，与 41 号元素"铌"读音相同，需造新字；③"镾"，读音 nì，需造新字；④"鋐"，读音 hóng，有简繁体，无须造字。但考虑到"鈮""镾"需要造新字，力求避免；而"鋐"是 Nihon 的第二个读音，不容易让人想到这个元素是日本首先合成的。鉴于这些情况，我认同

“鿭”的定名，这样形声适当，字体不繁。【张焕乔】

会议对115号元素中文名定为“镆”（mò）、117号元素中文名定为“鿬”（tián）没有异议。113号元素中文名的争论在于“鿭”（nǐ）易误读为ěr，而“铱”（hóng）的发音接近nihonium的第二音节，不大符合大众的读音习惯。118号元素中文名的争论在于，“鿫”较难书写，字形不美观。

与会专家经充分讨论认为：“鿭”“鿫”符合元素中文定名的形声字的造字原则：“鿭”的读音，源自“你”字的发音，只要告知“鿭”读nǐ，还是容易为大众接受的。“鿭”的另外两个读音xǐ和niě，由于是古字“鉩”的读音，只有为数不多的专业人士才了解，因此“鿭”作为多音字，其发音不会引起混读；《康熙字典》里很难找出符合118号元素中文名的汉字，保留了其英文定名的原始含义，较易认读，虽然相对较难书写，字的构成不很美观，但在计算机科技发达的今天，“鿫”字的应用不会有问题。【才磊】

来源文献

［1］才　磊．113号、115号、117号、118号元素的中文命名工作［J］．中国科技术语，2017（2）：38—45．

［2］冯志伟．关于113号元素命名的建议［J］．中国科技术语，2017（2）：30—31．

［3］王　宁．谈元素中文定名的选字原则［J］．中国科技术语，2017（2）：27—29．

［4］王铁琨．新元素中文定名及元素中文命名原则的思考［J］．中国科技术语，2017（2）：32—34．

［5］张焕乔．113号、115号、117号和118号元素中文定名之我见［J］．中国科技术语，2017（2）：26，29．

［6］周善贵．113号、115号、117号和118号元素中文名之管见［J］．中国科技术语，2017（2）：35—37．

相关文献

［1］才　磊．第112号元素的中文定名［J］．中国科技术语，2011（3）：54—56．

［2］才　磊．我所参与的新元素的中文定名［J］．中国科技史杂志，2016（2）：145—152．

［3］曹先擢．关于第111号元素汉字定名问题的管见［J］．科技术语研究，2006（1）：

16—17.

［4］李行健．遏制“语言台独”［J］．读书，2017（11）：42—50.

［5］全国科技名词委．第111号元素中文定名的说明及元素中文定名的原则［J］．科技术语研究，2006（1）：18.

［6］石　磬．为什么会有这样多的化学用字［J］．语文建设，2001（12）：19.

［7］王宝瑄．元素名称的沿革［J］．科技术语研究，2006（1）：8—12.

［8］王宝瑄．中国化学物质命名中的汉字探讨［J］．中国科技术语，2010（3）：27—31.

［9］王　宁．第111号元素的定名与元素中文命名原则的探讨［J］．科技术语研究，2006（1）：14—15.

手语规范化与国家通用手语研制

手语是聋人与外部世界交流的最有效途径，是聋人群体获取知识、融入社会的重要手段与媒介。加强手语规范化建设，关乎聋人语言文字权益的实现，关乎聋人文化素质的提高和融合发展，关乎聋人实现全面小康的进程。

新中国成立以来，国家开展了一系列手语规范化工作，成绩显著。20 世纪五六十年代，国家就成立聋人手语改革委员会，并公布试行了《聋人汉语手指字母方案》《聋哑人通用手语草图》《汉语拼音手指字母》。改革开放以来，手语研究与规范工作进程加快。1979—1982 年，我国试行推广《聋哑人通用手语图》；1987 年，在《聋哑人通用手语图》（共 4 辑）基础上新增 500 多个手语单词，合编为《中国手语》；1990 年，正式出版《中国手语》；之后又相继出版了《中国手语》的续集和修订版，编辑了计算机、美术、理科、体育等专业手语以及《北京奥运会和残奥会常用手语》；同期，国家有关部门采取多种措施推广使用《中国手语》。新时期以来，研制和推广国家通用手语成为手语规范化工作的核心任务。2011 年，国务院发布《中国残疾人事业“十二五”发展纲要》，提出“规范、推广国家通用手语、通用盲文”；2012 年，教育部、国家语言文字工作委员会（以下简称“国家语委”）发布《国家中长期语言文字事业改革和发展规划纲要（2012—2020 年）》，首次将手语和盲文规范化建设列为国家语言文字事业的重要任务，提出“研制通用手语国家标准”；2015 年，中国残联、教育部、国家语委、国家新闻出版广电总局发布《国家手语和盲文规范化行动计划（2015—2020 年）》，明确了新时期手语和盲文规范化行动的目标和任务，提出“加快推进手语盲文规范化信息化建设”“大力推广国家通用手语和国家通用盲文”；2016 年，教育部、国家语委发布《国家语言文字事业“十三五”发展规划》，进一步提出“加快研制国家通用手语和通用盲文系列规范标准”。

20 世纪 90 年代以来我国学界关于手语规范化的研究，讨论了手语规范化的重要意义，提出了手语规范化的方略措施，探讨了手语规范化的相关理论问题，论证了在《中国手语》基础上研制国家通用手语的必要性。

——手语规范化的重要意义。孟文（1994）、戴目（1999）、崔淑云（2007）等专门论述了手语规范化的重要意义，归纳起来包括六个方面：有利于全国各地聋人之间的交往，有利于聋人学习科学文化知识，有利于聋人和健听人之间开展社会交往，有利于聋人工作的开展，有利于聋人手语的研究，有利于开展对外手语交流。此外，杨树山（1999）、王欢（2015）分别指出手语规范化对特殊教育中提高手语授课质量，以及对手语信息服务中提高手语电视节目质量，具有重要意义。

——手语规范化的方略措施。沈玉林（2008）指出，手语规范化工作需要以手语为母语的聋人参加，应该是聋人群体自身的任务和责任，他们应该在这项工作中发挥主体作用；聋校是手语规范化工作的重要领域，要重视聋校的作用；手语规范化工作要上升到国家语言规划的高度对中国手语的语言建设进行科学规划。崔淑云（2007）提出，手语规范化要将推广中国手语作为一项社会化工程，政府要发挥积极的引导作用，为手语推广提供法律保障，营造手语学习的良好环境；发挥特殊教育学校推广中国手语的重要作用，加强手语师资培训，努力营造聋生学习、生活的校内环境，开设手语课程、加大中国手语的研究工作。

——手语规范化的相关理论问题。（1）基础概念及其内涵。沈玉林（2008）探讨了"中国的聋人手语""中国手语""中国标准手语""《中国手语》"等概念的不同内涵："中国的聋人手语"是对中国各民族聋人群体使用的民族手语的总称；"中国手语"是中国聋人群体的共同语，存在着变体和方言；"中国标准手语"是中国手语的规范形式，是在中国手语的诸多变体中，按一定的条件被选出来，作为规范在全国聋人群体中推广的手语"普通话"；"《中国手语》"反映的是中国手语中的部分"标准"词汇，它不能代替中国手语的全部内涵。沈玉林（2008）进一步指出，"中国的手语规范化工作已经不是在多种手语体系中选择一种作为共同语的问题，而是在中国手语的多种变体中选择出标准手语作为中国聋人群体的规范手语"。需要说明的是，国家政策文本中的"国家通用手语"实际上就是沈玉林（2008）辨析的"中国标准手语"。（2）手语性质。黄伟（2009）、葛遂元（2012）等指出，手语是一门独立的语言，还是依附于有声语言而存在，始终是一个理论研究热点，目前还没有定论，但国外的发展趋势是视作一门独立的语言。（3）手语拼打规则。这也始终是手语规范化研究的热点和难点问题，存在使用汉语语法规则还是尊重聋人习惯的分歧，"但聋人日常使用手语习惯尚未总结出来"（黄伟 2009）。

——研制国家通用手语的必要性。沈玉林（2008）指出，中国手语规范化工作应该是推广中国标准手语的语言系统，包括推广使用规范的语形、语汇和语法，而不是单单推广手语工具书，编纂和推广《中国手语》不能作为中国手语规范化工作的全部。顾定倩等（2005）等的实证调查显示,《中国手语》存在以下不足：词汇数量不足；缺乏专业词汇；对偏僻词汇无法翻译；有些手语动作不够形象，理解困难；不该采用同音字借用；和地方手语差别太大，不便推广应用。沈玉林（2008）和顾定倩等（2005）的研究显示，克服《中国手语》存在的缺陷，并在其基础上研制内容更加全面的国家通用手语，迫在眉睫。

2017 年，历经六年研制的《国家通用手语常用词表》通过了国家语委语言文字规范（标准）审定委员会的审定。这是新时期手语规范化取得的重大成果，研制课题组成员魏丹、顾定倩（2017）发表文章介绍了研制和试用过程，值得重点关注。同时，顾定倩（2017a，2017b，2017c）对国家通用手语的发展沿革进行了具体深入的述介，指出中华人民共和国成立以来，我国手语规范化经历了从融入手指语到减少手指语、从注重书面语到注重自然手语等的发展，显示了手语规范化指导理念和基本原则的不断进步、对手语性质理论认知的日益深刻，以及对聋人主体作用和使用习惯的充分尊重。

2017 年值得关注的研究内容摘编如下：

一　早期手语规范化探索

（一）手语规范化与通用手语研制

“通用手语”一词最早见于 20 世纪 50 年代。1958 年 7 月 29 日，中国聋哑人福利会成立聋人手语改革委员会，标志我国有领导有组织的通用手语整理研究工作正式起步。

……

从当时的文件用语可以看出“通用手语”与手语的“规范化”是连在一起的。通用手语其始在整理、制定通用手语词汇，其终在收规范统一手语动作之效。【顾定倩（2017a）】

（二）手语规范化的迫切需求

根据 20 世纪 50 年代的史料，进行通用手语研究制定有两个背景：一是 1958

年2月11日第一届全国人大第五次会议批准了《汉语拼音方案》，它成为全民认读汉字的工具，聋人特别是聋生自然也不例外。那么表达汉语拼音的手指字母方案也需要尽快出台，以取代聋校当时使用的表示注音字母的手指字母。当时研制汉语拼音手指字母不仅考虑要起帮助学音认字的作用，还想用其表达常用虚词和抽象概念。二是方言性的家庭手语和地方手语不适应聋人参与工农业生产和社会交往的需求。在中华人民共和国成立前，绝大多数平民百姓的聋人缺少教育、就业和参与社会活动机会，加之分散居住，聋人难得遇上与自己一样的聋人进行交流，即使有也不多。与听人不同，聋人交流的范围狭小自然会形成只有家人看得懂的家庭手语或者只有本地聋人看得懂的地方手语。由于缺少交流的机会，手语不同给聋人带来的影响还不明显。而中华人民共和国成立后轰轰烈烈的工农业生产建设让众多的聋人投入其中，被组织起来的聋人需要彼此交流时手语不同导致的障碍就凸显出来，克服此障碍最合适的方法是形成大家都学都会的通用手语，以准确、完整地传递信息。

……

语言的交流互鉴和丰富只有在人的相互交往中才能实现，而人的交往机会有无、范围大小、频度多少、内容深浅等显然受到社会经济文化条件的制约。因此，提出制定通用手语是我国社会发展和聋人自身发展的必然要求和选择。【顾定倩（2017a）】

（三）初始期的手语规范化原则：融入手指字母

新中国成立之初，我国聋人的主体在农村。他们绝大多数是文盲，既不懂文字，又没有语言。不仅不能与周围的听人沟通，聋人之间也无法很好地交流。尽管少数有文化的聋人中存在地方手语，但远远不能满足全国范围聋人掌握语言、获得文化、参加生产和社会活动的需要。所以，一方面挖掘当时现行手势，另一方面大量编制聋人没有但又迫切需要的新手势成为通用手语初始期工作的必然选择。

1958年，聋人手语改革委员会确定了以下几个手语规范化的路径：一部分完全新创，不同于各地区的手势；一部分加工修改某一地区表现方法较好的手势；一部分保留各地区原来相似的手势，包括已经使用较普遍的汉字式手势，如“工”“人”“公”等。关于编制新手势，当时聋人手语改革委员会形成了一个共识：“利用手指字母使聋人手语逐步规范化”“要使手势语和手指字母两者互相结合起来，手势语能够借助手指字母来改善它的表现方法，使它向口头语、书面语

靠拢，具有文理；而手指字母可借助规范化了的手势语，传播更深广，使用更普遍”。规范化的手势语是使手势语和指语相结合，这种两结合的手的语言我们叫它为“手语”。

在初始期的1960年，研究者提出“结合手指字母修订手势符号的原则”，并具体指出三种使用指式的方法：不便使用形象化动作表达词的时候；用指语缩写法表示常用词和短语；与形象比画动作结合。在这一思想指导下，手指字母开始大量进入手语中，原本是要去表达不便于用形象动作表示的抽象的词，像虚词以及“如果”“但是”“虽然”这样的连词，但后来又扩大用于表达专用名词，如各省省名。这种做法使得手势更多地朝表音方向转变。【顾定倩（2017b）】

（四）发展期的手语规范化原则：编手语

在经过“十年动乱”的停顿后，20世纪70年代末通用手语研究再次启动，当时仍然是把补充新词新手势作为主要工作，进而在80年代再编《聋哑人通用手语图》和新编《中国手语》过程中，除继续坚持适量使用手指字母，表达难以用手势动作表达的词的思想外，还提出了以下四个新的原则：一是统一基本词的原则。将词义相同，而各地手势不同的基本词动作予以统一。二是保留手势的形象化原则。制定手势动作力求形象直观。三是同字异义动作有区别的原则。对同字异义的词设计不同的手势。四是加索引，提高检索力的原则。

《中国手语》问世后，编者发现，仅仅从手势动作设计方面提出指导原则还不够，作为通用手语性质的手语书还必须从选词角度提出指导原则。另外，设计手势动作时的各条原则如何协调贯彻，也需要进一步梳理。对此，1994年编者在续编《中国手语》（下集）时将手语的编纂原则明确分为选词原则和动作设计原则两个部分，并首次总结提出通用手语书的四个选词原则：

一是常用性原则。手语书要收录日常生活中聋人最经常接触和使用的词汇。这是使用频率的指标。二是通用性原则。手语书要收录对不同群体的聋人相对来说比较好理解的词汇。这是适用范围的指标。处理普遍性用语与行业性用语的关系。三是规范性原则。手语书的选词和义项动作的表达要有依据，这主要是要依据《现代汉语词典》等权威性的语言工具书，避免随意化。这样可以从源头上解释手势动作设计的含义。四是易编性原则。手语书在选词阶段就要考虑所收录的词汇是否容易编出手语动作，所设计的动作是否容易打，容易让人产生联想而被理解。

另外，在手语动作设计方面，在《中国手语》原有四条原则的基础上编者补充提出第五条科学性原则，即选择和设计手势动作应尽可能比较准确地表示和贴近词目的含义。

2003 年编者在修订《中国手语》时，在手语动作设计方面，又补充了方便学习和使用的原则，即手势动作的设计既要体现科学性、形象性的原则，还要尽量做到简单统一，便于聋人学习和使用。这是第一次从学习者的角度提出手语编纂的原则。【顾定倩（2017b）】

二　新时期国家通用手语研制

（一）需求与基础

新中国成立以来，国家进行了一系列手语和盲文的规范化工作，成绩显著。但是，因为各种原因，各地聋人使用的手语仍存在较大差异，没有形成一种通用的手语。随着现代化、信息化、城镇化的进程加快，各地聋人之间的交往机会增多，手语沟通不顺畅已经影响到他们有效参与社会生活……

我国手语研究起步晚，从事手语研究、规范和推广的专业人员严重匮乏，研究基础薄弱，研究水平亟待提高；手语的社会服务也十分缺乏。手语的现状与广大聋人的迫切需求不相适应，与我国语言文字事业、残疾人事业的发展水平及要求不相适应。因此，制定国家通用手语，加快手语规范化进程已经成为做好残疾人工作的一项重要内容，将对残疾人学习文化知识，获取信息以及更加公平地参与社会活动起到重要作用。【魏丹，顾定倩】

20 世纪末，手语语言学理论逐步传入我国。特别是最近十几年，我国手语语言学研究者对于手语的认识出现了重大变化。这给新时期通用手语的研究提供了理论上的支撑。2011 年国家语委和中国残联将国家通用手语方案研究列为国家语言研究的重大项目。【顾定倩（2017b）】

（二）方向与目标

国家通用手语研究的方向是：在语言学理论，特别是在手语语言学理论的指导下，尊重手语的自身表达规律和特点，克服以往让手语对应汉语的思维定式，汲取《中国手语》因许多手语与现实脱节而被诟病的教训，力争使新的通用手语反映或接近于聋人日常使用的手语。【顾定倩（2017c）】

“国家通用手语”研究的总体目标是：丰富聋人手语词汇表达的内容，分析聋人手语句法表达特点，形成具有规范性、引导性的全国通用手语，为聋人平等参与社会生活创造无障碍的沟通条件，并为今后我国通用手语的研究与发展完善奠定基础。

研究的具体目标是：在手语词汇方面，补充手语常用词数量，使词汇量达到8000个左右，基本满足聋人学习、工作和日常交流的需要；对《中国手语》（修订版）一书中不符合聋人手语表达特点的手势进行修改，最终形成具有规范性的常用词通用手语动作方案。在手语句法方面，依据手语语言学理论，参考已有研究成果，以本课题采集的聋人手语语料为基础，归纳、分析手语词和句法表达的主要语法现象与特征，提出例证，引导聋人和从事聋人工作的人员重点认识、理解在句子中如何运用手语，并为进一步研究提供借鉴。【魏丹，顾定倩】

研究的目标概括起来就是12个字：增加新的、弥补缺的、改正错的。根据调查结果，反映出手语动作不一致和词汇量不足是目前手语使用中面临的两大问题，表达同一概念的手语动作不一致导致不同群体之间的手语沟通产生困难。【顾定倩（2017c）】

（三）基本原则

尊重聋人主体地位的原则。聋人是手语最主要的使用者。因此，在整个研究中以聋人手语为对象，以手语语言学理论为指导，以聋人为研究团队的重要成员，充分听取聋人的意见，平等交流。

实用性原则。本课题属于应用性的研究，根据聋人的生活需要，将接受教育和享受公共服务作为重点，增加教育和公共服务领域所需要的手语词汇，句法说明也力求通俗，以便于聋校教师和手语翻译了解运用。

求同存异原则。手语具有语言的任意性性质，使用灵活，差异多样。同时，对手语本体的语言学研究起步不久，有许多未知的问题。各界对手语的认识和使用水平尚不统一。因此，在词法方面，本研制标准既将形成一致或基本一致共识的手语动作载入，也将使用普遍但有南北差异的手语动作列出。在句法方面，也仅列出目前聋人手语句法研究中一些认同度比较高的研究结果。【魏丹，顾定倩】

（四）方法与过程

通用手语研究分成词汇与句法两个方面，聋人占课题组成员总数的3/4，体现了手语的第一使用者聋人在研究中的主体地位，以及广听各地意见，从中筛选手语，而不以某一地方手语作为国家通用手语的工作传统。这是与以北京语音为基础音，以北方话为基础方言来确定普通话是完全不同的，体现了多学科人员参与的作用。

通用手语研究采取了田野调查法和文本调查法。在词汇方面，前者通过呈现图片、场景以及现场调查方式采集手语语料，后者从《现代汉语常用词表》《现代汉语词典》和《聋校义务教育课程标准》选择词目，通过书面呈现方式调查聋人表达词义的手语动作。每一个词都逐一讨论比较，最后，以各地聋人普遍使用的或课题组中多数人认同的手语作为通用手语的选择方案。在句法方面，从性别、年龄、耳聋时间以及几代聋人等因素考虑，通过自选话题和看图打手语方式采集了 24 个省（自治区、直辖市）109 位聋人的手语语料，然后采用国际通用的 ELAN 软件进行手语语料的标注、转写。同时运用信息化手段建立了手语句法数据库和手语文献资料库，用于查询、统计和研究手语句法语料及手语文献。【顾定倩（2017c）】

（五）通用手语词汇研究

《国家通用手语词汇方案》（试用本）共三册，共收入词目 8100 多条。其中，主词 6400 多个，列入括号内的同义词、近义词或同一手势表示的其他词 1600 个。相对于《中国手语》（修订版），新增词目约 2900 多条，删除词目 170 多条。

《国家通用手语词汇方案》（试用本）大量增加了我国社会政治、经济、文化、教育等方面不断出现的新词手语……增加了与聋人生活紧密相关的法律方面的手语词、国家名称的手语词、文化和科技方面的手语词。

《国家通用手语词汇方案》（试用本）中，保留与《中国手语》（修订版）手语动作完全相同的词目约 2300 多条，约占原书总数 5586 条的 42%；部分改动手语动作的词目有 1600 多条，约占原书总数的 30%；完全改动手语动作的词目有 1400 条，约占总数的 25%；删除词目约占原书总数的 3%。

根据实际使用的经验，对《汉语手指字母方案》的文字说明及个别字母指式，如字母“L”的指式呈现位置提出修改意见。【魏丹，顾定倩】

国家通用手语词汇试点方案相对于《中国手语》有如下一些主要变化。

首先，增加了词目。国家通用手语词汇试点方案目前收入词目 8100 多条。其中，主词 6400 多个，列入括号内的同义词、近义词或同一手势表示的其他词 1600

个，比《中国手语》新增词目近3000个。

第二，重视体现手语视觉语言的表达特点……

第三，大量减少手指字母的使用。同一个手指字母表示多个不同的词义极易混淆，也很难理解，不符合聋人手语交流的习惯。现在，国家通用手语词汇方案中凡是能用手语表达的就不用手指字母，使用手指字母做词素的词目不到200个，数量大大减少。例如，过去在40个少数民族名称手语中使用了手指字母指式，现在只有4个。改动后的表达少数民族名称的手语均来自田野调查收集的当地聋人的打法……另外，按照“名从主人”的原则，民族名、地名、国名主要采用当地聋人的手语。

第四，对于一词多义、一个手语多种含义和南北方手语差异大的手语列举多个手语，以体现表达的准确性，改变过去强调词根手语不变的做法。

尽管国家通用手语词汇发生了不小变化，但与《中国手语》词目相同手语也相同的约占原书总数的42%，词目相同手语动作有部分改动的约占原书总数的30%。也就是说，大多数原《中国手语》的手语动作仍然被迁移到国家通用手语中，学习者原有的经验还有用。说明国家通用手语不是“另打鼓，新开张”，而是对我国60多年手语规范化研究工作的继承、变革和发展。【顾定倩（2017c）】

（六）手语句法研究

手语句法是手语研究中另外一方面特别重要的内容。手语句法研究以语言学和手语语言学理论为指导，以聋人自然手语为研究内容，从手语词、短语、句子的不同方面研究聋人手语句法现象，总结手语句法的一些基本特点，并进行概貌式的描写，以期对聋人教育工作者和手语学习者认识和理解聋人手语起到帮助作用。

……

田野调查是语言调查和采集语料通常使用的科学的调查方法。本研究采用田野调查方法，通过无文字的诱导材料“命题说话”和“看图打手语”采集手语语料，以供研究聋人自然手语句法。

……

对手语语料的切分是一件不容易做的事情。手语语料直译的切分，主要依据聋人转写者的语感，由聋人与聋校教师合作进行。在反复观看视频的基础上，我们确定不能简单地按手势动作切分，也不能按词素切分，原则上应按手语能够独立使用的最小语义单位切分（地名、单位名称视为一个语义单位）。

……

国际上手语研究多使用 ELAN 软件进行手语分析，我们也采用 ELAN 软件进行手语语料的转写和标注。为了配合研究，我们建立了手语句法数据库，运用信息化的手段进行手语句法语料的查询、统计，以便对语料进行分析。【魏丹，顾定倩】

（七）试点与总结

选择北京、天津、内蒙古、辽宁、吉林、黑龙江、上海、江苏、浙江、福建、江西、山东、河南、湖北、湖南、广东、广西、四川、贵州、陕西等地的 18 所院校和 15 个省级聋人协会作为试点单位。

2016 年上半年，国家手语和盲文研究中心配合试点工作先后举办了面向聋校教师、手语翻译、聋人教师、聋人协会工作人员的四期“国家通用手语”培训班，参加培训的人员有 220 多名。之后，试点单位又开展了二级培训。2016 年上半年，国家手语和盲文研究中心实地调研了 17 个试点单位。各试点单位开展了形式多样的试点和征求意见活动，并提出了补充、修改意见。聋人和聋校教师参与手语研究的积极程度是多年未见的。

……

试点单位在汇报发言中普遍认为，国家通用手语试点方案丰富了词汇量，大幅减少了手指语的运用，手势更加形象、生动、简练，增加了手语的表达力，更加接近聋人的自然手语，对国家通用手语词汇认可度、接受度高。同时，也对通用手语词汇提出了一些修改和补充意见，对国家通用手语的宣传、推广工作提出了一些意见和建议。这为进一步完善通用手语方案奠定了坚实的基础。【魏丹，顾定倩】

来源文献

[1] 顾定倩 . 我国通用手语的发展沿革（一）[J]. 现代特殊教育，2017a（3）：22—23.

[2] 顾定倩 . 我国通用手语的发展沿革（二）[J]. 现代特殊教育，2017b（7）：16—17.

[3] 顾定倩 . 我国通用手语的发展沿革（三）[J]. 现代特殊教育，2017c（9）：11—13.

[4] 魏 丹，顾定倩 .《国家通用手语方案》的研制与试用 [J]. 语言规划学研究，2017（1）：17—29.

相关文献

［1］崔淑云．浅谈中国手语的规范化［J］．河南教育学院学报（哲学社会科学版），2007（2）：84—86.

［2］戴　目．中国手语的规范化问题［C］．中国手语研究．北京：华夏出版社，1999.

［3］葛遂元．中国手语两派之争解谈［J］．绥化学院学报，2012（3）：20—26.

［4］顾定倩，刘　扬，冬　雪，王娇艳．关于中国手语推广与研究情况的调查分析［J］．中国特殊教育，2005（4）：3—10.

［5］黄　伟．手语发展60年［J］．语言文字应用，2009（3）：42—44.

［6］孟　文．推广应用《中国手语》之浅见［J］．中国残疾人，1994（9）：37—38.

［7］沈玉林．手语多样性、标准化及手语语言建设的问题与思考——从荷兰CLSLR2会议看中国手语规范化工作［J］．中国特殊教育，2008（6）：34—40.

［8］王　欢．手语电视节目“非标准化”问题研究［J］．绥化学院学报，2015（1）：46—48.

［9］杨树山．从手语授课看普及规范手语的重要［J］．中国残疾人，1999（5）：38.

科学保护语言资源的内涵与举措

树立语言资源观，科学保护我国丰富多样的语言资源，对传承传播中华优秀传统文化、促进民族团结、维护社会稳定、构建和谐语言生活具有重要意义，是新世纪以来我国语言政策的重要发展和进步。

2007年颁布的《国家语言文字工作“十一五”规划》(简称《规划》)首次提出要对语言开展保护，指出“将语言作为一种国家资源加以保护和利用，支持濒危语言的保存抢救和弱势方言保护工作，探索将语言文字作为非物质文化遗产加以保护的有效途径”。《规划》标志着语言资源观在我国语言规划领域的正式确立，同时初步提出了我国的语言保护政策：对濒危语言要保存抢救，对弱势方言要保护，要将语言文字作为非物质文化遗产加以保护。之后，2010年颁布的《国家民委关于做好少数民族语言文字管理工作的意见》针对少数民族濒危语言做了类似的表述。2011年10月党的十七届六中全会通过的《中共中央关于深化文化体制改革　推动社会主义文化大发展大繁荣若干重大问题的决定》(简称《决定》)提出，“大力推广和规范使用国家通用语言文字，科学保护各民族语言文字”。这为我国的语言保护工作提供了更高层次的政策依据，同时与《规划》相比有两处明显的不同：一是保护对象不限于濒危语言、弱势方言以及列入非物质文化遗产的语言或方言，而是各民族语言文字，在语言资源观下，实际应当包括我国所有的语言文字；二是对语言保护提出了“科学”的要求，指出要“科学保护”。由此引发的值得探讨的问题是，什么是“科学保护”？“语言保护”和“科学（语言）保护”有无区别？“科学”是指什么？

我国关于语言保护的研究大致于21世纪初伴随着濒危语言和语言活力研究的兴起就出现了，但对语言保护概念内涵的探讨始于曹志耘（2009）；在2011年《决定》颁布之前，还有瞿霭堂（2010）等。2011年《决定》颁布之后，方小兵（2013）、戴红亮（2014）等关注到了《决定》关于“科学保护各民族语言文字”的规定，不过只是将其作为语言保护的政策依据，主要还是探讨了“语言保护”的概念建构问题，未涉及对“科学”二字的解读。目前可见的对“科学保护”进行内涵解读的，主要是周庆生（2016）。

关于“语言保护”，学界的核心关切是：语言保护是指对语言的“调查记录、保存展示”，还是指促进语言的“活力保持、存续发展”？曹志耘（2009）、瞿霭堂（2010）、戴红亮（2014）都认为，前者只是“语言保存”，后者才是真正意义上的“语言保护”；方小兵（2013）认为，二者都可称为语言保护，前者是“消极保护”，后者是“积极保护”。我们认为，语言保存（消极保护）本质上是手段方法的问题，侧重技术、需要专家参与（戴红亮 2014），而不涉及政策问题；但语言保护（积极保护）要促进语言的活力保持和存续发展，就要推动被保护语言的应用与习得，这就涉及社会语言生活中的语言关系协调问题，是重大的语言政策问题，或者说是语言政策关注的核心问题。我们进一步认为，这正是《规定》对语言保护提出“科学”要求的根本原因。

关于“科学保护”，周庆生（2016）认为有狭义和广义之分，焦点在如何解读“科学”一词。狭义科学保护多指实施两个语言保护工程（中国语言资源保护工程和濒危语言抢救与保护工程）；广义科学保护是指“专家学者对‘科学’的解读相对宽泛，有的提出，‘语言生活观’‘语言保护规划’和‘语言保护方法’要科学，有的则提出，要以科学发展观、辩证观或多视角观做指导来保护语言”。显然，这些也是围绕关于语言保护的核心关切：狭义科学保护是指“调查记录、保存展示”性质的语言保存；广义科学保护是指旨在“活力保持、存续发展”的语言保护，因为涉及语言发展客观规律和语言关系协调问题，所以专家学者们提出要树立科学的语言观、语言生活观、语言规划观。

据此，围绕语言保护的已有研究可以分为“语言保存”和“语言保护”两大部分。根据周庆生（2016）的分类，在“科学保护语言资源”视角下，前者是“狭义科学保护”，后者是“广义科学保护”。

——语言保存（狭义科学保护）研究。相关研究主要针对语言的调查记录与保存展示，围绕两大工程展开。(1）中国语言资源保护工程。该工程的主管部门是国家语委，启动于 2015 年，前身是 2008 年启动的中国语言资源数据库建设项目，旨在采用现代化科学技术手段，记录保存语言，建立大规模、可持续增长的多媒体语言资源库，主要任务是对全国 1500 个调查点上的语言、方言及口传文化进行调查、记录、建档、研究、保存、展示。相关研究中，田立新（2015）、曹志耘（2015）、王莉宁（2015）分别阐释了工程的缘起、意义、定位、目标、任务与实施策略和方法；之后，出现了一批围绕工程实施、针对特定语言或方言调查建档工作的实证性案例研究。此外，就语言的保存展示而言，张晓明（2015）建议建设语言博物馆，何伟等（2016）提出了“语言地标”的互联网语言资源建设办法。（2）濒危语言抢救与保护工程。该工程于2012年在《少数民族事业“十二五”规划》中提出，主管部门是国家民委，需要解决濒危语言身份认定、语言濒危标准、濒危语言保护的执行标准、濒危语言调查保护操作规范、濒危语言多媒体数据库开发等科学保护语言的规范与标准问题。2012年以来出现了一批相关研究，值得关注的有黄行（2014）、李锦芳（2015）、范俊军（2016a，2016b）等。

——语言保护（广义科学保护）研究。相关研究早在《规划》颁布前后、《规定》颁布之前就已出现，实际上为《规定》的出台做了学术铺垫，近年来在《规定》的推动下又不断深入。主要包括三方面内容：（1）树立科学的语言观和语言规划观，如瞿霭堂（2010）、李宇明（2012）等。其中，值得关注的有方小兵（2013）的研究，他认为语言保护有三个着眼点：语言资源、语言生态和语言权利；王锋（2016）指出这是三种支撑语言保护展开的新的语言观。我们认为，这三个方面构成了语言保护的政策思想基础：语言资源观强调语言的多方面功能价值，语言生态观强调语言多样性的意义及多语之间的竞争互补，语言权利观强调语言平等和社会语言生活和谐。（2）协调处理好多样性语言之间的关系，如李宇明（2008）、张日培（2009）、陈章太（2016）、郭龙生（2016）等提出的“语言功能规划”“（多语多言）并存分用”等；此外，戴庆厦（2014）指出，“科学保护各民族语言文字”必须处理好弱势语言和强势语言的关系、语言互补和语言竞争的关系、母语和兼用语的关系。（3）采取科学的保护方法。已有研究对现代社会条件下，特别是信息化、城市化背景下，语言接触、变异、趋同的自然规律有着清醒认识，因此多视角提出了“促进被保护语言活力保持”的方略措施，如戴庆厦（2014）指出要处理好语言保护政策与增强全社会语言保护意识的关系，李宇明（2016）指出要坚持在文化视角下开展语言保护，黄行（2016）认为应采取非市场化政策并加强分类指导，曹志耘（2016）提出通过“影视典藏”实现语言保护社会化，肖自辉和彭婧（2016）强调语言资源应以产品化为途径最终达到保护的目的，叶小军（2014）、孙成德（2014）等强调保护少数民族语言需加强学校教育，孙春颖（2009）、肖建飞和刘海春（2011）、孙宏开（2011）等呼吁在非物质文化遗产名录中增加语言类项目。

2017年，我国语言保护的政策和实践都取得新的重要进展。中共中央办公厅、

国务院办公厅印发《关于实施中华优秀传统文化传承发展工程的意见》(简称《意见》),指出“大力推广和规范使用国家通用语言文字,保护传承方言文化。开展少数民族特色文化保护工作,加强少数民族语言文字和经典文献的保护和传播,做好少数民族经典文献和汉族经典文献互译出版工作”,这为语言保护进一步提供了政策依据,也就“语言传承”提出了新的政策性要求。同时,语保工程的进度已完成2/3。

2017年,我国关于科学保护语言资源的学术探讨也取得了新的重要进展。(1)针对《意见》提出的“传承”要求,曹志耘(2017a)、周庆生(2017)、戴庆厦(2017a)就“语言传承”进行了初步的概念建构;曹志耘(2017a)还对“科学保护各民族语言文字”进行了进一步解读。(2)在语言保存(狭义科学保护)研究方面,曹志耘(2017a)阐释了语保工程的特点与困难,戴庆厦(2017b)进一步论述了语言调查与建档工作的重要意义,袁家宏(2017)讨论了大规模语音资料库的建设问题,袁丹和詹芳琼(2017)、许鲜明等(2017)介绍了国外语保项目的经验与启示。(3)在语言保护(广义科学保护)研究方面,曹志耘(2017a)在已有研究提出的“分层使用”的基础上进一步提出了“多语分用”的语言关系协调策略;更多学者围绕促进语言活力保持的方略与措施开展了深入探讨,视野更加开阔:戴庆厦(2017b)指出要针对不同活力状态的语言分类指导,曹志耘(2017b)讨论了如何面向青少年推进语言保护社会化问题,王莉宁(2017)、杨慧君(2017)就“影视典藏”与新媒体运用进行了理论探讨,庄初升(2017)进一步论证了方言的非物质文化遗产性质,并呼吁尽快将濒危语言纳入国家级“非遗”名录。(4)关于方言习得与传承,始终是语言保护领域的热点话题,李佳(2017)、赵则玲(2017)讨论了方言文化进课堂和方言教育的问题。

其中,有几个问题值得深入思考。(1)关于“科学保护”的内涵。曹志耘(2017a)强调,“科学保护”既指记录保存,也指维护语言的活力。这代表了大多数学者的观点,因此出现了一系列周庆生(2016)指出的“广义科学保护”研究;但从周庆生(2016)对“狭义科学保护”的界定看,我国政策文本中的“科学保护”主要是指语言保存。曹志耘(2017a)自己也指出,“就目前工作而言,‘语言资源保护’更侧重于保存”。《意见》的出台,特别是其中关于“传承”的要求,可以解读为对旨在保持语言活力的语言保护进行了政策确认,但“传承”的对象是“方言文化”,内涵是指什么有待深入探讨;同时《意见》是文化领域的文件,对语言政策领域将产生怎样的影响,也有待深入探讨。(2)关于语言传承,从2017年的研究情况看，在理论层面，“语言传承”和“语言保护”已经形成了内容有交叉但视角各自独立的两个概念，对“语言传承”的理论建构已现雏形（周庆生 2017），期待进一步深入。（3）关于方言教育，赵则玲（2017）进行了体系性建构，以往不多见，作为一种学术观点，我们做了简要介绍。但同时我们认为，方言教育、尤其是学校的方言教育，是一个必须得到政策确认的重大问题。就此而言，李佳提出的“方言文化进课堂”，将方言与文化打包在一起，在乡土文化教育中隐性地培养方言技能，是策略而稳妥的。

2017年值得关注的研究内容主要如下：

一 语言保护及相关术语的概念内涵

（一）语言保存与语言保护的概念内涵

语言保存是指通过全面、细致、科学的调查，把语言、方言的实际面貌记录下来，并进行长期、有效的保存和展示。语言保护是指通过各种有效的政策、措施、手段，保持语言、方言的活力，使其得以持续生存和发展，尤其是要避免弱势和濒危的语言、方言衰亡。不过，“保护”一词有狭义和广义之分，广义的“保护”既包括保护，也包括保存。【曹志耘（2017a）】

（二）科学保护的概念内涵

“科学保护各民族语言文字”里的“保护”就应做广义的理解，即既指维护语言的活力，也指记录保存。否则，在现阶段，“保护”各民族语言文字工作就难以落到实处。“语言资源保护”也是如此，对于资源来说，既可以保护它使它更好地生存，例如森林资源；也可以把它收集保存起来，例如古籍或水资源。但就目前工作而言，“语言资源保护”更侧重于保存。【曹志耘（2017a）】

（三）语言传承的概念内涵

语言传承旨在研究语言的代际传递和延续，研究一种民族语言作为该民族大多数成员的母语，是如何一代一代不中断地使用下去。一种民族语言的传承畅通与否，会直接影响该语言活力和生命力的强弱。一种民族语言的“生命力都是通过该语言的适用群体代代相传而延续的。如果该民族青年家庭成员放弃使用母语，

出现母语使用的代际断层，该语言的活力则难以为继”，就会出现语言濒危甚至语言消亡。【周庆生】

“语言传承”从“传承”的角度，强调怎样使语言能够一代一代地延续下去为人类造福，是中国语言生活发生新变化的产物，是对语言认识的升华。

……

我认为，“语言传承”是指要让现存的语言不分使用人口多少都能够一代代地传承下去，不让语言断层。【戴庆厦（2017a）】

传承就是传授、继承，是要主动延续下去。就语言来说，把上一辈的语言教给下一辈，使之代代相传，才能算是“传承”。不过，传承不是传播、推广、普及，也不是弘扬……

“保护”和“传承”的目的都是要使语言延续下去，二者区别在于，“保护”的对象更侧重于那些弱势、濒危的语言、方言，手段、措施更具有人为抢救的性质；而“传承”则是针对所有语言、方言而言，通过正常的教育、传播等方式来实现。可见，从“保存”到“保护”到“传承”，含义从被动到主动，从消极到积极。

两办意见里提出“保护传承方言文化”，“传承”二字首次出现在有关语言文字的政策里，意义重大。那么“保护传承”到底是什么含义呢？“保护”和“传承”并用，尽管可以理解为“保护+传承”，但更好的理解应该是“保护并传承”，即保护是手段，目的是传承。因为方言文化面临消亡，所以难以自然传承，而需要采取保护措施来传承……

当然，我们必须注意这里所说的传承保护的对象是“方言文化”而不是“方言”，至于“方言文化”到底是指什么就不在这里讨论了。【曹志耘（2017a）】

二 语言保存（狭义科学保护）的意义与实践

（一）语言调查的重要意义

必须调查、了解语言国情，这是语言保护工作的基础。语言国情的认识是做好语言保护的基础，只有科学地、明晰地认识语言国情，才能制定出有针对性的、合理的语言保护方案……

必须深入语言生活第一线做微观的语言保护调查。由于语言保护是过去没有做过的一项新工程，加上现代化进程中语言特点的变化比以往任何时候都快、都复杂，因而要做好语言保护就必须深入语言生活第一线做微观的语言保护的田野调查。只有亲自到语言生活第一线，与群众有较长时间的接触，才能看准语言的活力，也才能发现语言生活中存在的各种问题。如果仅仅停留在开座谈会、征求意见上，或走马观花地到现场转一下，是不可能获取真知灼见的。【戴庆厦（2017b）】

（二）语保工程的特点

语保工程主要有以下几个特点：

1. 政府主导实施。语保工程是在国务院领导指示下启动实施的，具体由教育部、国家语委领导，语信司管理，地方语言文字管理部门（主要是教育厅和语委）具体实施，国家民委和其他相关部门共同协助。

2. 统一规范标准。语保工程坚持“统一规范”“标准先行”的原则。在正式启动之前，就在以往有声数据库建设工作的基础上，制定了适用于语保工程的一系列工作规范和技术规范……这套复杂的规范标准系统对语保工程各方面、各环节的工作都做出了严格、明确的规定，保证了专业技术工作的科学性、规范性和一致性，杜绝了无据可依、各行其是的现象。

3. 汉民同步。长期以来，中国汉语方言和少数民族语言的调查研究一直处于分而治之的状态。语保工程把汉语方言和少数民族语言纳入同一个大项目，在统一的框架下，采用统一的技术标准开展工作。在汉、民两支队伍之间，也真正实现了深度而密切的交流合作。

4. 口头文化。以往的语言调查基本上都限于语言本体要素，语保工程的调查内容涉及当地概况、语音、词汇、语法、话语、口头文化、地方普通话等多个方面，其中口头文化包括歌谣、故事以及口彩、禁忌语、隐语、骂人话、顺口溜、谚语、歇后语、谜语、曲艺、戏剧、吟诵、祭祀词等条目。此外，在调查点里，还专门设立了一类语言文化调查点，重点调查房屋建筑日常用具、服饰、饮食、农工百艺、日常活动、婚育丧葬、节日、说唱表演等内容。

5. 实地调查。所有语言、方言一律赴调查点当地调查和采集语料，连位于帕米尔高原上的塔吉克语和西藏察隅的义都语等交通条件极度困难的调查点也不例外。

6. 音像摄录。所有调查条目除了纸笔记录以外，一律采用高品质的录音和同

步摄像采集音频、视频语料。语言文化调查点除了音像摄录以外，还要求对调查条目逐个拍照，实现了音、像、图、文四位一体的调查方式。【曹志耘（2017a）】

（三）语保工程面临的困难

从目前工作来说，比较大的困难和挑战至少有以下几个方面。

1. 语种繁多。按照中国学者比较通行的说法，中国目前有 130 多种语言，这些语言分别属于汉藏、阿尔泰、南岛、南亚和印欧五大语系，情况相当复杂，不少语言的研究还很不够，可能还存在未被发现或识别的语言。

2. 方言复杂。汉语有官话、晋方言、吴方言、闽方言、粤方言、客家话、赣方言、湘方言、徽方言、平话土话等十大方言，不过这是笼统而言。官话使用人口就多达 8 亿，内部又可分为东北、北京、冀鲁、胶辽、中原、兰银、江淮、西南八大方言。而吴方言、闽方言使用人口也都达 7000 多万，内部也可分为很多种小方言土语，其中很多相互间无法通话。汉语方言的差异性甚至远远超出欧洲许多语言之间的差异。

3. 分布地域广。中国的国土面积跟整个欧洲差不多大，地理地形复杂，很多少数民族语言分布在偏远的西部地区，交通困难，田野调查的时间和经费成本都大幅增加。

4. 消失速度快。在长期的传统社会中，语言、方言以“渐变”的方式融合、消亡。然而，在当今全球化和城镇化的高速进程中，中国很多弱势语言、方言出现了一种“代际替换”的方式，即上一辈人说 A 语言或方言，到了下一辈就换成了 B 语言或方言，中间几乎不存在从 A“渐变”到 B 的过程，而是呈现为一种 A→B“切换”的方式。这种消失速度已远远超出现有人力所能抢救保存的限度了。

5. 力量不足。现有专业人才主要集中在一些较大的少数民族语种和东南地区汉语方言，部分语种和地区人才队伍严重不足，有的需要进行大量培训和锻炼。

6. 经费保障。对于这样一个大规模、长期性的工程，如何保证经费的持续稳定投入，仍然是一个很大的难题。【曹志耘（2017a）】

（四）大规模语音资料库的采集、处理和研究

语言资源保护的核心问题之一是如何对语言资源进行存档。从纸笔调查到建立有声数据库，传统的语言资源存档对语言材料的采集具有很强的系统性和针对性，比如利用汉语方言调查字表等。在这些传统的方法中，对语言资源的处理

（例如语音转写和翻译等）和研究是与采集语言材料融为一体的。信息技术和大数据的发展则为语言资源保护提供了另外一个思路，那就是利用海量的语言材料对语言的真实面貌进行全景存档。在这一新的思路中，语言材料的采集、处理和研究可以是分离的，由不同的人在不同的时间实施并共享。这也是大规模语料库语音学的核心所在。【袁家宏】

（五）国外语保项目的经验与启示

国外濒危语言保护项目都是以目标导向来管理、运营和实施的。目标导向明确了项目自身的使命，能够更有针对性地开展工作，从而使得项目实施也更加明晰化；手段科学包括记录科学化、保存科学化以及维护振兴科学化；规范不足导致部分项目材料内容以及形式不同质。【袁丹，詹芳琼】

比较国外濒危语言保护项目和国内的语保工程，两者既有共性又有差异，国外濒危语言保护项目的经验和教训，也为中国语言资源保护工程带来一些启示。

第一，加快建设“语保工程”的语言资源网站。国外的濒危语言项目都建有自己的网站，这些网站都具有界面友好、内容丰富的特点，“语保工程”建立的语言资源网站也应如此。首先，网站是面向大众的，设计时应考虑到界面的友好性，“语保工程”的网站不仅仅是存储、展示语言资源的平台，更应该让大众通过网站了解中国丰富的语言资源，增强母语保护意识。界面便捷友好是培养大众对语言文化的兴趣、自觉自愿接受语言文化知识的第一步……其次，网站应囊括包罗万象的语言资源，除了展示各种少数民族语言和方言的文本及音频、视频记录以外，还可以提供各种与语言相关的资源列表。

第二，推进中国境内少数民族语言和方言的语言活力评估。国外濒危语言保护项目都十分强调语言活力的评估，如由谷歌公司负责开发和推动的 ELP 项目以“近危”“濒危”“高危”“格式”“唤醒”“生存状况未知”六个等级来标记各种语言的现状；隶属于夏威夷大学语言学系的 LD&C 项目也启动了“夏威夷语言学习评估项目”（HALA），运用心理语言技术来评估说话人的语言能力和语言活力。“语保工程”可以此次调查为契机，评估中国境内各语言和方言的语言活力，以利于制定针对性的保护措施。

第三，挖掘公众智慧，群策群力开展保护工作……国外的濒危语言项目则不同，其子项目大多先由语言学者、语言人类学者或者对语言振兴有兴趣的社区成员撰写项目申请书提出申请，通过评审，最终给予立项资助，因而各濒危语言项

目资助的子项目从内容和形式上来看五花八门，有记录保存濒危语言的项目，也有开发语言软件、语言产品，制作母语故事视频等一系列提高语言使用的项目（详见上文介绍）。“语保工程”可以将统一规范的调查项目与个体自主申报项目相结合，在完成国家规定的调查项目以外，设立一些小额资助项目，让更多的语言学者和对语言保护有兴趣的民间人士参与进来，群策群力，发挥各自的能力和特长，共同推进语言保护工程。

第四，注重规范，严控质量……国外濒危语言项目一方面内容和形式丰富，另一方面普遍存在规范不足或缺失现象。这导致公布的材料内容不同质、形式不统一、质量良莠不齐，这就对后续语言资源开发利用造成了很大困扰。近年来，大数据分析已成为一种趋势，但正如一些专业人士指出的那样，大数据处理的关键就是解决数据质量问题，规避数据错误、保证数据质量，这样才能真正从大数据应用中获得利益……“语保工程”应吸取国外濒危语言项目这一教训，规范先行，对调查材料进行严格审查，确保质量，才能保证后续的语言资源开发应用的成功。【袁丹，詹芳琼】

欧美濒危语言研究对中国语保工作的主要启示如下：

1. 精准识别、确认、记录和建立濒危语言档案对中国语言资源保护十分重要。中国是一个语言大国。中国的语言经几代语言学工作者的调查研究，主线清晰。但时至今日，中国具体有多少种语言？哪些是方言，哪些是土语？哪些少数民族语言、方言或土语处于衰退状态？哪些显露濒危特征？哪些正在走向消亡的边缘？哪些因地理环境、经济状况、教育发展的不同，语言使用现状、濒危程度存在哪些差异？中国的“一族多语、一语多族”之间的语言关系如何？众多状况尚不精准掌握，从而导致中国语言资源保护的针对性不是很强，指向性不是很准，语料采录不是很精。因此，加强中国少数民族语言使用现状调查，摸清人口数量、语言分布、濒危程度已迫在眉睫。这有助于各级政府、语言学工作者精准有序地保护语言资源，提高人力、物力、财力的使用效率……

2. 保证语料的高质量是语保工程的生命线。语言保护重在留存真实可靠的语言资料。因此，坚持语保工作的高标准和语保成果的高质量是语保工程的重点任务。保证语料质量涉及课题管理、实施的各个方面。除了制定严格的规章制度之外，课题的各级管理和子课题执行人员坚守学术诚信、认真负责地完成所承担的工作也是必不可少的基本条件……

3. 学科建设、人才培养和团队建设要与语保人才需要紧密结合……从目前的情况看，学科建设、技术培训、团队建设、人才培养与项目实施尚不匹配，专业人才十分匮乏。此外，中国语言资源保护工作应跟进国外理念，学习先进的技术和方法。他山之石可以攻玉，国外发展成熟的软件应该学习采用。在语料标注中，如果使用 ELAN 软件，可省时省力，提高工作效率，保证语料质量，同时也能促进与国际学术界的接轨。

4. 有声语言以生理电信号（脑电、声门阻抗信号等）和物理视频（图像）音频（声波）信号方式存储，除保留发声、基频、振幅、音高、韵律等生理、物理信息之外，还承载着独特的社会文化信息……这就要求语言保护的内容不仅仅限于语音，同时包括语言使用的习惯、特点、场景，如手势动作、习惯表情、生活情景等。因此对语言的采录，不应一味地追求“标准”的发音和姿态，而应在保证部分高质量语音和规范语言的同时，不排除自然语言的运用，保留语言使用的习惯、场景，对特殊事物介绍时的展示和有些口头传统的吟诵等，亦即除了“标准”的语言外，还应该包括活态的语言。

5. 语言是体现人类文化多样性的一面镜子……因此，所典藏的语言应留存其自身特点，而不能用同一个过于生硬的框架去套。此外语言作为一个表达系统具有自足性和完整性，在汉语极大地影响民族语言的当今时代，很多语言中的汉语借词已经成为表达系统不可缺少的重要组成成分。如果将汉语借词排除在外，无疑将影响一种语言系统的完整性。对一些结构差异大的语言、语言活力程度不同的语言，调查时需要区别对待。【许鲜明，陈勰，白碧波】

三　语言保护（广义科学保护）的方略与措施

（一）多语分用的语言关系协调策略

我十分赞同多语主义的思想，为了使多语主义思想更好地与中国的语言国情相结合，使之更具有可操作性，更行之有效，我觉得可以把多语主义的特征定义为“多语分用”。

“多语分用”的内涵，首先是接受多语共同存在的现实，承认多语共同存在的权利，这就是“多语”。其次，是要明确各语言、各方言根据自己的身份，在这个“多语体”内占据相应的位置，发挥不同的作用，这就是“分用”。拿大家最关注的普通话和方言来说，在同时存在着普通话和各种方言的“多语体”内，普通话

是汉民族共同语，也是中国全民通用语，是官方语言，适用于正式场合，而方言是区域性的，是民间语言，适用于非正式场合……其实普通话和方言所处的层面、扮演的角色、起的作用都不是对立的，而是互补的。既然是互补的，按理说应该和谐共处、并行不悖才是，为何要搞得这么剑拔弩张、你死我活的呢？根本原因就在于缺乏“分用”的观念。

……

“多语分用”的本质是在“多语体”内构建一种分层分类的多语共存体系，使各语言、各方言之间形成主体和多样、高层和低层、正规和随意的多元互补关系，大家各司其职、各行其道，甚至相辅相成、相得益彰。在人类社会发展进入空前复杂多变的历史时刻，中国政府提出了“构建人类命运共同体”的伟大构想。“命运共同体”的构想是在对世界当今形势和未来发展深刻认识的基础上提出来的，符合世界各国人民的根本利益和共同愿望。以“多语分用”为特征的“多语体”完全契合“命运共同体”包容、共存、共赢的理念，必将成为人类社会普遍的生活方式。我们期待这一天早日到来。【曹志耘（2017a）】

对于功能衰退或濒危的语言，记录一定数量的词汇和句子、话语材料是必要的，也是基础工作，但这些材料还不足以对衰退或濒危的语言起到根本性的保护，还应在语言教育、文化传承、传媒应用上采取措施增强其活力。语言的保护，关键在于保护它的使用。【戴庆厦（2017b）】

无论是采用纪录片、专题片、方言或少数民族语言电影电视、宣传片和公益广告、语料视频，还是采用其他声光电相关的手段，也无论是建立汉语方言地理信息系统，还是建立中国民族语言地理信息系统，以服务于文化、科研、教育等社会需求，恐怕都无法改变语言文字在自然的接触、变异、规范、发展等进化过程中所形成的特定语言生态。我们所能够做的，唯有创造需求、赋予价值、保持活力、代际传承，使有人愿说、能说，有人愿用、能用，有人愿做、能做，从而达到语言、方言的可持续发展。【郭龙生】

（二）分层目标与分类指导

语言保护的目的：一是使功能衰退的语言得以恢复语言功能；二是使濒危的语言得以保存其语言事实的记录；三是使功能健全的语言得以增强功能。语言保护工程要区别对象采取不同的措施才能落实到实处。【戴庆厦（2017b）】

多民族国家中的不同语言，由于使用人口、历史状况等存在不同的特点，其语言功能也会存在不同的特点，形成不同的层次。语言保护必须根据具体语言的特点，开出不同的药方对症下药。强势语言的语言保护，要在语言规范、语言普及上，进一步提高其功能；而对于弱势语言，要采取有效措施扩大其使用范围；对于濒危语言，除了抢救记录外，还要想法保留其“火种”。【戴庆厦（2017b）】

（三）语言保护社会化方略

语保工程积极倡导社会化理念，努力践行跨越鸿沟，主动为社会、为地方服务，举办了一系列宣传推广、志愿公益活动，例如“南山会讲”、“故乡·说”创作大赛、“足荣杯”方言微电影大赛、语保志愿者高校代言人等，在一定程度上唤起了社会大众的语言自觉和保护意识。【曹志耘（2017a）】

语言的使用者是社会大众，保护也好，传承也好，说到底都得靠使用这种语言的人。同时，从记录、保存的角度来说，在当今濒危语言、弱势方言迅速衰亡的形势下，仅靠几十名、上百名专家学者通过传统调查记录的方法来抢救保存，则无疑是杯水车薪，根本无法跑赢这场比赛。因此，跨越学者和社会大众之间的这条鸿沟，去触发社会大众的语言自觉和保护意识，引发社会大众的保护行动，就成了我们的必然选择，它远比实际调查工作重要得多，也紧迫得多。

……

语言的使用者是社会大众，语言保护的主体也应当是社会大众，而其中的青少年是关键人群。只有把青少年的语言自觉和保护意识激发出来，让青少年成为传承弘扬优秀语言文化的主力军，语保事业才能取得成功。因此，我们需要针对社会大众，特别是要聚焦青少年，寻找影响当今中国青少年的最有效的方式。基于上述认识，提出四种跨越鸿沟的主要方式。一是明星。二是网络视频。随着网络信息技术的飞速发展，新媒体迅速崛起，网络视频成为当今最具传播力和影响力的艺术形式，要跨越鸿沟，直达年轻人的心灵，网络视频是一条不可忽视的、有效的路径。三是社会活动。年轻人喜欢集体活动和社交活动，也乐于参加社会公益活动，他们身上具有无限的活力和创造力。如果能把语言保护的理念、方法有机地融入到年轻人喜闻乐见的活动中去，必将取得事半功倍的效果。四是文化艺术产品。文化艺术产品是指各种形式的方言文化产品、艺术作品，包括方言APP、游戏、旅游文化产品，等等。我们需要进一步扩大文化艺术产品的范围，特别是要把重点放在那些新潮时尚、生动有趣、具有现代科技特点、适合网络传播的产品上。如果能够创造和提供这种类型的方言文化艺术产品，完全有可能获得巨大的社会影响和经济效益。同时，动画片对小朋友来说具有强大的吸引力，如果能够创作出表现方言文化的优秀动画片，那么它的作用将胜过所有的家长和老师，在少年儿童中产生广泛而持久的影响。【曹志耘（2017b）】

汉语方言学者除了通过各种媒体和其他途径进行大力宣传，一般只能在濒危汉语方言的抢救性调查、记录和保存方面发挥应有的专业作用。濒危汉语方言的保护，说到底是一个庞大的社会工程，并非方言学者所能独立担当。方言学者在深入调查、研究的基础上能提供学理支撑，而各级政府要通过程序把各地的濒危汉语方言按照轻重缓急列入各级非遗名录，这样才能使得保护工作有章可循，走上科学有序的正轨。濒危语言也好，濒危汉语方言也好，其抢救性、存活式保护具有特殊性，不可能像一般的非遗项目通过鼓励、资助代表性传承人而使之得到传承，而需要全社会迅速凝聚共识，充分调动非政府组织、民间社会团体和个人的积极性，努力探讨行之有效的保护措施和方法。【庄初升】

要改变目前自上而下的基本态势，形成自上而下和自下而上的对流态势，调动全社会的力量来保护和抢救语言资源。改变目前以政府主导为主的格局，引导社会力量介入语言资源保护，毕竟“政府＋学者”模式所能做的，比起语言的汪洋大海，还是很小的一部分。要提倡三个“并行”：自上而下与自下而上并行，学术保护与社会保护并行，语言研究与语言应用并行。【甘于恩，陈李茂】

（四）影视典藏与新媒体运用

中国语言资源保护工程的最大特色在于社会化的理念和工作模式。在“社会化”理念的引领下，“影视典藏”的语言资源保护方法便是一种更优化的语言资源采集展示方式，其主要指主题为“方言”“方言文化”的影视片，包括语言结构及其口传文化的使用实态、语言生活、语言态度、语言艺术、语言民俗等；要重点挖掘用特殊方言形式表达的、具有地方特色的文化现象。研究目的在于通过影视记录、展示、保存并保护当前方言和方言文化的实态，搜集活态的语言资源音像素材，并通过影视作品唤起社会大众的文化自信，从而达到语言资源保护和文化多样性可持续发展的目的。影视典藏的主要类型是纪录片。纪录片是一种以真实题材为表现对象的影像形式，根据其表现手法、功能和受众群体，可分为“语料型”和“文化型”两大类。【王莉宁】

新媒体可利用网络媒体技术突破时空限制，重新联结分散在不同地方的原始方言社群，比如建立虚拟空间的方言社群，为方言学习和使用提供良好的环境和平台。方言社群的内部自然有交流需求，而方言正是交流的工具。新媒体可以带来方言文化传播的新形式，如网络游戏、网络视频、网络节目、虚拟社群、APP等。这些形式往往将声音、图片、图像结合，最能使人感同身受，最能引起心理共鸣，加上人们可以根据自己的需求对新媒体传播的方言文化信息进行个性化的筛选，会更有参与感、更加平等、更有乐趣，效率也更高。新媒体还可实现双向互动传播，当代人，尤其是青少年，大都非常乐于通过网络向外界分享自己的点点滴滴，新媒体可以成为守护方言文化的一种方式，人们可根据家乡的方言文化进行各种创作，如拍摄方言文化照片和视频、传唱方言歌曲、制作方言文化海报等。这也符合现代人，特别是青少年的习惯和心理。新媒体已成为现代人获取资讯、进行交易、实现社交和娱乐等活动的首要渠道，我们可用这种大众最常使用的方式来促进方言文化传承。新媒体传播和接收信息方便、快捷、贴身，可用最低的成本最大限度地联结世界。因此，使用新媒体向人们传承方言文化，在技术上具有可行性，在广度、深度、有效性、多样性、互动性包括成本上均具有其他手段无法取代的优势。【杨慧君】

要善于利用新媒体，拓展语言资源保护的广度和深度。媒体的影响力巨大。传统学者善于治学，但如何面对、如何利用媒体，则需要补课。媒体在语言资源保护上有三大作用。一是宣传的作用，以往通常将语言当作交际工具，但对语言作为资源的属性认识还不足，地方媒体宣传语保工程的力度还不够，如何引导媒体在这方面有所作为，有关方面和学者应该加以注意。二是传播信息的作用，其中又分传播方言普及信息和方言专业信息，平面媒体和电子媒体在方言普及方面做了不少工作……三是技术支援的作用。方言一般缺乏文字记载的历史，要记录和传承，必须运用现代手段，需要对有声语言数据进行采录，这里面便涉及许多技术问题。例如可以利用新媒体进行方言的调查与核实，也可以利用某些新形态（如微信公众号）传播方言文化的知识和信息。【甘于恩，陈李茂】

（五）将语言（方言）纳入非物质文化遗产保护

非物质文化遗产的五个方面，口头传统及其作为非物质文化遗产媒介的语言位列第一，可见其地位非常重要。朝戈金认为："口头传统有广义和狭义的两个定义，广义的口头传统是指人类用声音交流的一切形式，狭义的口头传统特指在传统社会的语言艺术，像歌谣，故事，史诗，叙事诗等等。"非物质文化遗产意义上的口头传统在性质上应该是狭义的，即包括歌谣、故事、史诗、叙事诗，等等。

实际上，语言本体中的熟语包括成语、谚语、格言、歇后语和惯用语等，也都属于语言艺术，无疑应该列入狭义的口头传统。这些口头传统直接以语言作为载体，两者之间密不可分，因此都属于非物质文化遗产。除此之外，表演艺术方面特别是传统音乐、传统戏剧和曲艺等，也都以具体的某一语言或方言作为媒介，因此也都属于非物质文化遗产。还有，社会实践、仪式、节庆活动等往往也离不开语言。总之，语言的非遗属性非常特殊，它既是口头传统和不少表演艺术的载体，其本体也是一种非物质文化遗产。

……

今天绝大部分活态的语言都或多或少存在口头传统和以语言为载体的表演艺术。从这个意义上说，这些语言都属于非物质文化遗产。具体到现代汉语，所有方言也都有自己的口头传统和口头表演艺术，它们既是宝贵的语言资源，也是不可再生的文化遗产……总之，任何汉语方言都有相应的口头传统和表演艺术，按照《保护非物质文化遗产公约》的界定，理论上都属于非物质文化遗产。【庄初升】

尽管《保护非物质文化遗产公约》《中华人民共和国非物质文化遗产法》等都明确地把语言列入非物质文化遗产的范畴，近几十年国际社会也一直在强调语言多样性与文化多元化的关系，但是在一般的情况下，更多人还是倾向于把语言看作非物质文化遗产的媒介，而不是看作非物质文化遗产的本身，这与语言既是交际工具，又是思维工具和文化载体的复杂社会属性有关。如前所述，尽管在时空上语言无时不在、无所不在，但非物质文化遗产的属性毋庸置疑，这在国际国内都已经达成一致的意见。我们认为，语言作为非物质文化遗产是否要列入代表作（代表性项目）名录，这才是问题的关键。联合国教科文组织《人类口头和非物质遗产代表作申报书编写指南》第 23 条 b 款 iv 点说："语言就其本身形态而言，不宜作为申报主体。"这个说法形成了一种消极作用。近些年来把语言、方言列入非遗名录的呼声不断，如全国人大代表徐源远在十一届全国人大二次会议上就向大会提交了关于"将方言列入国家非物质文化遗产名录予以保护和发展"的建议。又如福州方言被列入福州市级名录，海州方言被列入连云港市级名录，湘乡方言被列入湘潭市级名录，也受到社会的普遍好评。

如果说一般的语言因为数量众多、生态健康而没有必要也没有可能一一列入名录，那么濒危语言则应该另当别论，特别是那些历史悠久、文化深厚的濒危语言，例如满语、土家语、畲语等。

……

如上所述，有关濒危语言与非物质文化遗产保护的理论认识，完全适用于濒危汉语方言，当前各种濒危汉语方言亟待列入各级非遗名录，使保护工作有章可循。【庄初升】

四 方言习得与传承

（一）语言生态背景下的方言教育

我们认为要引导人们正确地理解方言的社会功能以及方言与普通话的关系，需要引入教育机制，从家庭、社会、学校等层面对国民实施方言教育……本文所指的方言教育，是指运用家庭、社会、学校等多种教育途径，培养受众方言能力，使方言得到更好地保护和传承，而不是把“方言”作为教学用语开展教育活动。

……

引入教育机制，倡导方言教育，运用教育理念，发挥方言教育应有的功能，引导人们多层面地了解母语方言的价值及其文化内涵，树立正确的语言观，对于促进普通话和方言平衡健康发展，提高全民语言素质，具有重要而深远的意义。

……

本文的方言教育内容主要涵盖三个方面：一是家庭教育，引导家长充分发挥家庭在方言习得中的作用，做好口耳相传方言工作。二是学校教育，传授方言学知识，阐明方言的价值和功能以及与普通话的关系，合理依托语文教学，引导方言与普通话和谐共处，倡导语言和文化的多元性。三是社会教育，遵循国家政策导向，引领人们树立正确的语言观，通过广播电视网络等媒介创设学方言的氛围，逐步养成说方言的习惯；通过社会力量适时举办方言培训班，帮助人们学说本地方言。【赵则玲】

（二）方言文化进课堂与校园普方关系和谐

综观当前东南沿海地区的各项实践，“方言文化进课堂”的基本形式大体可分为偏重交际性的活动与偏重文化性的活动两大类，前者以方言本身的教学为主、文化教学为辅，主要形式如日常会话、诵读课文以及即兴演讲等，这类教学形式分布比较广泛，几乎在各个开展地区都存在。适当教授方言知识和日常表达是必要的，但不能喧宾夺主，用方言教学去取代文化教学，因为使用方言进行交际并不属于课堂教学应该承担的主要内容。尤其是使用方言诵读现代文或进行即兴演讲时，由于语料本身承载的传统文化因素较少，师生双方的注意力就更容易聚焦到方言本身，如字音是否“标准”、遣词造句是否“地道”、是否受普通话影响等等。受自身发展程度和规范化程度的制约，绝大多数汉语方言都无法精确、顺畅地表达现代科技术语和政治社会概念，只能将普通话词汇变为方言发音来表达现代名物，这种处理对传统文化传承的意义并不大，反而有可能加重学生负担，因此可减少相应活动的比例。

“方言文化进课堂”应多在传统文化上下功夫，围绕传统文化去开展形式生动、内容多样的活动，将对方言的情感寓于传统文化教学之中，这类活动的主要形式包括:（1）童谣说唱。参与对象以幼儿园和小学低年级为主……一些有条件的幼儿园和小学还将“说童谣”升级为“唱童谣”“演童谣”，集文学、方言、音乐、表演等多种艺术形式于一体，在传承方言文化的同时也增强了学生的美育。（2）方言讲古。进入小学高年级，随着少年儿童智力水平的不断发展，教学材料可逐步由简短的童谣过渡到篇幅较长、情节也较为复杂的民间故事。（3）戏曲曲艺欣赏……无论南方还是北方，地方戏曲曲艺多采用当地方言进行表演，长期的口耳相传已使方言成为戏曲曲艺形式中的一个不可或缺的要素，因此可将二者的传承与保护紧密结合起来。（4）文化读本选修。说唱、表演等形式固然是方言文化传承最为直接的方式，但有时也会受到课时、场地等客观条件以及少年儿童性格差异等主观因素的影响，在受益面上有所制约，这时校本教材的优势愈加凸显。

……

作为一个新生事物，“方言文化进课堂”活动不仅事关校园普方关系的和谐，也牵动着其他领域的普方关系，更深刻影响着普方关系的未来走向。正如李宇明所指出的那样，“教育领域的语言竞争最为激烈”，“当前教育的各领域、各层级、各地区都存在语言竞争”。这就要求我们更加深刻地理解《国家通用语言文字法》的基本精神，既有所作为，通过多种形式让年轻一代继承和发展方言文化的多样性；同时也有所不为，一方面不去削弱国家通用语作为学校基本教育教学用语的地位，另一方面也不去干涉校园私域用语。【李佳】

来源文献

[1] 曹志耘. 关于语保工程和语保工作的几个问题 [J]. 语言战略研究，2017a（4）：11—16.

[2] 曹志耘. 跨越鸿沟——寻找语保最有效的方式 [J]. 语言文字应用，2017b（2）：4—10.

[3] 戴庆厦. 中国的语言传承工作能够为世界提供参考 [J]. 语言战略研究，2017a（3）：78—79.

[4] 戴庆厦. "科学保护各民族语言文字"的理论与实践——"语言保护"实施后的五年回顾 [J]. 贵州民族研究，2017b（2）：185—188.

[5] 甘于恩，陈李茂. 广东语言资源保护：策略与措施 [J]. 学术研究，2017（3）：152—157.

[6] 郭龙生. 保护多种语言活力，服务国家发展所需 [A]. 李宇明. 中法语言政策研究（第三辑）[C]. 北京：商务印书馆，2017.

[7] 李　佳. 也论"方言文化进课堂" [J]. 语言文字应用，2017（2）：27—35.

[8] 王莉宁. 语言资源保护与影视典藏 [J]. 语言文字应用，2017（2）：9—18.

[9] 许鲜明，陈　勰，白碧波. 欧美濒危语言研究及其对中国语保工作的启示 [J]. 语言学研究，2017（1）：25—33.

[10] 杨慧君. 新媒体在语言文化传承中的应用 [J]. 语言文字应用，2017（2）：19—26.

[11] 袁　丹，詹芳琼. 国外八大濒危语言保护项目成效、特点与启示 [J]. 语言战略研究，2017（4）：50—60.

[12] 袁家宏. 大规模语音资料库的采集、处理和研究 [J]. 语言学研究，2017（1）：34—42.

[13] 赵则玲. 语言生态背景下方言教育的功能及对策 [J]. 宁波大学学报,2017（1）：56—60.

[14] 周庆生. 东干语案例可以作为语言传承畅通与中断的典型 [J]. 语言战略研究，2017（3）：82—83.

[15] 庄初升. 濒危汉语方言与中国非物质文化遗产保护 [J]. 方言,2017（2）：247—255.

相关文献

［1］曹志耘．论语言保存［J］．语言教学与研究，2009（1）：1—8.

［2］曹志耘．中国语言资源保护工程的定位、目标与任务［J］．语言文字应用，2015（4）：10—17.

［3］曹志耘．以影视方式进行语言保护［J］．语言战略研究，2016（3）：56.

［4］陈章太．构建和谐语言生态［J］．语言战略研究，2016（2）：1.

［5］戴红亮．走整体把握和协同合作的民族语言保护之路［J］．民族翻译，2014（1）：19—24.

［6］戴庆厦．“科学保护各民族语言文字”研究的理论方法思考［J］．民族翻译，2014（1）：12—18.

［7］范俊军．中国濒危语言自然话语转写规则（试行）［J］．暨南学报（哲学社会科学版），2016a（10）：30—35，130.

［8］范俊军．中国濒危语言有声语档数据规则［J］．西北民族大学学报（哲学社会科学版），2016b（3）：53—61.

［9］方小兵．语言保护的三大着眼点：资源、生态与权利［J］．民族翻译，2013（4）：18—23.

［10］郭龙生．构建并存分用的语言生态环境［N］．光明日报，2016，9月18日第7版．

［11］何　伟，陆　叶，苏　姗．语言地标：互联网语言资源建设新方法［J］．语言文字应用，2016（4）：18—25.

［12］黄　行．科学保护语言与国际化标准［J］．民族翻译，2014（2）：14—19.

［13］黄　行．语言文字保护的原则和方法［J］．语言战略研究，2016（3）：55—56.

［14］李锦芳．中国濒危语言认定及保护研究工作规范［J］．广西大学学报（哲学社会科学版），2015（2）：107—114.

［15］李宇明．语言功能规划刍议［J］．语言文字应用，2008（1）：2—8.

［16］李宇明．科学保护各民族语言文字［J］．语言文字应用，2012（2）：13—15.

［17］李宇明．语言保护几乎是超出人类能力之事［J］．语言战略研究，2016（3）：52.

［18］瞿霭堂．民族语言文字与非物质文化遗产的保护［J］．民族翻译，2010（4）：7—14.

［19］孙成德．满族语言文字的保护和传承刻不容缓［J］．兰台世界，2014（1）：1.

[20] 孙春颖. 非物质文化遗产保护中的语言保护：现状与对策 [J]. 云南师范大学学报（哲学社会科学版），2009（5）：74—81.

[21] 孙宏开. 语言濒危与非物质文化遗产保护 [J]. 云南师范大学学报（哲学社会科学版），2011（2）：1—7.

[22] 田立新. 中国语言资源保护工程的缘起及意义 [J]. 语言文字应用，2015（4）：2—9.

[23] 王　锋. 新的语言观与科学保护各民族语言文字实践 [J]. 西北民族大学学报（哲学社会科学版），2016（2）：108—113.

[24] 王莉宁. 中国语言资源保护工程的实施策略与方法 [J]. 语言文字应用，2015（4）：18—26.

[25] 肖建飞，刘海春. 非物质文化遗产保护中的少数民族语言保护 [J]. 黑龙江民族丛刊，2011（4）：140—145.

[26] 肖自辉，彭　婧. 论濒危语言语档的大众化、现代化和产品化 [J]. 西北民族大学学报（哲学社会科学版），2016（3）：62—68.

[27] 叶小军. 羌语保持的语言人类学思考 [J]. 黑龙江民族丛刊，2014（6）：153—157.

[28] 张日培. 治理理论视角下的语言规划——对"和谐语言生活"建设中政府作为的思考 [J]. 语言文字应用，2009（3）：53—62.

[29] 张晓明. 方言博物馆布展策略研究 [J]. 山东理工大学学报（社会科学版），2015（2）：61—65.

[30] 周庆生. 语言保护论纲 [J]. 新疆师范大学学报（哲学社会科学版），2016（2）：126—131.

我国少数民族的语言权利及其法律保障

语言权利是语言政策研究的重要课题，“语言政策要解决的各种问题中，相当一部分可以表述为语言权利问题”（郭友旭 2009）。语言权利概念的价值取向主要是语言多样性和语言平等，核心内容关涉“语言使用”，因此语言权利是语言保护视域下相关研究的重大关切，周庆生（2016）认为语言权利是语言保护的重要对象。

语言权利是一个异常复杂的理论话题，“语言权利自诞生之初（18 世纪末的西欧）至今的两个多世纪里，包含着内在的对应关系和矛盾性，形成了数种对峙和关联——关于个人语言自由与集体语言权利、自由主义与认同政治、语言公正与语言生态等相关问题的讨论和争议”（肖建飞 2010）。语言权利关于语言多样性和语言平等的价值诉求在全球化、信息化浪潮下受到的质疑，语言公平（中立）和交际效率之间的冲突、语言文化利益和社会发展利益之间的冲突、不同层次主体（包括国家、群体和个人）的语言权利主张之间的冲突等构成的理论困境，语言权利的超国家性以及国家主权受限下的政策考量，使得国际上关于语言权利的理论共识少之又少，在内涵、外延（权利内容）、分类等方面众说纷纭，在母语放弃权（语言转用权）、语言权是否属于人权、语言权是否包含方言权等问题上争议尤甚，“世界各国要达成一份详细列举语言权利的有约束力的普遍性法律文件还有很长的路要走”（郭友旭 2009）。2002 年，苏金智发表《论语言权》[①]，将语言权利研究引入国内。之后，出现了一批引介国外相关理论探索和国际法中语言权利内容的研究，如李立（2007）、肖建飞（2010）、袁长青（2011）、李娟（2013）、郭友旭（2016）等。

在引介国外语言权利研究的基础上，国内的相关研究结合中国实际，围绕语言权利基础理论、我国少数民族语言权利、我国少数民族语言文字立法等问题进行了探讨：

——语言权利理论探讨。相关研究主要探讨了语言权利的内涵、外延、分类、性质、特征、规范原则等理论问题。（1）内涵。苏金智（2002）、杨晓畅

① 苏金智（2002）试图区分“语言权”和“语言权利”，郭友旭（2009）则认为这徒增烦恼，二者可以区分为“基本语言权”和“非基本语言权”。本报告亦不再区分这两个术语。

（2005）、刘红婴（2006）等进行了探讨，郭友旭（2009）在他们基础上认为，语言权是"围绕选择使用母语（本语言群体的语言）或其他语言而形成的一系列权利的总称"，揭示了语言权的核心是在使用何种语言表达思想、感情和认同问题上的选择权或自由。（2）外延（权利内容）。苏金智（2002）最先从语言教师国际协会《基本语言权普遍章程》中析出了语言使用权、语言学习权和语言传播权，后被广泛引用；蒋可心和杨华（2005）、杨晓畅（2005）在其基础上增加了语言保障权、语言接受权；李宇明（2008）提出了母语研究权和母语放弃权；郭友旭（2009）则认为，上述研究有欠缜密分析，很多没有必要单独列举。不过，就语言的"（选择）使用权"是语言权利的核心内容而言，没有争议；"母语教育权"也得到广泛认同。（3）分类。刘红婴（2006）列出四种分类，郭友旭（2009）从国际研究中析出六种分类方法，包括基本语言权和普通语言权、个人语言权和群体语言权、宽容性语言权利和促进性语言权利、消极的语言权利和积极的语言权利、属人的语言权利和属地的语言权利、工具性语言权利和非工具性语言权利。（4）性质。范俊军（2006）指出语言权利具有集体性（群体性）、地域性、非排他性、非独立性、约束性，郭友旭（2009）予以认同，同时认为其中的"非独立性"是指"牵连渗透性"。（5）规范原则。郭友旭（2009）认为语言权利的规范原则包括平等和效率原则、群体权利和个人权利并重原则、属地原则为主兼顾属人原则，并赞同温斯托克的语言政策三原则，即最小化、反象征、可修正。

——我国少数民族语言权利研究。语言权利通常是就语言少数群体或少数民族的语言权利而言的，因为"居于多数的语言群体及其成员的语言权利是受社会的规则和惯例保障的，在他们看来享有语言权利属于当然"（郭友旭 2009），所以中国语境下的语言权利研究主要指向少数民族的语言权利。[①] 新中国成立以来，我国在推广普及国家通用语言文字的同时，始终高度重视少数民族语言权利的保障问题，周庆生（2013）、孙宏开（2015）、乌兰那日苏（2007）等对我国的少数民族语言文字政策法规、少数民族语言文字事业发展状况进行了全面细致的梳理。在《宪法》第四条"各民族都有使用和发展自己的语言文字的自由"的总原则下，2010 年颁布的《国家民委关于做好少数民族语言文字管理工作的意见》首次将"语言权利"写进国家政策性文件，规定"依法保障各民族使用和发展自己语言文字的权利"，这意味着保障少数民族语言权利已经成为我国显性语言政策的重要内容。我国少数民族的两大基本语言权利尤其受到学界关注，一是用民族

① 也有一定数量的研究涉及方言权利及其保障问题，限于篇幅，本专题暂不进入。

母语接受教育的权利，二是用民族母语进行司法诉讼的权利，窦梅（2005）、刘云飞（2008）、陈宾（2013）、何波（2009）、冉艳辉（2012）等分别进行了专题探讨。郭友旭（2009）指出，我国对少数民族语言权利的保障采行的是集体保障原则和属地原则，政府的促进性语言权利体制安排和实践表明少数民族语言权利是一种积极权利。郭友旭（2009）进一步认为，“近60年来，中国在民族政策和民族语言文字问题上有过倒退[①]，但总体来说，坚持了民族平等和民族语言文字平等原则，对这些原则的虔敬和执着在人类历史上到达了新的高度，与她相对落后的经济、科技发展水平形成了很大的反差。加拿大、澳大利亚等国在民族语言问题上的正式实践晚了中国20年，中国的民族平等、语言平等的政策可以包容多元文化主义，但多元文化主义无论是在理论基础还是在实践上都略逊一筹。中国保障少数民族语言文字权利的立法和实践与发达的西方世界相比，说起话来应更理直气壮”。同时，杜社会（2011）指出，“比较国际法、国家法、地方法可知，少数民族语言文字权利保障法律框架在我国已届形成，在保障标准和具体内涵上三者基本保持了一致，个别领域有所差异，表现为国内法对国际法标准的超越，比如在司法程序中本民族语言使用权利保障方面，这种超越给法律实施造成了一定的经济困难。此外，对个别权利的具体内涵上，存在着错误解读现象，如将‘平等使用本民族语言文字权’误读为‘语言平等权’，给理论研究和法律实施产生了一定的误导”。瞿霭堂（2010）也指出，语言平等不等于语言上的“平均主义”，不平均不代表不平等；平等是指使用和选择上的自由，不是使用上没有限制的“等同”。

——我国少数民族语言文字立法研究。因为没有司法救济措施的权利本质上不是权利，所以很多关于少数民族语言权利的研究关注了少数民族语言文字立法及行政保障问题。周庆生（1994）指出“语言权问题是语言立法中的一个永恒主题”，郭友旭（2009）认为“语言少数群体的语言权利是语言法应予关注的核心对象”。相关研究主要包括三方面内容：（1）考察国外的少数民族语言政策及相关立法情况，如周庆生（1994，2002）、李红毅和李建军（2007）、马艳玲（2012）、耿红福（2013）等，其中加拿大、欧盟、俄罗斯等是关注重点。（2）探讨语言立法的基本理论问题，如薄守生（2008）、黄德宽（2010）等，其中“软法”理论值得关注。（3）建议制定统领性的少数民族语言文字专门法律《少数民族语言文字法》，如李旭练（2007）、乌兰那日苏（2007）、王远新（2008）、郭友旭

① 指“文革”期间的极“左”路线。

（2009）、张惠玲（2014）等，相关研究多角度论证了其必要性，如对《宪法》和《民族区域自治法》的相关原则性规定予以细化、在国际人权斗争中掌握主动权等。应该说，在我国已经颁行《国家通用语言文字法》的情况下，没有《少数民族语言文字法》是一大缺憾，但在这个问题上，还存在不同意见。

2017 年，黄行（2017）讨论了市场经济条件下少数民族语言权利既关乎“社会效率”、又关乎“社会公平”的两重性，何山华（2017）在述介国外相关研究的基础上就“母语放弃权”进行了理论探讨，实际上都是关于困扰语言权利的核心问题的思辨。同时，蒋都都（2017）、杨解君和蒋都都（2017a，2017b）围绕 2014 年教育部哲学社会科学重大攻关项目“国家语言文字事业法律法规体系健全与完善研究”连续发表文章，探讨语言权利视角下的语言立法问题。他们认为，国内关于语言权利的研究取得了很多理论成果，但没有将语言文字权利与法律规范联结起来，因此深入分析了语言权利的法律属性，进而依托“软法 / 硬法”理论提出了针对不同属性的语言权利的法律规范模式。此外，他们还探讨了语言立法的基本权利模式和非通用语言文字立法的问题。本报告发稿时，苏金智（2018）发表了《从语言立法宗旨和功能看中国语言立法》，指出杨解君和蒋都都（2017b）“提出目前中国语言立法现状需要完善的看法是有参考价值的”，同时认为“不必制定专门的少数民族语言文字法”，“国家确立语言平等政策和保护政策，确定少数民族语言文字的地位，具体使用由地方制定法规，这是一种比较切实可行的立法构想”。

2017 年值得关注的研究内容摘编如下：

一 市场经济条件下少数民族语言权利的两重性

市场经济的一个普遍特点或许也是缺陷，就是比较追求效率而可能忽视公平或平等，因为如果是公平地追求效率，就应该有平等的规则和起点。但是在事实上，少数民族和主体民族在获得效率的规则和起点并不平等的情况下，少数民族应该享有适当的优惠政策，以补偿其获得“效率”的“公平”。

在这个意义上，少数民族在语言社会生活领域面临着两个主要的问题。【黄行】

（一）推广国家通用语言文字与“社会效率”

一方面，少数民族需要尽快掌握和普及国家通用语言文字，以在市场机制体

制下平等地获得诸如经济收入、接受教育、就业机会、社会保障、卫生保健、居住条件、公共文化服务等与“社会效率”有关的语言权利。

以国家语言社会生活为例，中国绝大多数经济社会、科学技术方面的知识信息是靠汉语文产生、传播和运用的，因此社会交际效率最高的语言工具无疑是国家通用语言文字，少数民族语文处于绝对的弱势和劣势；而信息技术、互联网等现代通信技术的发展，又进一步加大了汉语文和民族语文之间的差距。所以少数民族如果不掌握国家通用语言文字就无法平等和充分地参与国家社会生活，在中国少数民族地区的国家通用语言文字普及程度还远远达不到一个现代化国家应有的水平，因此推广国家通用语言文字仍是一项长期的工作和任务。【黄行】

（二）保护少数民族语言文字与“社会公平”

另一方面，少数民族也应依法享有和行使国家制定的各项倾斜性民族语言政策，以使少数民族在民族区域自治、母语文化传承和语言群体认同等方面获得与“社会公平”有关的语言权利。因此当前“使用和发展少数民族语言文字的权利”的政策兼有《宪法》《民族区域自治法》等赋予的民族自治地方语言文字的自治权利，和在市场机制体制下少数民族平等地获得与语言有关的“社会效率”的优惠政策的双重含义。

少数民族语言的社会功能与国家通用语言有明显的不同，它们更多地体现在少数民族的母语权利、传统文化载体和协调国家通用语言与民族语言关系等方面。因此，少数民族使用和发展本民族语言文字，对于保障少数民族平等的社会权利、传承民族传统文化、维护国家安全和稳定、促进民族团结进步和民族地区经济社会的繁荣发展具有重要意义。

在保障少数民族母语权利方面，中国政府主要采取了两项措施：一是对有历史文献记载的蒙古语、藏语、维吾尔语、哈萨克语、朝鲜语等活力保持较好的民族语言，进一步促进它们的标准化、信息化等语言现代化的水平，以适应现代社会母语使用和发展的需要；二是对众多无文字记载的濒危少数民族语言，开展“科学保护”的语言规划，特别强调多样性的民族语言对保护少数民族非物质文化遗产的作用。

……

从纵向发展看，中国日益成熟和普及的市场经济体制，要求作为语言社会交际效率最高的国家通用语言必须在民族地区大力推广普及；从横向比较看，世界发达国家和地区通用语言文字的推广和普及工作早在其工业化和现代化的进程中已基本完成，而国家通用语言文字的普及程度在中国少数民族地区仍处于相对落后的水平。

……

在新的市场体制下，既定民族语言政策法规与现行行政规划之间已经出现某些分离的趋势，主要表现为民族语言政策法规更多是体现语言在“民族区域自治制度”中的民族自治权利，而民族语言行政规划则更多强调语言文字在加快民族地区社会经济发展中的作用。【黄行】

二　语言权利视角下的语言立法

（一）语言权利的法律属性

1. 兼具“公”与“私”的属性。

权利的“公”“私”属性，关系到语言文字权利是否需要规范以及如何规范的问题。在笔者看来，语言文字权利的一个重要特性就在于其兼具公权与私权，从而使得语言文字立法对语言文字权利难以采取单一的规范模式。

……

从私权体现私人利益或个人基本权利来看，语言文字权利毫无疑问是属于私权性质的权利。在无政治因素介入的情况下，语言文字权利相较于其他私权（如财产权、自由权等）而言，具有非排他性和非独占性的特点，即主体在享有语言文字权利时并不妨碍他人享有相应的语言文字权利，语言文字不能被个人所专有，“不同的人可以使用同一种语言而不使其价值减损，相反，使用的人越多，语言就越有价值和活力”，使用该种语言的人也越方便生产生活……事实上，如果不是政治因素的介入，语言文字并不需要立法。因为，语言文字是建立在社会共识和相互同意基础上的，任何个人的违反只会给自己带来不便。这是语言文字权利的特殊性所决定的。

……

这种群体与群体之间的语言文字关系调整以及国家官方语言文字地位的维护问题，决定了语言文字权利自其概念产生以来便被赋予了公权的属性。不过，语言文字的公共权利同样具有不同于其他公共权利的特性。语言文字权利的公共权

利主体基本上是以某一语言群体或集体身份出现的，如少数民族、民族国家，而当个体牵涉到语言文字的公共权利时，常常是因为其具有某一群体的身份……语言文字权利的公共属性，赋予了国家机关对外维护国家、民族及相关群体语言文字的语言文字主权，对内的调整、保护语言文字正常生存、发展及公民自由使用的语言文字管控权。

综上，私权属性是语言文字权利的自然属性，而政治的介入使得语言文字权利具有了公共权利（力）的属性。

2. 兼具消极与积极的权利属性。

对语言文字权利的消极与积极权利性质的分析，关系到立法规范对语言文字权利的保护模式。因为，在语言文字立法中，需要"依其'消极权利'或'积极权利'的属性或品格，建立适当、合理的保障制度"。

……

我国宪法中对语言文字权利或自由做了原则表述，宪法第四条明确规定"各民族都有使用和发展自己的语言文字的自由"。由此亦可知，语言文字权利属于公民的自由权范畴，具有消极权利属性。

……

语言文字权利的积极权利属性，主要体现在群体以及以群体身份为前提的个人的语言文字权利上，尤其是作为少数人群体的语言文字权利……

3. 语言文字权利中的隐性义务。

立法实务和理论上之所以强调公民的语言文字权利而很少强调公民的语言文字义务，很大程度上是因为语言文字义务的隐性存在。语言文字是一种社会产物，是建立在社会共识和相互同意基础上的，是一种无意识契约，而且具有相对稳定的结构，有其自身的语法规则。在语言交往中，语言文字行为者不自觉地遵守着语法规则，若不遵守语法规则就会与社会出现沟通障碍或误解。因此，在语言生活中人们无时无刻都在不自觉地履行着语言文字法则的义务……总体上，在语言文字行为关系中，公民的语言文字权利和义务是对称的，只是语言文字义务隐性地存在其中。【杨解君，蒋都都（2017a）】

（二）与语言权利属性相对应的法律规范模式

语言文字立法关于个人语言文字权利的规定，原则上宜采用"软法"规范模式。

……

语言文字立法对国家的语言文字积极保障行为的规定必须是强制性的，从而使公民的语言文字权利不至于成为无力的政治宣言……语言文字权利的积极权利属性，要求语言文字立法采取“硬法”的规范模式。从国际法视野来说，这种对国家积极行为予以“硬法”规定，以保障公民语言文字权利的充分享有，正是国际上有关语言文字条约或宣言的基本精神，是诸如《土著民族权利宣言》《在民族或种族、宗教和语言上属于少数群体的人的权利宣言》等的主要议题。

……

个人的语言文字权利，属于私权范畴，国家无正当理由不得干涉。禁止国家对个人语言文字权利的强制干预，是建立在公民个人行为对语言文字发展不具损害可能的基础之上的。在生活中，公民个人的语言文字行为由于遵循隐性的语言文字义务，且个人对整体的语言文字行为难以产生影响，因此个人通常对语言文字生态不具有可损害性。然而，进入工业化尤其是信息化时代以来，公民个人语言文字行为在部分情况下足以影响到不特定的人群，甚至能够大范围地产生语言文字使用的错误示范，从而改变现有的语言文字生态。这主要体现在相关主体的社会用语用字上，如广播电视的语言文字行为、工商及其产品标语标识的语言文字、网络广告语言文字等，这些用语用字行为都能形成范围广阔的社会效应。若持续不正确或不当使用，很容易改变语言文字的现有状态而破坏原有发展规律。可见，社会用语用字已经突破了公民原有语言文字权利的私权属性，进入了公共权利的领域，使得这种语言文字行为具有公共性；在使用时若偏离了原来隐性遵循的语言文字义务，就会影响到整个语言文字群体及国家语言文字利益。因此，在社会用语用字中，国家有必要介入以保护语言文字生态和谐。

语言文字中的社会用语用字，事实上已经公共化，为了保护语言文字生态的和谐和全社会的正常使用，做出强制性规定是必要的，也是保证语言文字权利义务对称的基本要求。所以，在社会用语用字问题上，语言文字立法应当在坚持“软法”规范为主的同时，还应该辅以一些必要而适当的“硬法”规范。

……

通过对语言文字权利法律属性的分析，可以明确语言文字立法中应配置“软”“硬”两种法律规范，从而依不同主体和不同情形选择不同的规范模式。在权利属性与规范模式确立的基础上，立法才能进一步针对不同的主体设置具体的权利义务和法律责任等。具体来说，对于个人或私域，法律规范原则上应采用

"软法"规范，通过教育和引导的方式而不是规定义务或责任来应对；对公域范围的语言文字权利，在坚持以"软法"规范为主的基础上，可以适当采用"硬法"规范；对政府的语言文字权限，应明确规定义务、职责和法律责任，避免侵犯公民的语言文字权利和损害语言文字的健康发展。在权利救济上，应为公民的语言文字权利的平等享有及免受公权力侵犯提供救济途径，对公民的积极语言文字权利内容应逐步有条件扩大保障范围，并提供必要的救济途径。

总之，我国不同语言文字之间的和谐发展、语言文化事业的繁荣以及公民语言文字权利的保护，不仅需要有健全的语言文字法律体系，而且还需要在理论和实践上明确语言文字权利的法律属性和法律规范模式，并在此基础上建立完整的法律保障制度。【杨解君，蒋都都（2017a）】

（三）语言立法的基本权利模式

目前，大多数国家和地区都是从保障基本权利出发来构建语言法律制度，由此便形成了语言文字立法的基本权利模式，这种模式的共同特点是：（1）通过一定的方式，如制宪、修宪或违宪审查，在宪法中确认语言权的基本权利地位。（2）以基本权利保障为基本目标，制定语言保护法。这类立法所使用的基本原则和框架大体相同，即大多以语言文化多样性和语言平等为政策导向和立法原则。（3）以专门的监督管理机构（如国家语言文字工作委员会）、公共服务机构和行政法责任为核心，以民事责任和刑事责任为辅，构筑语言权利保护法的执法和实施机制。只有以基本权利模式重构语言文字立法，才能在语言文字的规范化与多样性、标准化与创新性、有效监管与便民服务之间，寻求适度的平衡。【蒋都都】

我国的国家与语言之间的关系，现有立法呈现出来的是功利主义模式，即国家主要从规范、通用、便利的角度进行语言文字立法，管理思维主导下的现有语言文字立法存在的主要缺失在于无法有效保障语言权利……

比照语言文字的基本权利模式，就会发现现有的这些语言文字立法及其思维模式还存在以下几个方面的深层次不足：一是现有立法的碎片化现象较为突出，如仅有通用语言文字的专门立法，而没有对少数民族语言、聋哑人手语、方言等非通用语言文字进行特别立法，以致没有对二者进行一体保护。二是从语言权利国家保护义务的履行来看，国家对通用语言积极作为提供公共服务以及提供物质设施条件方面可谓不遗余力，《国家通用语言文字法》第四条第一款、第二款规定："公民有学习和使用国家通用语言文字的权利。国家为公民学习和使用国家通用语言文字提供条件。”而对少数民族濒危语言的抢救和保护、对方言的支持、对聋哑人手语使用者提供公共服务等方面，则在立法时缺乏必要的关注。三是语言文字立法领域高位阶的法律规范由于过于抽象流于形式，以致各种规范性文件大行其道，行政执法部门的定位、权限也因之不甚明确。【蒋都都】

应明确语言文字立法主要是基本权利保障法，而不是仅限于语言文字管理法。在管理思维立法中，语言权利被降格为维护语言规范化和标准化的手段。在基本权利模式主导下的语言权利保护法以语言权利保障为核心，但在管理思维主导下，语言规范化成为其立法的核心保障目标。

……

如果确立以语言权利保护为核心目标的立法模式，就需要首先在宪法层次厘清语言权利与国家语言管理权之间的权利和权力关系，明确语言文字立法主要是语言权利保障法，在暂时无法通过修宪程序纳入语言权利条款的情形下，应通过系统的立法保障语言权利，处理好语言的多样性、平等性与语言的规范化、通用化之间的关系。

……

采纳基本权利模式并不意味着要推翻现有语言文字立法，新的立法完全可以与既有的立法相兼容。以基本权利模式为主导的系统立法并不意味着要推倒重来，采取基本权利模式也并不意味着要彻底否弃规范化方面的立法。恰恰相反，基本权利模式完全可以吸纳规范管理思维，从而在现有立法的基础上进一步推进语言权保护立法工作。当我们转变立法模式，从保障语言基本权利出发来系统构筑语言文字立法的时候，现有的这些原则和条款，只要不与基本权利保障理念相冲突，都可以直接吸收到新的语言权利保护法当中去。也就是说，在基本权利立法模式下，语言文字立法要实现从单一的规范管理目的向“保护、服务、规范”并存的多元化目的的转变，实现从“监管法”向“治理法”的转变。【蒋都都】

有学者指出，语言法体系探讨的主要问题包括：语言权利，语言平等，语言多样性与文化多样性，语言立法……法定语言规范，语言政策，语言运动，双语种或多语种环境，未来的全球语言格局及国内的语言法趋向。这一包罗甚广的语言法体系展示了多语共存背景下，在基本权利立法模式引领下，系统推进语言文字立法应从基本权利的防御功能、给付功能和国家保护义务三个面向同时并举……综合性语言文字立法应以语言权利保障为核心目的，确立语言多样性、语言平等、语言规范化为三大立法原则，国家必须负起积极义务，应逐步消除目前因公私领域区别导致语言权利承认与否的差异，建置相关制度以维持母语的使用，确保各语言的语言权利平等，使珍贵的语言文化资产得以可持续发展。与此同时，基于沟通交流的便利，在公共领域也要强化语言文字规范化的管理和监督。【蒋都都】

（四）非通用语言文字立法的宪治考量

我国国家通用语言文字是指普通话和规范简体汉字，因而本文所述的“非通用语言文字”指的是除普通话和规范简体汉字以外的其他语言文字，包括少数民族语言文字、特定人群语言文字（如盲文、手语）、特定地区语言文字（如各地方言及港澳台地区所使用的语言文字）以及外来语言文字等。由于这些非通用语言文字具有一些共同的特征，如均为少数人使用、非官方地位或非全国通用、处于弱势地位等，因而本文统一以“非通用语言文字”整体概括之。

……

通用语言文字的法制建设和成就，对于我国整个语言文字事业的发展来说只是“半壁江山”，语言文字事业不可忽略非通用语言文字法制建设。如果说《通用语言文字法》的价值取向与目标是维护国家主权和民族尊严，促进国家统一、民族团结及各民族、各地区经济文化交流，那么，非通用语言文字事业的建设同样有着丰富的政治、经济、文化价值，它蕴含着文化和权利的多样性、公民语言文字权利平等和自由价值，关系着文化传承与认同，影响着我国各民族各地区语言文字的和谐发展。

……

依法治国首先是依宪治国。无论是立法还是执法甚至司法，都要依据宪法。同样，加强非通用语言文字立法，既是宪法及其实施的要求，也是彰显宪法精神的应然表现。非通用语言文字立法，必须要具有宪法依据，这是其合宪性和合法性的基础；同时，对非通用语言文字权利进行立法保护，则是落实公民语言文字宪法权利的必然选择。依据宪法对语言文字实行治理并进而达致“善治”，需要有非通用语言文字立法对宪法的具体化与落实，而非通用语言文字立法是实现宪法治理的具体行动之一。

……

在宪治的理念之下，无论是从体现和保障公民基本权利的角度还是从国家机关介入语言文字生活秩序的角度，拟或从法律体系的完整性和完善法律制度等多个角度，都需要构建起完整的语言文字权利法律制度，协调发展和同步推进“通用语言文字”与“非通用语言文字”，从而实现立法功能的多维：既保障国家的语言文字主权和通用语言文字的主导性地位，又全面保障非通用语言文字使用群体的语言权利，促进文化的多样性；既赋予国家语言文字管理机关一定的干预和管理权，又规范和约束其管理监督行为。

……

首先，从自由权的角度来说，非通用语言文字不应受到不正当限制。其次，从平等保护弱势群体的人权角度来说，一方面非通用语言文字需要享有与通用语言文字平等的权利而不受歧视；另一方面，由于非通用语言文字或因使用人数少或因发展不足等处于弱势的处境，在语言文字的自然发展中处于先天性的弱势语言地位，因而应对非通用语言文字区别对待，采取特殊措施予以优先保护。再者，为促进各民族各地区的共同发展，国家法律在非通用语言文字方面不仅要承担起保护的功能而且还应发挥促进发展的功能。这是未来非通用语言文字立法所应承载起的人权保护功能。

……

通用语言文字权利与非通用语言文字权利之间的关系，映衬了国家语言文字管理权与公民的非通用语言文字自由之间的矛盾。为了维护国家主权和民族尊严，促进国家统一和民族团结，推进社会主义物质文明和精神文明建设，法律赋予了某些特定国家机关以语言文字管理的权力，就必然会在某程度上限制公民的非通用语言文字权利，并由此导致国家语言文字管理权与公民非通用语言文字权利的失衡。这就需要通过适当的制度安排，对国家语言文字管理权和非通用语言文字权利重新予以合理配置，实现二者的权力与权利的结构性均衡。因此，必须加强立法，给予非通用语言文字一定积极保护，建立相关保障机制。非通用语言文字立法，具体来说，一方面需要对国家设置一定的非通用语言文字保护义务，以实现国家的语言文字管理权与非通用语言文字保障义务的均衡；另一方面需要有力地扩宽非通用语言文字群体的语言文字权利，实现非通用语言文字的健康发展，以使国家机关的语言文字管理权力与公民的语言文字权利相均衡，使通用语言文字与非通用语言文字发展相均衡。

因此，对非通用语言文字进行立法，是在满足通用语言文字发展的同时，对非通用语言文字权利的保护，是国家语言管制与公民语言文字自由之间的均衡，

也是通用语言文字与非通用语言文字之间的均衡。【杨解君，蒋都都（2017b）】

三　基于国外已有研究的关于“母语放弃权”的思考

放弃母语能否成为一种权利，需要弄清楚下述几个问题：（1）个人是否有权利离开其所属民族？（2）小族群体成员放弃母语将会进一步减少这一语言的使用人数，是否会使其他民族成员陷于更为不利的境地，个人是否对此负有道义上的责任？（3）小族群体改换母语将导致语言多样性的减少，他们是否有义务为了维护语言多样性而继续使用其原有语言？（4）如果放弃母语成为一种权利，其相应的权利主体和义务主体是什么？【何山华】

（一）个人是否有权退出其所属社群

以上三种理论关于退出权的论证核心并不相同，但三者均认为当个人对于原先的社群产生了根本性的不满时，个人拥有退出的权利，且无须他人赋予这一权利。需要指出的是，这种退出是一种全面的退出，包括文化、语言、认同以及经济和政治归属，放弃母语是这种退出的题中应有之义。【何山华】

（二）学习主流语言与小族语言孰利

对于小族群体而言，其本族语言使用人数的减少确有可能导致其境况更为不利，这种担忧主要是一种工具主义的考虑，即将语言主要作为一种交际工具。但如果仅考察语言的工具性价值，小族群体学习主流语言的权利可能比使用母语的权利更为重要，至少也是同等重要。它将为小族群体带来改善自身境况的机会。

语言权利研究的先驱坎加斯 1983 年就提出语言权利的内容应包括“选择并完整学习至少一种所在国官方语言的权利”。然而这种权利在语言多样性的国际主流价值面前往往受到忽视……这一案例反映了一种世界范围内广泛存在的现象，即小族群体的家长希望其子女转用主流语言，而非继续使用其本族语言；但这种愿望，在政府出于民族主义或其他原因推行母语教育的现实面前，往往遭到忽视。

世界各地小族群体的生存状况表明，小族语言要获得保存和发展，使用该语言的族群的社会经济状况至关重要……如果小族群体的社会和经济状况在社会上处于全面劣势，那么固守母语带来的后果可能是族群文化的全面消亡。对他们而言，学习官方语言以及外语的权利有助于其融入主流社会，改善自身境况，由此保障族群的生存。对于该类群体而言，放弃母语固然可能导致其语言的衰亡，但如果借此改善了经济状况，却可以保存其文化的其他维度……犹太人在以色列恢复希伯来语的案例则说明当一个族群获得了稳固的社会和经济地位后，甚至可以使一门死去的语言复活。【何山华】

（三）维护语言多样性的责任在于政府还是小族群体

从目前国际上的主流做法来看，倾向于把促进语言多样性的义务交给国家而非小族群体。小族语言之所以成为小族语言，大部分情况下并非自然发展的结果，而是政治建构的结果，因此一个国家出现多语共存的状况并不是小族群体的责任。世界范围内有很多小族群体自愿转用了主流语言，但有学者指出这种自愿大部分情况下是一种假象，其背后是主流语言对小族语言生存空间的挤压。鉴于此，政府（通常使用主体民族的语言）应有义务提供资源和保障措施，鼓励小族群体使用其母语。实际上也只有国家才能调动相应的资源保障小族群体在使用母语的同时享受生活上的便利。【何山华】

（四）放弃母语的权利是积极权利还是消极权利

基于上述解释，放弃母语的权利主要是一种消极权利，公民享受这一权利只需要政府保持不予干涉即可。与退出国籍的权利相比，放弃母语并不需要在法律上和经济上获得所在国的允许，不存在经济成本，也不涉及目标国的接受问题，权利的实现较为便利。如果将该权利定位为积极权利，则意味着要求政府保障这一权利的实现，这与当前语言权利主张小族群体使用母语的诉求相冲突，也会在实践中导致混乱。【何山华】

（五）个人或群体均有权利放弃母语

无论对母语取民族学还是语言学的界定方式，个人或群体均有权利放弃母语，转用其他语言；小族个人或群体不因保存其本族语的义务而在语言选择方面受到限制；放弃母语的权利是一种消极权利，可以从语言选择权中推导而出，不必单独列为一种权利；在语言管理的实践中，政府只要履行不予干涉的消极义务即可，同时可以允许双母语现象的存在；对于儿童而言，其母语的选择权可以交由父母决定，但成年之后可以自由决定是否继续使用该语言。与此同时，放弃母语固然应是一种权利和自由，但无论是个人还是群体，对于这一权利的使用应慎重。改换母语对于个人而言不仅是交际工具的变换，在很大程度上也意味着民族认同的改变；对于整个族群而言，则毫无疑问是对传统文化的放弃，这一进程基本上是不可逆的，任何在未来的重构都无法挽回这种叛逆与断裂所带来的损失。在具体的语言管理中，如何在保障母语放弃权和维护语言多样性之间取得平衡，则需要从事语言规划研究和实践的从业者继续深入探讨。【何山华】

来源文献

［1］何山华 . 放弃母语的权利：语言政策与规划维度的思考［J］. 语言战略研究，2017（1）：83—91.

［2］黄　行 . 经济体制转轨对中国民族语言政策的影响［A］. 李宇明 . 中法语言政策研究（第三辑）［C］. 北京：商务印书馆，2017.

［3］蒋都都 . 构筑语言文字立法的基本权利模式［J］. 法治论坛，2017（3）：53—69.

［4］杨解君，蒋都都 . 论语言文字权利的法律属性及其规范模式［J］. 南京社会科学，2017a（11）：84—91.

［5］杨解君，蒋都都 . 我国非通用语言文字立法的宪治考量［J］. 中国地质大学学报（社会科学版），2017b（4）：139—147.

相关文献

［1］薄守生 . 说语言法［J］. 河北法学，2008（7）：73—76.

［2］陈　宾 . 论双语司法的程序保障［J］. 司法改革论评，2013（2）：256—265.

［3］窦　梅 . 论少数民族当事人使用本民族语言进行诉讼之权利的司法保障［A］.《团结》杂志编辑部 . 司法体制改革专题研讨会论文集［C］. 2005.

［4］杜社会 . 论少数民族语言文字权利的真实意蕴［J］. 贵州民族学院学报（哲学社会科学版），2011（3）：31—36.

［5］范俊军 . 少数民族语言危机与语言人权问题［J］. 贵州民族研究，2006（2）：51—55.

［6］耿红福 .《俄罗斯联邦民族语言法》研究［D］. 中央民族大学硕士学位论文，2013.

［7］郭友旭 . 语言权利和少数民族语言权利保障研究［D］. 中央民族大学博士学位论

文，2009.

［8］郭友旭.《世界语言权宣言》研究［J］. 云南大学学报（法学版），2016（6）：2—11.

［9］何　波. 权利视野中的双语教育［J］. 当代教育与文化，2009（6）：11—16.

［10］黄德宽.《国家通用语言文字法》的“软法”属性［J］. 语言文字应用，2010（3）：11—13.

［11］蒋可心，杨　华. 关于语言接受权问题［J］. 社会科学战线，2005（4）：113—116.

［12］李红毅，李建军. 语言的权利与权力的语言：试析乌尔都语在印度和巴基斯坦的不同地位［J］. 贵州民族研究，2007（4）：25—32.

［13］李　娟. 论语言权的国际法保护［J］. 中国人权评论，2013（1）：63—76，193.

［14］李　立. 语言立法与语言权利——第十届国际语言法学研讨会综述［J］. 政法论坛，2007（1）：184—188.

［15］李旭练.《中华人民共和国国家通用语言文字法》述评［A］. 中国民族语文政策与法律述评［C］. 北京：民族出版社，2007.

［16］李宇明. 当今人类三大语言话题［J］. 云南师范大学学报（哲学社会科学版），2008（4）：21—26.

［17］刘红婴. 法律术语研究方法论要［J］. 修辞学习，2006（4）：8—11.

［18］刘云飞. 刑事诉讼中的民族语言翻译制度：一种来自实证经验的思考和构想［A］. 中国法学会民族法学研究会. 民族法学评论（第 6 卷 · 2008 年）［C］. 2008.

［19］马艳玲. 语言权视野下的英国少数民族语言政策［A］. 王展鹏，刘绯. 解析英国及其国际地位的演变［C］. 北京：世界知识出版社，2012.

［20］瞿霭堂. 民族语言文字与非物质文化遗产的保护［J］. 民族翻译，2010（4）：7—14.

［21］冉艳辉. 我国宪法上少数民族语言权利保障条款的实施——以民族自治地方双语教学为例［A］. 中国法学会民族法学研究会. 民族法学评论（第九卷）［C］. 2012.

［22］苏金智. 论语言权［A］. 教育部语言文字应用研究所，中国政法大学法律语言研究中心，中国社会科学院少数民族语言研究中心. 语言与法律研究的新视野——语言与法律首届学术研讨会论文集［C］. 2002.

［23］苏金智. 从语言立法宗旨和功能看中国语言立法［J］. 语言文字应用，2018（3）：31—40.

［24］孙宏开．中国少数民族语言规划百年议［J］．青海民族研究，2015（2）：91—99.

［25］王远新．我国少数民族语言文字立法的必要性［J］．民族翻译，2008（1）：84—88.

［26］乌兰那日苏．我国少数民族语言文字法律保护现状及立法探讨［J］．理论研究，2007（3）：56—58.

［27］肖建飞．语言权利研究［D］．吉林大学博士学位论文，2010.

［28］杨晓畅．浅论个体语言权及其立法保护［J］．学术交流，2005（10）：49—52.

［29］袁长青．法律视野下少数族群的语言权利与语言公平［J］．战略决策研究，2011（4）：52—57.

［30］张惠玲．我国少数民族语言文字立法保护研究［J］．贵州民族研究，2014（10）：21—24.

［31］周庆生．语言立法在加拿大［J］．语文建设，1994（4）：40—43.

［32］周庆生．国外语言立法概述［A］．教育部语言文字应用研究所，中国政法大学法律语言研究中心，中国社会科学院少数民族语言研究中心．语言与法律研究的新视野——语言与法律首届学术研讨会论文集［C］．2002.

［33］周庆生．中国“主体多样”语言政策的发展［J］．新疆师范大学学报（哲学社会科学版），2013（2）：4，32—44.

［34］周庆生．语言保护论纲［J］．新疆师范大学学报（哲学社会科学版），2016（2）：126—131.

语文核心素养的内涵及其教学实践

“语文核心素养”研究是教育界“核心素养”研究的一个重要组成部分。而“核心素养”概念的提出和落实源于国家层面上的重大决策，并非全部出自学界的学术自觉，所以，我们先对“核心素养”和“语文核心素养”的提出过程进行概要描述：

2010 年 7 月 29 日，中共中央、国务院颁发《国家中长期教育改革和发展规划纲要（2010—2020 年）》（简称《纲要》），制定了未来十年国家教育改革和发展的大政方针。在总体战略部分，《纲要》提出了坚持德育为先、能力为重、全面发展的战略主题，这为核心素养的提出奠定了基础。2012 年，党的十八大召开，“十八大”报告中的两项内容涉及教育事业：一是提出倡导富强、民主、文明、和谐、自由、平等、公正、法治、爱国、敬业、诚信、友善的社会主义核心价值观；二是提出把立德树人作为教育的根本任务，培养德智体美全面发展的社会主义建设者和接班人。这为核心素养的研究指明了方向。2014 年 3 月 30 日，教育部印发《关于全面深化课程改革　落实立德树人根本任务的意见》，首次提出“学生发展核心素养体系”，要求核心素养体系应“突出强调个人修养、社会关爱、家国情怀，更加注重自主发展、合作参与、创新实践”。2016 年 2 月，《中国学生发展核心素养（征求意见稿）》发布，同年 9 月 13 日，“中国学生发展核心素养”研究成果发布会在北京师范大学举行。课题组指出，中国学生发展核心素养，以科学性、时代性和民族性为基本原则，以培养“全面发展的人”为核心，分为文化基础、自主发展、社会参与三个方面，综合表现为人文底蕴、科学精神、学会学习、健康生活、责任担当、实践创新六大素养。这为中国学生核心素养初步建立了科学化的系统。

此后，教育部要求正在研制的高中各学科课标的专家据此研制本学科的核心素养，“核心素养”全面落地，正式进入分学科实践层面，相关的应用研究开始生根发芽、抽枝开花。“语文核心素养”的讨论，正是在这一背景下展开的、基于语文学科特性的研究。随着语文高中课程标准的研制、发布初稿征求意见和正式发布，“语文核心素养”的相关讨论越来越热烈。“语文核心素养”的概念界定，是一个极其复杂的问题，有必要将其与另两个关联密切的概念——“核心素养”和“语文素养”分而述之：

——核心素养。有多家观点：林崇德（2016）认为核心素养是学生在接受相应学段教育过程中，逐步形成的适应个人终身发展和社会发展需要的必备品格与关键能力；钟启泉（2016）认为，核心素养指的是同职业上的实力与人生的成功直接相关的、涵盖了社会技能与动机、人格特征在内的统整的能力；崔允漷（2016）认为，核心素养是从学生学习结果的角度来回答未来社会所需要的人才的一个类概念；张华（2016）认为，核心素养是人适应信息时代和知识社会的需要、解决复杂问题和适应不可预测情境的高级能力和人性能力。

——语文素养。这并不是一个新概念，很早就有人进行研究论证，其中比较重要的观点有：巢宗祺（2002）认为，语文素养由字词句篇的积累、语文学习方法与习惯、语感、思维品质、识字写字能力、阅读能力、写作能力和口语交际能力，以及文化品位、审美情趣、知识视野、情感态度和思想观念等构成；韩雪屏（2002）认为，语文素养由基础层面（包括言语主体的思想水平、道德品质、审美情趣、文化品位、语言积累、知识视野、智力发展、个性人格，等等）、动力层面（包括语文学习动机、学习态度、学习习惯、行为意志等要素）、实施层面（包括语文感悟、语文思维、语文知识和语文技能等要素）和言语操作层面（显露于外的听说读写的言语实践活动）等四个部分组成；雷实（2004）指出，学生在语文方面表现出来的比较稳定的、基本的、适应时代发展要求的学识、能力、记忆和情感态度价值观就是语文素养；王随仁和李志云（2010）指出，语文素养指学生通过对语文课程的长期学习而形成的基本的主体修养。

——语文核心素养。这是近期的一个新概念，目前界定也有多家，特别值得关注的有两家。顾之川（2016）认为，“语文核心素养应包含以下四个方面内容：一是必要的语文知识，包括语言文字、文学审美、人文素养等知识；二是具有较强的识字写字、阅读与表达（包括口语与书面语）能力；三是语文学习的正确方法和习惯；四是独立思考能力、强烈的好奇心、丰富的想象力与强烈的创新欲望”。王宁（2016）指出，“语文核心素养是学生在积极主动的语言实践活动中构建起来、并在真实的语言运用情境中表现出来的个体言语经验和言语品质；是学生在语文学习中获得的语言知识与语言能力、思维方法和思维品质，是基于正确的情感、态度和价值观的审美情趣和文化感受能力的综合体现”。

以官方文件方式发布的《普通高中语文课程标准（2017年版）》对语文核心

素养的界定无疑具有最大的影响力:“学科核心素养是学科育人价值的集中体现,是学生通过学科学习而逐步形成的正确价值观念、必备品格和关键能力。语文学科核心素养是学生在积极的语言实践活动中积累与构建起来,并在真实的语言运用情境中表现出来的语言能力及其品质;是学生在语文学习中获得的语言知识与语言能力,思维方法和思维品质,情感、态度与价值观的综合体现。主要包括‘语言建构与运用’‘思维发展与提升’‘审美鉴赏与创造’‘文化传承与理解’四个方面。”

之前的“语文核心素养”研究主要在概念提出和内涵界定上下功夫,2017年的“语文核心素养”研究除了在内涵外延、历史演变等方面继续发力以外,随着《普通高中语文课程标准(2017版)》的发布,更多的实践性研究也逐渐走向深入,值得关注的研究内容摘编如下:

一 “语文核心素养”探讨

(一)核心素养和语文核心素养的内涵

每个人在终身发展的过程中,都需要许多素养作为支撑,而其中最关键、最必要,且居于核心地位的就称为核心素养。虽然至今学界对核心素养概念的界定仍是见仁见智,国际组织、世界先进国家和地区的表述也不尽相同,但都指向最关键、最必要的共同素养。冠以“核心”就是突出素养不是只适用于特定情境、特定学科或特定人群,而是适用于一切情境和所有人,具有普遍性与一般性特征。核心素养作为最基础、最具生长性的关键素养,不是先天遗传的,而是后天获得的,是可教可学的,具有发展连续性,也存在发展阶段的敏感性,其形成具有关键期,错过了关键期就很难弥补。核心素养形成的根本要素在于先进的教育思想和健全的教育制度。

从学科视角看,核心素养虽不仅是单一学科的,但却是学科素养极为重要的内容,学科素养不能偏离核心素养,始终为核心素养所统领。

……

虽然每门学科都具有自身的特殊功能,其最终指向仍应是核心素养,只是因为学科间的“个性”差异所承载的培育核心素养的内容有所侧重而已。可见,学科之间拥有共性、个性与多样性等特征,核心素养和学科素养是相辅相成的,是

全局与局部、共性与个性的关系。学科素养是形成核心素养的基础，核心素养始终是学科素养的追求目标。在学科教育中，需要从学科自身出发，根据学科特点，把准课程内容和层次，抓住学科教学中的关键，变“学科教学”为“学科教育”，这既要彰显富有特色的学科核心素养，也要突出以核心素养为依据和旨归的理念。

语文教育的重中之重是培养学生的语文核心素养。作为母语学科的语文，不仅承担着母语教育及培育母语素养的重任，而且需要传递主流价值观。语文核心素养应该是核心素养学科化的具体反映，是个体通过语文学习活动所形成的、能在现实生活和未来发展中发挥语文自身价值、能够帮助个体实现自我价值的必备语文品格和关键语文能力。在语文教育实践中，只有将核心素养融于学科核心素养之中，并贯穿于学科教育的始终，学科素养的培育才不会迷失方向，核心素养也才能落到实处。【贡如云，冯为民】

关于核心素养，我们大体可以得出这样的认识：核心素养是指学生通过自学或在接受相应学段的教育过程中逐渐形成和发展起来的，适应个人终身发展和社会发展所必须具备的关键品格和关键能力，是知识、技能、情感、思维和品性等素养的高度融合，具有一定的时代性、综合性和复杂性。

语文核心素养指的是：学生在接受语文教育的过程中，通过对语文课程各板块内容的学习，初步形成语文学科素养，并在此基础上有机结合基础教育课程的共同素养，逐步形成和发展起来的适应个人终身发展和社会发展所需要的必备的语文知识、关键的语文能力和综合的语文素养。其中，必备的语文知识指的是语言文字知识；关键的语文能力指的是语言文字应用能力、语感能力、思维能力、审美能力、倾听表达能力和阅读书写能力等；综合的语文素养指的是热爱祖国、语文情怀和健全人格等。语文核心素养既是语文学科独特的教育价值在学生身上的体现和落实，又是语文学科对人核心素养发展的独特贡献和作用，是语文学科本质观和学科教育价值观的反映，其他学科的学习都不能取代或代替语文核心素养，因而它具有独特性、关键性和稳定性的特点。【郑新丽】

作为学科教育的“语文核心素养”，虽然是一个动态、生成、与时俱进的发展性概念，虽然是一个有待语文教育理论界和教学界持续赋予更新内涵的开放和弹性概念，但是，作为人类最主要文化符号的母语，从其最基本的功能出发，母语语用的“核心素养”就可以推论为持续发展、不断升华的外语用“表达力”和内语用“思想力”及其相辅相成，母语教育的价值目标则推论为渐进性养成学习者主体的鲜活“表达力”和“思想力”。传统“认知力”“理解力”“复述力”等输入型语用能力也是语文素养的有机组成部分，但不是语用能力中最核心的部分，因此，不列人“语文核心素养”的框架中。这样的分析思路，与《PISA 2018 分析框架草案》的新概念、新话语和新思维的核心精神保持一致。“语文核心素养”虽然覆盖人的内语用与外语用，但是侧重在源自心灵深度过滤的输出型语用行为——“表达”行为及其启思动情的独特效应，它完全包含了批判质疑、审美感悟、逻辑演绎、创新评论等一系列创造性表达行为，终端通向人力资源最为宝贵的语言创造力——这就是最新《PISA 2018 分析框架草案》给予正值全面深化改革时期的中国母语教育之宝贵启示。【潘涌】

（二）语文核心素养的性质

1. 是恒定静止的，还是发展变化的。

一般认为作为一个人所拥有的语文核心素养应该是固定不变的，但人是不同社会的人，教育是要把儿童培养成社会发展所需要的人。相应地，每个时代对人的语文素养要求不同，其内涵也就不同……总之，随着社会的发展，语文核心素养的内涵还将不断地变化。

2. 是语言素养，还是语文素养。

如果过分强调“语言素养”就容易产生两个弊端：一是对语文课程目标的理解偏狭化……二是日常教学过分强调知识传授和技能训练，忽视了一些非能力因素的作用，包括需要、动机、兴趣、情感、意志、气质、性格等……《普通高中语文课程标准（2017 年版）》将其界定为“语文素养”，就显得更科学、全面。

3. 是中心的，还是重要的。

语文学科有其特殊性，不仅至今没有建构起来独立的显性知识、技能体系，其实就是建构起来了也很难像自然科学那样将一些基础性的知识、技能定为核心的。就是目前所确定的语言、思维、审美、文化四要素，也很难说谁更重要，更不能说除这四者之外的要素就不重要了……也就是说，只是用一些位置处在上位、中心的词（主题词）来概括而已。

4. 是独立的，还是交叉的。

语言是思维的工具，是思维的直接现实；语言是一种文化载体，其本身也是一种文化；语言及其作品必然包含一些审美因素。核心素养中的四项要素相互联

系难以截然分开，但可以以某一项为主来认识其他三项，从落实某一项来实现其他三项的目标。

……

总之，语文核心素养的内涵是随时代发展而变化的，并非专指语言素养，而是在语言实践中形成的，可从语言、思维、审美、文化不同角度去考察但又难以将其截然分开的，是一种融合了语言、思维、审美、文化等要素的综合品质。【张心科】

《课标（征求意见稿）》中提出语文核心素养的四个方面，也是如欧美的核心素养一样，是概念的罗列，在理论研究上存在囊括一切、模糊不清的问题，这也就无从指导实践。仔细对比我们会发现，当下提出的语文核心素养极像是对《全日制义务教育语文课程标准（实验稿）》中语文素养的提炼和概括。核心本应该是所有语文素养中最突出的、最重要的所在，怎能是对语文素养的凝练和提升？那提炼出的四个方面中究竟哪一点才算是语文的核心素养呢？这还要按图索骥，从语文的本质中寻找根源无论把语文理解成语言文字，还是语言文学，抑或是语言文化，其中有一点是毋庸置疑的，语文是一门语言习得与运用的学科，语言是语文活动的基础。语文课就是要建构以语言为导向的语文教学内容体系，将语言作为语文教师教学的立足点和出发点，作为学生语文学习的基本手段和重要工具。语言的学习与运用才应当是语文核心素养。【欧阳芬，郭龙飞】

（三）《普通高中语文课程标准（2017 年版）》关于语文核心素养的阐述

学科核心素养是学科育人价值的集中体现，是学生通过学科学习而逐步形成的正确价值观念、必备品格和关键能力。语文学科核心素养是学生在积极的语言实践活动中积累与构建起来，并在真实的语言运用情境中表现出来的语言能力及其品质；是学生在语文学习中获得的语言知识与语言能力，思维方法和思维品质，情感、态度与价值观的综合体现。主要包括“语言建构与运用”“思维发展与提升”“审美鉴赏与创造”“文化传承与理解”四个方面。

1. 语言建构与运用。

语言建构与运用是指学生在丰富的语言实践中，通过主动的积累、梳理和整合，逐步掌握祖国语言文字特点及其运用规律，形成个体言语经验，发展在具体语言情境中正确有效地运用祖国语言文字进行交流沟通的能力。

2. 思维发展与提升。

思维发展与提升是指学生在语文学习过程中，通过语言运用，获得的直觉思维、形象思维、逻辑思维、辩证思维和创造思维的发展，以及深刻性、敏捷性、灵活性、批判性和独创性等思维品质的提升。

3. 审美鉴赏与创造。

审美鉴赏与创造是指学生在语文学习中，通过审美体验、评价等活动形成正确的审美意识、健康向上的审美情趣与鉴赏品位，并在此过程中逐步掌握表现美、创造美的方法。

4. 文化传承与理解。

文化传承与理解是指学生在语文学习中，继承和弘扬中华优秀传统文化、革命文化、社会主义先进文化，理解和借鉴不同民族和地区的文化，拓展文化视野，增强文化自觉、提升中国特色社会主义文化自信，热爱祖国语言文字，热爱中华文化，防止文化上的民族虚无主义。

语文学科核心素养的四个方面是一个整体。语言是重要的交际工具，也是重要的思维工具；语言的发展与思维的发展相互依存，相辅相成。语言文字是文化的载体，又是文化的重要组成部分；学习语言文字的过程也是文化获得的过程。语言文学作品是人类重要的审美对象，语文学习也是学生审美能力和审美品质发展的重要途径。语言建构与运用是语文学科核心素养的基础，在语文课程中，学生的思维发展与提升、审美鉴赏与创造、文化的传承与理解，都是以语言的建构与运用为基础，并在学生个体言语经验发展过程中得以实现的。【中华人民共和国教育部】

二 语文课程改革中核心素养的演变历程

（一）从“双基”到“三维目标”再到“核心素养”

“语文学科核心素养”的提出，意味着课程观的转变：课程即问题。课程不是教科书传递的知识，而是不断被探究、理解的问题……

“语文学科核心素养”的提出，也意味着教学观的转变：教学即研究。教学不仅是教师教学生学，更重要的是教师与学生研究，可以是教师与学生合作研究，也可以是教师帮助学生研究……

如果说 2001 年启动的新课程改革是从“双基”走向“三维目标”，那么，当今的教育改革则是从“三维目标”走向“核心素养”。语文“双基”主要是从语文

学科的视角来刻画语文课程与教学的内容和要求。语文“核心素养”则是从未来人的视角来界定语文课程与教学的内容和要求。从语文“双基”到“三维目标”，再到语文“核心素养”，其变迁基本上体现了从学科本位到以人为本的转变，从教书走向育人的转变，落实了“立德树人”的根本要求，适应了教育改革的时代和国际潮流。【郑昀，徐林祥】

（二）核心素养在义务教育语文课程标准中的历时变化[①]

通过对各个版本的核心素养进行分析发现，全球最受关注的七大核心素养在1978版和1986版《教学大纲》中体现很少，主要是注重学会学习和终身学习，公民责任与社会参与两大核心素养；截止到1992年的《教学大纲》，七大核心素养开始多次出现，而到2001年，七大核心素养在《课程标准》中出现质的飞跃，在2001年基础上修订的2011版《课程标准》中，七大核心素养出现频次基本和2011年变化不大，只有“信息素养”“学会学习与终身学习”和“公民责任与社会参与”表现出更多的增长。70年代、80年代的《教学大纲》更多地注重学会学习等核心素养，从知识和技能层面对学生进行了比较严格的要求。在1992版《教学大纲》和2001版、2011版《课程标准》中，全球最受关注的七大核心素养都开始全方位地慢慢渗透，并且呈现逐年增长的趋势。【肖磊峰，刘坚】

三　基于语文核心素养的教学实践研究

（一）“部编本”语文教材中的语文核心素养

这套教材重新确定语文教学的知识体系，落实那些体现语文核心素养的知识点、能力点。

---

① 该研究采用1978年《全日制十年制小学语文教学大纲和中学语文教学大纲》，1986版的《全日制小学语文教学大纲》和《全日制中学语文教学大纲》，1992版《九年义务教育全日制小学语文教学大纲（试用修订版）》和《九年义务教育全日制初级中学语文教学大纲（试用修订版）》，2001版《全日制义务教育语文课程标准（实验稿）》和2011版《义务教育语文课程标准（修订稿）》共五个版本的课程文件为研究文本；以中国教育创新研究院和全球教育创新峰会组织（WISE）最近联合发布的《面向未来：21世纪核心素养教育的全球经验》的报告中指出的各国际组织和经济体高度重视的七大核心素养为研究基础，探究其在我国义务教育语文课程标准中的表现情况。研究以句为单位进行编码，对五类课程标准中的所有文本进行分析，找出每一句中的素养关键字或内容，若一句中以多个词或分句重复同一个素养内容，则编码为相应核心素养出现一次；若一句中存在不同的素养关键词，则分别编码。然后将关键字和内容归类到全球最受关注的七大核心素养中。最后，统计各文本中的七大核心素养的频数，报告描述性结果。

在一二十年前，语文教学的知识体系是比较清楚的，听说读写的能力点、知识点，也都比较成体系。但在教学中出现的普遍现象，是考什么，就学什么、训练什么，语文教学的知识体系实际上已被应试教育的题海战术和反复操练所绑架。实施新课程以来，特别是课标的出台，首先要去解决的就是题海战术和反复操练的问题，因此特别强调语法修辞和语文知识讲授不要体系化，要“随文学习”。而且课程改革几乎一边倒，就是强化人文性。教材受这种观念支配，也就都采用以人文性为中心的主题单元建构。和之前的教学比起来，最近几年的教学要活跃得多，学生学习的主体性得到尊重。

但又出现另一趋向，就是语文的知识体系被弱化，甚至被拆解了，教材在知识体系的建构上，不敢理直气壮地讲语文知识，不敢放手设置基本能力的训练，知识点和能力训练点不突出，也不成系列。结果教学梯度被打乱，必要的语文知识学习和能力训练得不到落实……“部编本”语文教材很重要的一点改进，就是让课程内容目标体现的线索清晰，各个学段、年级、单元的教学要点清晰。

这套新教材的编写一开始就注意这个问题，按照“课标”的学段目标要求来细化那些知识的掌握与能力的训练，落实到各个单元。有些必要的语法修辞知识，则配合课文教学，以补白形式出现。努力做到“一课一得”。现在不是强调“语文核心素养”吗？“部编本”语文教材就已经在努力建构适合中小学的语文核心素养体系。但这是“隐在”的，不是“显在”的，在教材的呈现和教学中并不刻意强调体系，防止过度的操练。但总是要让一线老师使用这套教材有“干货”可以把握，最好能做到一课一得。

“部编本”语文教材如何体现知识体系和能力点？有五个“渠道”。

第一，教师用书，会给大家排列一个表，每个学段、单元，甚至每一课要学习哪些基本的知识，进行哪些必要的训练，都一目了然。

第二，每个单元的导语，对本单元学习的重点，包括知识点或能力点，亦有提示。

第三，每一课的思考题和拓展题，必定有一两道题是按照相关的知识点或者能力点来设计的。

第四，综合性学习、写作、名著选读等方面，全都有学习方法或者训练目标等提示，有的还比较具体。

第五，初中每个单元都有一两块“补白”，努力练习课文和教学实际，用比较浅易和生动的语言来介绍语法修辞等语文知识。

……每个学段都有五方面的要求：识字和写字、阅读、写作、口语交际和综合性学习。这些要求是有梯度的。同样是阅读，每个学段要求的高低是渐进的，好像在重复，其实有深浅之差别，是螺旋式上升。

……

备课要有全局意识，不能备一课是一课，也不能临时抱佛脚，克隆现成的教案了事，一定要研究教材，梳理其“隐在”的知识体系，比较自然而又扎实地体现在自己的教学中。

目前学界在这个问题上仍然有争论，我们认为应当实事求是，稍有平衡，目标是加强科学性。教师安排设计教案，虽然也可以随文学习，但还是要有整体的考虑和安排，有潜在的体系。中小学语文的知识教学不要过分追求体系化，不能满足于让学生去反复操练，但也要有教学的知识体系，要有训练，有“干货”。总之，使用“部编本”语文教材，不要体系化，但要有体系。这不是开倒车，不是回到以前（其实现在也有）那种完全围绕知识能力点展开的教学，而是在教材中让“语、修、逻、文”基本知识和技能要求更清晰，教师教学有章可循。“部编本”语文教材的结构是考虑要充分考虑到教学需要，各个单元重点突出，单元与单元之间衔接也注意由浅入深，不断积累提升，反复落实基本训练。①【温儒敏】

新教材特别注重课程标准倡导的“语文素养”，更多吸纳了近年来教育界重点研究的“核心素养”理念，力求站在更新的高度和更开阔的视野审视当前的语文教育。“语文核心素养”体现到教材中，既包括听说读写等方面基本的语文能力的培养，也包括思维发展、审美鉴赏、文化理解等方面整体素质的要求，有学生未来必备品格与核心能力的要求。新教材仍然着力于培养学生最基本的、适应时代发展要求的听说读写能力、思维表达能力等；同时，重视优秀传统文化、革命传统教育对学生的熏染，使学生的道德修养、审美情趣等得到提升，培养良好的个性和健全的人格。

目前语文教学仍然受中考与高考的制约，这是不容回避的现实。新编语文教材尽可能地帮助师生摆脱应试教育的束缚，有意识往素质教育、核心素养培育等方面靠拢。在选文、助读系统设计等方面遵循语文教学规律，让学生多接触中外

① 作为年度语言政策研究状况的述介报告，本报告摘编的内容均为2017年公开发表的文章，但该文是唯一例外。该文于2016年11月发表在《课程教材教法》杂志上，是“部编本”语文教材总主编温儒敏教授对“部编本”语文教材如何落实语文核心素养，特别是如何“重建语文知识体系”的权威解读，值得语言政策学界关注和重视。

经典，减少和避免僵硬的“说教”；注重熏陶、涵泳与积累，注重激发学生学习兴趣，保护他们的天性；注重方法的引领，学习能力的构建，努力达到语文素养的全面提升。【王本华（2017b）】

（二）阅读教学与群文阅读

1. 从阅读内容单元设置上说，利用双线组织单元（“双线”即“人文主题”与“语文要素”两条线索），使工具性与人文性形成阅读素养的坚强的两翼，目标是强化能力，沉淀语文素养。

2. 从阅读组织上说，建设“三位一体”的阅读教学体系，强化阅读能力与阅读习惯的养成，目标是扩大阅读面，提高阅读兴趣。

3. 从教学处理来说，加大两类课型的区分力度，体现由教师引导学习到学生自主学习的理念，强化阅读知识的自主构建和阅读能力的培养，践行叶老一贯倡导的“教是为了不需要教”的教学思想。

4. 从学习方式上说，尝试构建以任务驱动为重要形态的自主探究交流活动，真正实现自主学习、合作学习、探究性学习的学习方式的转变。

5. 从阅读资源说，选文注重经典性、多样化，文质兼美，尤其重视中华优秀传统文化的理解和传承，目的是增加学生的文化积淀，培养文化尊严感。【王本华（2017a）】

群文阅读即多文本阅读。但需要指出的是，群文不是多个文本的杂乱堆砌或简单相加，而是将具有（或能够建立）某种关联的多个文本，按一定原则组合的阅读整体。所以群文阅读教学，即是教师在一个单位时间内指导学生阅读相关联的多个文本，通过梳理整合、拓展联系、比较异同等，促使学生在多文本阅读过程中关注其语言特点、意义建构、结构特征以及写作方法等，从而使阅读由原有的读懂“一篇”走向读通“一类”。这种新型阅读方式不仅可以丰富阅读内容，拓宽阅读视野，提高阅读效率，还能极大地提升阅读品质，对全面提高学生的语文核心素养具有重要意义。【倪文锦】

（三）学习任务群

最新修订的《普通高中语文课程标准》中最为突出的两个关键词，一个是“语文核心素养”，一个是“学习任务群”，前者是目的，后者为途径。【解慧明】

从语文核心素养的特征可知，它需要学生在长期的言语实践活动中逐渐形成。

我们关注学习活动与核心素养、学业表现之间一致性的同时，还需要考虑设计什么样的学习活动来培养学生的核心素养。美国语文教科书除了《民谣花木兰》之外，也编选《诗经》《老子》《论语》《孟子》，以及李白、杜甫、李清照等中国作家的经典名篇。综观编者的设计意图，我们发现一个共同思路：以一篇或若干篇经典文本为依托，围绕特定主题，设计丰富的学习活动来承载核心素养。比如，前面分析的《民谣花木兰》，编者围绕单元主题"冒险"在学习活动中嵌入阅读、写作、听说等核心内容，以及信息整合、理解阐释、比较分析、推理探究、评鉴分享等言语实践活动。从学习活动的性质来看，它不再是传统的单一"学习任务"，而是围绕主题设计的"学习任务群"。这种任务群也不是学习活动的简单拼凑，而是融合听说读写，渗透核心素养的综合性、系列性学习项目……

我国语文教育有着单篇教学的悠久传统。20 世纪 30 年代教科书虽开始单元编排，也出现单元教学探索。但实际操作中，单篇教学至今仍是主流。在核心素养的关照下，未来的语文教学很可能从"单篇"走向"群文"，从"单一学习任务"走向"学习任务群"。基于特定学习目标的整本书阅读、基于系列主题的多篇文本阅读会将成为教学常态。设计学习任务群并不是否定单篇教学的传统，它实际隐含着两层意思。首先，对单篇文本而言，需要把文本用好、用足。除了直接使用编者设计的学习活动外，还要寻找这篇文本与其他文本的辐射点，创造性地设计相关学习活动。这里的辐射点可以是文本之间的相似性和差异性。其次，对整本书或多篇文本而言，需要整体关照文本内部、文本之间的内在联系。无论是单篇还是群文，我们设计学习任务群都是为了提高学生的综合能力，培养其在语言、思维、审美和文化四个维度的核心素养。【徐鹏，李倩】

语文核心素养背景下的高中语文课程，又一次打破了以往的"模块－专题"式的教学模式，这些任务群涉及学生需要学习的方方面面，着眼于学生的语言建构和运用，并最大化地包含思维、审美、文化等各方面内容。学习任务群的排列也呈现了不同的层次、深度和广度，群与群之间都有重合的部分，又有延伸和提高的内容。任务群的设置完全摆脱"一课一篇"的模式，它不局限于某一篇或某几篇课文，而是涉及某类或某几类相关内容的探讨。因此，任务群往往需要采用专题的形式，根据每项任务群的侧重点不同选择和设计相关的专题让学生研讨。同时，在学习任务群的基础上又形成专题。每项任务群都有关联，必修和选修课程之间存在共同的任务群，这也再次证明这些任务群之间的不同。在进行几项学习任务群的基础上，梳理、整合它们之间的共同要素，可以形成更深、更广、涉

及内容更全面的新的专题。【高婷婷，韦冬余】

（四）学习活动设计

基于美国经验的思考和本土现实的审视，我们为中国语文课程提出三条学习活动设计建议。[①] 在实际操作中，三条建议并不是理论上的线性关系，而是交叉缠绕、相互作用。在设计学习活动时，我们首先需要确定学习活动与学业表现的联接点，然后围绕特定主题设计言语实践活动，通过营造多样的学习情境，将语文核心素养有效融入学习任务群。学生在完成学习任务群的过程中，逐渐发展和积淀语文核心素养。从国际课程发展趋势来看，未来的语文学习活动将融合多种学习理念，比如情境学习、整体学习、深度学习等；整体指向学生的“学力”提升，更为注重挖掘言语实践活动的教学价值。因此，优质的语文学习活动对培养学生语文核心素养具有至关重要的作用，相关议题还需我们今后持续探索。【徐鹏，李倩】

（五）测量评价

2017 年高考语文考试大纲所做四点修订已经“在高考考核目标中适当体现核心素养的要求”这方面迈出了一大步，考试内容直接对应即将颁布的《普通高中语文课程标准》中的语文四大核心素养，即语言建构与应用、思维发展与提升、审美鉴赏与创造、文化传承与理解，弥补了以往考试考查学生语文核心素养不足的部分，也弥补了当前语文教学缺失或落实课程标准不足的部分，如缺乏广泛的人文积淀和足够的阅读积累，思维能力培养不足，以及对传统文化的忽视等。第一点修订“能力目标设计学科化，注重考查更高层级的思维能力，如鉴赏评价能力”，对应的正是语文核心素养“思维发展与提升”和“审美鉴赏与创造”。第二点修订“适度增加阅读量，考查信息时代和高校人才选拔要求的快速阅读能力和信息筛选处理能力”，对应的是“语言建构与运用”中的“具有良好的语感”和“思维发展与提升”。语感是在大量的语言实践基础上形成的一种直觉思维能力，良好的语感是快速阅读的前提，也是筛选信息和正确处理的保证。良好的语感来源于“大量的语言实践”，即广泛的阅读和写作中对语言的感知、想象、联想、体验、领悟、运用等，这些正是忙于“三年全是高三，高三全是训练”的应试教育所欠缺的，可谓药对其症。第三点修订是取消选考模式，将“文学类文本阅读”

① 这三条建议具体为：（1）理解核心素养，确定学习活动与学业表现的联接点；（2）围绕特定主题，设计承载核心素养发展的学习任务群；（3）融合多样情境，增强言语实践活动的综合性和开放性。

和“实用类文本阅读”均作为必考内容。此一改变，不仅体现全面考查学生素质的取向，更是对“审美鉴赏与创造”素养的重视，是对教学中存在的轻视文学审美教育的倾向和考试中钻空子行为的纠偏。第四点修订是在“古诗文阅读”部分增加“了解并掌握常见的古代文化常识”的考查内容，自然对应的是“文化传承与理解”。这四点都体现出更加注重体现语文学科的基础性和综合性，优化考查内容，调整选考模块，全面考查语文能力和人文素养。【胡向东】

来源文献

[1] 高婷婷，韦冬余. 基于语文核心素养的高中语文专题教学目标与原则 [J]. 现代语文（学术综合版），2017（8）：99—101.

[2] 贡如云，冯为民. 高中语文核心素养的实质内涵及培育路径 [J]. 教育理论与实践，2017（5）：52—54.

[3] 胡向东. 语文核心素养在高考中的考查原则与路径 [J]. 中国考试，2017（7）：58—65.

[4] 倪文锦. 语文核心素养视野中的群文阅读 [J]. 课程·教材·教法，2017（6）：44—48.

[5] 欧阳芬，郭龙飞. 关于语文核心素养的冷思考 [J]. 语文建设，2017（12）：68—71.

[6] 潘　涌. 语文核心素养:“表达力”和“思想力”——基于 PISA 最新分析报告 [J]. 首都师范大学学报（社会科学版），2017（3）：145—152.

[7] 王本华. 构建以核心素养为基础的阅读教学体系——谈统编语文教材的阅读教学理念和设计思路 [J]. 课程·教材·教法，2017a（10）：35—42.

[8] 王本华. 强化核心素养创新语文教科书编写理念——部编义务教育语文教科书的主要特色 [J]. 中国教育学刊，2017b（5）：8—12.

[9] 温儒敏. “部编本”语文教材的编写理念、特色与使用建议 [J]. 课程·教材·教法，2016（11）：3—11.

[10] 肖磊峰，刘　坚. 核心素养在义务教育语文课程标准中的渗透 [J]. 上海教育科研，2017（8）：56—59.

[11] 解慧明. “兴化文学：高中语文当代文化参与选修学习任务群”的建构研究 [D]. 扬州大学硕士学位论文，2017.

[12] 徐　鹏，李　倩. 核心素养发展取向的语文学习活动设计建议——基于美国经验的探索 [J]. 教育科学研究，2017（10）：61—65.

[13] 张心科. 论语文核心素养及语文教育改革 [J]. 河北师范大学学报（教育科学版），2017（5）：100—104.

[14] 郑新丽. 核心素养：高中语文课程的应然价值追求 [J]. 教育探索，2017（4）：27—33.

[15] 郑　昀，徐林祥. 从“双基”到“三维目标”，再到“核心素养”——新中国成立以来语文学科教学目标述评 [J]. 课程·教材·教法，2017（10）：43—49.

[16] 中华人民共和国教育部. 普通高中语文课程标准（2017年版）[M]. 北京：人民教育出版社，2018.

相关文献

[1] 崔允漷. 追问核心素养 [J]. 全球教育展望，2016（5）：3—10.

[2] 巢宗祺. 全日制义务教育语文课程标准（实验稿）解读 [M]. 武汉：湖北教育出版社，2002.

[3] 顾之川. 论语文学科核心素养 [J]. 中学语文教学，2016（3）：15—17.

[4] 韩雪屏. 语文素养的冰山模型 [J]. 语文教学通讯，2002（9）：9—10.

[5] 雷　实. 谈谈“语文素养”[J]. 课程·教材·教法，2004（12）：28—35.

[6] 林崇德. 对未来基础教育的几点思考 [J]. 课程·教材·教法，2016(3)：3—10.

[7] 王　宁. 语文教育与核心素养——语文核心素养与语文课程的特质 [J]. 中学语文教学，2016（11）：4—8.

[8] 王随仁，李志云. “语文素养”基本理论问题思考 [J]. 教育评论，2010（6）：91—93.

[9] 张　华. 论核心素养的内涵 [J]. 全球教育展望，2016（4）：10—24.

[10] 钟启泉. 基于核心素养的课程发展：挑战与课程 [J]. 全球教育展望，2016（11）：3—9.

外语非通用语人才培养

“非通用语”是我国外语教学界为加强教学的组织和管理采用的一个概念，其基本含义是指那些在国际交往中使用范围不很广泛的外国语言，具体指除英语、俄语、德语、法语、西班牙语、日语和阿拉伯语之外的其他所有语种（刘曙雄 2009）。加强非通用语教育、培养储备多语种外语人才、提高国家语言能力，对维护国家安全、推进“一带一路”建设和提升我国国际话语权，具有重要意义。李宇明（2011）指出，“非通用语种（俗称‘小语种’）是当前我国外语教育和外语生活中面临的大问题。非通用语种的发展，关系到国家在世界各地的顺利行走”。

新中国成立以来，我国的非通用语教学和人才培养取得了显著成绩，同时“也遭遇了许多困境和艰难”（丁超 2016），“走过的是一条充满困难和挑战的道路”（戴炜栋，胡文仲 2009）。围绕非通用语教学和人才培养的相关研究，就其发展历史与现状、取得的成绩、面临的困难、存在的问题及解决方案等进行了深入探讨。

——非通用语人才培养途径。目前高等教育阶段非通用语人才的培养有两条途径：一是设立非通用语本科专业点，二是面向全体大学生开设非通用语公共外语课（文秋芳 2016）。前者培养非通用语专业人才，其中又包括“非通用语 + 通用语”的复语型人才、“非通用语 + 专业（非语言类）”的复合型人才等。后者主要培养复合型人才，与前述复合型人才的不同之处在于，人才类型是“专业（非语言类）+ 非通用语”。

——非通用语专业人才培养（专业建设）状况。第一，数量规模。贾德忠（2002）、杨晓京等（2008）、李茂林（2014）、王雪梅（2016）等在不同时间节点上对我国高校非通用语专业设置情况进行了实证考察。历次数据显示，改革开放以来，特别是教育部 2001 年设立“国家外语非通用语种本科人才培养基地”、2007 年设立“特色专业建设点”等扶持计划以来，非通用语专业建设得到快速发展，所涉及的语种数量持续增长。据最新统计，已超过 90 个。文秋芳（2016）指出，“一带一路”建设实施以来，在国家有关政策的激励下，“高校增设非通用语专业的热度骤增”。第二，培养模式。在新形势下，外语教学界深刻地认识到，一个单纯掌握语言技能的“外语熟练工”已无法满足时代发展及人才市场的需求。苏莹莹（2016）述介了不同高校采取的复语型、复合型及复语复合型培养模式，其中复合型的非语言类专业主要包括外交学、国际经贸、国际金融、工商管理等。陆经生（2012）、全永根等（2015）、张卫国等（2016）等结合所在高校实际，述介探讨了“非通用语＋英语”双外语教学制或双外语应用型人才培养模式。第三，培养方式。各校都积极探索多途径、多方式的国际化培养方略，尤其重视安排学生集中一段时间到目的语国家学习，如“3+1”（3 年在国内学习，1 年在目的语国家学习）的模式十分普遍。郑锡伟（2007）探讨了非通用语本科人才跨国培养模式的利弊及应注意的问题。第四，学生就业状况。陆经生（2012）相关研究、赵彩瑞（2011）对有关高校毕业生就业指导中心主任的访谈等显示，非通用语专业学生就业情况良好；沈骑（2014）认为社会上出现了“小语种热”，市场起了推波助澜的作用。

——“专业＋非通用语”复合型人才培养状况。述介该培养途径的研究不多，主要有：张晓琴等（2009）述介了所在高校在对外汉语、旅游管理、国际经济与贸易、物流管理等专业进行“专业＋非通用语”的研究探索与改革实践；文秋芳（2016）述评了有关高校在全校开设“一带一路”沿线国家的 40 种非通用语课程的情况。

——存在的问题。杨晓京等（2008）、王雪梅（2016）、文秋芳（2016）等指出的问题集中在以下几个方面：非通用语专业设置布局缺乏全国性的顶层规划，重复建设时有发生，一拥而上带来隐忧；语种数量仍然不足，不能完全满足国家发展、特别是“一带一路”建设需求；培养模式科学性不强，师资水平不高，人才质量堪忧；全国各非通用语专业缺乏协调统一的招生制度等。董希骁（2016）指出一些新增语种存在前期论证不够充分、准入机制不够完善、增设布点急于求成、培养模式不够清晰等问题，并特别关注到，有的语种设置涉及对象国的民族国家政治认同问题，具有外交风险。沈骑（2014）指出，除了朝鲜语、葡萄牙语、越南语等语种教育质量较好，其他新设语种的师资水平和教学条件极为有限，教学质量相对较弱，一些专科层次的高校的师资和办学条件更是令人担忧。

——对策建议。前述相关研究针对存在的问题逐一提出了具体建议。同时，贾德忠（2002）、文秋芳（2016）等提出的原则性建议尤其值得重视。贾德忠（2002）早期在探讨我国加入 WTO 后非通用语专业发展思路时就提出了六个结合，今天看来仍具有重要的指导价值：严格控制布点和适度扩大规模相结合；学生综

合素质培养与师资队伍建设相结合；强化语言基本功与课程体系创新相结合；加大政府投入与多渠道筹措资金相结合；立足自主培养与加强对外交流合作相结合；按市场经济规律优化资源配置与国家宏观调控相结合。近期文秋芳（2016）指出，要处理好国家需求、学生个人发展与外语习得规律三要素的关系；要借鉴美国经验，培养“非通用语+专业”的高端复合型人才，探讨项目集群制，设立学习非通用语“一条龙”奖励基金，并将现有模式中的公共非通用语课程改造为语言强化训练课程。

——其他相关研究。非通用语人才培养的宏观研究视角主要是关于国家外语能力的探讨。“国家外语能力”是文秋芳等（2011）受美国学者提出的 national language capacity 的启发而提出的概念，并将其定义为“一个国家运用外语应对各种外语事件的能力”，指出衡量它的根本标准是一个国家能够使用的外语资源的种类与质量。文秋芳和张虹（2017）后来进一步指出，美国学者提出的 national language capacity 实际指的是“国家非通用语能力”。张西平（2011）强调，加强非通用语建设已经成为提高国家外语能力的关键。在文秋芳提出“国家外语能力”的同期，李宇明（2011）提出了国家语言能力的概念，包括语种能力、国家主要语言的国内外地位、公民语言能力、拥有现代语言技术的能力、国家语言生活管理水平五个方面，居于首要位置的语种能力“包括国家能够掌握多少种语言，每一种语言有多少人才，语种和人才的布局是否合理等”，也关涉非通用语能力问题。后来，国家外语能力被视作国家语言能力的重要组成部分，并持续受到学界的关注（如沈骑 2015、仲伟合 2016 等），张西平（2011）、蔡基刚（2014）等还在文秋芳等（2011）的基础上，就其内涵进行了拓展性阐发。在这个视角下，除了外语教育界，语言政策与规划界也广泛参与，研究旨趣大致涉及三个方面：（1）探讨指出包括通用语和非通用语在内的语种能力对国家发展的战略意义，如李宇明（2011）、赵蓉晖（2010）、戴曼纯（2011）等。此类研究为非通用语人才培养研究拓展了理论深度和战略高度。（2）从宏观层面讨论语种规划。语种规划的核心是语种选择。众多关于外语能力建设的国别比较研究，显示了美国、澳大利亚、俄罗斯、欧盟等国家或超国家组织的不同语种规划背后的不同价值取向；在此基础上，张治国（2011）、张天伟（2015）综合多维价值取向对我国“关键语言”[①]选择的影响因素进行了探讨，张治国（2011）还提出了具体的语种建议。此类研

① 也有学者称为“战略语言”，如沈骑（2015）。

究为非通用语专业设置顶层规划研究提供了重要参考。（3）就国家语种能力（外语能力）而言，相关研究不仅涉及语种数量，而且关涉语言资源的质量；不仅涉及人才的培养和储备，还关涉多语种人才资源的规划布局和调配使用（即国家对外语资源的掌控能力和发展能力）。这应当成为非通用语人才培养研究的重要延伸与拓展。

2017 年，丁超（2017）、张天伟（2017）、董希骁（2017a、2017b）、于秋阳（2017）等进一步述介了我国非通用语人才培养取得的成绩，分析了存在的问题，并深入探讨了相关对策；曹德明（2017）和苏莹莹（2017）分别述介探讨了所在高校的非通用语人才培养模式；文秋芳等（2017）则揭示了非通用外语教师职业成长与发展面临的内外部困境，是一个关涉师资建设的话题，而研究视角和具体内容饱含着浓郁的人文关怀。

2017 年值得关注的研究内容摘编如下：

一　外语非通用语人才培养取得的成绩

（一）数量与规模显著增长

在国家相关政策的鼓励支持下，高校外语非通用语种专业的数量和规模显著增长……这些语言，连同英语、法语等国际通用语种，在使用范围上已经基本覆盖了与我国建交国家的官方语言，以及“一带一路”沿线国家的主要语言。

除语种数量外，教学点的增速也是罕见的。仍以 2016 年的情况为例：从教育部发布的通知结果可以看出，全国新增备案本科专业涉及 28 所高校的 34 种非通用语的教学点 63 个，同年一次新增教学点最多的语种是波兰语（5 个），其次是乌尔都语（4 个）、印度尼西亚语（4 个）、波斯语（4 个）、土耳其语（4 个）等。另外，还新增审批本科专业，即新增语种 11 个。【丁超】

（二）国际化培养程度有效提高

师生赴目的语国家学习进修渠道拓宽，人才的国际化培养程度提高。教育部 2017 年 3 月 1 日新闻发布会的材料显示，“十八大”以来，国家留学基金委加紧国家紧缺人才培养。通过国际区域问题研究及外语高层次人才培养项目，派出外语非通用语种人才 3454 人，仅 2016 年派出 1036 人，涉及 42 个非通用语种、62 个

国家，其中 32 个为“一带一路”沿线国家，填补了 9 个国内空白语种，培养了一批后备师资人才。国别与区域问题研究人才共派遣 1207 人，涉及 60 个国家，其中 35 个为“一带一路”沿线国家，培养了一批了解沿线国家语言文化和当地经济发展现状的高素质复合型人才。如果加上通过地方政府、校际合作或自费公派的人数，规模是相当可观的。对于一部分高校来说，非通用语种专业的师生赴目的语国家学习已不再是遥不可及的梦想。【丁超】

（三）非通用语教材编写出版成果丰硕

非通用语种教材编写出版成果丰硕，品种多样化，新媒体新技术的应用愈加广泛。例如，解放军外国语学院亚非语系牵头，广东外语外贸大学等院校参与协作，在世界图书出版广东公司的支持下，编写出版了一大批从语言教学到国别研究的教材。其中包括语言入门精品教程、国家级教程、教育部第一批特色专业建设点系列教材、国家级教学成果奖系列教材、中国外语非通用语种本科人才培养基地教材等，既有不同层级的基础语言、语法、听力、阅读、翻译等教材，也有国别与地区概论、社会文化与投资环境、文化概论、经济社会地理、文学史等系列读本，规模和数量都达到了历史最好水平。【丁超】

（四）高级翻译人才培养受到重视

高级翻译人才培养受到重视，培养层次实现突破。北京外国语大学、北京第二外国语学院、对外经济贸易大学等多所高校陆续开设了朝鲜语翻译硕士学位（MTI）课程；北京外国语大学的翻译专业硕士教育还包括泰语。【丁超】

（五）国别和区域研究开始起步

2012 年教育部批准设立的第一批国别和区域研究培育基地中的北京大学南亚研究中心、北京外国语大学中东欧研究中心等，都依托了所在学校非通用语种的资源和专业优势，聚焦国家重大政策需求，积极组织、推进工作，在专题研究、调研资政、服务社会方面发挥了一定作用，为促进中外人文交流做出了独特贡献。2017 年，全国高校又新增备案的教育部国别和区域研究中心 390 余个，仅北外就一次备案获批 37 个。其中相当一部分的关注对象都是使用非通用语的国家和地区，例如中国马来西亚研究中心、波兰研究中心、芬兰研究中心、意大利研究中心等，已经有较为充分的前期工作基础。【丁超】

二 外语非通用语人才培养存在的问题

（一）宏观调控方面的问题

速度偏快，调控缺失。在国家层面，对高等学校外语非通用语种专业的选择和布点，学科建设发展，人才培养、使用与储备，师资队伍建设等问题还缺乏应有的战略协调机制，尚未与国家外语能力和公民外语能力的构建形成理论与实践层面的有机对接。近年来的政策导向使各地办学积极性高涨，教学点大增，如朝鲜语／韩国语的教学点甚至已达到129个。又如前面所提，2016年全国有两所院校的非通用语专业呈两位数的增长，波兰语专业一年就增加了5个教学点。不仅如此，一些新增教学点的招生规模也明显超出了常规做法。这种情况是否过快过热？其中对人才需求情况是否进行过充分的调研，师资、课程、教材等办学条件究竟如何，是办成本科专业还是作为一般的语言入门课程，是侧重语言人才培养还是偏向国别和区域研究，前者教学什么，后者研究什么，对于办学单位来说都应该有充分的、科学的论证，有明确的定位，能够对学生、教师和社会说清楚，并且真抓实干，长期投入，最终才能不负国家期望，不枉历史使命。【丁超】

2012年，教育部重新修订了《普通高等学校本科专业设置管理规定》（简称《规定》），将已列入《专业目录》的本科专业的设置审批权下放到地方，教育部只负责备案。《规定》中提及了办学定位、发展规划、学科依托、人才需求、培养方案、教师队伍、图书资料等方面的要求，但未明确具体的标准。如审批环节缺乏约束，专业建设极易沦为争夺资源的手段。一些院校完全依赖外籍教师，用纯外文授课。能否保证教学质量姑且不论，如教学内容无法得到监控，极易在价值观上误导学生，有悖于在“一带一路”背景下服务国家战略需要的初衷。【董希骁（2017b）】

（二）语种规划方面的问题

分类单一，区分度低。“‘非通用语种’是我国外语教学界为加强教学的组织和管理采用的一个概念”，从20世纪末开始取代“小语种”的说法。今天看来，这一范畴的界定过于宽泛笼统。由于缺乏在类型、功能、语言之间的亲缘关系、

使用范围、文化内涵、可替代程度，不同语言与我国的关联，以及语言人力资源等方面的实证研究，非通用语种的语言本体研究普遍薄弱并游离于国内语言学研究主流，因而影响到政策制定、语言规划和外语非通用语种类专业教育教学组织管理应有的区分度。

目前，非通用语涵盖的语种在世界语言谱系中的地位悬殊，印地语、乌尔都语、葡萄牙语等都是使用人口过亿，且具有相当影响力的语言，而罗曼什语使用人口不过几万人，有的微小语言（如纽埃语）使用者更少，且不具有相应的教育机构和文化地位，但都被归入非通用语专业增设。还有的语言，如罗马尼亚语与摩尔多瓦语、塞尔维亚语与黑山语等，实为同一种语言，彼此牵涉复杂的历史、民族和政治因素，如果分为不同语种专业开设，区分度很低，而所牵涉的语言地位问题不仅涉及学术，且有可能引起一些政治色彩的解读并触及相关民族情感。

个别新增设语种的定位表述还不够清晰。“克里奥尔语”（Creole）通常指“在语言频繁接触地区出现的一种包含不同语言成分的混合型自然语言”，只是泛称，具体又因所基于的其他语言，包括地域、行业等因素，存在诸多的变体。无论是英语克里奥尔语、法语克里奥尔语，还是西班牙语、葡萄牙语、荷兰语的克里奥尔语，在未加说明的情况下，作为一种新增设的语言专业向社会公布，名称过于模糊，容易产生不同理解。【丁超】

非通用语常被称为“小语种”，往往被人误解为“很少人用”或“用处不大”的语言。名不正则言不顺，如何定义相关语种，不仅关系到语言规划的内容，更影响到规划制定者和执行者的立场和态度……可见，所谓“非通用”既不是对使用人数的描述，也不是对覆盖范围的描述，而是对我国某一特定时期外语教育状况的描述，不能依此判断一种语言的重要性，在制定外语教育规划时更不能本末倒置，囿于这一名称将外语语种进行生硬的条块分割。

……

由于语言、民族、国家的边界并非完全重合，不应仅仅将国别作为开设新语种的唯一依据，忽略了语言自身的特征和市场的实际需求。近年来很多高校都确定了新增语种的数量，但对相关语种的具体情况却不甚了解。例如：黑山共和国宣布其官方语言为黑山语，但从语言类型的角度看，它与塞尔维亚语并无本质区别，黑山学界对此名称也有截然不同的看法。相近语种重复开设势必摊薄有限的教育资源，给师资分配和学生就业带来不利影响。而摩尔多瓦语和罗马尼亚语更是完全雷同，摩尔多瓦共和国对其国语名称的争议至今未完全平息，贸然开设相关专业可能会带来一定的政治风险。因此，只有基于调研制定科学的规划，方能引导非通用语专业长期健康地发展。【董希骁（2017a）】

在“一带一路”倡议下，语言互通是促进“五通”实现的催化剂。因此，国家急需大量非通用语人才。然而，目前我国尚未对全国非通用语人才资源和人才培养进行合理规划，导致国家紧缺语种开设不足、部分语种盲目和重复建设、国内现有相关资源未得到有效整合利用等问题。【张天伟】

（三）培养目标与课程规划方面的问题

进入新世纪后，我国的欧洲非通用语种教育开启了新的篇章。2001 年“国家外语非通用语种本科人才培养基地”的设立为科学发展提供了前所未有的契机，“一带一路”倡议的提出更是使沿线国家语种受到“热捧”。然而，增设新专业、新布点的目的性却不如以往明确。“服务国家战略需要”成为普遍适用的理由，对于究竟要满足哪个层次、何种类型、何等规模的需要却语焉不详。如果对语言本体属性、实际供需关系、对象国语言政策未充分论证就贸然开设新专业，不仅会导致资源浪费，还可能招致难以预料的外交风波（例如某种语言的独立语言地位尚存争议，将其设为本科专业即表明我国的认可）。一些院校增设的新专业未能体现自身优势和特点，人才培养方案大同小异，存在同质化、低水平重复建设现象。【董希骁（2017a）】

不同高校、不同的非通用语专业之间的教学基础和学术水平差异很大，近年来虽然各有关高校和院系加快了建设步伐，取得了显著成绩，但仍有相当一批专业基础薄弱，存在不同程度的课程体系不健全、教学标准缺失、教材和工具书编写滞后的情况。部分专业，包括有的“老字号”，至今仍缺乏科学严谨和相对稳定的课程体系，甚至没有自主编写、能够适应当今人才培养需要的核心课程教材和基本的双语词典。在教学改革中还不同程度地存在急功近利的情况，例如：在导向上不再强调原有的专业外语精细训练传统，忽视语言基本功训练；在培养模式上一味强调“复合”，宣传话语中大量使用“高端”性表述，组织形式花样迭出，违背非通用语人才成长规律；在管理上，简单地将出国留学等同于国际化办学，对学生缺乏应有的跟踪管理和考核，国内外教学缺乏有效衔接，等等。【丁超】

（四）师资建设方面的问题

有不少院校非通用语种专任教师编制和配备不足，队伍年轻，教学科研能力

尚待提高。两三名教师支撑一个专业的情况相当普遍，有的专业甚至只有一位教师，而大量新增语种的专任师资还属空白。另外，新建语种教师的专业外语能力比较有限，甚至尚未达到应有的任职学历要求；有的教师跨学科读博，学历虽得到提升，但方向和精力偏离专业外语岗位任务要求，不利于专业语言教学向精深博雅发展。【丁超】

在语种和布点数量"双增长"的同时，师资短缺成为相关院校普遍面临的问题。以我国开设欧洲非通用语种数量最多、办学经验最丰富的北京外国语大学欧洲语言文化学院（简称"欧语学院"，前身为东欧语系，2003 年更名欧洲语言系，2007 年开始使用现名）为例，截至 2016 年底，经教育部批准的本科专业有 23 个（不含拉丁语），其中 8 个专业仅有 1 名专职中国教师，其他大多数语种的教师数量不超过 3 个。新建专业教师的年龄、学历、职称层次普遍较低，课程和教材体系建设任重道远。北京外国语大学采取了严谨务实的态度，给予新建专业较长培育期。例如爱沙尼亚语、拉脱维亚语、立陶宛语、斯洛文尼亚语专业自 2009 年获批以来，并未急于招生，而是让青年教师在开设选修课的同时提升学历，在实践中积累教学经验。他们还积极参与智库建设，多次为国家领导人担任翻译，充分体现了高校作为人才储备库的职能。

然而在市场需求的驱动下，罔顾教育规律的现象亦有发生。例如，我国与安哥拉、巴西等葡萄牙语国家经贸往来的持续升温催生了对葡萄牙语人才的需求。从 2000 年至 2016 年，葡萄牙语专业的布点数量从 2 个激增至 28 个，增幅高达 1300%。个别高校甚至出现过因教师缺位，学生被迫"自学"的乱象。【董希骁（2017b）】

本文以 10 名高校非通用外语教师为研究对象，通过深度访谈和叙事框架相结合的质性研究方法，揭示了他们职业成长与发展面临的内外部困境。研究发现，外部困境主要表现为教育教学资源匮乏（无教材、无工具书），承担课程门类过多，且身兼教学、行政、科研、外事秘书等多种工作；内部困境主要表现为教学与科研冲突带来的内心纠结和焦虑。尽管如此，他们仍对教学满腔热情、对学生充满爱心、对国家无限忠诚，其敬业精神让人感动，值得钦佩。【文秋芳，张虹】

（五）学生就业与人才使用方面的问题

国家 / 社会对欧洲非通用语种人才的需求受以下因素的制约：（1）双边政治

关系。“一带一路”倡议离不开政府的主导，尽管近年来中欧民间经贸往来日趋频繁，但对欧洲非通用语种人才的主要需求仍来自国家部委和新闻机构，政治关系的紧密程度是保证相关语种人才稳定需求的基本条件。(2) 对象国的英语普及程度。在英语普及率较高的荷兰和北欧各国，对外交往时往往会优先选用英语。与精通英语且拥有其他专业背景的人才相比，非通用语种专业毕业生并无明显的就业优势。(3) 此外还存在一些特殊情况。例如塞尔维亚语和克罗地亚语极其相似，相关单位用人时通常不会拘泥于其中某个专业……又如意大利教育资源丰富，很多意大利语专业毕业生选择赴对象国学习其他专业，导致对口就业率统计数据显性偏低。【董希骁（2017b）】

需求的局限是非通用语教育普遍面临的“先天劣势”，因此难以像其他专业那样形成“规模效益”。一些专业在未探明实际需求的情况下匆匆上马，之后为降低办学成本，控制“生师比”而盲目扩招，最终可能陷入“培养人数越多，就业压力越大，学习热情越低，教学质量越差，市场需求越小，报考人数越少”的怪圈。

近年来，许多高校将培养“复合型、复语型”人才作为提高非通用语专业毕业生职场生存能力的良方，但“喧宾夺主”的现象时有发生。很多毕业生凭借第二学位找到了满意的工作，实现了个人理想，但国家投入大量财力，个人付出多年心血习得的非通用语主修专业却被束之高阁，短短一两年后就遗忘殆尽。从国家语言资源储备的角度看，无疑是巨大的浪费。

在人才使用效率方面，一些沿边地方院校或高职高专反而有着较好的表现。由于毕业生职业期望值相对较低，目的明确，能够以平和的心态到中小型企业就职，或投身边贸活动，做到“学以致用”。相反，一些部属院校毕业生的目光却局限在数量有限的国家部委和大型企业上，致使就业范围愈发狭窄。有的毕业生进入大型国企后，由于在对象国的投资项目中止而被闲置，最终不得不改行或离职。

因此在制定非通用语教育规划时，从一开始就要对人才培养的层次和规模做好顶层设计，同时增强各院校在招生人数和考录方式方面的自主权，助其结合自身情况确定人才培养目标和模式，以满足国家不同层次的需求，尽可能做到“人尽其用”。【董希骁（2017b）】

（六）非通用语人才资源建设方面的问题

1. 人才资源难以掌控。

我国现有非通用语人才资源主要分布于部分高校、相关政府机关和民间。国

家掌控语言人才资源的前提是开展语言调查。目前我国尚无针对语言使用情况的全国性普查或大规模抽样调查，已有的多是区域性小范围抽样调查。我国亦无语言使用情况数据库和非通用语人才数据库，相关外语语种及学习人数的统计数据多源自各省市外语教学研究会的粗略估计，未经实际调查，其准确率和可信度有待验证。

我国非通用语人才的高校培养渠道主要有两类：一类是综合性大学，如北京大学、南京大学等；另一类是外语类院校，如外语类院校协作组的16个成员院校。现阶段，国家只掌握非通用语专业的在校生数和毕业生数，人才资源调用也只是面向在校师生。我国高端外语人才还分布在国家相关部委，如外交部、中共中央对外联络部、商务部、文化部、科技部等。这些部门的非通用语人才资源可供国家随时调用，但也往往无法满足需求。对民间的语言人才，国家更是难以掌控。简言之，当前国家对非通用语人才资源不了解、难掌控。

2. 高端人才严重不足。

虽然我国的外语专业学生人数众多，但高层次外语人才奇缺，无法满足国家需要。国际事务谈判、国际法庭申诉、中国海军索马里护航等都需要高端外语人才。2014年李克强总理出访希腊时，我国居然没有能够满足实际需求的希腊语翻译，中希语之间不能直译，只能通过英语转译。为此，国家留学基金委后来落实了李克强总理批准的希腊语人才培养方案，于2015年派出70人赴希腊留学，其中北京外国语大学希腊语专业综合改革试点项目成班派出师生27人。2016年“两会”期间，全国政协委员、国家汉办主任许琳提到，中国已在138个国家建立500多所孔子学院和1000多个中小学孔子课堂，共涉及90多个语种，而其中有85个语种缺少汉语和当地语言对照词典，通晓当地语言的中文教师特别缺乏。与我国通用语教育一样，非通用语教育也面临着学习人数相对多而高端人才相对少的现实问题。【张天伟】

三　进一步推进非通用语人才培养的对策建议

（一）加强战略性顶层规划

要在对接国家战略的前提下，进一步加强非通用语种类专业的整体规划和科学布局。“实现已建交国家官方语言全覆盖”的目标更多的是出于一种政治眼光和要求，而语种布局直接关系到国家语言能力建设，还需要综合世界不同语言的政治和文化影响力，根据具体语言的社会功能等因素加以选择。因此，语种布局不应盲目贪多求全，更不是一劳永逸，应根据国家战略需要分清主次先后，动态调整，保持合理规模，避免大起大落。【丁超】

“非通用语”这一概念只是对我国外语教育状况的描述，不是对国家外语人才需求的反映。外语教育规划理应从国家的实际需求出发来确定语种数量、培养规模、发展优先级，从而对现状进行调整，而不应受所谓“通用语”或“非通用语”概念的束缚……

目前我国在讲授外语语种的数量上与美、俄、英、法等国仍存在巨大差距，这更要求我们充分认识有限的外语教育资源，通过优先发展“关键语言”来循序渐进地提高国家外语能力，切忌一味扩充语种数量和培养规模。“关键语言”的确定需要从政治、经济、外交、军事、文化、安全等多个角度通盘考虑，其中不仅应包括“朋友的语言”，还应包括“敌人或对手的语言”……

究竟哪些语种可以入围我国现阶段的“关键语言”，是外语教育规划的重要内容，应该由来自政界、军界、商界、学界的专家共同组建的专门外语规划机构来确定，而不是仅仅由教育主管部门来决定开设何种语种。李宇明教授建议在国务院内设立外语局，或是提升国家语委的地位，赋予它统管国家语言事务，包括外语事务的职能，正是出于这样的考虑。【董希骁（2017a）】

我国已经开始重视语言战略规划的制定……作为非通用语人才培养战略的重要内容，非通用语专业建设既有学术意义也有政治意义，其最终目的是满足国家需求，促进我国与世界其他国家的友好交往。非通用语专业的开设需要仔细论证、缜密规划，既要满足国家需要，又要避免盲目建设……除了理论研究之外，我国非通用语战略规划制定的关键还在于开展专项语言调查和需求分析。【张天伟】

目前，很多高校都在大规模进行非通用语专业申报和人才培养，需要国家层面进行顶层设计，合理调控、布局非通用语种专业的开设、招生和人才培养工作，避免出现人才培养趋同化、无特色的局面。【张华杰】

（二）调查研判供需关系

回顾历史可以发现，我国的欧洲非通用语种专业建设历来具有“精准服务国家战略需要”的传统。对于“一带一路”倡议激发的相关语种人才需求，不仅需要热情的回应，更需要科学严谨的分析和论证。经过近几年的发展，欧洲语种配置在我国高校中已趋完备，应逐步摒弃数量至上的粗放型发展理念，不再笼统地

将“国家战略需要”作为增设语种和布点的依据，而应对人才需求加以细分，并据此确定培养规模和模式。

我国对欧洲非通用语种人才的需求可分为象征性需求和实际需求两大类，后者又可以细分为长期需求和短期需求。象征性需求通常是为了与对象国平等交往，更多地体现对其国际行为体和主权的尊重。例如2005年，出于对有关国家实际变化的考虑，北京外国语大学对塞尔维亚语－克罗地亚语专业进行了必要的拆分（两者的差别主要在于前者用西里尔字母书写，后者用拉丁字母书写）。长期需求主要来自于我国在对象国设有常驻机构的部门（如外交部、商务部、新华社，等等），以及一些与对象国保持长期合作关系的企业。短期需求则来自于一些不定期交流和基础设施建设项目，例如近年来我国与中东欧国家签署了多项涉及铁路、公路、电力等方面投资协议。能否衍生出长期合作关系，取决于这些项目的实际执行情况。

笔者认为，我国的欧洲非通用语种本科专业规划应着眼于长期需求。对于象征性需求，可通过调整专业名称（如通过设立“西巴尔干研究”或“中南斯拉夫语支语言”专业来满足塞尔维亚、克罗地亚、波黑、黑山等国对本国官方语言进入中国高校的诉求）、调配教学资源（相近语种教师调剂使用）、丰富选修课型等做法予以满足。这样既可以整合有限的师资力量，又便于培养复语型人才，还有助于开展区域研究。在短期需求层面，普遍存在相关单位“只想用人不愿留人”的情况。因此，需要在人才蓄积能力较强的部门加强储备，完善人才流通机制，提高人才使用效率。【董希骁（2017b）】

目前我国对欧洲非通用语种人才资源的管理还十分薄弱，仅对毕业生就业情况有所统计。由于相关语种在我国的使用范围有限，学生毕业后如无法找到对口工作，语言能力可能迅速磨蚀，导致人才培养规模与储备规模相去甚远。因此，有必要对相关语种人才的分布进行跟踪调研。【董希骁（2017b）】

非通用语人才的供需关系在很大程度上依赖于政策，不可能完全由市场主导，这也是很多非通用语专业被列入“国家控制布点专业”的原因。

改革开放前，我国对非通用语人才的需求较为单一，即为外事外交工作服务，故而将人才培养层次定位在大学本科以上，以培养高水平翻译及外事干部为主要目标。实行改革开放政策后的30余年里，我国政府的关注点主要集中在引进发达国家技术和资金方面，许多仅在发展中国家使用的非通用语也因此受到冷落。除了在一些沿边省份，由于边贸活动频繁而引发的学习动机外，多数非通用语学习者进入相关专业只是因为“机缘巧合”（如服从专业调剂），学习兴趣自然难以提升。“一带一路”倡议的提出标志着我国的战略重心正在从“引进来”向“走出去”转移，与沿线国家的交往逐渐超越了政府层面，逐渐向企业和民间层面深入，对非通用语种人才需求的数量、期限、层次也更为复杂多样。

……外语人才资源调查，也可理解为对人才供给能力的调查，但对于非通用语教育规划而言，更大的难点在于对人才需求的调查。调查内容不应仅限于短期内对某种非通用语人才需求的数量，还应包括用人单位的性质、人才需求的层次、对其他技能的要求，等等。如用人单位是在“一带一路”沿线国家投资的中国企业，还需考虑相关投资项目在对象国的发展前景。如果仍将非通用语教育局限在高等院校中，以培养外事翻译为主要目标，在学科布局上只求语种数量，不考虑层级和特色的话，显然难以满足当今多元化的需求。因此，非通用语教育规划的范围应涉及基础教育、高等教育、非学历教育等各个层面，提高为地方和企业服务的意识，探索定向委培模式，努力做到教育机构各尽所能，用人单位各取所需。【董希骁（2017a）】

随着本科专业设置审批权的下放，为了更好地服务于“一带一路”建设，可以预见会有更多院校开办非通用语种专业。虽然人才的需要是当务之急，但是不能忽视供给和需求会存在一定程度的波动性，这种波动性会影响对供需总量的把握。如果不能根据就业形势变化和人才需求周期做出同步反应、科学调配，那么很可能出现人才过剩的现象。从宏观的角度看，需要国家和相关教育部门进行通盘思考和顶层设计，建立有效的语言人才培养、使用、储备机制，需要各高校对招生进行统筹规划去布局专业。一方面，要了解人才储备状况，在政策层面制定好语种规划，避免大起大落、时冷时热；另一方面，要把控人才供需变量，认真调研和论证，调控招生节奏，不能一味追求办学效益。此外，非通用语人才的数量成为“流量”而不是“存量”的现象也值得高度重视。学以致用本应是莘莘学子追求的目标，可相当多的毕业生并未选择专业对口的工作。虽然衡量就业不能以专业对口作为唯一标准，但人才流失确实造成了教育资源的浪费。非通用语专业的本科学习多为零起点的学习，考虑到外语学习本身的规律和特性，毕业后倘若放弃专业，超过一两年不学习语言后便很难重拾，导致基础人才资源储备的缺口。【于秋阳】

（三）改革招生制度

我国非通用语教育的生源主要来自高考招生，只有部分高校招收少量语种

的保送生。这一招生体制在彰显教育公平的同时也难以避免弊端，如未能有效选拔具有语言天赋、学有特长的学生，以致有的学生因不适应非通用语学习而退学。笔者建议非通用语专业招生不仅应依据高考成绩，还应增加面试环节，选拔具有语言基础、语言天赋和学习热情的特长生。目前，国内已有高校正在进行有益的非通用语专业招生尝试和探索。比如，2016 年北京外国语大学根据国务院《关于深化考试招生制度改革的实施意见》的精神，启动了涉及 13 个非通用语种的高校专项综合评价招生模式，根据考生的高考成绩和学校组织的外国语言文化能力测试成绩录取考生，旨在培养高端涉外人才，深入开展国别和区域研究。【张天伟】

应以人为本，在服务国家需要的同时兼顾个人发展，从招生开始就为学生今后的职业发展着想。鉴于外语习得的特殊性，应逐步扩大自主招生规模，招收真正对相关语种和对象国感兴趣，且具备语言天赋的学生。涉及邻国语言或跨境民族语言时，招生计划应向相关沿边省份适当倾斜。这样做既有利于促进“一带一路”上我国边远省份的发展，也能使这些省份成为相关语种人才的“储备库”，为学生就业“兜底”。目前，已有一些地区在基础教育阶段纳入非通用语课程，这是一个可喜的信号，但相关语种要得到高考制度的认可尚需时日。【董希骁（2017a）】

在招生和生源方面，一些学生在选报专业时对非通用语学习缺乏基本认知，也缺乏专业认同感。还有学生因高考调剂被动地选择了非通用语，学习兴趣和动力明显不足。很多学生和家长对经济发展落后的对象国语种持有负面印象，不愿意去报考。基于此，高校可以考虑在招生前加大宣传力度，或在招生录取时增设面试环节进行适当遴选，让广大学生更了解非通用语学习的神圣使命和时代责任，鼓励对外语学习有热情的学生积极报考。【于秋阳】

（四）创新培养模式

应改进复语模式，使“一带一路”语言人才的培养更具针对性。很多院校培养复语型人才的做法是“非通用语 + 英语”。这样做固然能够增强学生的就业竞争力，但也存在“喧宾夺主”，非通用语技能在与英语的竞争中逐渐退化的隐患。为此，建议在保证学生英语能力稳步提升的基础上，进一步拓宽复语专业的选择范围。根据主修专业的语言特征、对象国具体情况和用人单位实际需求，可以采取以下复语模式：（1）“大 + 中 + 小”复合，即除了英语这门“大”语种外，主修非通用"小"语种的学生还可选修一门具有更强通用性的同族"中"语种，以提升就业竞争力。例如"英语＋德语＋丹麦语""英语＋法语＋罗马尼亚语""英语＋俄语＋塞尔维亚语"；(2) 邻国同族语复合，旨在提高人才的地域通用性，例如"泰语＋老挝语""马来语＋印尼语""印地语＋乌尔都语""捷克语＋斯洛伐克语"；(3) 同国官方语言复合，"一带一路"沿线很多国家有不止一种官方语言，例如东帝汶（德顿语＋葡萄牙语）、斯里兰卡（僧伽罗语＋泰米尔语）、阿富汗（普什图语＋波斯语）、以色列（希伯来语＋阿拉伯语）、独联体国家（除本国官方语言外，俄语仍占有重要地位），但目前能够同时掌握相关语言的人才却极为稀缺；(4) "官方语言 / 标准语＋方言 / 变体"复合，最为典型的当数标准阿拉伯语与其国别变体的复合。真正实现上述语种复合是一项艰巨的任务，不仅需要增设语种数量，还需对相关院校的专业设置和教务管理进行大幅调整。推进学分制改革，提供更多自由选课的机会，是解决这一问题的最佳途径。【董希骁（2017a）】

全新的"一带一路"时代背景召唤全新的人才类型，人才培养无法再固守以往单一的"经院式"语言人才模式，灵活多样的人才培养路径成为各高校探索的走向。以中国传媒大学的孟加拉语专业为例，专业制定了"复语型、复合型"的人才培养模式。学生除主攻专业语种外，还要精研英语并参加英语专业四级、八级考试，力争成为"复语型"人才。不过，"复语型"培养方式在实施过程中也要考虑适切性的问题。成功的外语学习既需要强度又需要密度。如果不能在专业语种中投入足够强度和密度的学习，就无法把一门外语从零起点学好，更谈不上用这种语言去工作和做研究。"双语＋某一专业技能领域"的培养模式使学生可以选修新闻传播、电视编导等具有传媒特色的辅修专业，修满辅修课程学分并通过考核的学生毕业时可获得辅修学位证书，成为名副其实的"复合型"人才。事实上，"复合型"人才培养需要解决机制方面的障碍，其实施过程涉及打破院系、校际间的壁垒，实现跨学科、跨学院，甚至校际联合培养。目前，为非通用语学生提供的学习平台仍不够多样化、系统化，进一步加强通识教育以全面提升学生的人文涵养是"复合型"人才培养的必要条件。【于秋阳】

就人才培养模式而言，美国非通用语教育有两点经验值得借鉴：一是语言教育与区域研究相结合，二是通过项目集群培养非通用语人才。【张天伟】

（五）加强师资队伍建设

非通用语种师资配备不能单纯参照"生师比"，按招生规模和课时量来衡量，

还要兼顾高校作为外语资源储备库和国别区域研究智库的职能。早在 20 世纪 50 年代，美国联邦政府就制定了大量资助高校外语教育的政策，促使高校逐步成为国家语言资源和人才的储备库。同一时期起步的我国欧洲非通用语种学科在人才储备和流通方面也有过成功经验。例如 20 世纪 50 年代到 60 年代中期，不同单位间人员流动的“旋转门”机制就已具备了雏形，很多外交官进入高校任教，教师被临时借调到对象国使领馆工作亦是常事。在“一带一路”背景下，更应加强师资储备，履行高等院校资政育人、服务社会的重要使命。

具备相关语种研究生培养能力的院校还应注重对高层次人才的培养，为本校和兄弟院校提供高水平师资来源。只有让更多院校拥有兼具教学科研能力和社会服务意识的师资队伍，方能形成良性竞争机制，拓展学术交流平台，提升人才培养质量。【董希骁（2017b）】

在非通用语教育实践中，现有师资模式按中外教师比可大体分为四种：3 个中教 1 个外教、2 个中教 1 个外教、1 个中教 1 个外教和全外教。然而，外教的聘用和管理制度相较于中教而言不够规范和合理，应当尽快调整。在外教聘用方面，应放宽限制，在遵守国家法律法规的前提下适度引入市场机制，增加自主聘请合同制外教的数量；在外教管理方面，应加强对外教专业能力而不仅仅是语言能力和教学能力的评估，强调考核和淘汰机制；在外教学缘构成方面，应注重复语和复合专业外教的聘用。现有师资模式更为突出的问题是，由于非通用语学生数量有限，教师编制受“生师比”的限制无法扩充，很多非通用语教学无法形成规模效应，专业建设成本居高不下。笔者建议在建设新语种专业的同时，打破按学生人数设定教师编制的壁垒，通过增强老专业来扶持新专业，在相近语种间实现师资的合理调配。这一方式不仅可以在一定程度上解决新建语种专业师资短缺的问题，而且有利于教师拓宽学术视野，提升业务技能。【张天伟】

师资队伍建设方面，第一批非通用语教师在过去的十几年里已陆续淡出一线教学岗位，目前在职的一部分非通用语教师学历职称处于中低层次，教学科研潜力还有上升空间。如果能切实地鼓励支持这些教师尽早成为高水平、高学历的学科带头人、学术骨干，那么非通用语教育就能相应地提升办学层次，打破很多语种只有本科教育的局面。要培养合格的“复合型”人才，教师应当首先成为具有综合能力的“复合型”人才。非通用语教师不仅需要夯实语言教学业务素质，而且要具备对象国历史、宗教、文化等方面的广博知识；不仅要精研语言文学，而且也应在其他学科领域具备一定底蕴。积极搭建校际合作交流和创造学术进修机

会可以从整体上提升师资队伍的素质，提高教学质量和教育水平。【于秋阳】

随着“一带一路”倡议在全球推广，非通用外语人才培养工作得到政府和相关高校的高度重视，从事人才培养的非通用外语教师在职业生活中的困境理应得到足够关注与帮助。

在对参与本研究的非通用外语教师历时一年多的观察和深度访谈过程中，我们看到这是一个朝气蓬勃的群体，是一个身处内外部困境仍积极工作的群体。他们对教学满腔热情、对学生充满爱心、对国家无限忠诚、对对象国情况充分了解，他们的诉说让人感动，让人心生敬意。针对以上研究发现，结合非通用外语教师自己的心声，我们提出下列两点建议。

第一，高校管理者应根据非通用外语教师的具体情况更加审慎地制定多元化的教师评价和职称晋升标准，不能用“C 刊”“科研项目”等单一标准来衡量……近年来，不少高校增设了一大批非通用语专业。这些新开专业目前还处于起步阶段，既无教材，也无工具书。这些专业的教师面临的当前最紧迫的任务应该是做好专业建设工作，产出像教材、工具书等基础性、开创性成果，而不是发 C 刊文章。因此，建议在职称评定时，对于他们的基础性成果应给予应有的认定，让他们在职业发展上有奔头，对自己的未来有希望。

第二，鼓励资深教授创建教师共同体，为非通用外语教师开展跨语种、跨院系、跨学科合作与交流搭建平台，让他们体会“家”的温暖，“集体”的相互帮助。【文秋芳，张虹】

（六）发挥学生的主体作用

就学习主体而言，一些非通用语学生专业信心不坚定，时常产生功利思想和厌学态度，对这些不良现象要细致调研，反思教学中的症结和培养模式中的弊端。在教育过程中，应注重培养学生对专业语言及文化的欣赏和热忱，及时为学生提供专业帮助和思想引导。【于秋阳】

（七）加强非通用语人才资源建设

掌控语言人才资源的最佳途径是建立语言人才资源数据库……基于语言资源数据库，国家可以调用语言人才资源以满足国家长短期需求……

我国已经启动类似的人才资源数据库建设，如国家社科基金重大项目“国家外语人才资源动态数据库建设”和国家语委重大项目“国家语言志愿者人才库建

设”等，入库人才中含有重要的非通用语人才。这些项目在前期课题调研和试点工作的基础上，正在稳步推进并取得初步成果。【张天伟】

应多方位挖掘现有非通用语人才资源，实现“培养、引进、储备”相结合。在对各国外语能力进行评价时，很多学者将美国作为典范。美国拥有强大的语言动员能力，在很大程度上归功于其庞大的移民数量。我国并非移民国家，但考虑到国内跨境语言与我国海外华侨操说语言的种类，我国的自然外语资源也并不贫乏。以“一带一路”沿线国家的华裔为例，其中既有在东南亚各国生活百余年、延续四五代的老华侨，也有在东欧剧变后涌向中东欧国家，并在当地扎根的新华侨。建国初期，曾有大批归侨热情地投入到中华人民共和国建设事业中，在“一带一路”背景下，沿线国家华人华侨的重要价值也体现在其语言能力上。大力推进海外华文教育，提升侨胞华语能力的同时增强其民族归属感，使其成为非通用语人才储备的重要组成部分，与在国内培养非通用语人才有着同样重要的意义。【董希骁（2017a）】

除了合理布设教学点、稳步扩大人才培养，建立高层次人才储备也是当务之急。人才短缺并非字面意义上的绝对人数短缺，而是关键性优质人才的短缺。优质人才应当“满足国家的需求、媒体的需求、企业走出去的需求、新兴智库的需求”，应当主动“走出去”，有能力成为中国故事的讲述者和中国精神的传承者。以孟加拉语为例，最缺乏的是精通孟加拉语、对对象国地区有深入研究且具备经贸、政治、法律、金融、传播等某一门专业知识背景、能够从事某一专业领域的研究、协调、管理甚至是决策的国际性人才。因此，可以考虑在时机条件相对成熟的情况下，将本科学位教育培养系统化，将双学位机制常态化，兼顾学生的发展愿景为他们创造本硕连读、本硕博连读的机会，打造出一条可持续性发展的人才培养道路。【于秋阳】

四　有关高校外语非通用语人才培养模式的创新实践

（一）“多语种 +”卓越国际化人才培养模式

“多语种 +”卓越国际化人才的基本知识素养可以归纳为“会语言、通国家、精领域”，即既是精通外语、通晓国别区域与领域的专才，又是能够参与全球事务的通才。“多语种”指的是至少精通两门以上第二语言，具有出众的跨文化沟通能力，或具有较强的全球理解能力。“+”指的是“互通互联”，即以基于多语言的跨文化沟通能力为前提，打破专业、学科壁垒，以人文通识教育培养学生的自觉价值观，以社会科学方法论教学促进国别、区域研究意识，以问题研究导向提升学生在某一领域的专精。“+”不是简单相加，而是强调融合，具体要实现两个任务：一是“通”，即通过开设大类课程、辅修专业、创新实践等贯通专业、学科；二是“化”，将多语言能力通过“比较”“贯通”等“化”为领域优势。

全球化背景下的外语人才应该具备多语种能力、高专业素养和多学科背景三大基本特质。学校通过加强专业内涵建设，优化人才培养方案和通识教育课程改革，努力构建“多语种+”知识体系，推动跨学科专业人才培养平台的搭建，为卓越国际化人才的培养奠定坚实基础。首先，加强专业内涵建设，夯实专业基础……其次，优化人才培养方案，强化多语基础能力……第三，打造通识教育核心课程，完善跨学科知识体系。

……

学校教学改革紧紧围绕“多语种+”卓越国际化人才的培养目标，坚持以人为本的核心理念，以人才培养模式改革为核心，以人才培养机制改革为保障，构建“多语种+”人才培养体系，搭建学生多样化成长成才平台。实施完全学分制，提供学生个性化发展路径……构建“多语种+”辅修平台，助力学生多元成才……推动境外校际交流，拓宽学生国际视野。

……

学校把社会主义核心价值观、中华优秀传统文化教育融入外语专业课程教学，探索思想政治教育与外语专业教学有机融合的课程教学模式，打造多语种网站育人平台传播中华传统文化，在育人过程中引领大学生的核心价值观建设。【曹德明】

（二）复语复合型人才培养模式

“复语型、复合型高层次国际化非通用语种人才”的培养目标定位是培养德、智、体全面发展，非通用语种专业听、说、读、写、译基本功扎实，了解语言对象国及其所处区域的政治、经济、社会、历史和文化等国情概况，同时熟练掌握英语，具备国际政治、对外贸易、国际金融、涉外法律、新闻传媒、旅游会展以及管理等某一学科领域相关辅修专业知识和较强的跨文化交际能力，兼具国际视野与民族情怀，具有创新意识和思辨能力，能直接参与国际事务及国际竞争，在外交、外贸、外宣、旅游等部门从事翻译、研究、教育、管理等方面更早的国际化高素质人才……为了实现这一培养目标，实现非通用语种人才培养的战略升级，我们将在以下几个方面不断努力:（1）将语种建设与国别区域研究相结合;（2）进一步推进“通用语 + 非通用语”复语型人才培养工作;（3）强化非通用语种复合型人才培养;（4）借助世界优秀的教学资源，加强中外联合培养。【苏莹莹】

来源文献

［1］曹德明 .“多语种 +”卓越国际化人才培养理念与实施路径分析［J］. 外国语言与文化，2017（1）：11—17.

［2］丁　超 . 对我国高校外语非通用语种类专业建设现状的观察分析［J］. 中国外语教育，2017（4）：3—8，86.

［3］董希骁 .“一带一路”背景下非通用语教育规划面临的问题与对策［Z］.“语言产业研究”公众号，2017a，2 月 5 日 .

［4］董希骁 .“一带一路”背景下我国欧洲非通用语种人才培养刍议［J］. 中国外语教育，2017b（2）：8—15，95.

［5］苏莹莹 .“一带一路”非通用语人才培养模式的思考与探索［J］. 中国外语教育，2017（2）：3—7，95.

［6］文秋芳，张　虹 . 我国高校非通用外语教师面临的挑战与困境：一项质性研究［J］. 中国外语，2017（6）：96—100.

［7］于秋阳 .“一带一路”战略下的孟加拉语人才培养——兼论非通用语专业人才培养的问题与对策［J］. 北京教育（高教），2017（5）：22—25.

［8］张华杰 . 服务国家战略的“非通用语”人才培养模式分析［J］. 北京教育（高教），2017（3）：54—56.

［9］张天伟 . 国家语言能力视角下的我国非通用语教育：问题与对策［J］. 外语界，2017（2）：44—52.

相关文献

［1］蔡基刚，廖雷朝 . 国家外语能力需求与大学外语教育规划［J］. 云南师范大学学报（哲学社会科学版），2014（1）：15—21.

［2］戴曼纯 . 国家语言能力、语言规划与国家安全［J］. 语言文字应用，2011（4）：123—131.

[3] 戴炜栋，胡文仲. 中国外语教育发展研究（1949—2009）[C]. 上海：上海外语教育出版社，2009.

[4] 丁　超. 中国非通用语教育的前世今生[J]. 神州学人，2016（1）：6—11.

[5] 董希骁. 我国欧洲非通用语教育存在的问题和建议[J]. 语言规划学研究，2016（2）：68—75.

[6] 贾德忠. 我国外语院校学科结构亟待进行战略性调整[J]. 学位与研究生教育，2002（10）：32—35.

[7] 李茂林. 我国高校非通用语专业建设的现状梳理与特征分析——以国内九大传统外语类高校和教育部直属高校为例[J]. 大学（学术版），2014（5）：18，32—39.

[8] 李宇明. 中国外语规划的若干思考[J]. 外国语（上海外国语大学学报），2010（1）：2—8.

[9] 李宇明. 提升国家语言能力的若干思考[J]. 南开语言学刊，2011（1）：1—8，180.

[10] 刘曙雄. 非通用语种教育发展研究[A]. 戴炜栋，胡文仲. 中国外语教育发展研究（1949—2009）[C]. 上海：上海外语教育出版社，2009.

[11] 陆经生. 大学非通用语种专业人才培养策略和实践[J]. 中国大学教学，2012（11）：24—26.

[12] 全永根，林　明，周慧珊. "非通用语种+英语"双外语应用型国际化人才培养模式的思考[J]. 东北亚外语研究，2015（4）：65—69.

[13] 沈　骑. 小语种，冷热之间[N]. 光明日报，2014，12月18日第15版.

[14] 沈　骑. "一带一路"倡议下国家外语能力建设的战略转型[J]. 云南师范大学学报（哲学社会科学版），2015（5）：9—13.

[15] 苏莹莹. 小语种 大作为——以北京外国语大学非通用语种人才培养沿革与发展为例[J]. 北京教育（高教），2016（4）：60—62.

[16] 王雪梅. 从"一带一路"视角探索我国高校非通用语种专业建设现状——以传统外语类院校为例[A]. 上海市社会科学界联合会. 治国理政：新理念·新思想·新战略——上海市社会科学界第十四届学术年会文集（2016年度）[C]. 上海：上海人民出版社，2016.

[17] 文秋芳. 国家语言能力的内涵及其评价指标[J]. 云南师范大学学报（哲学社会科学版），2016（2）：23—31.

[18] 文秋芳，苏　静，监艳红. 国家外语能力的理论构建与应用尝试[J]. 中国外语，

2011（3）：4—10.

［19］杨晓京，佟加蒙．中国非通用语人才培养现状及发展对策研究［J］．世界教育信息，2008（5）：58—62.

［20］张天伟．我国关键语言战略研究［J］．中国社会科学院研究生院学报，2015（3）：92—96.

［21］张卫国，胡　瑞．"非通用语＋英语"双外语本科人才培养模式的探索与思考——以东南亚、南亚语种为例［J］．教育教学论坛，2016（47）：142—143.

［22］张西平．简论中国国家外语能力的拓展［A］．科学发展：社会管理与社会和谐——2011学术前沿论丛（上）［C］．北京市社会科学界联合会，2011.

［23］张晓勤，欧阳常青．"专业＋非通用语"面向东盟复合型人才培养的探索与实践——以广西民族大学为例［J］．当代教育论坛（上半月刊），2009（5）：65—67.

［24］张治国．中国的关键外语探讨［J］．外语教学与研究，2011（1）：66—74，159.

［25］赵彩瑞．打造传媒界领军人物——访中国传媒大学毕业生就业指导中心主任林林［J］．中国大学生就业，2011（11）：32—35.

［26］赵蓉晖．国家安全视域的中国外语规划［J］．云南师范大学学报（哲学社会科学版），2010（2）：12—16.

［27］郑锡伟．外语非通用语本科人才跨国培养模式探析［J］．广西民族大学学报（哲学社会科学版），2007（5）：78—81.

［28］仲伟合，王巍巍，黄恩谋．国家外语能力建设视角下的外语教育规划［J］．语言战略研究，2016（5）：45—51.

英语能力评价与等级量表研制

制定语言能力等级量表，统一语言能力评价标准，对加强和改进语言教育、提高公民语言能力具有重要意义。

语言能力量表（Language Proficiency Scales），又称语言能力标准，是对语言使用者运用某种语言能力的一系列描述。通常，每个量表由低到高分几个不同级别，分别描述语言能力发展的不同阶段。纵观世界各国语言能力量表，有的用来描述学生语言学习目标，有的作为考试级别或定级尺度，有的用来评定不同人员的语言水平。最早出现的语言能力量表是美国政府部门在1955年制定的FSI量表。受其影响，欧、美、加、澳及其他地区出现了多个语言能力量表，其应用越来越广。目前最具影响的当属欧洲委员会（Council of Europe）40多个成员国共同研发的CEF（Common European Framework）量表（韩宝成2006）。[①]

在此背景下，国外有学者呼吁制定亚洲统一的英语能力等级量表；国内学者在响应国外学者呼吁的同时，提出我国也应制定统一的英语能力等级量表，并从原则、方法、描述语构拟等方面就量表的研制进行了探讨。

韩宝成（2006）介绍了ILR（FSI）、ACTFL、ISLPR、ALTE、CEF和CLB等国外较有影响的语言能力量表（标准）研制的背景、级别划分及其描述特点，对每个量表的优缺点进行了评述；在此基础上指出，我国缺乏成熟、统一的外语能力标准或量表，提出应该研制我国统一的学生英语能力标准，以便统筹规划我国外语教育工作。

杨惠中、桂诗春（2007）认为，在制定亚洲统一英语能力等级量表时宜采用定性分析与定量分析相结合的做法，从语言交际功能、语言技能等方面对语言能力等级量表的每一个级别制定详尽、准确、直观、便于用户使用的描述，同时从词汇量、阅读速度、听力材料语速、语言材料难易度等方面对每一等级提出定量

---

① CEF是*Common European Framework of Reference for Languages: Learning, Teaching, Assessment*的简称。后者常简称为CEFR，颁布于2001年，是欧洲语言学习、教学、评测的共同框架；但其中很重要的一部分内容是有关语言水平量表的描述，韩宝成（2006）将其简称为CEF量表。

指标作为补充；应参照 CEF 量表，尽可能与国际接轨。

方绪军、杨惠中、朱正才（2008）指出，制定全国统一的语言能力等级量表，可以使语言教学组织更科学、语言测试更透明。制定统一量表应遵循如下原则：以交际语言能力理论为基础；分别描述听、说、读、写能力；对语言能力进行“能做”描述；语言能力等级描述根据需要决定详略；统一量表需便于理解和使用。制定统一量表，还需确定语言能力描述的参数，建立描述语库，并使语言能力的描述量表化。具体的语言测试项目可以采取专家判断和对比考试相结合的方法，建立自身与统一量表上的等级之间的对应关系。他们还提出了“整理提炼大量的语言能力描述语、对描述语的使用情况进行大规模的群体调查、根据调查数据将描述语量表化”的量表研制方法，并通过实证调查验证了其可行性。

此外，王淑花（2012）、袁友芹和程宝乐（2015）等也开展了各类外语能力量表制定的研究。这些研究为《中国英语能力等级量表》的研制做了学术准备。

2014 年 9 月，国务院颁布《关于深化考试招生制度改革的实施意见》，提出要加强“外语能力测评体系建设”。同期，教育部启动研制《中国英语能力等级量表》。研制工作由教育部考试中心组织，全国 50 多所高校的 150 多位专家学者参与，2017 年完成研制并通过了国家语言文字工作委员会语言文字规范标准审定委员会审定。2018 年 4 月，教育部、国家语言文字工作委员会正式发布《中国英语能力等级量表》（GF0018-2018，英文名称为 *China's Standards of English*，简称 CSE），自 2018 年 6 月 1 日起实施。教育部副部长林蕙青曾在第二届语言测试与评价国际研讨会上指出，“这是第一个覆盖我国各教育阶段英语教学、学习和测评的能力标准。它将有助于解决我国各项英语考试标准各异、教学与测评目标分离、各阶段教学目标不连贯等问题，实现英语教学‘一条龙’和多种学习成果的沟通互认”。

《中国英语能力等级量表》的研制带动了相关研究的进一步深入。有关学者，特别是研制组成员围绕《中国英语能力等级量表》的研制思路、描述语构拟和信度效度等问题，进行了充分的探讨。

——关于研制思路。刘建达（2015）认为，编制量表要立足于我国国情和现状，根据我国的英语教学和测评的实际情况，依据现代先进的语言教学、学习和测试理论，从社会需求、时代发展的新需求出发，注重量表的科学性、实用性和可操作性，以科学严谨的学术态度，力求服务教育、服务考试、服务社会。制定过程应包括三个步骤：采集描述语、对描述语进行分类、对描述语进行分级。

——关于描述语构拟。朱正才（2015）讨论了语言能力概念、量表的心理测量学模型和参数描述体系，“能做”描述语的语义结构，描述语的来源和规范，描述语库建设等系列问题。次年，朱正才（2016a）进一步对如何抽取有代表性的学生语言行为样本、收集描述语和学生语言行为表现的匹配数据、设计带锚题的描述语调查问卷等问题提出了解决方法，并提出了数据分析和描述语的最后审核方法，从而构拟了描述语量表化的可行方案。

——关于量表效度。朱正才（2016b）构建了量表效度研究的理论框架，并认为“决策效度”对一个测量工具具有根本性、实用性和整体性等特征，是量表的最高一级效度指标；同时论述了量表效度研究的证据类型和相应的研究方法。

2017 年，伴随着《中国英语能力等级量表》研制工作的收官，研制组成员等有关学者发表文章，介绍量表研制的意义与价值、量表的主要内容与框架、量表的构建原则与研制过程，并探讨了量表的应用与完善问题。

2017 年值得关注的研究内容摘编如下：

一　英语能力等级量表的价值意义

（一）英语能力等级量表的显性价值

尽管我国英语学习热潮持续已久、学习者众多，但一直缺乏系统的外语能力标准，相关内容仅出现在不同教学阶段的课程标准、教学大纲或教学要求中，这在很大程度上导致缺乏标准统一的英语能力等级考试体系，不同考评机构针对不同学习阶段与群体推出了多种英语考试。显然，多考共存不仅造成了考试资源的浪费，而且在一定程度上对测试结果的使用及教学实践产生了负面影响。

……

CSE 显性、直接的价值在于：该量表的推出使得我国英语能力测评有权威、可信的标准可循，各类英语考试得以规范与约束，测评效率、质量及利用率都将显著提高，考试组织机构、学习者、教师及教育机构以及考试结果使用者均能从该标准的制定中直接受益。【何莲珍，张慧玉】

我们可以把 CSE 看作是一个“产品”，作为我国第一个通行的外语能力等级量表，该量表填补了此类标准的供给空白，满足了社会对语言能力测评方面的迫切需求……CSE 首先是满足英语教学、测评的基本需求……CSE 不仅弥补了我国统一的英语能力测评标准的供给空白，而且依托教育部考试中心的国家级平台，在最大程度上满足了权威性、高质量与高认可度的要求。量表开发汇集了语言教学、语言测试及相关领域专业人士的共同努力，从各层级全面调动量表开发所需的各种资源，以科学、严谨的设计与实际操作保证量表的信度和效度。针对多考并存的现状，该量表将在本质上起到统一度量衡的作用。

……

CSE 及其所属的外语能力测评体系正式发布后，将作为自上而下的语言教育政策推广到全国，会对各类考试起到很好的规范与约束作用。以此为标准，各类考试的规范性、连贯性与可比性都将得到实质性的改善，直接提高各类考试的效率和效果。【何莲珍，张慧玉】

《中国英语能力等级量表》的发布必将对我国英语教学、学习和测评产生多层面、多元化的重要影响。它是连接教学、学习与测评之间的“桥梁”，是评估教学和学习成效的“标尺”，是开发考试和编写教材的“模具”。【曾用强】

（二）英语能力等级量表的隐性价值

CSE 隐性、间接的价值主要体现在三个方面：（1）通过规范的测评标准指导我国的英语教与学，强调语言综合运用能力的提高，并持续提高学生学习与教师教学的质量；（2）通过英语语言能力等级标准的制定推动其他外语能力等级标准的制定及外语能力测评体系的建设，推动长远的考试改革与语言教育教学改革，积极影响长远的社会效率与公平；（3）通过语言能力标准与国际接轨推动我国语言能力测评的国际化，最终服务于人才的国际化。【何莲珍，张慧玉】

基于语言测试的反拨作用，测评将促使教师和学生自然而然地顺应测试的要求，从而作用于语言教学与学习的实践过程，CSE 将以权威性、国家级等级标准的特殊身份成为主导性测评要求，不仅以一种国家标准的形式对英语的教与学予以直接指导，而且通过考试的反拨作用施以间接影响，澄清之前存在的一定程度上的混淆，从而提高教与学的效率。【何莲珍，张慧玉】

CSE 在提升社会效率的同时将在可控的程度与范围内影响社会公平。CSE 存在部分隐性成本，主要指的是该量表及紧随其后的英语考试改革将促使各类英语考试及相关组织机构进行不同幅度的改进性调整，在客观上要求相关机构、群体或个人必须主动承担这部分蕴含损益“双刃剑”的成本，根据 CSE 及相关政策规范做出及时、有效的调整，以适应政策改革的步伐。这是政策制定与实施中部分利益服务于整体与大局利益的表现。【何莲珍，张慧玉】

与一般的语言政策或教育政策不同，CSE 是语言测评的标准基础和质量标尺，这便从测评的角度赋予其另一层公平性意义。该量表为我国英语能力测评及各类考试定下统一的标准，不仅有助于增强考试之间的可比性，而且有利于提高英语能力评估的公平性，可以视作公平测评、公平招录与用人的重要保障，从能力测评、人才考核、资源分配等方面推动了社会公平。【何莲珍，张慧玉】

由于 CSE 将与国际标准及考试接轨，未来我国主要英语能力考试的结果有望得到国际认可，使得学习者可以节省高昂的外语培训与考试费用。同时，学习者还可以参照该量表的自评表进行自我检测，有利于提升其综合语言能力，这是不容忽视的间接收益。【何莲珍，张慧玉】

二　英语能力等级量表的主要内容与结构框架

（一）英语能力等级量表的主要内容

CSE 根据中国英语学习、教学与测评现状，将中国英语学习者的英语能力分为从低到高一至九个级别，从听力、阅读、口语、写作、翻译等方面分别对每一级别做出能力描述，并将这些等级与小学、初中、高中、大学、英语专业及研究生等主要教育阶段进行大致的对应匹配，从而为不同阶段、不同等级的英语能力制定切实可行的标准。【何莲珍，张慧玉】

量表采用了目前《欧框》等国外一些主流语言能力等级量表所采用“能做”描述语（can-do statement）来描述语言能力，直观地报告具有某种能力的语言学习者和使用者能用怎样的语言、在怎样的交际场景参与或完成怎样的交际任务，不仅描述不同水平等级的英语学习者和使用者使用英语参与或完成的交际任务项目，而且描述他们接收和产出的语言的语言学特征，如语音、词汇、句法、语用等各方面的特征。

……

量表目前包括 80 多个表格，包括语言理解能力描述、语言表达能力描述、语用能力描述、语言知识描述、语言使用策略能力描述和翻译能力描述。语言理解能力包括听力理解能力和阅读理解能力；语言表达能力包括口头表达能力和书面表达能力；语用能力指运用语用知识的能力；语言知识包括组构知识（语法知识和篇章知识）和语用知识（功能知识和社会语言知识）；语言使用策略包括规划、执行、评估和补救四部分；翻译能力包括口译能力和笔译能力。【刘建达】

《中国英语能力等级量表》不仅立足于中国学习者现有英语水平，也着眼于学习者未来英语能力的发展，即兼具描述性（descriptive）和规定性（prescriptive）。描述性体现在《中国英语能力等级量表》从我国英语学习者的现状出发，科学反映我国英语学习者现有英语水平的分布，全面、有效地描述学习者的各类英语技能，体现学习者不同教育阶段或学龄的英语水平发展。

规定性体现在《中国英语能力等级量表》为我国各教育阶段或学龄、不同学习目标的英语学习者提供科学、有效、统一连贯的目标描述，反映我国英语教育的人才培养需求及社会对英语运用能力的要求，为我国英语教学材料编写、英语课程目标设定与课程设计、英语能力等级考试开发提供最直接的参考。简而言之，《中国英语能力等级量表》的各级描述将指引我国英语教育事业积极发展。【刘建达，彭川】

（二）英语能力等级量表的结构框架

语言能力量表的结构可从横向和纵向两个维度展开分析。横向结构即量表的描述语参数框架（descriptive scheme），体现量表运用的语言能力理论，界定量表的描述对象和描述范围。纵向结构即量表中描述语的“典型特征系统”（salient feature system），反映不同能力等级的区别性特征，也是量表等级的划分依据。【何莲珍，陈大建】

（三）横向结构：描述语参数框架

描述语的参数框架也可称为分类框架，是量表的横向架构，涵盖描述某个级别某种语言能力需要考虑的全部要素。【何莲珍，陈大建】

《中国英语能力等级量表》从多维度描述英语能力，全面界定我国英语学习者使用英语进行交际必须达到的标准，详细列出学习者应掌握的各种英语知识和能力，注重听、说、读、写、译等各项技能协调发展。【刘建达，彭川】

基于运用的听力能力模型把听力理解能力看成使用者或学习者作为受话人，运用各种知识资源（包括语言知识和非语言知识）与策略，实时建立目标话语的抽象表征，并利用抽象表征完成特定认知任务的能力……根据基于运用的听力理解能力模型，听力能力主要包含认知能力、听力策略、（非）语言知识三大要素，因而听力能力量表从这三个层面出发，全面描述听力理解能力。认知能力无法直接观测，表现为听力活动，所以认知能力层面描述英语学习者在听力活动中的具体表现；策略层面描述英语学习者在听力过程中的策略使用情况；语言知识和非语言知识层面则主要描述英语学习者在听力理解过程中具体语言知识的运用效果。此外，听力量表还包括听力总表、自评表、典型活动表，分别满足不同使用群体（考试机构、用人单位、自主学习者、教师等）的需求。【何莲珍，陈大建】

口语量表的描述语分类操作性框架设有三级参数。第一级参数为框架的三个主要维度，即口头交际活动、口头交际策略和口语文本特征。第二级参数将交际活动分为口头表达和口头交流，将交际策略分为规划、执行、评估和补救策略，将文本特征分为语言、语篇和语用特征。第三级参数是构建分量表的具体参数，共有 17 项分类。【金艳，揭薇】

识别与提取书面信息的能力指语言使用者基于阅读材料，准确辨认、复现具体信息的能力。概括与分析书面信息的能力指语言使用者整体把握阅读材料，在比较、总结的基础上厘清信息要素关系并做出合理推断和预测的能力。批判与评价书面信息的能力是指语言使用者运用已有知识对阅读材料的内容、形式、风格及意图等做出反思、评判的能力。

……策略也是阅读能力的一个重要组成部分。参照 Anderson 修订后的布卢姆教育目标学分类，我们将阅读策略定义为规划、执行、评估与补救。【曾用强】

写作能力可以通过写作活动这面镜子得以折射，并与其他能力、知识共同反映个体的写作水平。写作活动不仅是语言学习者或使用者书面表达的具体行为，也是写作描述语不可或缺的“做事”（performance）载体。写作能力描述语应涵盖不同写作活动，典型写作活动更应在不同级别的能力描述语中都有所体现。写作活动与写作质量、写作条件等共同构成能力描述语的完整对象。【潘鸣威】

结合国内外学者关于翻译能力的界定和参数构成及相关研究，结合笔译教学与相关实践数据以及《中国英语能力等级量表》的总体框架，本量表初步拟定了笔译能力构成描述语参数框架，从译文所呈现的典型语言特征、典型笔译策略、笔译知识和笔译总体能力四个方面对笔译能力进行观测，将笔译能力从交际功能角度进行分类。在拟定的笔译量表参数框架中，笔译能力以交际功能作为分类角度，以叙述、说明、描写、论述、指示、交流六大功能为基本参数，从典型笔译翻译活动中体现该功能典型特征。笔译策略能力可按过程分解为四个分项：规划、执行、评估和补救，与人类认知过程相符。笔译量表中将笔译知识分为笔译理论知识、笔译实践知识和笔译行业知识三个维度，其难度等级是递增的关系。笔译

量表中的典型笔译特征描写了译文应具备的准确性、完整性、得体性、连贯性和规范性等五大特点。【白玲，冯莉，严明】

根据口译能力构念，口译量表项目组结合国内外学者关于口译能力的概念界定和参数构成，借鉴口译理论文献、教材、行业规范等，设计了口译量表描述语参数框架。口译量表描述语参数框架由口译能力表现、口译策略能力、口译知识和口译典型特征四个一级参数组成，二级和三级参数则构成相应的分量表及其细项分类。【王巍巍】

（四）纵向结构：典型特征系统

按照总体设计方案,《中国英语能力等级量表》纵向初步分为九个级别，每个级别均含有若干描述语来描述该级别英语学习者在不同听力活动中的表现，即能听懂何种听力材料，能完成何种认知任务。某个能力等级的学习者能够胜任的听力活动很多，无法穷尽式列举，因此量表只描述显著区别于其他等级的行为表现，即不同级别的描述语具有典型区别性特征。这种典型区别性特征的分布看似杂乱无章，实则有其内在的系统性。【何莲珍，陈大建】

从语义结构来看，听力认知能力描述语包含认知行为（performance）、听力材料特征（criteria）和附加条件（condition）三个基本要素……基于这些维度，我们对现有听力认知能力描述语进行文本分析，找出各个能力等级描述语的典型区别性特征，即某个等级明显不同于其前后等级的描述要素，并按照不同维度归纳特征，形成典型区别性特征表。

首先，从听力活动维度来看，听力能力量表按照六个交际功能类别描述多种听力活动，不同水平的学习者能够听懂的听力材料或能够参与的听力活动各有不同。从听力材料特征维度、理解目标维度和附加条件维度的分析结果来看，不同级别听力认知能力描述语的典型特征梯度较为明显，并且跨交际功能类别呈现出一定的系统性。【何莲珍，陈大建】

三　英语能力等级量表的研制原则与过程

（一）英语能力模型构建

根据语言教学和社会发展的实际需求,《中国英语能力等级量表》在交际语言能力理论框架下构建了基于运用（use-oriented）的语言能力模型，把语言能力定义为运用语言来理解和表达意义的能力，即语言使用者运用掌握的语言知识、非语言知识及各种策略，在参与特定情境下某一话题的语言活动时表现出来的语言理解能力和语言表达能力。【何莲珍，陈大建】

听力理解能力是语言能力的重要组成部分……我们认为，听力理解成功与否受到多方面因素的影响，既有输入文本特征（语境）因素，也有听者认知能力、语言知识水平和策略使用因素，还有文化背景和世界知识因素，所有这些都是听力理解能力的构成要素。【何莲珍，陈大建】

基于阅读能力的维度分析和语言能力的宏观定义，我们认为阅读能力包含阅读认知能力和策略。阅读认知能力指语言使用者/学习者阅读并处理书面材料时，运用各种知识（语言知识、非语言知识）和策略围绕材料构建意义的能力，包括识别与提取、概括与分析、批判与评价书面信息的能力。【曾用强】

口译量表中的口译能力构念应体现具体口译能力运用，包含口译活动涉及的两种语言的交际语言能力（如纯语言能力、社会语言能力和语用能力等）、口译策略能力、口译知识（如百科知识、专业知识、职业规范知识）等。【王巍巍】

根据学习策略的原理和框架，口译策略能力是指采取方法、技巧或行动以解决口译问题或提升口译（学习和实践）效果的能力，口译策略可分为元认知（meta-cognition）策略（规划策略、监控策略、调节策略等）、认知策略（复述策略、精细加工策略、组织策略等）和资源管理策略（时间管理策略、学习环境管理策略、努力管理策略等）。【许艺，穆雷】

（二）英语能力描述语编写原则

描述语是提取、确认、描述信息或事物典型特征的语汇，在课程要求、课程标准、评分量表和能力量表中指以句子或段落形式出现的语言能力的具体表述。【揭薇，金艳】

描述语质量是量表科学性的重要体现，简明、清晰、规范的表述是量表获得专家和使用者认同的基础。优质的描述语需准确定位所要描述的能力或构念（construct），使用者能理解所描述的能力参数，做出合理、稳定的评价（自评或他评）。

首先，描述语表述使用肯定句而非否定句形式，即使用“能做……”。其次，描述语的能力参数明确，避免同一条描述语中同时出现几种不同的能力参数，尤

其是翻译类描述语等可能涉及综合能力的描述语。最后，描述语的表述方式规范、统一。【刘建达，彭川】

《中国英语能力等级量表》采用“能做”形式描述运用语言能力完成特定任务及其完成程度，每条描述语包含语言行为（language performance）、语言行为的质量标准（criteria）和支撑语言行为的其他外部条件（conditions）三项要素。【曾用强】

口语描述语的重点在于描述学习者最典型的口语能力与行为。词块结构和功能分析有助于进一步了解不同类别口语描述语的语体特征。口头交际活动描述语侧重描述学习者的语言活动或任务，强调学习者能做什么，做得怎样。口头交际策略描述语侧重描述学习者在口语活动中为达到交际目的采用的方法。口语文本特征描述语通常描述能够观察和测量的特征，在评价口语能力时具有较强的可操作性。【揭薇，金艳】

描述语筛选不仅关注描述语的理论规范特征，而且关注描述语与普通教师、学生、使用者理解水平和习惯的适切性。当然，描述语重点描述的是对英语能力而言十分典型、关键的语言活动，不可能全面罗列所有语言活动。【曾用强】

描述语在词汇特征、高频词、词类分布、名词化程度等方面有其独特性，不同分类描述语的词块具有明显的结构特点和功能特点。在此基础上，研究提出编制描述语须做到以下几点：首先，描述语建库需要考虑描述语的代表性，选取合适的样本，并根据建库目的，确保结构合理。其次，描述语撰写、修订、审定和翻译需要遵循一定的语言规范。最后，描述语撰写和修改过程中应有针对性地增强研发者的语体意识，使其了解、注重描述语的语言特点和规范。【揭薇，金艳】

在语义结构上，每条描述语至少应包含“行为”（performance）和“标准”（criteria）两个要素，必要时也可限定约束“条件”（conditions）。描述语编辑通常采用这个“三要素模型”，有时也可使用对描述情况简要说明的短小示例。此外，策略描述语应该体现具体策略的运用，因此语义上还应包含“策略”（strategy）要素。【邓杰，邓华】

（三）英语能力描述语确定过程

《中国英语能力等级量表》的研制目的是服务于我国英语教育事业，因而描述语需最广泛地覆盖中国英语学习者日常及英语教学需求，只有源于中国学习者日常生活的典型活动和相应能力描述才能真正实现中国英语能力等级量表的目的。

我国量表的描述语来源广泛，涉及我国各级各类课程标准、教学大纲、考试大纲及国外语言能力标准，部分来自调研与自编，有些则由各教育阶段的教师从日常教学素材中收集，涵盖社会、教育、职业等不同领域的英语活动。不管描述语来自哪个渠道，量表与量表之间、描述语与描述语之间都最大限度地避免了重复。【刘建达，彭川】

关于制定我国语言能力等级量表的基本思路，大家比较一致的意见是，立足我国语言教学和测试的实际，基于适当的语言能力理论和语言能力等级量表的研究实践，建立描述语库，再通过调查、实验，对描述语进行量表化处理，从而形成对目标人群的语言能力表现进行分等级、分侧面描述的语言能力等级量表。【方绪军，杨惠中】

口语描述语库建设的方法主要包括已有量表提取、专家编写或改写、学生语料编写、教学目标任务分析等。【金艳，揭薇】

本研究中量表研发者运用文献法，参照已有的语言能力标准、教学大纲、教学要求等相关文献，收集描述语，建立描述语库。【曾用强】

描述语主要通过文献法采集，同时结合经验法通过自编进行补充……描述语的来源文献为国内外正式出版物，包括等级量表、教学大纲、课程标准、教材、考试大纲、评分标准等。描述语汇总后先由一人逐条排查，再经删除重复项、排除不相关项、合并类似项等处理。【邓杰，邓华】

我们针对阅读能力量表描述的各级各类学习者进行抽样，抽取其语言学习表现（如试卷、读书笔记等），以问卷调查形式邀请专家、教师和学习者对语言学习表现进行描述，形成描述语，或邀请学习者描述自己能用语言做什么，形成描述语……基于采样编写的描述语，专家组进行审核筛选，将合乎阅读能力项目组要求的描述语收入初始描述语库。【曾用强】

从文献中采集得到的描述语句一般需经编辑才能成为等级量表的描述语。描述语应具有“肯定（positiveness）、明确（definiteness）、清晰（clarity）、简洁（brevity）、独立（independence）”等特点，即应不否定、不含糊、不难理解、不啰唆、不含多义或不交叉，这也就是描述语编辑的五项原则。【邓杰，邓华】

交叉审核是验证描述语的重要手段之一，有助于确保各类语言技能描述语的一致性、规范性和科学性。阅读能力项目组与其他技能组对描述语进行了交叉审核，审核内容包括三方面：（1）描述语的语言表达是否清晰、简洁易懂；（2）

描述语的结构是否完整、合乎规范;（3）描述语的分级、分类是否科学恰当。【曾用强】

研读描述语时，我们需要判断每条描述语的内容和形式是否符合阅读能力量表要求。内容方面主要判别描述语谈及的能力是否归属于阅读能力的分类框架，如不属于，是否可以改写。形式方面主要判识描述语是否符合阅读能力量表描述语的规范特征。【曾用强】

写作策略框架在描述语采集环节的指导作用主要体现在自编描述语方面。如果策略框架要求的某种策略描述语缺失，从各类文献资料中均收集无果，量表研制人员则应结合自身写作经验编写一定数量的描述语进行相应补充。【邓杰，邓华】

首先，项目组通过文献法、采样法和专家法收集各教育阶段的英语口语能力描述语，并对其进行筛选。其次，项目组对入库的描述语进行初步分类和分级。在建库阶段，项目组进行了三次描述语分类和分级的初步验证。第一次为组内验证，即每条描述语由三名以上组员分类分级，组员如意见不一致则进行讨论或改写。第二次为组间验证，即与听力、阅读、写作等项目组进行交叉验证，保留一致性较高的描述语，修改或剔除分歧较大的描述语。第三次验证采用工作坊形式，由教师审核每条描述语的文字表述及其分类分级，项目组在此基础上完成描述语验证库的初步建设工作。【金艳，揭薇】

第一步，项目组主要通过文献法、采样法和专家法收集各个等级口译能力描述语，并初步规范编码。

第二步是描述语建库。项目组根据描述语参数框架对每条描述语进行分类，并根据描述语来源等信息将其初步归入相应等级。项目组开展多次查重筛选、组内审核及组间审核，并邀请专家及口译教师进行初步判断。组内审核阶段，每条描述语必须通过三名以上项目组成员审核验证，如有不同意见则再经讨论后改写或删除。组间审核阶段，口译组与笔译组及其他项目组进行交叉审核，修改或删除争议性描述语。最后，专家及口译教师采取在线审核及焦点小组访谈相结合的形式，审核前两轮筛选修改后的描述语，针对文字表述及分类分级提出意见，并查漏补缺。

第三步是描述语分级。在初步建库的基础上，项目组邀请专家、教师和学生根据自己的经验对口译能力初始描述语进行分级，同时进一步审核描述语的合理性。

第四步是描述语验证。这是口译量表建设的关键步骤，即采用问卷等对教师、学生等开展广泛调查，验证描述语分级的合理性，从而量化描述语。

第五步是在大规模数据验证基础上的量表修改、调整，关联其他量表，并通过定性工作坊、专家审核等方式定表。【王巍巍】

四 英语能力等级量表的应用与完善

（一）英语能力等级量表与英语学习

我国英语学习者在听、说、读、写等诸多分技能方面的发展呈现不平衡的情况……2007 年公布的《大学英语课程教学要求》确定大学英语教学要培养学生的英语综合应用能力，特别是听说能力。即将公布的《大学英语教学指南》（以下简称《指南》）虽然没有着重强调听、说能力的培养，但也继续强调大学英语课程以英语的实际使用为导向，其主要任务是培养学生的英语应用能力。《英语专业本科教学质量国家标准》也指出要全面协调发展各方面语言技能和其他能力的协同培养。量表所倡导的以综合应用能力为中心的英语学习与我国现阶段各级各类英语教学的大纲、指南、标准是一致的。这就要求我国英语学习者要同时加强听、说、读、写等各方面能力的锻炼……【刘建达】

量表的开发也是基于以学习者为中心的学习理念，鼓励学习者规划自己的学习路线，承担学习的责任，变被动学习为主动学习，尤其鼓励学习者间的合作学习和思辨性思维；除了鼓励自我评价外，还倡导同伴评价、终身学习，尽力激发学习者学习的内在动力。【刘建达】

量表为英语学习者提供了自我评价标准。每一个学习者现有英语水平不同，学习目标也不同，能力要求也不同。

……量表在语言的各个分技能上也都有详细的能力描述，但整体上强调在具体语言活动中运用语言的能力。此外，量表的对象包括了我国从初学到高级各个水平级别的学习者，对每个水平阶段都有详细的描述。各个级别的学习者不仅可以在整体语言交际层面评估自己的能力，而且可以在语言的各种具体能力等细节上对自己的能力进行判断。一个学习者在语言各方面能力的发展上存在不平衡的情况，量表可以帮助诊断各个能力分项的水平，从而更为详细、有效地制定听、

说、读、写全面协同发展的学习方案。【刘建达】

有了量表的参照，学习者就可以根据自身的条件和发展目标来制定自己的学习目标。量表把我国英语学习者的英语水平从低到高分成三个阶段、九个等级，每个等级都有详细的描述。学习者在确定了自己目前水平所处的位置后，可以根据自己学习的目的制定学习目标，确定自己要达到的级别。【刘建达】

外语语言能力发展有个时间段的现象，而且这种发展的轨迹一般都呈逻辑斯蒂曲线（logistics curve）。一般来说，发展初始阶段进步会慢些，但是随着知识和技能的习得，进步会越来越快，直至某个极限，之后进步又趋小。此外，不同语言技能的发展也不是完全一致的……从低一级提高到高一级的间距、需要的时间、重要性等也不总是一致的。

量表建设过程中，我们对我国英语学习者的英语水平做了样本量约 16 万的问卷调查。结果显示，我国各阶段英语学习者的英语水平、能力之间的差距不均等，有些级别之间的间距大些，有些又较小。量表等级的划分采用了近似等距的方法，因此要达到每个级别所需的时间也不完全相同。以后还需实证数据来判断达到某个级别的水平所需的学习时间。量表为我国英语学习者提供了一个循序渐进的学习参考依据。【刘建达】

量表强调以应用为中心的英语学习，倡导以学习者为中心的学习和教学。学习者可以利用量表进行自我评价，确立自己的学习目标。量表提倡注重学习过程的学习，并利用形成性评价，尤其是通过档案袋来促进学习。同时，英语学习是个循序渐进的过程，由于各种因素，每个阶段所需的学习时间不尽相同，学习者应依据自身的情况，借助量表提供的标准参照，确定自己的学习计划。【刘建达】

（二）英语能力等级量表的不断完善

（关于听力量表的实验结果显示）学习者在理解和使用描述语进行自我评估的过程中主要存在四方面问题：少数描述语的逻辑性和清晰度略有欠缺；描述语语义结构理解存在偏差；描述语缺乏关键难度要素；学生缺乏实际经历。

学习者整体上能够较为有效地运用听力描述语进行自我评估，表明听力描述语总体上质量较好。但是，从深度访谈的结果来看，仍有部分学习者认为听力描述语中存在逻辑性、清晰度、确定性等方面的问题，造成他们的理解偏差，而为解决这些问题就应回归到描述语构建的原则和要求。描述语应该具有一定的逻辑结构且便于理解和使用，语义清晰、通俗易懂，避免使用过多的专业术语或晦涩难懂的语句，要让广大的教师、学生、教育机构工作人员等都能看得懂，同时还应简洁，避免冗长。【张洁，赵亮】

需要指出的是，《中国英语能力等级量表》须在实践中不断得到改进完善。只有在我国英语教师、测评工作者、学习者的共同努力下，《中国英语能力等级量表》才会越来越科学，更好地服务于我国的英语学习、教学和测评。【刘建达，彭川】

语言能力等级量表的效度研究伴随着量表制定和使用的全过程，在制定量表的过程中应当采取一切必要的措施来保证各方面的效度。不仅如此，量表投入使用后还要检验量表在教学和测试相关活动中使用的有效性，以便形成量表制定和使用的互动，从而形成量表效度研究的良性循环。

必须看到，面向复杂人群制定有效的语言能力等级量表是一项十分繁杂和艰巨的工作。在制定量表的各阶段既需要严密的理论论证，又需要考虑实际操作的可行性，在描述语收集和量表化过程中既要进行科学的设计，又要精心组织和培训大量的被试来参与实验和调查，以取得有效数据，唯有如此，才有可能使所制定的语言能力等级量表具有较高的效度，也只有经过效度验证、具有较高效度的量表才能在语言教学和测试中发挥积极的作用。【方绪军，杨惠中】

来源文献

[1] 白　玲，冯　莉，严　明. 中国英语笔译能力等级量表的构念与原则［J］. 现代外语，2018（1）：101—111.

[2] 邓　杰，邓　华. 中国英语能力等级量表的写作策略框架研究［J］. 外语界，2017（2）：29—36.

[3] 方绪军，杨惠中. 语言能力等级量表的效度及效度验证［J］. 外国语，2017（4）：2—14.

[4] 何莲珍，陈大建. 中国英语能力等级量表结构探微——听力描述语的横向参数框架与纵向典型特征［J］. 外语界，2017（4）：12—19.

[5] 何莲珍，张慧玉. “中国英语能力等级量表”的语言经济学分析［J］. 外语教学与

研究，2017（5）：743—753.

［6］揭　薇，金　艳. 口语能力描述语的语体分析：基于中国英语能力等级量表的研究［J］. 外语界，2017（2）：20—28.

［7］金　艳，揭　薇. 中国英语能力等级量表的“口语量表”制定原则和方法［J］. 外语界，2017（2）：10—19.

［8］刘建达. 中国英语能力等级量表与英语学习［J］. 中国外语，2017（6）：4—12.

［9］刘建达，彭　川. 构建科学的中国英语能力等级量表［J］. 外语界，2017（2）：2—9.

［10］潘鸣威. 中国英语写作能力等级量表的典型写作活动构建——系统功能语言学的文本类型视角［J］. 外语界，2017（2）：37—43.

［11］王巍巍. 中国英语口译能力等级量表构建与应用——以口译教学中的形成性评估为例［J］. 外语界，2017（6）：2—10.

［12］许　艺，穆　雷. 中国英语口译能力等级量表的策略能力构建——元认知理论视角［J］. 外语界，2017（6）：11—19.

［13］曾用强. 中国英语能力等级量表的“阅读量表”制定原则和方法［J］. 外语界，2017（5）：2—11.

［14］张　洁，赵　亮. 基于学习者视角的中国英语能力等级量表听力描述语质量验证［J］. 外语界，2017（4）：20—26.

相关文献

［1］方绪军，杨惠中，朱正才. 制定全国统一的语言能力等级量表的原则与方法［J］. 现代外语，2008（4）：380—387.

［2］韩宝成. 国外语言能力量表述评［J］. 外语教学与研究. 2006（6）：443—450.

［3］刘建达. 我国英语能力等级量表研制的基本思路［J］. 中国考试，2015（1）：7—11.

［4］王淑花. 中国学生英语理解能力量表的构建及验证研究［M］. 北京：知识产权出版社，2012.

［5］杨惠中，桂诗春. 制定亚洲统一的英语语言能力等级量表［J］. 中国外语（中英文版），2007（2）：34—37.

[6] 袁友芹，程宝乐．我国外语能力统一社会化等级考试模型探究 [J]．天津农学院学报，2015 (3)：57—61.

[7] 朱正才．关于我国英语能力等级量表描述语库建设的若干问题 [J]．中国考试，2015 (4)：11—17.

[8] 朱正才．英语能力等级量表描述语量表化的可行性方案探讨 [J]．中国考试，2016a (4)：3—7，41.

[9] 朱正才．中国英语能力等级量表效度研究框架 [J]．中国考试，2016b (8)：3—13.

公共服务领域英文译写规范

为规范我国公共服务领域英文译写、加强和改善我国外语服务，教育部、国家语言文字工作委员会 2011 年启动研制《公共服务领域英文译写规范》（以下简称《规范》）系列国家标准。作为保障公共服务领域英文翻译和书写质量的基础性标准,《规范》包括十个部分：第一部分《通则》，规定了公共服务领域英文译写的普遍性原则和要求；第二至十部分规定了交通、旅游、文化、娱乐、体育、教育、医疗卫生、邮政、电信、餐饮、住宿、商业、金融共 13 个服务领域英文译写的原则、方法和要求。十个部分通过“资料性附录”，共计为各领域常用的 3532 条公共服务信息提供了规范译文。其中《通则》于 2013 年 12 月 31 日颁布，2014 年 7 月 15 日起实施；第二至十部分于 2017 年 5 月 22 日颁布，2017 年 12 月 1 日起实施。

《规范》的研制与实施是我国语言服务政策、外文使用政策的重要探索与实践，既建基于相关学术研究，又带动了相关学术研究的深入开展。研究内容主要包括以下三个方面：

——公共服务领域英文使用与译写中的政策问题。李宇明（2016）指出，日益活跃的、尤其是在华外国人士作为参与者的外语生活，迫切需求我们提供并不断改善外语服务；而如何加强外语服务，目前还有不少问题，尚存不少争议，亟待加强研究，包括如何处理好外语和中文的关系、中式英语和中国英语的关系、服务信息翻译和文化信息翻译的关系，以及如何把握好外语信息供给的适切性等问题;《规范》在研制过程中对这些问题都进行了探讨，给出了一些结果，但还留有一些未破解的难题。张日培（2016）认为,《规范》是为解决我国语言实践中公示语英译不规范的突出问题，在我国社会关于公共服务领域英文使用的各种不同语言意识的综合影响下而形成的一项具有标杆性意义的外语使用政策；影响《规范》的语言意识包括语言主权意识、语言服务意识、语言规范意识、语言资源（权利）意识，多元的语言意识既有交集也有冲突，并通过不同方式影响了《规范》的研制过程；面对在中国地名译写、英语变体选择、英译策略选择、附录语料遴选等焦点难点问题上的不同态度和意见，研制组探讨确立了功能导向、服务导向、规范导向的研制工作理念，进而又将这些理念转化为关于公共服务领域英文译写基本原则的规定。《规范》提出的合法性原则、规范性原则、服务性原则、文明性原则，确立了我国公共服务领域英文使用与译写的基本政策。

——公共服务领域英文译写的理论与方法。《规范》研制的主要工作就是为3500余条公共服务信息确定推荐使用的规范英语译文。新世纪以来翻译学界大量以“结合实例剖析汉英双语公共标牌英语译文的质量优劣，进而提出翻译策略和规范性建议”为范式（巫喜丽，战菊，刘晓波 2017）的公示语译写研究为这项工作提供了学术基础。（1）公示语翻译错误种类分析。罗选民（2006）将公示语翻译错误分为指令不清晰、意图被歪曲、语气不和谐、术语不匹配、文化不兼容五种；北京第二外国语学院公示语翻译研究中心（2007）分为拼写、语法、对词、表达、胡译、过度、标准、自语、中式、未译、欠缺、统一、无误、拼音、管理15种；潘文国（2010）从文字、词汇、语法、语用等层面区分出拼写错误、形近而误、词语误用、单复数错误、时态错误、文体错误、按字硬译、过度翻译等31种；邹彦群等（2011）在已有研究基础上，概括提出了28种。（2）公示语翻译的理论依托。学者们在探讨公示语翻译问题时所依托的理论多达三四十种，如功能翻译理论、文本类型理论、翻译目的论、语用等效翻译理论、跨文化交际理论、功能对等理论、接受美学理论、归化和异化理论、顺应理论、翻译模因论，等等（邹彦群等 2011）。（3）公示语翻译策略。学者们提出的公示语翻译策略共有29类，关注较多的包括借用、省译、意译法、交际翻译法、改译/写、创译、零翻译、直译法、增译、仿译、转译、音译法、回译、释义、反译、音译加注法等（邹彦群等 2011）。王银泉、张日培（2016）指出，评价公示语译文的优劣要看读者的反应是否与源语读者的反应大致相同，“译文受众和原文受众在阅读过程中的认知反应是否一致是衡量翻译产品质量优劣的至高无上标准”。（4）公示语翻译研究的未来发展方向。王银泉等（2016）指出，公示语翻译研究存在低水平重复等问题，大多数研究还是停留在对翻译错误从语言、文化和语用交际这三个层面进行例证分析的层面，尚缺乏较为统一的理据，今后要从纠错和一般性的错误分析研究上升到总结归纳若干重要问题的层面，应该重点关注政策、理论和应用三个维度。

——《规范》实施方略。吕和发等（2015）指出，公示语翻译学术研究是公示语外译标准化、术语化、规范化建设的理论基础和实践指导；地方标准和国家标准制定使公示语规范化有章可循，有法可依；公示语双语词典、翻译手册、公

示语翻译语料库在语料质与量上构成对地方标准和国家标准的强力支撑，对术语化建设的有效积累和准备。整合公示语翻译学术研究，词典、翻译手册等传统媒体，翻译语料库等新媒体，形成优势互补，是确保公示语外译国家标准有效实施、公示语翻译日益规范化的重要方略。林元彪、汪幼枫（2015）指出，外文公示语管理各地实践最多的管理思路是研制、推行公示语外文翻译相关标准，部分省级、副省级地方政府在此思路的基础上制定地方规章，开始尝试“法制化”管理，并渐成趋势，但尚未解决“标准化”本身的问题。我国外文公示语管理的理想路径或许是“提供标准、依法管理，官方示范、适度作为，引导并敦促社会自治”。张日培（2016）指出，《规范》是推荐性标准，其贯彻实施有赖于全社会公示语英译规范意识的普遍确立，解决公示语英译不规范的突出问题更需要规范实施部门加强对本规范的宣传推广，以及依据本规范的监督检查和语用管理，构建一个适应我国社会结构特点的关于公共服务领域英文（包括其他外文）使用的现代治理体系。

2017 年，《规范》第二至十部分发布并实施。2017 年 6 月 20 日，国家标准委、教育部、国家语言文字工作委员会在京联合召开新闻发布会；2017 年 9 月 15 日，中国语言文字规范标准研究中心、国家语言文字政策中心、公共服务领域外文译写研制工作秘书处联合召开《公共服务领域英文译写规范》发布座谈会；2017 年 12 月 1 日，第二至十部分实施当天，教育部语信司与中国翻译协会、中国翻译研究院联合举办“公示语外译规范与话语体系建设”学术论坛。这些活动使得《规范》的研制、述介与实施成为年内的重要学术热点，研制课题组专家也发表了一系列文章。

2017 年值得关注的研究内容摘编如下：

一　规范公共服务领域外文译写的重要意义

（一）公共服务领域外文译写与国家形象建构

这个国标的发布引起了国际上的广泛关注，充分体现了习近平总书记所倡导的“和而不同”，即汉语和英语在中国语境中可以并存，显示出我国的开放程度和国际化程度越来越高。【柴明颎】

公示语是对外宣传的名片，是国家形象构建的重要途径，公示语还与现代城市生活密切相关，是文化转向后翻译研究所包容的对象。提高公示语翻译质量一方面可以提升城市品位，展示文化大国身份；另一方面也可以拓宽应用翻译研究的领域，促进翻译学科发展。【喻旭东】

近年来，公共服务领域外文译写已成为我国城市建设的重要内容，承载着国家形象建构和人文环境建设功能，成为城市文脉的“点睛”之笔，映现着城市文化内涵和精神品质。在特定语境中，公共服务领域外文的精准译写可以帮助人们了解某个语言群体的地理边界、构成以及该社区内使用语言的特点，折射语言权势与社会身份和地位，即语言群体成员对语言价值和地位的理解。一个城市公示语翻译和应用规范问题，直接体现这个城市的开放程度、国际化程度和整体素质；而误写则会使整体环境显得杂乱无章，令公众眼花缭乱，啼笑皆非。不规范、不恰当、过度超量的公共空间语言使用已经构成了都市新的污染源。【蒋璐】

黄友义在首届全国公示语翻译研讨会上谈到，“外宣（指对外宣传）翻译是一种门面工作，其中的错误与缺陷会被放大来看。可以毫不夸张地说，外宣翻译是一个国家对外交流水平和人文环境建设的具体体现。翻译工作的成效很大程度上应该是反映在外宣翻译的效果上”。在高度现代化城市随处可见的公示语翻译也是外宣翻译的重要组成部分，因为其精短凝练的文本在为在华友人提供各类服务信息的同时，其英文译文的质量高低亦会被放入到对我国人民人文素养、我国国家外语水平高低的考核之中，是一个国家对外交流水平和人文环境建设的具体体现。【王银泉（2017a）】

随着对外开放的不断深入和“一带一路”建设的推进，外语使用被赋予了前所未有的责任与担当。其中，公共服务领域对外语的需求不断扩大，以公示语翻译为代表的对外传播翻译活动正是顺应“一带一路”建设、响应国家外语能力建设的具体表现，对于向世界讲好中国故事、传播好中国声音、促进中国文化“走出去”具有重要意义。

……

公示语翻译更具有国家形象塑造功能，在国家形象建构中发挥着重要作用。在当今国际关系中，开展公共外交提升本国的形象，改善外国公众对本国的态度已成为大势所趋，公共外交视域下的国际公关主要包括文化交流和形象展示。公示语翻译因其生动活泼的形式，有利于国际公众的双向交流，易为受众接受，因而能有效地树立良好的国家形象。【王银泉（2017c）】

（二）公共服务领域外文译写与外语教育和学习

无论是从语言的社会属性还是教育属性来说，公示语翻译的规范与否，是检验我国英语教育成效的一面镜子，对公示语翻译重要性的认识，应该提升到它与中国文化走出去、国家外语能力、国家外语教育规划和外语教育政策等的相关性的高度进行思考。

……

我国目前的高校外语教育仍存在诸多弊端，其中缺乏特色化英语课程设置、英语教学中语言技能教学与社会行业和专业知识内容严重割裂问题尤为突出……以公示语翻译为例，公示语属于应用型文本，长期接受文学翻译训练以及翻译理论学习的英语专业学生面对具有简短、灵活特点的公示语文本往往不知从何下手，更别说译出高质量的译文了。这样的情况不仅影响我国翻译人才的培养，不利于外语教学和翻译教学的发展，还造成学生完成学业步入工作岗位后无法与工作内容实现最短时间的“无缝对接”，进一步引发学生的挫折感，“英语学而无用”的想法由此产生。

面对我国公示语翻译质量不够理想的情况，而高校外语和翻译教学尚未设置专门的公示语翻译课程，我们完全可以将 ESP 教学模式引入到翻译教学中来……我们有理由相信，在翻译教学中采取以内容为依托的教学方法不仅能够帮助学习者在理论结合实践的学习过程中保持语言学习热情，提升学习效率，满足个人需求，而且通过开设公示语翻译教学板块以及相关的翻译教学课程能够培养出不同层次的公示语翻译人才，真正实现翻译人员专业化，为优化城市语言环境以及国际化发展排除语言障碍，满足社会与国家的需求。

当然，这样的外语教学改革工作能够得以开展，不仅需要高校、社会在人力、物力上的支持，更需要政府、教育决策者不只是提供阶段性的政策保障，而是能够充分意识到以公示语翻译作为英语教学和翻译教学改革突破口的意义……因此，采用内容依托教学模式在公示语翻译教学中进行积极探索，不仅有助于促进我国外语教学和翻译教学的转型与改革，为我国专业公示语翻译、研究人才团队的建设奠定基础，更为外语教学和翻译教学的进一步改革提供宝贵的实践经验与理论依据，逐步改变外语教学中对人文素养不够重视、教学内容缺乏特色、专业课程单一、教学效果欠佳等问题，最终培养出满足个人职业发展需要、满足社会服务需要和满足国家战略需要的综合性语言人才，真正实现基于需求分析的多元化外

语教学和翻译教学体系的构建。【王银泉（2017a）】

公示语是错误和不规范英语的重灾区，其原因在于“学了”外语和“学会”外语是两回事。

学习外语有两个目标，一个是弄懂外国人如何使用外语，一个是学会用外语表达自己的思想。如果只有前一项，那就只是“学了”外语，只有兼有了后一项，那才叫真正“学会”了外语。前者主要是“听”和“读”，后者包括“说”“写”和“译”……公共场所外语使用和公示语翻译正是最好的试金石。“学到用时方知少”，许多“学”外语的人到了这个时候才发现原先“学”的外语不够用。于是一说就错、一写就错、一译就错的情况就出现了。

……

学习外语是一个世界观碰撞的过程，是跳出自己的世界观进入另一种世界观，最后在两者之间达到游刃有余的过程。这个过程就是学习语言和进行语言比较的过程，而完成这个过程的最好手段是翻译。翻译有两个方向，从外到中和从中到外。从外到中的翻译，由于我们的精力主要放在破解原文的结构以理解原文的意义上，加上由外到中的翻译是从有形态到无形态这样一个在形式上做减法的过程，两种语言世界观的碰撞还不怎么激烈，就如同光学听、读一样，学习外语的效果还不大容易检验出来。由中到外就不一样了，两种世界观、语言观会激烈地碰撞，对是否真正学会外语的考验也更大。由于各种原因，学外语的人实际从事中译外的机会并不多。公示语的翻译看来是个好机遇，一则时代需要，二则量大，三则具体到每条又往往比较简短，四是看起来简单，容易着手。一些相关单位也觉得简单，轻易放手。结果大潮一来，泥沙俱下，公示语的乱译、错译简直泛滥成灾，成为一道引人注目的“风景”，也引起了政府部门和学界的重视，才有了今天《规范》的制定和实施。这件事反过来对我们的外语教学也是个促进，要努力学习外语，更要努力“学会”外语，学会真正地道的表达，克服由语言世界观带来的“中文腔”，把中国的外语教学和应用推上一个新台阶。【潘文国（2017a）】

二　公共服务领域英文译写的政策问题

（一）地名译写问题

《公共服务领域英文译写规范》第一部分《通则》的 4.1.3 条规定，“地名的罗

马字母拼写应符合我国语言文字和地名管理法律法规的规定”，地名标识“应执行 GB 17733”。也就是说，在一般情况下，地名标识应当按照汉语普通话的读音进行“字符译音”（transcription）。

《通则》分则的 4.1.3 条中规定：“作为公共服务设施的台、站、港、场，以及名胜古迹、纪念地、游览地、企业事业单位等名称，根据对外交流和服务的需要，可以用英文对其含义予以解释。”这意味着，汉语的地名除了可以进行国际标准 ISO 7098：2015 中规定的“字符译音”之外，还可以用英文进行“外文译写”。

其中，《交通》分则中的道路名称、《旅游》分则中的景区景点名称涉及的中国地名，都可进行外文译写，这种外文译写是在不同语言之间进行的，与字符译音是不同的，这时由于涉及汉语和英语两种语言，地名中的通名部分，就不能按照汉语普通话的读音来进行字符译音，而应当按照英语来进行外文译写了。

因此，在城市路名的外文译写中，外文译写与汉语普通话的字符译音是并行不悖的。

……

在公共服务领域，根据对外交流和服务的需要，可以对路名实行外文译写，这样的外文译写，与汉语普通话的字符译音，是可以并行不悖的。但是，不论是字符译音还是外文译写，对于地名中的专名部分，都必须遵循“单一罗马化”原则，按照《汉语拼音方案》，根据汉语普通话的读音来拼写。【冯志伟】

（二）变体选择问题

到底是使用美式英语，还是使用英式英语的说法，这也是英语使用过程中常会碰到的问题。我们在语料筛选标准上，首先考虑的是，在中国语境之下，在公共服务领域中的这些标志和指示不会对任何使用英语或者能够使用英语的来访者、境外人士产生误导。换句话说，公共标志以不产生歧义为首要译写原则。因此，不论是英式英语、美式英语，还是现在国际上非英语国家使用的英语，只要是国际上通用的说法，且不会产生歧义，就可以在公共服务领域标志的语言中使用。不过，因为公共服务领域使用英文的目的不同，场合也不同，《规范》也提醒使用者，不同语言变体的使用在同一场合需要保持一致。

……

另外，还有一些名称有多种表达，只要不产生歧义，我们就不会特别地排除某种表达……最常用的表达，我们都会作为示例放在里面——不管是英式英语，还是美式英语，也不管这是哪个地区特有的表述，都把它放在《规范》里面，以供参考。也就是说，不管使用者是在哪里使用示例里所提供的译法，只要英文是通用的、正确的，就是合理的用法，也是符合规范的用法。【柴明颎，王静】

（三）语料遴选问题

语料制备工作的第一步是选取语料，课题组按照分别负责研制分则的方式进行……虽然《规范》系列国家标准在发布的时候只有3500多条语料示例，但是我们在前期收集的语料数量远远不止这些——原始语料多达几万条。我们对这几万条进行多次筛选和整理，将特别有代表性的语料纳入标准。另外，可能会引起歧义的典型语料也收入《规范》中。筛选语料时，各高校专家首先对外语的使用是否符合语言规范进行把关，然后对于一些比较有争议的情况进行反复斟酌，最后才确定予以采纳的最终方案。

在标准的研制过程中，我们得到了国家语委和地方语委的大力支持和协助，这样研制出来的标准才更符合各行各业在公共服务领域所使用的规范。通过各地语委，我们还联系到了国家、地方政府的职能部门。这些职能部门对我们语料的筛选和使用进行把关，提出意见，使我们的语料选择更科学，更能够体现外文译写规范的适恰性和合理性。【柴明颎，王静】

（四）中国文化元素的翻译问题

我们在做《规范》英语部分的时候，还考虑到所使用的英文在中国语境下的特殊性，这种特殊性是指一些旅游地的历史名胜、文化景点等场所的名称和标志含有比较明确的中国文化元素。考虑到有些英语表述对中国文化的产生和历史发展有描述不当或模糊不清的问题，我们制定了一些特殊的标准规范。

比如说中国餐饮中特有的食品名称“豆腐”，在英语里面经常使用日式英语的tofu。我们的标准对这个说法有所改进，考虑到使用场景是在中国文化语境之下，我们统一译写为汉语拼音doufu或Bean Curd。其他如粽子、馒头、肉夹馍等具有中国特色的食品，都采用汉语拼音拼写。再如，“道教”在英语中有两种拼法：Taoism和根据我们汉语拼音来拼写的Daoism。在《规范》里我们只用了Daoism，道教宫、观就译为Daoist Temple。这样的表述是为了树立中国文化形象，特别是通过规范在中国语境之下中国文化在外语中的正确译写方法，向世界传播中国文化，表明中国文化在国际舞台上应该具备的地位，展示中华民族的文化形

象和文化自信。【柴明颎，王静】

加强对带有中国特色英语翻译的研究。我们这个规范只是一个最基本的骨架，后期需要慢慢地把它扩充完善。但是，国家经济发展太快了，听说在杭州已经实现了无现金交易的付款方式。这么发展下去，很多我们国家的社会生活和国外社会生活的不同步现象就会出现。我们这个《指南》中多数英文是借鉴国外的，采用拿来主义。但是如果国外没有这种社会现象，我们就会出现一些无法“直接拿来译文”的语境。这时，带有中国特色英语翻译就显得尤为必要。【戴宗显】

三　公共服务领域英文译写的理论视角

（一）公示语翻译研究

目前，政府、学界、民间都广泛关注社会公共领域的语言使用，已有的一些研究成果曾颇具影响力。在理论研究方面，学者们探讨公示语的特点及功能、公示语翻译原则及方法，如：罗选民和黎土旺、赵湘、杨永和、杨永林和刘寅齐等；在调研和实证研究方面，北京第二外国语学院公示语翻译研究中心吕和发等进行的首次“全国公示语翻译现状的调查与分析”将这一领域外文译写样本所反映的现象分为拼写、语法、对词、表达、胡译、过度、标准、自语、中式、未译、欠缺、统一、无误、拼音、管理共15种。2011年，该中心邹彦群等用SPSS软件对2002年至2010年间我国期刊公开发表并收入《中国学术期刊数据库》的有关公示语翻译研究的527篇文章进行统计分析，撰写了《公示语翻译研究十年综述》一文……2010年出版的《公共场所英语标识语错译解析与规范》则从文字、词汇、语法、语用等层面区分出拼写错误、形近而误、词语误用、单复数错误、时态错误、文体错误、按字硬译、过度翻译等31种错误类型，并将其归因于力不从心、过犹不及、敷衍失责。【蒋璐】

（二）公示语翻译工具书

公示语翻译方面的工具书起到了开拓示范的良好作用。自2003年余富林编写的《英汉汉英揭示语手册》出版以来，已有十多部公示语双语词典、翻译手册出版。商务印书馆出版发行的《汉英公示语词典》由北京第二外国语学院吕和发、单丽平主编，从国际交往、旅游商务、体育休闲者对于旅游公示信息的需求角度选择了常用公示语汇1万余条，在公示语翻译规范方面起到了参照作用……2015年初，《汉英公示语词典》第二版出版……【蒋璐】

（三）语料库翻译研究

语料库翻译研究是20世纪90年代兴起的一种全新的翻译研究范式……公示语翻译语料库具有技术先进、移动传播、多媒体展示、动态管理的优势。【蒋璐】

（四）语言景观研究

目前来看，国内已有的公示语研究大多从翻译视角和跨文化视角切入，而从社会语言学、认知语言学、符号学视角对城市社会语言生态的探讨渐从草创阶段成为热点课题……学界从语言环境和语言景观两个方面，探究其与政治、经济、科技、人文及城市规划的密切关系，揭示背后所隐含的语言优势、权力关系和社会地位等语言与意识形态的关联，在"超多元性""移动性"和"标准性"核心概念基础上，对语言环境的系统构成、建设原则、评价指标等进行梳理和引介，为公示语翻译规范化、标准化奠定了理论基础，提供了实践启发，有效促进了公示语外译标准化的建设与实施……田飞洋、张维佳等学者则认为从翻译视角对公示语研究侧重的是语言表层，对语言符号背后的社会文化内涵关注不够，而跨文化视角的研究是以跨文化理论为指导对翻译中出现的错误或不规范现象展开的讨论，其本质仍是翻译问题的延伸。与"翻译视角"一样，跨文化研究在宏观和理论高度方面存在着不可突破的局限。【蒋璐】

四 《规范》的实施方略

（一）《规范》的宣传贯彻与管理监督

国家语委发布《规范》这件事已经充分说明了公共服务领域英文使用规范的重要性。国家语委作为语言文字使用的管理机构不能只重视中文的使用规范，而忽略其他外来语言的使用。严格意义上讲，在中国语境之下使用的任何语言都应该被纳入语言文字管理的范畴。因此，《规范》的发布也表明国家将承担起中国语境下的外文使用管理职能。【柴明颎】

第一，从建设话语体系、"借船出海"传播中华文化的角度加强对中国英语、

地名译写等问题的理论研究，争取就相关问题达成共识；第二，在旅游、交通、文化体育、医疗卫生等政府提供的公共服务行业培育一批公示语英译规范示范单位，树立先进典型，加强新闻宣传，以点带面地推进英译规范工作；第三，对由市场主体提供的市场服务，应加强引导，主动服务，特别是应以大数据思维、通过信息化手段，建设一个开放的、可以不断搜集社会使用需求、实时更新的公示语中英文语料的英译规范检索查询系统。【张日培】

《规范》的推广需要建立相应的机制才能取得实效。第一，建立政府相关部门之间的协调机制，明确具体贯彻落实的部门。公共服务领域英文译写工作涉及多个政府部门，如外事、交通、旅游、卫生、体育等，因此需要建立一个有效的协调机制并落实到具体部门，一方面清理整顿现有的不规范译法；另一方面，也更为重要的是建立新标志的审核监管机制，避免造成新的问题。第二，建立通过行业协会有效推广和反馈的机制。公共场所标志译写工作都是由翻译机构、翻译人员完成的，所以《规范》最重要的推广对象就是与翻译相关的企业和人员，还有就是标志制作单位。个体企业和从业人员非常分散，因此，与行业协会的合作就显得尤为重要。【黄长奇】

《规范》落地采取全面铺开的方式有较大的实际困难。在执行过程中，我们可以采取分层推进、点面结合的策略。首先，我们从执行力和影响力比较大的行业部门入手，集中把一些重点的区域、重要的部门在公共领域的语言文字应用规范做好，然后再向社会其他领域逐渐铺开。这样做是比较符合实际的,《规范》落实到位的部门、单位和行业领域可以作为模范，充当他人学习的范本。

其次，各地的语委办在负责普通话推广工作的同时也应参与《规范》的落实。语委办在语言生活管理方面有自己多年建立起来的工作网络，有助于《规范》的推广实施。外办和语委办在落实规范工作时应当发动各地高校的相关专家。规范工作的参与者很重要，不能只局限于研制专家组，应当把不同行业、不同高校和机构的专家都调动起来，对落实并完善现有《规范》做出应有的贡献。

尤为重要的是，我们应当借《规范》颁布及宣传之机提出政策性建议，即将《规范》中合适的内容适当地编写进大中小学的英语教材里，提高我国英语学习者和使用者的规范意识，以保证未来的公共服务领域更换牌匾和标志时继续遵循《规范》的要求。【戴曼纯】

《规范》的推广必须有行政部门的介入……北京市在宣传和推广国家标准和地方标准方面有很好的经验。市政府下属有北京市民讲外语活动组织委员会和外事办公室专门负责北京市公共场所外语标志的纠错活动，为此还成立了由专家、学者组成的顾问团，参与《规范》的推广和检查。上述部门对重点区域和重点公共服务领域外语标志定期开展专项检查。北京由这两个部门负责《规范》的推广和落实的好处是，它们对北京市各个区县局和交通、旅游、卫生等各部门有约束力。至于其他各省市如何由政府部门出面管……这有待于我们把落实《规范》提高到国家形象、国际交往的高度来论述，让人们认识到问题的严重性和落实《规范》的必要性。【戴宗显】

建议成立公共服务领域英文译写审定委员会，国家层面和地方层面都可以成立。这个审定委员会不仅可以负责前期的规范方案设计工作，还可以负责后期开展工作，比如做不定期的视察，因为定期可能做不到，操作起来有难度，但可以一年几次到现场去视察走访。这个视察也可以分为两种方式：一种是我们有组织地主动出击，发现问题，立即整改；另一种就是接受市民的投诉举报，把错误的译文揪出来，然后改正。此外，以专家为主，选几个代表性的城市，在全国各地做一些考察也可以。这个效果可能会很好，如果再跟上媒体报道，效果应该会更好。一年中哪怕有一两次，专家们抽出三五天到几个城市考察，去一些代表性的窗口行业单位看看，估计会发现很多问题，搞笑的错误会非常多。【王银泉（2017b）】

由于公共服务领域的外文译写翻译的文本长度都很短，完全可以通过人工迅速完成，以快速翻译大规模长篇文本为目标的机器翻译在这个领域中根本没有用武之地；而且由于这样的译文要面对公众，要求准确无误，这是机器翻译目前的水平远远达不到的。因此，我们认为，在公共服务领域的外文译写中，千万不要使用机器翻译这种尚未成熟的技术，应当请高水平的外语专家，根据国家有关的规范和标准，用人工译写出高质量的译文。【冯志伟】

（二）《规范》的丰富完善与延伸

《规范》的颁布只是完成此项工作的第一步。随着《规范》的实施，很多新的问题会出现。修订《规范》不是件容易的事情，可行的办法是通过修订《公共服务领域英文译写指南》对其加以补充和完善。毋庸置疑,《指南》所列的条目不是穷尽式的，将来还可以根据实际需要增设条目。专家委员会和课题组一定会全力支持后续的修订工作。【戴曼纯】

我觉得除了大力推广、宣传贯彻以外，还有两项重要的工作：一是对《规范》

的补充、丰富和延伸；二是对《规范》的修订。(1)随着我国经济和社会生活的快速发展，新生事物不断涌现，公共服务领域对英文使用的需求也在不断地发展和变化，需要我们在规范制定过程中不断增加新的内容，提供新的条目……随着新生事物的发展，它们的名称也会调整和改进，我们的《规范》也要反映社会的进步；(2)现在颁布的《规范》在研制过程中经过了好几年的打磨，参考了很多地方规范，很多条目征求了国内外各方面专家的意见，经过了反复讨论和核对，因而该《规范》是中国国内目前为止质量最好的。但是尽管这样，由于我们水平有限，人们还是能够挑出一些毛病，所以,《规范》在试行一段时间以后还需要根据社会各方面专家的意见进行修订。【丁言仁】

在《规范》制定过程中我们收集整理了2万多条译例，但最终只拿出了3000多条。这么做也是有考虑的……这3500条只能说是一个基础的基础，提供了一个解决问题的方式和途径。实际上英文规范标准的牵涉范围很大，很多细节地方是我们目前顾及不到的……这些问题在执行过程中都会慢慢暴露出来，我们是有预见的……不过这些以后慢慢都会有规范。这涉及《规范》的扩充和完善问题。

还有一个遗留下来的问题是，有的标志或用语可能有不止一个说法或译法，但我们大多只提供了一种。我们当初的设想是，翻译方法可能有很多种，但是规范语标准只能定一个。我们不能在规范标准里说这也对，那也可以，这就没法操作了。但实际上别的说法有的也能接受。这些需要通过别的途径来补充和完善，例如通过语料库的方式，提供更丰富的内容和更便利的查检方式。【潘文国(2017b)】

来源文献

[1] 柴明颎.中国语境下的外文使用[J].语言规划学研究，2017(2)：5—6.

[2] 柴明颎，王静.研制标准化外文译写规范 改善我国国际化语言环境——《公共服务领域英文译写规范》课题组组长柴明颎教授访谈[J].东方翻译，2017(4)：4—9.

[3] 崔 瑶.翻译伦理视域下公示语译者的职责[J].教育评论，2017(4)：18—21.

[4] 戴曼纯.《公共服务领域英文译写规范》的落实需要依靠社会各界的共同努力[J].语言规划学研究，2017(2)：12—13.

[5] 戴宗显.关于如何落实《公共服务领域英文译写规范》系列国家标准的两点意见[J].语言规划学研究，2017(2)：14—15.

[6] 丁言仁. 关于《公共服务领域英文译写规范》颁布后工作的两点建议[J]. 语言规划学研究，2017（2）：10—12.

[7] 冯志伟.《公共服务领域英文译写规范》与城市路名整顿[J]. 语言规划学研究，2017（1）：39—42.

[8] 黄长奇. 建立有效机制，大力推广《公共服务领域英文译写规范》国家标准[J]. 语言规划学研究，2017（2）：15—16.

[9] 蒋　璐. 公共服务领域英文译写的研究进展与理论视角[J]. 语言规划学研究，2017（1）：57—60.

[10] 潘文国. 学鲜活外语，避中式表达[J]. 语言规划学研究，2017a（1）：43—47.

[11] 潘文国. 发布不易，执行更难[J]. 语言规划学研究，2017b（2）：8—10.

[12] 王银泉. 公示语翻译对外语教育和国家形象建设的启示[J]. 语言规划学研究，2017a（1）：48—52.

[13] 王银泉. 对外话语体系建设视域下的公示语翻译再思考[J]. 语言规划学研究，2017b（2）：16—17.

[14] 王银泉. 我国公示语翻译的问题与对策[N]. 中国社会科学报，2017c，8月29日.

[15] 张日培.《公共服务领域英文译写规范》颁布后工作的三个建议[J]. 语言规划学研究，2017（2）：17—18.

相关文献

[1] 北京第二外国语学院公示语翻译研究中心. 全国公示语翻译现状的调查与分析[J]. 中国翻译，2007（5）：62—67.

[2] 李宇明. 改善我国的外语服务——序《公共服务领域英文译写指南》[A]. 教育部语言文字信息管理司. 公共服务领域英文译写指南[C]，北京：外语教学与研究出版社，2016.

[3] 林元彪，汪幼枫. 我国外文公示语的管理实践和“标准化”模式探析[J]. 江苏行政学院学报，2015（5）：32—37.

[4] 吕和发，任林静，邹彦群. 公示语外译国家标准有效实施的整合方略研究[J]. 标准科学，2015（10）：22—27.

[5] 罗选民，黎土旺. 关于公示语翻译的几点思考[J]. 中国翻译，2006(4)：66—69.

[6] 潘文国，姚锦清，张日培.《公共场所英文译写规范》解读[J]. 上海标准化，

2010（8）：21—23.

［7］王银泉．国家标准与公示语汉英翻译规范——写在《公共服务领域外文译写规范 英文》国家标准研制启动之后［J］．广东外语外贸大学学报，2013（1）：51—55，72.

［8］王银泉，张日培．从地方标准到国家标准：公示语翻译研究的新里程［J］．中国翻译，2016（3）：64—70.

［9］巫喜丽，战　菊，刘晓波．语言景观研究的理论视角、问题取向及研究方法——国内语言景观研究十年综述［J］．学术研究，2017（7）：170—174.

［10］张日培．我国外语使用政策的重要探索与实践——《公共服务领域英文译写规范》介评［J］．语言规划学研究，2016（1）：23—31.

［11］邹彦群，满颖，孟艳梅．公示语翻译研究十年综述［J］．上海翻译，2011（4）：27—30.

中国特色政治话语的对外翻译

中国特色政治话语主要是指反映中国特色政治制度、思想理论等的话语。加强中国特色政治话语的外宣翻译，准确全面地对外译介中国在政治、经济、外交、文化等方面的路线、方针、政策，增强外界对中国发展的理解，促进中国特色社会主义道路的国际认同，提升我国的国际形象和文化软实力，是贯彻落实习近平总书记“着力打造融通中外的新概念新范畴新表述”思想，构建对外话语体系、提高对外话语能力、讲好中国故事的重要任务。

中国特色政治话语的翻译，“既要符合中国国情，有鲜明的中国特色，又要与国外的话语体系、表达方式对接，这对翻译而言是艰巨的挑战”（黄友义等 2014）。由于其独特的语言特征和语义内涵，中国特色政治话语成为外宣翻译中的重点和难点，也成为改革开放以来、特别是进入新世纪以后国内翻译界关注的一个热点。学者们主要围绕对外翻译工作机制、政治话语翻译策略与原则、翻译能力提升等方面进行了探讨。

——对外翻译工作机制探讨。一段时间以来，中国特色政治话语对外翻译存在两大突出问题：一是译语有疏漏，质量待提升，要么不能准确反映源语的政治内涵，要么生硬粗糙难以接受，因而传播效果不佳；二是特定话语译法不一，并伴随有激烈的学术争议，且缺乏相应的译法统一协调机制，导致国际社会对特定政治话语的理解多样，误读误解，甚至因意识形态不同而有意曲解的情况时有发生，使我国的话语权被挤压、形象被歪曲。为此，在 2013 年首届“中国政治话语传播研讨会”上，有学者建议从国家层面加强重大翻译项目的总体策划，建立话语翻译标准的研究和发布机制（陈亦琳等 2014）。黄友义等（2014）更进一步指出，“应该确立一个牵头部委，负责统筹协调所有重要党政文件的对外翻译和发布工作。需要制定党政文件的翻译传播规划，组建相对稳定的高水平翻译队伍，搭建党政文件的权威发布平台，从而主动回应和引导国际关切，掌握话语定义权”。这些探讨产生了积极的效果，2014 年以来，国家语言文字工作委员会、中国外文局、中央编译局先后推出了“中华思想文化术语”[①]“中国关键词”“中央文献重要术语”翻译传播项目，在建立协调统一机制方面进行了有益的探索。在此基础上，为不断提升翻译质量，准确、全面而又以国际社会易于接受的方式译介传播中国特色政治话语，学者们进一步建议加强“话语创建”和“话语翻译”两个环节之间的沟通协调，指出“要召集翻译方、高校的专家和媒体机构，与文件起草部门一起研究核心概念、表述及对外翻译传播。要建立重要话语产生过程中的咨询机制，在重要文件起草时邀请翻译界或传播界的专家参与，同步考虑如何使翻译的文件能更好地为国际社会了解和传播”（陈亦琳等 2014）。

——中国特色政治话语翻译策略、原则与方法研究。政治话语翻译的核心挑战是既要忠实原文、恪守源语的政治内涵，又要符合目标语（译入语）的语言规范和使用习惯，使国际社会易于理解和接受。围绕这一核心挑战，相关学术争议的焦点问题是直译和意译之争、归化和异化之讼。不同学者的研究，或强调某一方面的重要性，或探讨如何统筹兼顾、处理好两者之间的关系。相关研究主要针对词汇短语的翻译问题，涉及“政治新词新语”“外交新词”“政治概念”“时政新词”“政治术语”等多个主题，也包括领袖著作与讲话、政府工作报告、《求是》杂志所载文章等语篇的翻译问题。相关研究依托语言学、翻译学、社会学、跨文化交际学等理论，结合我国外宣翻译工作的实际，通过对诸如“韬光养晦、不折腾、科学发展观、中国梦、‘一带一路’、新型大国关系、四个全面、三严三实、打铁还需自身硬、任性”等广受关注、译法分歧且存在争议的话语实例的翻译探讨，以及语篇翻译中的问题探讨，提出了一系列中国特色政治话语的翻译原则、策略与方法。比较有代表性的如：程镇球（2003）的“讲政治”、紧扣原文而不随意增删和改变语序的原则；黄友义（2004）的“贴近中国发展的实际、贴近国外受众对中国信息的需求、贴近国外受众的思维习惯”的“外宣三贴近”原则，以及关于如何在外宣翻译中跨越中西方文化鸿沟的策略性思考；张元、王银泉（2007）的“译释并举”方法；冯志杰（2010）的“信息等价、信息传递、源语取向”三原则，以及“内涵再现、逻辑严密、哲学风范”三标准；张健（2013）关于发挥译者的主观能动性，通过增译补充、释译变通、合理瘦身、整合重构、专名回译等方法进行“变

① 范大祺（2016）指出，对外政治话语是一个宽泛的概念，“必须善于融通马克思主义的资源、中华优秀传统文化的资源、国外哲学社会科学的资源，坚持不忘本来、吸收外来、面向未来。凡是有利于中国道路、中国理论、中国制度、中国文化的对外传播，凡是有利于将中国特色与共同价值融通为一体的对外话语，凡是有利于传播中国智慧和中国价值观的对外阐述，都应当归属于对外政治话语的范畴”。因此，“中华思想文化术语”也应视作中国特色政治话语的重要组成部分，且其中有的话语如进入领导人讲话甚至党政文件，国际社会对其的译介需求就更显迫切。

通”的策略；杨明星（2014）的“政治等效、译名统一、专业表达、约定俗成”四原则；潘苏悦（2014）的“三维转换”① 翻译方法和接受“事后追惩”的原则；冯雪红（2014）的中国政治术语英译再创建的三个维度②；刘润泽、魏向清（2015）的政治术语翻译“概念史”研究方法；贾毓玲（2015）的“重要概念的翻译要体现完整性、重要表述的翻译要注意文化差异、重要提法的还原性翻译要注意词义本质上的区别、重要表达的翻译要注意对外宣传的负面影响”的语篇翻译原则；章思英（2016）的“准确理解与体现术语的思想文化内涵、体现术语在具体语境中的含义而不强求译文的唯一性、在充分参考汉学家及前人翻译成果的基础上进行创新翻译、当意译不能涵盖术语的全部含义或难以表达术语的基本含义时采取音译”的中华思想文化术语英译四原则，等等。梳理可见，学界在“忠实原文和适当变通关系处理”“以我为主和照顾受众关系处理”等问题上进行了积极思辨，在“政治等效能否实现”“零翻译③ 方法是否可取”等问题上也还存在理论分歧。

——翻译能力提升探讨。在“译者中心”视域下，旨在提升翻译质量的相关研究就如何提高译员的专业素质进行了积极探讨。佳丁（1983）认为外事译员应该具备以下素质：翻译工作的多面手；严格的组织纪律观念；扩大的知识面和政策水平；严谨细致的翻译作风；高度的政治觉悟和爱国主义精神；对工作的光荣感和责任感。王弄笙（1991）认为外事译员应具备以下专业能力：对于重要的有政治含义的词句，特别是涉及方针政策的词句，要掌握好分寸；汉译英做到“信、达、雅”，其中“信”最为重要；一些带有中国特色的词汇很难在英文中找到对应的词或词组，这种情况下译者应根据实际情况创造一些新说法；要不断积累与之对应的词汇和表达方式，以根据不同的情况选择更准确的译法。贾毓玲（2011）认为外事译员要注重培养政治理论素养，为提高译文的准确性打好基础；要正确理解和把握国家政策，为提高译文的透彻性提供前提；要不断扩大知识面，为提高译文的可读性提供支撑。

2017 年，中国特色政治话语翻译策略、原则与方法研究取得新进展。其中，翟石磊（2017）继续围绕政治话语翻译的核心挑战进行思辨，而所选择的视角是陈小慰（2007）曾提出的外宣翻译的受众“认同”问题，在陈小慰提出的话语认同的基础上进一步探讨了文化认同和政治认同问题，并在受众认同视角下提出了“三个协调”策略；黄蔷（2017）通过分析中国特色政治术语的权威性、时代性、

① 包括语言维度、文化维度、交际维度。

② 包括语言学维度、术语学维度和跨文化传播维度。

③ 指直接使用汉语拼音形式，不翻译，也不释义。

通俗性、概括性、覆盖性和美学性等语言特征，提出了语义翻译、交际翻译、加注释义、省译、创译等中国特色政治术语的英译策略和方法；贾毓玲（2017）仍聚焦语篇翻译，第三次探讨《求是》所载文章的英译问题，这一次的研究视角是如何通过翻译对原文的信息迷失与空白进行弥补；杨红燕、姚克勤（2017）则对近20年来国内关于汉语政治新词新语翻译的研究情况进行了全面综述，并在此基础上对政治话语翻译提出了自己的策略性看法。这些观点值得关注。

2017年还有一个值得关注的热点是围绕"中国关键词"项目的相关研究。该项目是由中国外文出版发行事业局、中国翻译研究院、中国翻译协会和中国网合力打造的权威解读当代中国核心话语的多语平台（李倩 2015），主要围绕以习近平同志为核心的党中央治国理政新理念、新思想、新战略，进行中文词条专题编写、解读以及多语种编译，通过平面、网络和移动社交平台等多媒体、多渠道、多形态及时持续对外发布，旨在以国外受众易于阅读和理解的方式，阐释中国理念，解读中国思想、中国政策和中国发展道路（中国外文出版发行事业局，中国翻译研究院 2016），是创新对外话语实践和构建融通中外的政治话语体系的积极探索与有益尝试。该项目于2014年12月19日正式上线发布，两年多来，已推出中外文对照的"中国关键词"词条380个，每个词条有15个语种（包括中文和英、法、俄、西等14个外文语种）的词目和释义；已出版《中国关键词》（第一辑）、《中国关键词："一带一路"篇》等。在当前国际政治领域由现实政治向观念政治转变、观念政治话语权争夺日趋激烈的背景下，在政治观念传播的核心就是关键词传播的路径下，项目使用"关键词＋核心思想解释"的碎片化方式，选取那些能反映中国核心理念的重要词汇，以短小简明的篇幅（一般不超过500字），对外阐释中国的发展理念、发展道路和内外政策，大大降低了外国读者认知的门槛和难度，为国际社会和各国民众了解中国观点提供捷径。项目在编写过程中，引入国内外权威专家学者和资深翻译团队，最大程度地保证了内容的权威性和准确性，对促进中国特色政治话语翻译的统一化、标准化具有重要意义。[①] 项目推出以来，其对关键词的英译立即受到了学界的关注。刘国聪、高军（2015）运用语料库方法，发现首批"中国关键词"英译文本在英译过程中出现了扩展语篇、增加解释语、增添连词和代词等翻译明晰化特征。窦卫霖（2016）实证考察了英语母语人士对"中国关键词"项目给出的英文译法的接受程度，结果显示接受度还不高，

① 该项目除了翻译上的特色，还有一个重要特点是传播手段丰富多样，如全媒体发布、探索打造中国版的维基百科（丁洁 2016）等。本专题关注的翻译问题涉及传播内容建设，传播手段建设是另外一个层面的问题，本专题暂不关注。

但有不少原因都是针对术语概念的意义理解给出的，翻译方法并不具有决定性的意义。因此窦卫霖（2016）认为，“鉴于西方话语体系的受众大多不了解中国政治话语的实质内涵，不习惯中国政治话语的表述方式，要他们改变立场和阅读习惯，迅速实现认知上的‘同化’或‘顺应’是不现实的；而为了西方受众了解我们的政治观点，改变我们的话语体系，‘曲意奉承’，也是不可取的。所以，中国当代政治话语的对外传播策略应是：以我为主、重视差异、不断强化、渐被接受”。杨平（2017）采访了美国明德大学蒙特雷国际研究学院鲍川运教授，鲍川运教授在访谈中对“中国关键词”项目的研究与推进进行了更为深入的揭示，在已有研究基础上进一步探讨了词条的选择标准和中文释义编写问题；蔡力坚、杨平（2017）结合具体案例介绍了“中国关键词”既忠实原文，又注意向读者传递信息的需要，努力符合译入语语言规范和习惯的英译实践情况；刁洪（2017）指出了“中国关键词”的国家翻译性质以及作为我国文化外交举措的重要价值。

2017年值得关注的研究内容摘编如下：

一　受众认同视角下的政治话语翻译策略

（一）政治话语翻译的“认同”目标

从跨文化传播的角度看，中外文明对话必须具备的首要条件是话语认同。在政治话语表达层面，中外政治话语对话也需要存在一定认同的交集和各自的基本认同问题。陈小慰从外宣的受众需求、外宣翻译环境以及外宣目的角度提出构建外宣翻译中“认同”问题，即：外宣翻译要采用（西方）受众认可的话语方式，以形成受众话语认同为最终目标。但是，政治话语翻译中的认同，不能仅仅局限于语言认同层面；话语不等于语言，话语更多的还有其自身的意识形态属性。这正是本文需要探讨的问题。

……

话语认同既是一个语言问题，也是一个文化问题，同时也是一个政治问题；既是一个过程问题，同时也是一个结果问题。因此，在体现国家意识的前提下，政治话语翻译需要实现从“话语认知”到“话语认同”的过渡。所谓“认知”，是指以实现海外读者对中国政治话语的文本层面的了解和理解，这是政治话语对外传播的第一阶段效应，即认知阶段。这个阶段不以接受为目标，是以国际公众

“听得到”中国声音为目标。所谓“认同”，是指以实现海外公众认可中国政治话语背后的政治理念和价值观为目标的阶段。这是政治话语翻译的最关键的目标，也是最具有挑战性的目标。那么，如何将维护中国国家利益，体现中国国家意识的政治话语译文与海外读者的中国认同结合起来？这从本质上讲，是三个层面的认同问题：即语言认同、文化认同和政治认同。也就是认同话语表述的语法结构与符号表征，认同话语背后的文化蕴含，以及认同话语所揭示的政治理念。具体包括：

第一，语言认同。语言是话语的载体和表征，语言翻译是话语符号的跨文化转译。那么，读者、文本和语境三者之间存在怎样的关系呢？尤金·奈达在《圣经》翻译研究基础之上提出动态对等原则乃至功能对等交际翻译的原则。这固然是从翻译传播效果角度审视语言翻译的重要渠道，但是这些过于注重内容而忽视形式，具有一定的局限性。对此，纽马克强调翻译应该更注重目的语的语法结构，尊重语言使用的场合，这就是语义翻译。他进而通过比较交际翻译与语义翻译的异同后指出，交际翻译总是关注读者，但如果脱离了译语时间和空间，等效元素就不起作用了，而语义翻译最终针对的总是那些想要阅读或聆听的人。因此，语义翻译在很多情况下是适用和必要的。所以，实现政治话语语言层面的有效认同，要将语义和传播目的结合起来，实现受众对传播语言的认知、认可和认同。

第二，文化认同。文化是语言的内在规范，规定语言，特别是不同语言之间的符号意义，属于深层次的认同。尤金·奈达认为译语文化和源语文化关系是由语言和文化之间的距离决定的。将信息本质意义、作者以及译者的目的以及受众（读者）的类型结合起来分析是正确的翻译模式。翻译的标准是“接受者和信息之间的关系应该是和源语接受者和原文信息之间存在的关系相同”。他通过论述形式对等和动态对等的关系指出，译者并不坚持读者理解源语语境中的文化模式，而是尝试将接受者与他自己文化语境中的行文方式联系起来。

20 世纪 80 年代以来的所谓“翻译的文化转向”思潮中的“描述翻译研究”（descriptive translation studies）学者非常强调译入语文化对翻译的作用，更多致力于从目标语的文化语境中审视、考察翻译现象。因此，在考察政治话语外宣翻译方面，目的语文化语境是不能忽视的问题。政治话语的跨文化传播本身就是具有不同文化背景的人对来自其他文化的符号的认知行为。考虑到中国文化的独特性以及西方文化对当代世界文化主流的“操控性”和“主导性”，能否将中国特色政治话语推向国际社会，文化认同是必须逾越的挑战。

第三，政治认同。政治话语的对外传播除了自身的文化性之外，政治性也同样突出。特别是中国社会政治体制明显区别于世界大部分国家和地区，受到政治体制和政治文化的差异的影响，在很多情况下，跨越政治文化的鸿沟、实现跨文化认同同样是一种极具挑战性的行为。【翟石磊】

（二）以受众认同为目标的政治话语翻译策略

从表层的语言认同到深层的文化认同和政治认同，形成了中国特色政治话语外宣的三个挑战，也是最主要的三个维度。要实现中国特色政治话语的国际传播，达到既定的国际影响力，必须要回答这三个认同问题。为了实现以上“三个认同”目标，笔者提出“三个协调”的建议。

笔者认为，在翻译中不妨将语言认同、文化认同和政治认同进行整合，坚持语言符号与政治蕴含的协调，特色性与普遍性的协调，国内、国际两个语境协调的原则。

所谓协调“语言符号”与“政治蕴含”的关系，就是协调文本表达与政治价值的关系问题。文本符号是价值的表征，如何选择既能够为海外公众所理解和接受的词汇表达，同时又能体现出政治立场和理念，是一个技术性问题。

所谓协调特色性与普遍性的问题，就是将中国特色与世界共性结合起来，在维持特色的基础上，融入更具有普遍意义的国际表达体系中。如果我们太突出中国性，那么，我们的政治话语依旧是国内话语，无法进入国际视野；如果我们为了迎合国际话语体系，而淡化或丧失中国特性，那么就会造成国家利益的损失。因此，协调好这两者的关系非常重要。

所谓国内与国际两个语境的协调，是指政治话语的翻译，不仅仅立足于国内社会文化语境，同时也要将受众国的社会历史文化考虑进去，特别是那些与中国具有较大差异的国家和地区。否则，译文一旦偏离了或冲撞了他国的社会禁忌或历史文化，那么译文不仅不会产生积极效应，搞不好还会闹出新的麻烦。【翟石磊】

二　中国特色政治话语的语言特征和英译策略

在翻译中国特色的政治术语时，既要“讲政治”，翻译出以我为主的中国气派、中国立场、中国道路和中国精神，又要“懂外事”，兼顾中国与英美国家在政治体制、语言体系以及受众思维习惯方面的巨大差异，提升中国政治术语对外传播的质量和效果，从而打造具有影响力的对外话语体系，让中国在地缘政治的互动中赢得更为宽松的国际舆论环境。【黄蔷】

（一）中国特色政治话语的语言特征

1. 权威性。

作为国家政治活动的载体，政治文本中的政治术语传播国家的主流意识形态，反映国家的政治生态和政治文化，体现国家的执政方针和政治理念，主导国家的政治舆论风向。中国特色的政治术语是崛起的中国表达自身政治意图的载体，具有明确的政治目的性和思想严肃性，是中国文化主权的组成部分，是构建相对于“西方话语体系”的“中国话语体系”的核心要素。“和平共处五项原则”“结伴不结盟”“命运共同体”“新型义利观”等具有中国智慧和中国思维的政治术语，对于构建融通中外的话语新体系和国际新秩序意义重大，具有不可置疑的权威性。

2. 时代性。

政治术语遵循语言发展的普遍规律，新的政治气象晕染社会经济生活的方方面面而得以产生，这些政治术语传递新鲜的政治讯息、具有鲜明的时代印记。

3. 通俗性。

在全媒体高度发达的今天，政治传播正以一种与时俱进的全新姿态面对与以往完全不同的传播对象，政治人物不再是脸谱式地打官腔、程序性地说套话，更乐意采用一种老百姓喜闻乐见、通俗易懂的白话方式传达政治理念和讯息。

4. 概括性。

中国人善于归纳，关注整体，常将复杂的政治观念概括为高度浓缩的政治术语。中国政治术语中有很多缩略词，带有丰富的政治信息，是对特定政治意义的语段进行结构性精简后逐渐形成的语言符号，并成为约定俗成的政治概念。

5. 广泛性。

政治术语涉及政治、经济、军事、国防、外交、文化等社会公共事务的各个领域……全方位地构建了中国独特的多元政治生态体系，并通过术语本身发挥的政治功能产生相应的政治效果。

6. 美学性。

中国政治术语用词高度考究、措辞严谨、行文肃正，同时又注重音美、形美、意美的高度融合统一，在遣字用词中常采用复沓叠加的形式，文采浓郁。【黄蕾】

（二）中国特色政治话语的英译策略

1. 语义翻译。

Newmark 在建议对政治术语这类“表达型”文本要素进行翻译的时候指出，

由于政治文本原作者崇高的社会地位、政治可靠性以及非凡的语言能力所带来的绝对权威，应采用语义翻译法（semantic translation），即紧扣原文语义和作者思想进行直译，决不可随意篡改发挥，强行植入译者的个人观点……中国特色政治术语的翻译，在不影响译文受众理解的前提下，应紧扣原文内容、保留原文形式进行直译，并按照字面意思组合形成新词，最大程度地保留中国政治语言的文化特色和国情特征，在多元政治文化中植入自己的民族政治符号。

2. 交际翻译。

为实现译文的读者效应，在形式和喻义难以两全的情况下，译者应仔细推敲政治术语原文的内涵实质，去形而留义，采用交际翻译法进行改译和转译，阐释性地翻译出原作者的思想内涵。

3. 加注释义。

中国政治术语具有概括性的特点。“一带一路”“两个一百年奋斗目标”“三个代表”“四个现代化”等这类“数词＋后缀词”的政治术语往往是国家施政纲领的高度概括、领导人政治意志的集中体现，好懂易记、便于传播，是一个时代标志性的政治符号。这种提纲挈领性的政治概念，在译文中首次出现时应采取“直译＋加注（或释义）”的折中翻译法向译文受众进行解释性说明，为避免篇幅臃肿，后文中只需直接使用直译译名即可。此类政治术语政策性极强，往往由中央编译局、中央文献重要术语译文审定委员会等中央文献权威翻译机构首先进行翻译发布，逐渐形成一种约定俗成的译法，不能额外生造和任意更改。

4. 省译。

中国政治术语中不乏“进一步深化”“切实贯彻落实”“更快加速发展”“毫无根据的诽谤”这一类修饰词，主要目的是为了烘托政治主题、强化表达语气……直译会给译文受众一种烦冗拖沓的印象，“在时政翻译中对汉语表达的这种积习应做相应处理，或省译，或改译，或通过上下文照应”。

5. 创译。

具有中国特色的政治术语专项在译语语境中由于文化缺省无法找到对应或契合的表述方式时，可采取音译（语音英化）或语义模仿的方式进行创译，帮助译文读者获取与源文读者同质且与译文语境一致的信息内容，对创译最高的认可是在语际交往中被另一语言系统吸收成为其借词（loan words）。英语与其他语言一样，是一个动态开放的系统，总是不断吸收其他民族的语言以丰富自身的词汇系统，中国政治术语中通过创译被英语语言系统接纳、成功移植成为英文中的汉语

借词的例子不胜枚举。【黄蔷】

三　政治话语翻译中对迷失信息的厘清与弥补

（一）中国特色政治话语译成英文时的信息缺失

现有中国特色政治话语范式在翻译成英文时，往往存在逻辑缺失、主语缺失、时态缺失、语境缺失、概念分析缺失等问题，这些缺失对于了解中国国情、熟知本国语言习惯的国人来说，通过对母语字里行间的体会和已有常识的补充，可以形成较为完整的信息获取，一般是构不成理解困难的。但是译成外语，尤其是英语，就会因逻辑关联的缺失和语言单位的残缺妨碍西方读者有效解码。这些缺失需要翻译创造性地利用已有知识储备和语言技巧去弥合，来提高译文的连贯性和文字的清晰度，增加国外受众对译文的理解。【贾毓玲】

（二）翻译对迷失信息的厘清与弥补

1. 逻辑建构。

王力先生在《中国语法理论》“欧化的语法”一章中指出：“中国语里多用意合法，联结成分并非必需；西文多用形合法，联结成分在大多数情况下是不可缺少的。”英汉两种语言在结构方面的这种区别，决定了汉译英的过程往往也是从“意合”到“形合”的转换过程。解读原文深层意思，分析句与句之间的关系，调整句子顺序，构建逻辑关系，从而把“一篇散沙”的中文转换成紧扣逻辑纹理的英文，是《求是》英文版每篇文章甚至每句话翻译过程的规定动作……

重建逻辑是翻译面对的一个痛苦但必需的过程，即使有时译者对逻辑的搭建过于主观，也必须这样做，因为没有逻辑的译文等于没有完成翻译任务。以句子为单位的翻译，一定要用连接词把逻辑关系搞出来，否则译文就是马赛克，读者会迷失在斑驳陆离的条块之中。

2. 寻找主语。

翻译界前辈、北京外国语大学庄绎传教授曾于2012年在“十八大”重要文件翻译现场把他当年还未出版的《庄绎传翻译漫谈20篇》拷贝给了中央编译局年轻的翻译们。我把这个文档存在了桌面，在工作之余经常翻阅领略其中翻译之道。庄教授在这个电子版的文档中说：“一般说来，汉语的主谓关系没有英语那么密切。英语对于主语能否做后面的动作考虑较多。因此，译文以什么做主语，怎样和谓语搭配，是一个经常需要斟酌的问题。”这种疏松的主谓关系在中国政治话语范式中往往表现为它的极端形式，那就是通篇都可以是“无主句”。在英语中，主语被称为句子的“主题”，一句话没有主语就等于没了主题。一个英语句子如果过了五六个单词还不见主语出现，就会被认为不是好句子。面对原文没有主语和目标语主语必出这一对矛盾，翻译必须想方设法寻找或造出一个主语出来，译文的意思才能清楚……

主语是句子的灵魂，即使原文通篇没有主语，译者也得想方设法引入主语。因为你不能通篇被动语态，那样读者就会因你“不知道、不便说、不愿说”动作的执行者，而迷茫离去。

3. 确定时态。

汉语动词没有时态语态的变化形式，但是大多数语境还是可以告诉读者事情是发生了还是正在发生或者将要发生。在《求是》诸多政治文章的翻译中，有时候译者也会在过去式和完成时之间摇摆不定，但两者取其一总归难度不是太大。但是，就怕有的文章会把一大堆过去现在将来的东西堆放在一起，你弄不清楚是做了、没做，还是做了但没做完。中文没有时态的问题，发生在不同时间的事情似乎也可以放在一起，不同事物的具体进展可以不去深究。但英文动词不同的时态就表示不同的进度，没干的事就不能说干了，才开始的事情就不能说已经完成。这时候，译者必须把每一项任务、每一项改革的进展情况做一个深入调查，澄清进度，然后想方设法把一大堆进度不一的事情放在同一个时态的大框架之下。

4. 澄清概念。

我们的政治话语体系中包含很多中国政府治国理政的概念、术语、提法。这些概念经常因缺少必要的分析和解释，而使人知其言而不知其所以言。译者需要在翻译的时候通过增加解释或分析，增进西方受众对这些中国特色词汇的理解。

……

中国政治话语体系最大的特点就是中国特色。中国特色也是创建和翻译中国对外话语体系最大的挑战。当然，翻译和传播的价值也正在于不同语言不同制度的差异，没有了特色和差异，也就没有了翻译和传播的价值。这样说来，中国特色政治话语体系的翻译过程，也是克服障碍、缩短差异、弥合缝隙、澄清迷失的过程。用对方的语言讲好自己的故事，是译者不懈的追求。【贾毓玲】

四　中国特色翻译政治话语翻译研究述评

（一）指向性研究

对汉语政治新词新语的指向性研究主要集中在对现有政治新词新语翻译的疏漏上。概括起来，可以归纳为以下几种类型：

1. 译语违背源语的政治内涵。政治新词是体现时代政治特色的官方术语，表达“党和政府立场，涉及国家大政方针”，但一些译语过度依赖国外媒体或政府的翻译，没有能够从历史文化、意识形态、思维方式等方面审慎地解读源语的政治内涵，难以准确传递我国政府的政治立场和政策态度，甚至导致国外媒体和政府的误读或歪曲。

2. 译语缺乏统一规范。不同领域的译者从不同的角度、运用不同的方法解读、翻译政治新词，导致不同版本的译文交错使用，译语之间的内涵意义相去甚远。

3. 译语缺乏术语意识。“中央文献政治术语是政治领域使用的特定语言符号”，政治术语同样是“形式和意义相结合的语言符号”。然而，中国的政治新词新语是西方政治知识谱系中很少用到的概念，在翻译实践中，必须创造性地进行不同谱系概念之间的转换，也就是术语的再创建。由于政治新词新语鲜明的原创性，译者的术语意识尤为重要，“在英语中再创建中国政治术语时要遵循术语学中术语定名的相关原则，要符合术语规范化和统一化要求”。在翻译实践中，一些译语不够专业，术语国际化意识不够。【杨红燕，姚克勤】

（二）目的性研究

对汉语政治新词新语翻译的目的性研究，主要集中在译语是否能够准确传递新词新语的政治内涵和源语的文化内涵，有助于塑造良好的国家形象并构建中国对外术语体系。

1. 新词新语的政治内涵。多数研究者认为，在翻译政治文献时，译者要准确掌握国家的大政方针、基本政策，仔细衡量用词的政治含义与影响，在政治上忠于原文；杨明星等提出对外翻译首先要考虑“政治等效”原则，强调政治新词翻译中政治内涵对等的重要性，一方面要反映源语的政治思想和政治语境，另一方面译入语和源语的政治信息含义要等值；廖志勤等认为汉语新词的翻译要遵循

“政治考量原则”，译者要把自己的政治觉悟意识始终贯穿于翻译行为之中。王弄笙认为，在政治翻译中，对涉及大政方针、领土、主权问题等有政治含义的词句，要从政治方面深入解读，译语必须准确无误地反映源语的准确定义。

2. 国家形象的塑造。政治新词新语翻译，受目标读者及文本类型的制约，具有严肃性和正式性，关乎国家形象。许多研究者虽然没有直接提到政治新词新语这个概念，却对其翻译的重要性提出了自己的见解。余秋平认为，外宣翻译应该“树立对中国的正确形象，宣传中国，使国际受众尊重并信任中国的国际话语权……是维护和塑造中国积极正面的国家形象必需途径”。杨明星提出，作为一种特殊领域的话语形式，外交语言的政策性强，往往关涉国家利益和对外关系，在翻译工作中应保护国家利益，实现国家的政治目标。

3. 源语的文化内涵。一些研究者从文化交流角度，审视政治新词新语的翻译目的。杨明星认为，中美两国在语言文化、思维方式等方面存在着差异，对同一概念的认知、解读和翻译并不完全一致，在翻译时要敢于摈弃西方外交逻辑和语言传统习惯，创新翻译方法。袁晓宁提出，在外宣翻译中，要充分考虑英汉两个民族的文化背景、价值观念和生活方式的差异，对译语做出调整，使目标语读者能够有效掌握译语内容和要旨。李瑞认为在翻译汉语新词时，译者要有意识地认知东西方文化背景之间共享的认知基础，在充分认知语言文化差异的基础上“求同”于西方受众的思维方式和语言习惯；冯志杰更是强调，重大政治术语的翻译要坚持源语取向原则，译语不但要准确传达源语的内涵意义，还要彰显源语中所具有的文化和风格特征。

4. 术语翻译体系。术语在本质上就是由能指和所指组成的语言统一体，也就是所谓的语言符号。中国政治新词新语是用来表达中国政治领域专业概念的约定性符号。将中文的政治术语译为英文是不同概念体系间的翻译形式或概念间的术语迁移，因此，在二次命名或再创建过程中，政治新词的翻译应该遵循术语的相关定名原则，译语应该符合专业性、单义性、理据性、确切性、系统性和国际性等原则。杨明星指出，外交概念和术语的翻译要运用专业、经济的表达和措辞，避免以俗语或者大白话翻译政治概念或者术语。【杨红燕，姚克勤】

（三）策略性研究

近年来，针对政治新词新语翻译，诸多研究者结合语言学新理论，从语境的动态性、译语与源语信息等值、创新翻译方法等方面进行了翻译策略研究。

1. 语境的动态性。程镇球指出，“政治文献的翻译有较强的时间性”。随着政治语境的变化，译文也要根据形势的变化而发生变化，否则就会导致政治性的错误。杨明星提出，翻译的等效必须是动态的，译者必须与时俱进，紧贴源语的时代内涵和译入语的最新发展和相关语境。陈风华认为，在翻译过程中要考虑语境因素，充分理解说话人所用词汇的外延含义，领会话语的真实含义，原汁原味传递发言人的真实意图，做到“功能等效”翻译。刘润泽、魏向清借鉴概念史研究方法探讨政治术语的翻译时指出，基于历史文本语境对政治概念进行深度解读，对于当代中国政治话语的建构和跨语传播具有积极的现实意义。

2. 译语与源语信息等值。“政治新词的翻译要用接受方所能理解的译入语来表达，使双方得到的政治含义信息等值，使译文能起到与原文相同的作用。”冯志杰提出，重大政治术语的翻译要“坚持信息等价性原则，即译文的信息要忠实于原文的信息，既避免原文信息发生缺失，也不能发生增溢，更不能使意思发生扭曲，译文信息与原文信息应当保持等价”。

3. 创新翻译方法。汉语政治新词新语的翻译是话语的再构建，是中国国际话语权的再创造。创新翻译对中国特色语言学、翻译学乃至外交学、国际传播学，提升中国在国际上的学术自信和话语权具有重要的意义。

……

策略性研究尤其关注译语在语境中的灵活性处理，更强调信息的对等和语言的地道，对译者的创造性有进一步的要求。【杨红燕，姚克勤】

（四）启示与建议

对近 20 年来汉语政治新词新语翻译研究现状的梳理，对今后政治新词新语的翻译研究不无启示，笔者提出以下几方面的建议：

第一，新词新语翻译要走出“对等”的禁锢。指向性、目的性和策略性研究对新词新语翻译的考量各有侧重，但是在具体翻译实践中往往三个方面难以兼顾，译者需根据具体情况有所取舍。杨明星和王平兴关于“政治等效”的争论，其根本原因在于难于兼顾三者之间的关系，无法实现“对等”。因此，译者要走出“对等”的误区，探究汉语新词新语的语言、文化、社会、政治差异，在译入语中尽可能再现源语信息，传达原文内涵。在有些情况下，甚至需要采用音译的方法。例如，中国的民主党派是许多党派的统称，译为 democratic parties 隐含意义可能是中国共产党不是一个民主的党，所以直接音译为 Minzhu Dangpai 或 Minzhu

Parties 能够传播中国特有的政治文化现象。

第二，新词新语翻译不应盲目强调中国特色。新词新语大多具有中国特色，但在英文中已有对应词汇或句法结构的情况下，不宜为特色而特色。例如，“中国梦”与“美国梦”在汉语构词结构上完全相同，在译文上人为设置 China dream 和 American dream 的区别，只能引起读者的误解，并不能区分其内涵上的差异。

第三，要加强政治新词新语的本体性研究。汉语政治新词新语的特点在于“新”，往往要求译者对其语义内涵、政治内涵和文化内涵进行准确把握，才有可能在指向性、目的性和策略性上全面考量，做出取舍。在施燕华《“不折腾”英译大家谈》一文中，专家学者们的翻译都是基于对“不折腾”的政治语境含义和语用含义的解读，由此可见在翻译中对新词新语本体研究的重要性。【杨红燕，姚克勤】

五 “中国关键词”项目建设

（一）“中国关键词”的价值意义

鲍川运：我觉得“中国关键词”这个项目非常有意义，有价值……具体来说，我觉得这个项目的重要性体现在三个方面：

第一，“中国关键词”项目是外宣的一个具体实践。通过关键词看中国，让世人了解中国。这些关键词，每一个都有很深的内涵，是中国的政治、社会和经济理念、思想、实践的浓缩，通过关键词词条以及词条的说明，对中国政治、社会、经济发展和进步可以管窥一斑。

第二，“中国关键词”是政治话语体系构建的一个具体尝试。一个完整的话语体系，它的内涵应该是全面而丰富的。既有正式的对外宣讲，也有轻松活泼的故事，各种不同的方式构成一个完整的话语体系。关键词短小精简，一个词可以说出一大堆事情来，容易学，容易记，非常适合现代信息社会的节奏和学习习惯。再配上互联网和移动社交媒体的传播模式，比较适合现在碎片化的学习方式。

第三，这个项目有助于实现中国特色政治话语翻译的统一和标准化。关键词之所以称为关键词，是因为这些词表达的基本上是中国政治社会中重要的概念、思想。这些词在中文本身就有它们的权威性，翻译自然也应该是权威性的翻译。

再加上又是中译外，其中的困难可想而知。与其让各个机构自行翻译，不如组织力量，提出准确适当的翻译，作为可参考的标准。过去比较成功的例子是新华社译名室编写的《英语姓名译名手册》和中国地名委员会编写的《外国地名译名手册》。【杨平】

作为全球第二大经济体和最大的发展中国家，中国需要更好地与世界对话。翻译具备增信释疑的重要功能，是我们与各国人民分享“中国故事”的主要渠道。笔者认为，“中国关键词”是全球化时代我国政府文化外交的重大举措，其重要价值体现在以下方面：首先，它是构建中国特色政治话语体系的创新举措，也是中国政治话语对外传播的重要探索，有助于国际社会全面地了解中国历史，理解当代中国的发展道路和核心理念。其次，“关键词”是中国故事的提炼，是中华思想文化的精髓，它的传播面广、传播渠道多元化，是中国文化“走出去”的重要载体与窗口。再次，“关键词”的选编与翻译充分考虑了受众的认知习惯和文化接受度，并在很大程度上借鉴了外籍翻译专家的建议，有助于缩小理解鸿沟与感情距离，纠正误读与曲解。【刁洪】

（二）“中国关键词”的传播理念

杨平：最近我们常听到这样的口号：在对外传播的过程中，要充分理解和认识中外思维语言文化差异，要有读者受众意识，要打造易于国际社会理解和接受的新概念、新范畴、新表述。这种口号比较抽象宏观，可以作为我们加强话语体系建设的工作目标。但是，中外思维语言文化的根本差异是什么？这种差异在中外文本和话语构成方面是如何体现的？易于国际社会理解和接受的新概念、新范畴、新表述应该是怎样的一种话语形态？加强对外传播中的读者受众意识要求我们主要应在哪些方面着力？

鲍川运：这些口号从理论的角度说都是很对的，但问题是，理论比较领先，实践没有跟上。理论与实践相结合，这是一个相当老的话题了，遗憾的是，理论脱离实践的情况仍然处处可见。很多情况下，搞理论的和搞实践的不是同样的人，各有各的圈子。提出理论之后如果没有具体的办法，理论的效果大打折扣。做具体工作的人可能对理论有个感性的认识，但在具体的操作上，不知道该怎么做，根深蒂固的观念转不过来，依旧会按照自己的主观臆想行事，做出花了大力气大本钱但外宣传播效果甚微的事情。

我理解，要建立易于国际社会理解和接受的新概念、新范畴、新表述，实际上这个“新”是对我们自己而言，是要改变过去僵化的宣传理念，放弃陈旧的宣传方式，真正地从讲道理转为讲故事。这个“新”，对国际社会来讲并不是新的。我们的新概念、新范畴、新表述，实际上是与国际更为接轨的新做法。讲好中国故事这个理念提得很好，就是要让世人知道中国改革开放的成就，中国五千年的古老文明，是要树立中国积极的形象。但是要达到这个目的，除了轰轰烈烈、排山倒海似的宣传，更多的是要讲好中国故事，心平气和，娓娓道来，细雨润物于无声。讲好中国故事，首先不能急于求成，急功近利，要有长远打算。第二是放下身段，端正心态，以平常心对待困难、对待发展、对待成就，胜不骄、败不馁。如果有这个心态，就可以去讲中国故事了。“四个自信”不是口号，而应该是落实在各项工作中的一种心态。有了自信，就可以克服急于求成的浮躁之心，有了自信，我们的眼光就不会只盯着那些轰轰烈烈的大事件、大人物，就也能关注到普通百姓的生活，让世人看到中国不只是一个火热的中国，更是一个与世界同呼吸共命运的活生生的中国，她有自己的困难、自己的快乐、自己的成功，中国人民有与世界人民同样的想法、同样的追求，与世界坚持同样的道德标准，遵守同样的国际秩序。中国故事不只是告诉别人我多好、多优秀，中国故事不只是跟别人讲道理，而是通过简简单单的故事，通过相同的经历，让别人产生共鸣、理解、支持，让人家真正感到我们同属一个命运共同体。

因此，现在需要的不仅是建立新的概念，更是要改变过去僵化的理念。讲好中国故事，重点不是如何讲，而是要讲什么内容，讲什么故事，讲谁的故事。在自信的基础上端正对外传播的理念，纲举则目张，其他的问题，如对外传播的新范畴，新表述，自然就不成问题了。

……

杨平：在组织实施“关键词”项目之初，我们一直以为多语种翻译工作是难题和瓶颈，但后来在操作过程中发现，中文词条的编写实则是项目能否顺利推进和保证项目内容高质量的前提和基础。政治话语无疑代表了党和国家执政思想理念和方针政策。由于中外思维语言、文化和意识形态的差异，如果完全按照官方正式发布的报告内容的字面意思翻译出去，有很多内容国外受众可能难以理解甚至误解；但如果按照国外受众的思维文化及语言阅读习惯对中文进行重新改写和编辑加工，那么对这些代表党和国家声音的大政方针进行改写和编辑加工的自由度能有多大，项目组对此一直在讨论，但至今没有形成共识、找到答案。这些问题表象上看是话语形成、翻译转换和传播的方法问题，但从深层次看，我认为这涉及话语体系构建和对外传播的理念问题。您是如何看待这一现象和问题的？在您看来，政治话语体系的构建和对外传播应该具有怎样的理念和视野？

鲍川运：我同意你的看法，关键词的翻译固然很重要，但是中文词条的编写却是项目成功的关键。首先，我觉得这里有一个转变观念的问题。我们先不说外宣，就从传播学的角度来说，有两个基本原则非常重要："适应对象"和"同一信息以多种方式传达"。思想、理念、大政方针是要往下传达和宣传的。有的时候确实需要"原封不动"地传达，以避免传达过程中的误解和歪曲，但大多数情况下，传达的目的是要让老百姓都知道，都明白。因此，需要考虑针对不同的对象，使用不同的语言表达同样的信息。原封不动地传达，表面上看是对原文的尊重和忠实，但实际上是一种不求甚解、不负责任的做法，是在以一种完成任务的心态进行传播，而不考虑受众的接受程度和传播效果。国家的大政方针是不能改写或编辑的，但是一个意思可以用不同的语言表达。大政方针，通过官方的正式报告发表出来，往往是一种高度浓缩的形式，出现很多"关键词"。对这些关键词深入地理解分析，可以发现里面实际上蕴含很多意思，而且很接地气。因此在翻译过程中如果照葫芦画瓢，受众不仅不感兴趣，而且还可能产生厌倦的情绪。注重受众接受效果，并不是一个新的概念，理论上也有很多研究，但是实践好像与理论严重脱节。这种现象在其他方面也有表现。

政治话语的对外传播应该遵循传播学的一些重要的科学理念和原则。在传播的过程中注意适应对象，用不同的方式或语言表达同样的信息，这样就不存在担心对原文进行改写或编辑的顾虑。简单地说，根据传播的对象和目的，该正式的地方正式，该通俗的地方通俗，应该有一个上下可以调整的范围，这样才是对外传播一种务实的做法。现在外宣的一个重要转变，就是从讲道理，到讲故事，讲好中国故事。如果还是按照原来的理念去讲故事，这个故事仍旧会讲不好。我觉得"中国关键词"可以从自身做起，探索一个切实有效的特色政治话语传播方式。【杨平】

（三）"中国关键词"的传播内容

杨平："中国关键词"项目定位很清楚，就是对外翻译与传播中国特色政治话语，但是到底哪些话语适合对外传播，哪些不适合对外传播，项目组一直没有形成统一意见。像励志类的词条，如"打铁还需自身硬""长征精神"，还有如"党的群众路线教育实践活动""四有干部"，等等，这些词条是否适宜对外宣传？我个人认为，对外宣传似应与时俱进，特别是政治文献的对外传播是有特殊性的，政治话语对外传播应将传播内容的完整性放在首位，即应客观完整反映党和国家治国治党方略的政治现实。这种认识是否不够全面？究竟如何处理好对外传播内容的完整性与对外宣传的适用性和有效性这对关系？

鲍川运：我也同意你的看法，应该与时俱进，也应该客观反映。有两个方面的原因。第一，现在提出了四个自信：道路自信、理论自信、制度自信、文化自信。既然有这样的自信，还有什么不可以说的呢？国家的制度和性质都不是秘密，中国采取不同的社会制度，国家领导人对外也说得很清楚，没有什么好遮遮掩掩的。第二，现在社会是信息社会。在中国国内发表的任何公开演讲、文件，基本上是对世界公开的。人民网、央视网、中国网，在中国能上，在国外也能上，信息基本没有内外之别。当然，在信息客观平等存在的情况下，信息的使用能反映一定的倾向性。我个人认为，只要是正式公开发表的内容和信息，原则上应该没有什么适合或者不适合外宣的问题。但是在具体操作上，可以根据外宣的目的，对信息进行选择性使用。一个时期有一个时期的重点，一点一点、一步一步做，最终形成对外传播内容的完整性。【杨平】

（四）“中国关键词”的翻译策略

杨平：由于中外语言文化的巨大差异，在对外话语体系构建过程中肯定不能忽视翻译与话语转换这个环节。政治文献的翻译责任重大，翻译界一直秉持的观点是政治文献的翻译要讲政治。在组织翻译“中国关键词”的过程中一个最突出的问题是，有些中文概念和表述很难用恰当的外文表达出来，但各语种翻译专家首先牢记的是要讲政治，没有勇气做更多调整和改变，很多情况下是硬着头皮照字面翻译，甚至连词序、语序和句子结构也不敢乱动，以防造成失误。如何既讲政治、忠实于原文意义、准确表达所译政治文献的思想内涵，又能保证提供符合译入语语言规范和习惯的地道的译文质量，使国外受众更易于理解把握译文所要表达的信息，我认为，这不仅是翻译技巧和手法的问题，也涉及对政治文献的翻译我们到底应该坚持什么样的翻译观和翻译理念的问题。

鲍川运：政治文献的翻译要讲政治，这的确是一个非常突出的现象。讲政治的意思，我的理解是要忠实于原文意义、准确表达政治文献的思想内涵，但是在语言无法变通的情况下，宁可语言上别扭，也不能损害意思。有的情况下，形式与内容如果不能达成统一，则要保留形式……政治文献的翻译，第一条当然是要

保证准确。但是“准确”并不一定要字对字地翻译。

……

跨文化交流应该是双向的，因此其产生的影响也应该是双向的。在对外翻译中，如果完全采用同化或意译的策略，只考虑受众的文化和语言习惯，则失去了相互影响的能力。因此，灵活掌握直译 / 意译、异化 / 归化的策略在对外翻译中是非常重要的原则。【杨平】

翻译实践特别是国家层面的翻译实践在文化外交中的重要性日益凸显。2013 年 12 月中国外文局及中国翻译研究院联合创建的“中国关键词多语对外传播平台”是世界上第一个政府主导的对外译介网络平台，对“中国梦”“全面深化改革”“政治建设”“中国特色社会主义”和“国际形势和外交战略”等专题的核心词汇进行了精确阐释和权威解读……

从字词翻译角度来看，在保证简洁准确的基础上，尽量符合各国语言习惯，尽量考虑读者需求……进一步分析各项词条，笔者发现在词条的选编方面，“中国关键词”编译组没有死板地照抄领导讲话和中央文件，而是以它们为基础和参考，对核心概念进行思想提炼和语言重组，并以客观的立场，用亲切生动、言简意赅的语言进行阐述。此外，重视共性，以共性为基点阐释个性也是一大特色，这无疑有利于拉近“关键词”与读者的距离。据统计，截止到 2016 年 9 月，共有 180 多个“关键词”词条，通过纸质媒体、网络平台、手机社交平台等进行全球传播。【刁洪】

（五）“中国关键词”的英译实践

1. 忠于原文核心思想。

按照项目定位，《中国关键词》收录的是当代中国发展理念、发展道路、内外政策、思想文化的核心话语，体现了党和国家的大政方针政策。因此，在翻译过程中必须首先要准确传达词条的基本概念与核心思想内涵，确保信息完整准确。

（1）确保基本概念准确。《中国关键词》内容主要包括词条术语和对该词条术语产生的背景及词条核心思想要义的解释，词条术语是关键词的基本构成。

（2）确保信息完整准确。政治文献的翻译无疑要讲政治，在翻译过程中译者一定要在吃透原文确切含义的基础上选用最恰当的英文词语，或进行适当调整和变通。

（3）确切表达成语典故在文献中的实际含义。翻译成语典故主要应考虑三点：一是尽量保留原有典故的形象及寓意，二是尽量确切体现典故在文章中的实际含义，三是尽量使典故的形象及寓意天衣无缝地融入文章论述之中。其中第二点最重要，是压倒一切的，离开这一点，别的就无从谈起。

2. 符合译入语的语言规范和习惯。

准确表达原文思想内涵是政治文献翻译的第一要义，但是，在此基础上，还应尽量做到语言表达流畅，符合译入语的语言规范和习惯，以使国外受众更易于阅读、理解和把握文献的思想内涵。

（1）按照英语习惯处理中文特有意合结构。一般认为中文是意合型语言，经常用并列结构，各个成分之间的关系不必在形式上标明，同时形式上并列的成分在意义上经常不一定并列；而相比之下，英语是形合为主的语言，语言各成分之间的关系一般都在形式上标明，意义上不能并列的成分一般不予作为并列关系排列。因此，中文里十分常用的并列结构经常不能照搬到英语里。

（2）按照英语习惯调整词语组合及行文安排。翻译的本质就是用另一种符号系统为已经用一种符号系统编制的信息重新编码……因此，无论在词语或词组层面，还是在分句或句子层面，甚至在语篇层面，都不必紧紧盯住原文的单词、搭配方式、组合方式，而应真正理解消化原文的实质信息。

（3）注意译文的逻辑及连贯性。中英文保持逻辑与连贯性的方式不尽相同，在中文里合乎逻辑的排列方式照搬到英语里不一定都有逻辑性，所以翻译时还得根据英语习惯视需要加以调整。

（4）注意部分与整体的关系及语言成分的相互关系。中英文在部分与整体及语言成分的相互关系的表述上有差异，翻译时需要做到两点：一是透彻把握原文里各个成分之间的关系；二是按照英语习惯加以表达。

（5）注意避免不必要的重复。言简意赅在所有语言里都是优点，都是作者或译者应该追求的目标。英语对避免重复的要求比中文更甚。中文里为了概念表达明确，经常不怕重复，重复不会显得累赘，有时还是专门使用的一种修辞手段（称为反复），形成排比句式，有助于突出中心意思，强调感情，加强气势。而在英语里则最忌讳重复。

（6）中文特有数字化表达方式的处理。数字化表达方式在政治文献中十分常用，但这种表达方式为中文特有，在英语里从古至今通常都没有类似的说法。【蔡力坚，杨平】

来源文献

［1］蔡力坚，杨　平．《中国关键词》英译实践探微［J］．中国翻译，2017（2）：93—104.

［2］刁　洪．全球化时代国家翻译与文化外交——以《中国关键词》为例［J］．对外传播，2017（3）：49—51.

［3］黄　蔷．中国政治术语的语言特征及英译策略研究［J］．重庆理工大学学报（社会科学版），2017（3）：119—124.

［4］贾毓玲．论对外政治话语体系的创建与翻译——再谈《求是》英译［J］．中国翻译，2017（3）：96—101.

［5］杨红燕，姚克勤．近二十年汉语政治新词新语翻译研究述评［J］．人文杂志，2017（12）：61—67.

［6］杨　平．从"中国关键词"看中国特色政治话语的对外传播——专访美国明德大学蒙特雷国际研究学院鲍川运教授［J］．对外传播，2017（4）：22—25.

［7］翟石磊．话语认同与话语协调：论政治话语翻译中的国家意识［J］．学术探索，2017（5）：28—34.

相关文献

［1］陈小慰．外宣翻译中"认同"的建立［J］．中国翻译，2007（1）：60—65.

［2］陈亦琳，李艳玲．构建融通中外的新概念、新范畴、新表述——中国政治话语传播研讨会综述［J］．红旗文稿，2014（1）：27—29.

［3］程镇球．政治文章的翻译要讲政治［J］．中国翻译，2003（3）：18—22.

［4］丁　洁．浅析利用维基百科开展中国政治话语对外传播的可行性——以"中国关键词"词条在维基百科收录情况的分析为例［J］．对外传播，2016（6）：33—35.

［5］窦卫霖．政治话语对外翻译传播策略研究——以"中国关键词"英译为例［J］．中国翻译，2016（3）：106—112.

［6］范大祺．提高中央文献译者对现实情况的认知度［J］．对外传播，2016（10）：34—35.

［7］冯雪红．论中国政治术语英译再创建的三个维度［J］．上海翻译，2014（1）：58—61.

［8］冯志杰．“科学发展观”英译商榷——兼论重大政治理论术语翻译的原则和标准［J］．上海翻译，2010（2）：70—72.

［9］黄友义．坚持“外宣三贴近”原则，处理好外宣翻译中的难点问题［J］．中国翻译，2004（6）：29—30.

［10］黄友义，黄长奇，丁　洁．重视党政文献对外翻译，加强对外话语体系建设［J］．中国翻译，2014（3）：5—7.

［11］佳　丁．谈外事翻译人员的修养［J］．中国翻译，1983（6）：46—48.

［12］贾毓玲．对中央文献翻译的几点思考［J］．中国翻译，2011（1）：78—81.

［13］贾毓玲．对融通中外话语体系建设的几点思考——《求是》英译体会［J］．中国翻译，2015（5）：93—95.

［14］李　倩．“中国关键词”：创新对外话语实践的有益尝试［J］．对外传播，2015（1）：27—29.

［15］刘国聪，高　军．基于语料库的“中国关键词”英译策略探析［J］．江苏外语教学研究，2015（3）：82—85.

［16］刘润泽，魏向清．“中国梦”英译研究再思考——兼论政治术语翻译的概念史研究方法［J］．中国外语，2015（6）：99—106.

［17］潘苏悦．生态翻译学视角下的时政新词英译研究［J］．湖北社会科学，2014（12）：146—149.

［18］王弄笙．外事汉英翻译中的几点体会［J］．中国翻译，1991（3）：6—12.

［19］杨明星．中国外交新词对外翻译的原则与策略［J］．中国翻译，2014（3）：103—107.

［20］张　健．全球化语境下的外宣翻译“变通”策略刍议［J］．外国语言文学，2013（1）：19—27.

［21］张　元，王银泉．中国特色新词英译现状及其翻译策略［J］．南京农业大学学报（社会科学版），2007（1）：105—110.

［22］章思英．中华思想文化术语的英译原则及应用［J］．语言战略研究，2016（3）：65—69.

［23］中国外文出版发行事业局，中国翻译研究院．中国关键词（第一辑）［M］．北京：新世界出版社，2016.

第二部分

热点篇

华语的内涵与全球华语的发展趋势

华语研究是关乎我国国家发展总体战略的重大课题，“随着全球一体化进程的加速及中国国际地位的提高，‘华语’的要义和功能，已从其所关涉的语言传承和民族认同，逐渐扩展，成为制定语言政策、开展经济交往甚至影响国际政局的重要因素。它既是全球范围内的语言问题，也涉及语言资源和语言权利”。①

“华语”一词在汉语里出现得很早（郭熙 2004），华语研究则源于国外（一般认为是新加坡）。这种本土视角②下的华语研究，早期主要在东南亚，目前正向全球华人社区拓展。国内的华语研究，或者说是中国视角③下的华语研究，萌芽于20世纪80年代，30多年来取得了丰硕成果，内容涉及华语学科、华语本体、华语规划、华语词典、华文教学、华语接触、华语生活等方面（祝晓宏，周同燕 2017）。

当前，本土视角和中国视角正在向全球视角④演进。李宇明（2014）指出，“面对汉语的现代层级构造及其发展趋势，语言规划也应做相应调整：由主要关注中国普通话调整到全方位地关注汉语问题，由主要关注中国内地的语言问题调整到关注全世界华人的语言问题，当然还应扩展到世界的语言问题。”因此，国内华语研究的视野在经历了从“境外华语”向“海外华语”的转移后，目前正进一步向“全球华语”转移，研究范围超越东南亚而延展至全球的华人社会（祝晓宏，周同燕 2017）。

在此背景下，一个凸显全球视角、被有关学者解读为与“大中华”情结相关联的概念——“大华语”出现了。“从‘华语’专名逐步发展出‘大华语’概念，是中国语言界的创举。目前，对这一概念的关注已经从语言界延伸到哲学界，而对于这一问题的思考总是肯定和否定并行，当下和未来交叉。认识的差异和角度的不同有

---

① 引自《语言战略研究》杂志2017年第1期《“华人语言生活”多人谈》的“散心按语”。

② 指海外学者立足当地实际开展的华语研究。

③ 指国内学者开展的华语研究。

④ 指在全球视野下开展的华语研究，王晓梅（2017）认为是指“从宏观的层次、全球的视野看待现代汉语标准语的各类变体”。

关，争论的激烈与态度的分化有关。但这种情况实质证明了这一概念的重要性。”①

关于“华语”和“大华语”的概念之思，以及关于全球华语的趋势之辨，是华语研究的基础理论问题和战略性宏观思辨，对推动华语研究未来发展具有重要意义。

——关于“华语”。除了“华语即指汉语”的词典式解释，或曾在一段时间内专指东南亚华语，相关研究兴起以来，学界也在不断给出其学术定义。周有光（1995）起初认为华语是汉语共同语的别称，“汉语的共同语，大陆叫它‘普通话’，中国台湾叫它‘国语’，新加坡和外国华人叫它‘华语’”，这显然停留在“海外华语”阶段。后来周有光（2001）提出“华语指全世界华人的共同语，不包括方言”，这就已经进入了“全球华语”阶段。郭熙（2004，2006，2008）曾先后三次给出定义，在学界具有广泛影响。郭熙（2004）最初将其定义为“华语是以现代汉语普通话为标准的华人共同语”，两年后（2006）定义为“华语是以普通话为核心的华人共同语”，最后（2008）定义为“华语是以普通话为基础的全世界华人的共同语”。三次定义中，华语是一种共同语的内核未变，而共同语标准的包容性不断增强，共同语的主体则由海外华人扩展至包括中国同胞在内的全世界华人。“华语”学术定义的变迁，是华语研究不断深入的生动表征，随着相关研究的深入，人们的语言观也在逐步推进：华语不仅集中于中国，也分布在世界各地；华语作为一个概念，不仅指向汉语，也指向更具包容性的全球华人共同语；华语作为交际工具和传习目标，需要研究其符号系统和教学规律；华语作为身份标记和经济文化资源，更要研究其认同价值乃至战略资源价值（祝晓宏，周同燕 2017）。

——关于“大华语”。影响广泛的定义来自陆俭明（2005）和李宇明（2014）。陆俭明（2005）认为，为了使汉语走向世界，有必要提出并建立“大华语”概念，并把它定义为：“以普通话为基础而在语音、词汇、语法上可以有一定的弹性、有一定宽容度的汉民族共同语。”李宇明（2014）认为“大华语是以普通话 /‘国语’为基础的全世界华人的共同语”，并指出，提出“大华语”是为了将“全世界华人共同语”这一意义上的“华语”同东南亚华族所谓的“华语”有明显区分，而响应陆俭明（2005）的提议。李宇明（2014）的定义后来写进了 2016 年出版的《全球华语大词典》的序言。

——关于全球华语的发展趋势。从“华语”到“大华语”，名称变化下有概念内涵的变迁，背后是语言观和语言规划观的发展，包含着对名称所指的语言的

① 引自《语言战略研究》杂志 2017 年第 4 期《“大华语”多人谈》卢德平的“主持人语”。

未来发展趋势的预估与研判，当然这种判断显然受到了对全球华语“在包容中求同”的价值诉求的影响。李宇明（2014）指出，“从理论上讲，大华语可能有两种发展趋势：趋势A，各社区的华语变体逐渐接近，走向统一……趋势B，进一步分化为不同的华语，像现在的全球英语逐渐变为‘复数’（Englishes）一样，将来可能出现Chineses……大华语的未来发展虽然存在着A、B两种趋势，但从目前情况看，趋势A表现出一定优势：当前不同华语社区的语言交流较之过去空前频繁，书报互通，人员互面，电视互看，语言软件互用”。周清海（2016）认为，“大华语”的逐渐融合，几乎是不可避免的。

“华语”与“大华语”的概念辨析以及关于全球华语的发展趋势，是2017年国内语言政策研究不容忽视的重要热点。《语言战略研究》杂志刊出“全球华语研究”专题，并两次组织相关话题的“多人谈”；李宇明（2017）、赵世举（2017）等重要学者就相关问题继续发表重要文章。

2017年，很多学者认同在“华语”的基础上进一步提出“大华语”概念的必要性，认为“大华语”概念具有重要意义和价值。同时，对“大华语”概念的具体内涵存在不同意见。李宇明（2017）、赵世举（2017）、王晓梅（2017）基本将“大华语”等同于“全球华语”；施春宏（2017）、周明朗（2017）则就二者做了区分。施春宏（2017）还进一步指出，“大华语”的“大”包含着“大同”的价值诉求；周明朗（2017）则认为已有关于“大华语”的定义不够全面，只是“全球华语”的一个下位的狭义概念。此外，赵世举（2017）不认同“华语”只指称标准语而将方言排除在外，并指出了将方言排除在外的负面影响，这一意见值得学界深入思考和关注。再有，王晓梅（2017）认为陆俭明（2005）和李宇明（2014）关于“大华语”的定义存在着本质性差异。

而关于全球的华语未来会否大同，2017年的研究也存在分歧。周明朗（2017）认为尽管全球华语作为操华语群体的共同语或通用语仍然继续产生变异，但“大同”是大趋势。应该说他的观点代表了大多数学者的立场。而卢德平（2017a）在肯定“大华语”概念的价值意义的同时，从不论是“汉语整合华语”，还是“华语整合汉语”的两个角度，揭示了不同语言或语言变体之间的融合，甚或只是用于指称的名称的统一，是如何受制于语言外部的政治文化环境的，“实际上任何语言整合的努力可能仅仅停留于部分成分的借用，但无法从改变社会和政治认同的底层来对另一种同一祖语的不同政治和社会意义上的语言变体进行彻底的整合”。当然，正如卢德平自己所说的“认识的差异和角度的不同有关”，分歧的根源恐怕在于对“大同”理解的角度不同。卢德平（2017b）最后似乎想指出，“大华语”是面对汉语与华语的整合困境而产生的。然而，“大华语”这个概念从源头上就是在“包容”与“大同”之间的张力中建构起来的，无论共同语的标准如何扩充、如何“弹性”，这种与生俱来的内在张力留给本话题以无限的哲学思考空间。

以下，从“华语”概念辨析、“大华语”概念辨析、“大华语”概念的价值意义、全球华语的发展趋势四个方面，对2017年值得关注的研究内容进行摘编介绍。

一 “华语”概念辨析

（一）华语已有定义存在的问题

以上各种看法，[①] 都是基于一定视角和考虑提出的。从局部看，都有其理据和价值，但若综观华语的实际情况，着眼华语发展来看，大多或多或少地存在着不同方面的缺憾。尤其是过大的分歧，不仅带来理论上的一些困惑，也给实际应用（比如称说）带来一定的困难。主要表现是：

第一，大都只着眼于标准语，而缺乏对方言的关照。这不利于建立起对一种语言的整体认识，而且容易造成术语使用上的困难和误解。例如，把华语定义为海外华人的共同语，那么新加坡的闽南话、粤方言在性质上类属上怎么定位和称谓？如果确认为“闽南语”“粤语”，就会让人误以为它们是独立的语言，而且是与华语不同的语言；如果称“汉语方言”，同样会让人误解为与华语不同的语言，而且新加坡人也未必能够接受把他们使用的语言称作汉语的方言；如果称作“华语方言”，其合理性似乎还需要从历史渊源和学理上进行论证。再则，如此定义，那么在海外，华语+方言的上位概念又叫什么呢？也是问题。可见，这种定义忽视了一种语言不同变体之间的联系，会在一定程度上影响对华语的整体认同。不仅如此，这种定义也会带来身份认同的困惑，因为如果海外汉语方言被排除在华语之外，那么就意味着所讲的方言不是华语，那是什么语言呢？恐怕一般也不宜叫汉语。那些海外讲汉语方言的人也是华人，他们所使用的语言为什么就不能叫华语呢？这就可能造成华人讲华语的身份认同出现麻烦。有一个重要的事实是，很多海外华人华裔的第一语言恰恰是汉语方言，而不是狭义的华语，这是不容忽视的。

① 该文梳理了关于华语的七种不同定义。

第二，大都只关注现状，而缺乏对历史渊源和历时层次的考量。例如，把华语定义为海外华人的共同语，甚至定义为某一华人社区的共同语，淡化了海外华语与国内汉语的渊源关系。而且由于汉语流播海外是有时代差异的，因而客观上造成即使是在同一华语社区，汉语（华语）的历史流播和现实格局也具有差异性。比如，在马来西亚，有些华语社区，汉语方言使用更广，他们未必认同狭义的华语是他们社区的共同语。

第三，有的定义只看到一般情况，而没有注意到特殊现象。例如，有些华裔第一语言并非汉语，甚至就不懂汉语，这不是个别现象。就他们而言，如果说“华语是海外华人的共同语”，显然是不合事实的。但你又不能否认他们也是华人的事实。这显然也是一个不得不正视的问题。

第四，有的定义过于关注各社区华语的个性，重视共性不够。其实，任何一种语言在不同的环境中出现一定的变异，无论是地域变异、社会变异还是功能变异，都是正常现象。即使在国内，汉语方言变异多样，也没有影响汉语是一种语言的事实。包括通行世界的英语，虽然有英国英语、美国英语、澳大利亚英语的差异，也没有人否认它们都是一种语言，也未见有人更旗易帜。因此，不宜因为汉语在不同社区的变异而过于强调其差异，过度进行人为的区分。应主要着眼于其共性和联系性，从其整体性出发来定义其内部的不同变体。更何况，全球华语趋同已渐成大势，我们更应正视。

第五，有的定义只着眼于域外或域内，而未能通观域内外。这就容易造成顾此失彼，疏离域内外华语的整体性，片面地认识和处理局部的问题。

第六，至于把中国各民族的语言文字都纳入华语范围和把以汉语作为第二语言的群体所使用的汉语也纳入华语范围的看法，可能都值得商榷。因为前者显然超出了一般对语种划分的标准，过于泛化；后者涉及的只是谁使用的问题，并不影响对被使用的语言本身的定义问题。

第七，华语即汉语的说法，无论就其客观性，还是涵盖力等而言，都是能够成立的。然而，由于“汉语”之名具有鲜明的民族标记性并与特定的国家相联系，所以可能在国外人士中不具有广泛的可接受性。【赵世举】

（二）整体华语观下的华语概念

从古至今的事实充分表明，“华语”以族名命名的方式，彰显了其族群标记的性质；而其经常与“胡言”“夷语”对用的事实，又体现了它区别外族语言的功能。这恰与当今全球华语所具有的华人身份标记和主要使用于国外语境的功能高度契合。这更进一步证明，古今华语，无论其名，还是其实，都是一脉相承的。事实告诉我们，经过长期的历时演变和共时空间传播，汉语便逐渐形成了本土方言和标准语、域外方言和区域标准语共存的生态格局。流播全球的汉语，形式上散布各处，称谓不一，古今有异，地区有别，但实则血脉相连，是一个有机整体。客观上成为全球华人的纽带、文化认同和族群标记。这就是完整意义上的华语。

……

把华语界定为全球华人共有的语言，包括其标准语和方言，是笔者的基本看法。这是一种整体华语观。这种界定既可以全面反映全球华语的现实格局和历史事实，也与“华语”这一名称自古以来的基本含义相契合。

为了把华语的科学定义和现有的主要看法两项兼顾，笔者倾向于确立华语的广狭两义。狭义的华语指“全球华人的标准语”，广义的华语指“全球华人共有的语言”。

……

目前首要的是要确立“整体华语观”。所谓整体华语观，就是要强化全球华语是一个有机整体的观念，全面地看待华语。其要义大致有如下几点：

第一，充分重视不同社区华语的渊源，多从历史联系中去分析和解决华语的理解和使用中的各种问题；

第二，充分重视全球华语的现实整体性和联系性，多从全球华语整体视角去考察不同社区华语的异同，客观对待和正确处理差异性；

第三，充分把握华语发展的互动性和趋同性，顺应全球华语的融合发展。

整体华语观的确立，不仅有利于促进全球华语的健康发展，维护其生生不息的生命力，而且也有助于增强全球华人的族群认同、文化认同和凝聚力，助推中国的国际化发展和人类命运共同体建设。【赵世举】

二 “大华语”概念辨析

（一）“大华语”与“全球华语”

“全球华语”（Global Huayu）是比照“全球英语”（Global English）提出的，是鉴于各地华语变体逐渐定型、特色逐步涌现，尤其是与普通话的差异已逐渐理清。“中国视角”和“本土视角”被“全球视角”取代，从宏观的层次、全球的视

野看待现代汉语标准语的各类变体，“显示了对各社区华语变体的同等关注”。李宇明指出：“所谓‘大华语’，就是以普通话/‘国语’为基础的全世界华人的共同语。”这个定义与陆俭明的“大华语”概念有所不同，陆俭明的“大华语”是“以普通话为基础而在语音、词汇、语法上可以有一定的弹性、有一定宽容度的汉民族共同语。”显然，陆俭明的“大华语”秉持的是“华语”的概念，而李的“大华语”则是“全球华语”的理念。【王晓梅】

早年，华语仅指海外华人所操的非方言汉语。近年来，学者提出了“大华语”这个概念，但是大华语也仅是含普通话、“国语”等的汉民族共同语，或以普通话、“国语”为基础的全球华人的共同语。这几个定义都排除了中国境内非汉族群体所说的汉语，也排除了中国境外非华裔群体所说的汉语。我认为全球华语（Global Chinese）应该包括这两个群体所使用的汉语（非方言）。按照这个定义，狭义的全球华语就是大华语，而广义的全球华语应该是世界各国所有说汉语群体的通用语（lingua franca）。

……

根据本文对全球华语的定义，全球华语包括中国境内以普通话为标准的汉语及其变体，也包括中国境外以普通话为标准的汉语及其变体。这个定义排除了族裔成分。全球华语是以汉语为第一语言的群体的共同语，也是以汉语为第二语言的群体的语际通用语，不然就只是华语，而不是全球华语。【周明朗】

由于汉语还存在着与作为普通话/“国语”基础的北方方言相差较大的其他方言（当然这并不排斥这些方言跟普通话/“国语”有很广泛的共通之处），那么以其他方言为基础而形成的海外方言变体是否归入“大华语”中？显然，从语言谱系和地理意义上说，它们也是“全球华语”的一部分，它们和以普通话/“国语”为基础的华语共同构成了“全球华语”。基于这样的考量，我们觉得不妨将“大华语”和“全球华语”区别对待。浑言可同，但析言有别。就此而言，不妨给“（全球）华语”做出这样的定位：指为全世界华人使用的、以汉字作为书写载体的语言；特指以普通话/“国语”为基础的全世界华人的共同语，即“大华语”。否则，必然有一部分“华语”（包括汉语方言）不能进入我们的视野中，这显然是不利于全球华语战略的。就华语研究的战略来说，也是如此。若此可行，那么“华语”就可以作为两指的概念来使用，视使用的具体情境和研究的具体目标而做差异性理解。显然，关于这个问题，兹事体大，尚需深入讨论。【施春宏】

（二）“大华语”中“大”之所指

李宇明在《全球华语大词典》的序言《华人智慧　华人情怀》中，把“大华语”定义为“以普通话/‘国语’为基础的全世界华人的共同语”。这是在多年探讨、多人研究的基础上得到的一个共识性表达。“大华语”“华语”“全球华语”等，几乎是同义术语。“大华语”之“大”，是范围意义上的“大”，也就是“全球”的意思。【李宇明】

“全球华语”“国际华语”“世界华语”主要展现的是华语的范围性，而“大华语”贯穿着华语基础“大同”、发展方向“求同”的理念。从语言战略的角度来看，“大华语”的“大”在这里是个“区别”词，而不是“形容”词，它区别于以前一般意义上已广泛使用的“华语”概念，在此基础上有新的拓展，引导新的认识。【施春宏】

（三）“大华语”的变体与层次

大华语拥有多个华语变体，最重要的是大陆的普通话、台湾的“国语”、港澳华语、新马印尼文莱华语等，北美华语正在形成，欧洲华语略有雏形。大华语目前使用着两种文字变体——简化字和繁体字。大华语的特点与汉民族共同语的推行历史相关，是“老‘国语’圈”和“普通话圈”相互作用的结果，同时各华语变体既与普通话/“国语”的推广相关，也与它们身处的语言环境相关。【李宇明】

从语言学的角度看，“大华语”应该包括三个层次：一是“作为母语的华语”，二是“作为民族语言的华语”，三是“作为世界语言的华语”。“作为母语的华语”要求我们必须不断提高母语水平，建设高质量的华语，以提升自己母语的语言生活质量；“作为民族语言的华语”要求我们必须在世界华人即全球华夏儿女中传承民族语言文化，不断提高华语的生活水平并以此来影响世界；“作为世界语言的华语”则要求我们必须承担起世界责任，努力在世界范围内帮助有需要的各国人士学习、使用华语，逐步建立起华语作为世界语言的世界华语生活体系（包括华语教育传播应用体系等）以满足各国人士学习、使用华语的现实需求。【贾益民】

三 “大华语”概念的价值意义

（一）“大华语”概念的词义区分功能

称“大华语”而不称“华语”，是因为“华语”的指称已经有所歧异：

1. 指海外华语。与“华族”相对应，东南亚华人所称“华语”，多是这种用法。这一用法的“华语”，还可以细分为包括方言和不包括方言两种。

2. 指普通话或“国语”。大陆和台湾的“华语教学”“华语文教学”，一般是指对海外华人的教学，作为其教学内容的“华语”“华语文”，指的就是普通话或“国语”。

3. 指除了地区方言之外的海内外汉语。“大华语”指称的是第三种意义上的“华语”。在“华语”前加一“大”字，既为避免“华语”的上述歧义，也是在强调看待华语的全球视角、全球意识，强调一种“新华语观”。【李宇明】

（二）“大华语”概念的意志统一功能

“大华语”这一新的专名的价值在于：从未来全球华人的影响力量看，是否存在一种基于华人“意志统一”的表达和交流的可能性。如果存在这种可能性，未来“大华语”的命名就是必要的。

……“大华语”指向华人“意志统一”的未来，是一种提前命名。或者换句话说，是通过一种提前命名，来推动“意志统一”的演进。问题不过在于：语言对于社会变迁的建构力量究竟能有多大，是否可以通过专名或相关语言工作来发挥应有的作用。虽然如此，专名所带来的认同效应似乎具有洗不掉色彩的功用。在社会发展史上，语言的集体赞美或众人贬斥，常常可以改变一种社会事实。提前抓住一种专名，在一定意义上又等于提前抓住一种社会事实。全球华人“意志统一”的社会事实，是未来时，目前少有人相信，也少有人展望，而未来这种社会事实的出现与否又是不容易证伪的命题。从这一意义上说，提出“大华语”的命名问题，讨论各种华语变体的演变可能性，又具有透视华人群体未来发展和变化可能性的功用。

……“大华语”的不断应用，目的正是在于对“意志统一”的唤醒，在于建立更广阔的统一华人言语社区。对于这种从意志指向实践的未来华人语言格局，仅仅从现有的分散性华语社区出发难以推知。正是指向未来的统一格局，当今分散的华人言语社区成员，借助“大华语”的推动，可以增加内部的流动性，提高交流的强度，拓展互动的半径。这又是“大华语”所具有的重要社会功能。所以，我们认为，“大华语”从集体意志的表达和催生这一深层次层面，逐步浮现为社会统一功能的实践层面，从而和当前各种华语社区的华人成员产生现实的社会链接。这一过程是从理念到实践的转化，也是建设世界华人共同体这一复杂过程的同义词。

……指向未来维度的“大华语”，从语言角度看是一种专名的命名，但从概念构成的角度看，又是一种面向未来逻辑可能性的思想。语言和思想不可分割。人们说出一个专名，不是为了一种语词的运用，而是为了思想的表达。“大华语”就其实质而言，是关于未来华人社会统一可能性的思想。这是我们提出“大华语”的意义所在。

讨论“大华语”问题，不等于讨论语言问题，而是从一种新的专名的可通用性程度，来衡量采纳这种专名的社会人群未来的发展逻辑。语言问题的研究总是从语言学家开始，但从语言向语言外指向，特别是从语言向未来的语言外指向，并不停留于语言学家。“大华语”由语言学家提出，但对“大华语”概念的探讨，对未来华人发展可能性的思考，实质上是当代中国学者的共同使命。【卢德平（2017b）】

（三）“大华语”概念的文化认同价值

建立并确认“大华语”概念有很大好处。首先，有助于增强世界华人的凝聚力和认同感，有助于建立和谐的华人社会。因“大华语”概念的提出既坚持了我们的原则，又尊重了他人，这对建立全球范围和谐的华人社会无疑会起到无形的积极作用……【陆俭明】

“大华语”作为一个前置概念，在当下的汉语世界中产生了令人遐想的现实效果，其主要功效已经远远超出了语言学或汉语传播的范围，更多地也更明显地具有地缘政治和文化认同的特征。由于这个概念的提出和具体操作实践具有广泛和深远的影响力，无论对中国本土的传统文化复兴还是对海外华人社会的心理认同，都已经并将继续造成越来越大的冲击，因此，非常有必要考察一下这个概念的深层蕴含。

……

任何语言的使用和推广，都必定包含了使用者和推广者的主观意图。自然语言的使用是人类活动的自然产物，但语言使用一旦进入概念阶段，语言的使用者也就兼具了创造者的身份。语言使用的规范性和普适性要求，正是语言创造者的目的所在。在这种意义上，我们必须清醒地认识到“大华语”概念包含的文化和政治意图。华人世界的文化认同以大华语的确立为重要标志，而中国人的民族观念则以大华语圈的实现为其主要特征。在这种意义上，“大华语”概念就不可避免地打上了政治倾向的烙印。对这个概念的哲学分析，就是要揭示其中包含的这种

政治倾向，即为了满足中华民族复兴之需而囊括天下同宗同语之目的。只有清醒地看到这个倾向，我们才能更为恰当且准确地使用“大华语”这个概念。【江怡】

（四）“大华语”概念的汉语教学价值

建立并确认“大华语”概念有很大好处。……其次，也将更有助于推进世界范围的汉语教学。从长远看，大量派出志愿者汉语教师这绝非上策。各国外语教学的历史经验告诉我们，汉语要走向世界重要的是要努力培养当地本土的汉语教师。只有当海外的基础汉语教学基本上都由当地汉语教师来教，汉语才能真正逐步走向世界。当地汉语教师的普通话水平当然一般难以达到普通话的规范标准，在发音上、用词上或语法上可能不完全合乎规范标准，但其教学效果一般会超过我们派出的汉语教师；而这些本土的汉语教师在教学实践中也会不断提升普通话的水平，从而形成一个良性循环，使汉语教学不断推进与发展。【陆俭明】

在考察“华语”输入“汉语”共同体的同时，更多考察“汉语”向海外的输出，可能更有利于判断汉语的对外影响，也更有利于揭示汉语的对外整合能力，而这项工作构成了汉语国际传播的重要研究课题。从语言所牵涉的社会、政治、文化因素考察，整合的目标实现起来似乎有一定希望，也就是说，可以通过改变社会、政治、文化因素来推动语言的变化，甚至整合。可是这样的希望里面又存在本文所论述的诸多困难。“大华语”所面临的就是这种艰难和希望并存的状况。【卢德平（2017a）】

（五）“大华语”概念的社会表征功能

上述发展至少体现出：（1）中国的综合国力已经上升到了一个新高度，在国际体系中占有举足轻重的地位；（2）中国正在由全球化的被动参与者转变为主动引领者；（3）中国人开始真正具有世界视野；（4）几百年来以西方世界为主导的人类发展模式和发展哲学遇到了挑战，世界前进的供给侧和需求侧都期待更多中国智慧的参与。

上述时代背景会影响到社会经济的各个层面。投射到语言研究领域，也带来了一些新变化，比如：（1）语言学者的关注对象开始由国内扩展到了国际，比如对世界语言格局、国际组织语言使用状况等议题的考察；（2）“普通话 / 汉语”从未像现在这般，具有了真正意义上的“全球格局”，也从未像现在这般需要一个

“大华语”的概念来统摄。“大华语”这一概念的由隐而显是时代发展的产物，也是时势造就的现象。【王春辉】

四 全球华语的发展趋势

（一）全球华语大同的理据

大华语的语言内核，各华语变体的语言公约数，便是普通话 / “国语”。这一共同的语言内核，这一语言公约数，使得各华语社区可以相互通话……

李宇明曾经指出，大华语有两种发展趋势：其一是“继续分化”，像“大英语”分化为“复数”形式一样，大华语进一步分化为不同的华语；其二是不断接近，逐渐“趋近趋同”。

从目前来看，这两种发展趋势都有可能，但第二种趋势更占优势。各华语社区语言上的相互吸收借鉴呈明显态势。新加坡已故资政李光耀曾多次表示，新加坡华语的规范采用大陆的，不另造标准。周清海指出，“新加坡有 300 多万人口，要了解 13 亿人口的中国所讲的话，所写的字，就是要以你们的为标准”。他认为：“高度统一的书面语和正式的标准口语，以及采用汉字记录语言的传统，是汉语融合的坚实基础。再加上中国门户开放，国力不断发展，增加了华语区之间的交流机会。在这样的局面下，华语的逐渐融合就是不可避免的。”【李宇明】

大国的崛起必然带来政治、经济、军事、语言的全球影响。中国崛起带来的语言影响表现为汉语全球化，一个让汉语成为全球语言的进程。汉语全球化具有三个发展特征：海外华人华裔从汉语方言向普通话转换、世界各国各类学校采用普通话作为华语教学标准、中国向全球推广中文教育。汉语全球化是全球华语发展大同趋势的体现。

……

大同趋势下，全球华语作为操华语群体的共同语或通用语仍然继续产生变异，形成标准语与变异体的竞争。这是全球华语走向大同中遇到的短板。以普通话为标准的全球华语还不能充分满足人们的语言生活需要，不足以表达人们的各种身份认同，所以需要诸如大都会华语、闽南腔华语、矫枉过正腔华语等标准华语的变异体来满足华语世界的语言生活。这说明全球华语大同还缺乏充分的软实力支

持。虽说软实力不能完全保证标准语不产生变异，但是一定能减少变异，弱化变异，维护标准语大同。【周明朗】

（二）全球华语整合的思辨

我们首先看到，"华语"和"汉语"并存本身就说明了二者的区别是事实，二者的独立存在也是事实……"华语"和"汉语"之别说到底是人们建构的一种社会事实，而非自然存在。就连语言本身也不过是人们建构的社会事实。改变一种长期存在的事实，就要重建一种新的事实，由此构成了社会的每一次进步和发展。所以说，去除二者之别，将其整合为一，实质上是要建立一种新的社会事实。

……

也就是说，否定了"华语"和"汉语"之别的既有事实，建构出统一意义上的"大华语"事实，是否就一定具有更好的语言、文化意义，甚至道德价值？这个问题恰恰是目前面向"大华语"开展的相关研究所忽视的问题。因为"大华语"目标本身设定了合为佳的研究前提，同时也设定了分为劣的潜在前提。可是，合与分何者为佳何者为劣，判断的标准是什么？合就一定好，分就一定不好？如果无法回答这个问题，那么我们只能说，在社会事实的漫长建构过程中，合与分之间始终存在着张力。在一定的历史阶段，人们更倾向于采取分的价值偏向，而在另一个历史阶段，更倾向于采取合的价值偏向。所以，判断建构"大华语"这一新的社会事实是否合理，是否符合历史发展规律，需要长时间的验证。在结论出现之前，为建构这一社会事实而开展的"大华语"研究是必要的。

……

从语言表达手段的丰富性进行考察，"华语"和"汉语"有其一即可，何以需要体系性的区分呢？是"华语"的表达手段不同于"汉语"，需要保留下来专指海外中国语言，还是"汉语"有所欠缺，无法充分表达"华语"所指涉的海外华人世界？如果从语言的表达性角度无法解释这个问题，那么"华语"和"汉语"之别就一定有语言之外的其他因素，而正是这些语言外因素构成二者之别的合理性。因此，对于"华语"和"汉语"之别的讨论从语言内部走向了语言外部。

……

语言界讨论"华语"和"汉语"的关系，其指向的学术目标是语言之外的社会、政治诉求，甚至包括意识形态在内的非语言目标。这样的目标诉求本身无可非议，但问题在于：通过对于“华语”的语言学探讨，能否解决面向“华语”人群的社会、政治整合难题？反过来讲，对于“华语”，能否适用中国大陆以社会、政治、经济发展为动力长期推行的普通话运动，把这样的语言标准化策略作为国家层面的语言政策推广开来？同时，在推广的过程中，“华语”地区的共同体成员能否接受并将其转化为实践？这样的问题是探讨“华语”和“汉语”的关系，构建“大华语”这一新的社会事实所不可回避的实际问题。

……

“华语”在三种主要的自指和他称方面体现的认同和区别，说明了“华语”专名包含的复杂意义，也说明了“华语”所折射的认同和区分的复杂性。复杂性在于：“华语”和“汉语”总是以认同的某些维度为基础而形成不可回避的区分，而认同和区分何者为主，即更侧重于认同，还是更侧重于区分，恰恰又体现出“华语”和“汉语”两种语言共同体成员基于同一祖语而对彼此关系的判断。目前随着中国政治、经济、军事的强大发展势头，围绕“华语”和“汉语”而形成的语言态度，从根本上又折射出海外华人与中国本土者之间对于彼此关系发展可能性的理解，而基本结论则在于“华语”共同体与“汉语”共同体同祖同源但已处于不同的社会，面临不同的政治和文化环境。

……

处于不同于中国的社会政治生态的海外“华语”共同体，模拟中国长期推行的普通话标准化政策来整合“华语”，甚至以“汉语”的规范为主导推进整合，也必然会面临类似的社会和政治冲突，最终动摇整合的目标。即使这种缩小语言差距的努力富有成效，也不意味着“华语”和“汉语”能够完全整合。当“华语”和“汉语”作为两种社会共同体的符号时，实际上任何语言整合的努力可能仅仅停留于部分成分的借用，但无法从改变社会和政治认同的底层来对另一种同一祖语的不同政治和社会意义上的语言变体进行彻底的整合。其中一个根本的原因在于：完全的整合意味着“华语”所代表的社会政治认同意识的消失，替换为由“汉语”所代表的认同意识。这已经是一个政治难题。多元文化获得肯定的现代社会，实际是对殖民时代所发生的主导文化语言对于非主导文化语言整合结果的反拨，而颠倒这样的过程，似乎与历史教训相冲突。

……

语言是民族、国家的，但又是社会的，而社会的内在群体分化要比民族和

国家的区别来得更为复杂和烦琐，而日常使用的语言恰恰对应着社会群体的日常社会生活。日常社会生活的复杂性决定了语言所对应的社会群体的复杂性，而语言整合的成功恰恰在于其在日常社会生活场域的成功。因此，仅仅通过民族的统一性就认为相关语言变体能简单整合，缺乏对语言的社会性的正确认识和理解。

……

“华语”必须和海外文化现象紧密挂钩，而不能用“汉语”去替代，实质上是对“华语”的海外语言共同体符号的确认。在这种确认之中，“华语”和“汉语”内外有别，声明“华语”所挂钩的文化现象是自海外舶来的，而非中国本土的产物。这种情况也决定了“华语”进入中国汉语系统里很难与“汉语”竞争。二者的差别是适用领域不同，而非在各类社会领域的词汇化过程中可以自由替换。“华语”因其所限定的流行文化领域对于追求时尚的人群存在着较大的吸引力，成为所谓的高阶语言，而“华语”一词本身并无这种特质，只是其紧密挂钩的海外流行文化对于中国不少人存在着高级、时尚的间接意义。当然，语言使用者的这种态度也在向“华语”一词本身转移，而这种转移发生的场所是中国。但另一方面，目前学术界对“汉语”向海外“华语”地区的转移情况却少有研究。汉语对“华语”及其成分的引进和运用不过是一种声明和确证，并非一种内化的合理化或合法化程序。也就是说，没有赋予“华语”作为通行于中国语言共同体的合法或合理的语言成分资格，因此它和中国语言共同体的各种日常词汇不能自由搭配。

……

这种政治意义上的区隔或认同，本身存在着差别和统一，即对外的差别和对内的统一。也就是说，“汉语”意味着中国的内部统一，是一个民族国家的语言共同体的识别符号，而这个符号与“中国”的区别恰恰在于语言和国体的不同侧面。与此形成对比，“华语”则成为在政治意义上不同于中国的语言共同体的识别符号。从这一意义上看，论及“华语”和“汉语”的区分，实质上就是论述这两个专名所指涉的不同语言共同体的社会、政治等方面的深度区别。而当我们思考“华语”和“汉语”是否可以整合的时候，实质上在讨论这些不同的语言共同体是否可以参照共同的历史基础而走向融合。所以，这样的问题已经由语言拓展到社会和政治，而成功与否更多取决于社会和政治融合的可能性。

……

在“华语”的整合过程中，实际上面临着历史变化的复杂性，以及民族的统一与历史不同变化之间的悖论，使得所谓的语言整合问题变得更加复杂。

另一方面，也正是由于“华语”和“汉语”同祖同源的特性，学界才表现出整合多种中国语言变体的思想倾向。“大华语”的称谓实质是要清除“华语”和“汉语”自指和他称的分化，将“华语”相对于“汉语”彰显出的“他们代码”（they code），彻底整合为“我们代码”（we code），从而完成对中国语言原始共同体的复兴。这种语言的整合行动是当代的，但它指向原始共同代码，和社会、政治、文化意义上的“大中华”情结存在着深层次的关联。【卢德平（2017a）】

来源文献

[1] 贾益民 .“大华语”的三个层次和“大华语战略”[J]. 语言战略研究，2017（4）：83.

[2] 江　怡 . 对“大华语”概念的哲学分析 [J]. 语言战略研究，2017（4）：82—83.

[3] 李宇明 . 大华语：全球华人的共同语 [J]. 语言文字应用，2017（1）：2—13.

[4] 卢德平 . 认同、区分、整合：“华语”略论 [J]. 语言战略研究，2017a（1）：10—17.

[5] 卢德平 .“大华语”命名的意义和价值 [J]. 语言战略研究，2017b（4）：81—82.

[6] 陆俭明 .“大华语”概念适应汉语走向世界的需要 [J]. *Global Chinese*，2015（1）：245—254.

[7] 施春宏 .“大华语”和“全球华语”[J]. 语言战略研究，2017（4）：84.

[8] 王春辉 . 大华语：时代造就，时势之需 [J]. 语言战略研究，2017（4）：86—87.

[9] 王晓梅 . 全球华语国外研究综述 [J]. 语言战略研究，2017（1）：60—67.

[10] 赵世举 . 华语的历时流变和共时格局及整体华语观 [J]. 文化软实力研究，2017（6）：27—35.

[11] 周明朗 . 全球华语大同？[J]. 语言战略研究，2017（1）：18—24.

[12] 周清海 .“大华语”的研究和发展趋势 [J]. 汉语学报，2016（1）：13—19.

相关文献

[1] 郭　熙 . 论“华语”[J]. 暨南大学华文学院学报，2004（2）：56—65.

[2] 郭　熙 . 论华语研究 [J]. 语言文字应用，2006（2）：22—28.

[3] 郭　熙 . 华语研究录 [M]. 北京：商务印书馆，2008.

[4] 李宇明 . 汉语的层级变化 [J]. 中国语文，2014（6）：550—558.

[5] 卢德平 ."大华语" 多人谈 [J]. 语言战略研究，2017（4）：81.

[6] 陆俭明 . 关于建立 "大华语" 概念的建议 [A].《汉语教学学刊》编委会，李晓琪 . 汉语教学学刊（第 1 辑）[C]. 北京：北京大学出版社，2005.

[7] 周有光 . 语文闲谈 [M]. 北京：生活 · 读书 · 新知三联书店，1995.

[8] 周有光 . 21 世纪的华语和华文 [J]. 群言，2001（10）：44—45.

[9] 祝晓宏，周同燕 . 全球华语国内研究综述 [J]. 语言战略研究，2017（1）：49—59.

台湾语言政策与两岸语言关系

观察台湾语言政策动向和语言生活态势，妥善处理好两岸语言关系，对促进两岸关系和平发展与祖国和平统一具有重要意义，多年来始终受到语言学界的高度关注，形成了一系列重要成果。

——台湾语言政策观察分析。许长安（2003，2008，2009，2011）、熊南京（2007）、孙浩峰和苏新春（2016）等对日据时期、国民党执政时期、国民党和民进党政权轮替时期的语言政策进行了细致的历时梳理。还有很多研究对特定时期的语言政策或单项语言政策进行了深入分析，历史研究甚至向前推至荷兰殖民统治时期（熊南京等 2010），单项语言政策研究包括推行“国语”政策、乡土语言政策、少数民族语言政策、多官方语言政策、通用拼音政策、语文教育政策、对外汉语教学（“华文”教育）政策等。已有研究清晰勾画了台湾光复以来语言政策的演进历程，并做出了基本一致的评价：台湾光复以后国民党采取的推行“国语”政策是正确的、重要的，并且取得了巨大成功；只是措施过于严苛，压制方言，破坏了语言的多样性，同时为“文化台独”“语言台独”留下了口实；在多元文化思潮下，国民党执政后期推出乡土语言政策；民进党执政后将语言政策作为“文化台独”的工具，在态度和措施上都十分激进；国民党重新执政以后对民进党的激进有所修正，语言政策保守稳妥而有弹性，同时，其语言文字观和语言政策主张应区分不同情况区别对待；民进党 2016 年再次执政后，语言政策再度激进，当前“受民进党语言政策变化的影响，台湾语言生活将再受冲击，再起波澜”（孙浩峰，苏新春 2016）。已有研究对台湾光复以来语言政策演进的历史分期不尽一致，有的以政权轮替为分期标准，如许长安（2008）、吴晓芳等（2017）；有的以语言政策的价值取向变化为分期标准，如熊南京（2007）。

——台湾语言生活观察分析。关于台湾社会的基本语言格局，杨书俊（2011）做了高度浓缩性的描述：“台湾岛内语言总的格局是两大两小一分散。两大是‘国语’和闽南话，两小是客家方言和高山族语，一分散是指国民党退到台湾时从大陆去的各省人所说的各种汉语方言（逐渐式微）；文字上主要使用繁体字，大陆简化字书籍在台越来越多，并一直存在着繁体字和简体字的争论；拼音上教育领域采用注音字母，而在拼写地名和路牌名等公共标识时，主要采用汉语拼音方案和‘通用拼音’，而在乡土语言教学中根据不同需要，采用了不同的拼音方案。”关于台湾社会的语言意识、语言能力、语言应用等变化发展状况，邬美丽（2013）、熊南京和邬美丽（2013）、苏新春等（2015，2017）、吴晓芳（2016）等开展了不同层面的实证调查，得出的结论主要是：民进党的语言政策效果对台湾社会基本语言格局的影响有限，但对民众的语言态度有深刻影响。

——两岸语言关系处理。包括宏观和微观两个层面。宏观层面是对两岸共同语（即大陆普通话和台湾“国语”）关系的理论探讨；微观层面则深入至语音、文字、词汇、语法等各个方面，进行共时差异比较和历时变化研究，并研判未来趋势，也有研究涉及两岸的方言（如闽南话）比较。在宏观层面，李行健、仇志群（2014）等提出了“一语两话”理论：“大陆普通话和台湾‘国语’并非仅仅是同实异名的关系，二者应被看作是构成现代汉语通用语基本架构的两个同源性变体。我们把这样一种构成叫作‘一语两话’。从共时角度，‘一语’就是汉民族共同语（通用语）；从历时角度，‘一语’就是‘两话’的母体——20 世纪 50 年代前的‘国语’。”同时认为，两岸共同语的发展路径应是“交流→融合→统一”。宏观层面的研究为处理两岸语言关系确立基本原则，意义重大，是本部分关注的重点。微观层面的研究数量众多，成果丰硕，刁晏斌、苏金智、郭熙、周荐等很多重要学者都有涉足，限于篇幅，本部分暂不进入。

台湾问题与语言文字的关系尤其密切且情况复杂，当前面临严峻的形势。2017 年 7 月，台湾当局文化主管部门公告所谓“国家语言发展法（草案）”，并连续举办六场公听会。《人民日报》（海外版）8 月 22 日刊文指出，这是“打‘语言平权’旗号，行‘文化台独’之实”。该文进一步指出，“在语言层面搞‘去中国化’，其实是民进党的惯用伎俩。早在陈水扁时期的 2003 年，民进党就试图推动‘语言平等法草案’，2007 年又推‘国家语言发展法草案’，但由于引发极大政治争议，未获成功。如今民进党故伎重演，时空环境却已不同。民进党现在占‘立法院’绝对多数席位，行政、‘立法’大权独揽，国民党毫无抗衡之力。岛内媒体指出，该‘草案’经‘行政院’审查，再于下个会期送交‘立法院’，通过‘指日可待’”。因此，深入揭示民进党语言政策的“台独”本质，努力消除民进党语言政策的社会影响，推动两岸共同语“求同化异”，加强两岸语言文字交流合作，进一步夯实两岸文化认同的基础，是对台湾语言政策研究的迫切任务。

2017年的相关研究在这些方面都予以了切实回应，并取得了重要成果。2017年的相关研究，主要来自期刊论文及论文集论文。论文集为2015年4月在福建师范大学召开的首届“两岸语言文字调查研究与语文生活”研讨会论文集，其中有“语言政策”“两岸词汇比较”“两岸文字比较”“两岸闽南话比较”四个部分，后三个部分是语言具体问题的研究，本报告主要关注“语言政策”部分的内容。

2017年值得关注的研究内容摘编如下：

一 台湾当局的语言政策及应对

（一）民进党的语言政策

民进党所构建的文化理想是“重建与发扬台湾语言文化”，在野时，利用李登辉对政治体制和国民党“本土化”的改造迅速坐大，积极营造“台独”认同，“台语”“台湾文化”“台湾民族”“台湾主体意识”等各种名目的文化“台独”思潮泛滥。执政后，全力推动乡土语言教育政策，2001年乡土语言教育正式进入学校教育课程。2003年台湾教育主管部门“国语”推行委员会制定“语言平等法草案”，2007年“行政院”院会通过“国家语言发展法草案”，明定“国语”、闽南语、客语、少数民族语言等共十几种语言为“国家语言”，从而把官方语言“国语”降为与汉语方言和少数民族语言相同的地位。也就是从语言规划层面，放弃“国语”的官方语言、通用语的地位。民进党执政的2000年至2008年，“国语”被刻意挤压，闽南语、客语、少数民族语得到大力推广。【吴晓芳，林晓峰】

（二）民进党语言政策的本质

语言是文化的载体，是文化存在的物质形式。一个民族的文化，发展、保存到今天，语言是最重要的传承工具，而语言本身也是一种文化现象。由于语言和文化的这种关系以及语言特有的社会功能，“文化台独”自然要通过语言规划、语言政策的制定反映“台独”的观念和政治诉求。“文化台独”在语言问题上的表现主要有以下几个方面：

（其一，）在多元文化主义旗号下，推行“国语”多元化政策和“乡土语言教育”。以“国语”多元化改变所谓的“独尊‘国语’”的现状……配合“国语”多元化政策，力推“乡土语言教育”。【李行健，仇志群】

台湾乡土语言政策及“语言平等法”，表面上是语言平等，实际上是挤压“国语”；表面上是保护语言资源、提倡多元文化，实际上是“去中华文化”。语言“本土化”的背后是“去中国化”“去‘国语’化”，语言“本土化”的背后是闽南语的“国语”化。乡土语言政策既然与“文化台独”紧密关联，从语言上看是失败的，是反语言规律的，但从政治上看，只要“台独”势力当政，依然会大力推行。历史上，日本、越南、朝鲜在文字上的“去中国化”及中国台湾国民党成功地在语言、文字上的“去日本化”提醒我们注意，假以时日，“台语”（台湾闽南话）有可能从当前的徒有虚名的“国家语言”，演变成名副其实的台湾地区通用语。对此，我们不能掉以轻心。【吴晓芳，林晓峰】

（三）民进党语言政策的思想理论基础

（“文化台独”在语言问题上的第二个表现是）把语言问题上的“文化台独”主张理论化……多元文化主义被认为是“文化台独”的理论基础，在语言学界也已成为语言社会学研究的关键词。

……

台湾的某些语言社会学研究，很多地方流露出以台湾为中心、与祖国大陆相切割的历史观、文化观，为“文化台独”所利用，对此我们不能熟视无睹。台湾黄宣范的《语言、社会与族群意识》，在两岸都是很有影响的社会语言学专著，也多见于大陆学术论著的参考文献，但迄今未见对该书的认真的评析，书中很多观点、结论是我们不能苟同的。例如该书专辟“‘国语’运动与日语运动”一章，其中专门列出 20 项对“日语运动与北京话运动”进行比较，竟然把殖民者的奴化教育和“国民政府”的文化重建等同起来……20 世纪 80 年代在美国兴起的多元文化主义，对美国的欧洲中心主义的主流文化发起挑战，引起很大的争议，并形成了一场文化论战。不管怎样定义多元文化主义，应该看到多元文化的正能量是有条件释放的。德国学者 Vertove 与 Wessendorf 就曾根据欧洲的经验指出：“多元文化主义只是一种力图巩固文化差异的教条或意识形态”“多元文化主义倡议分离主义，造成国家、社会分裂”。这固然是一家之言，但提醒我们不应该脱离现实政治生态认识和接受多元文化主义的主张。

……

为了剥离台湾文化与母语文化的血缘关系，关于台湾的通用语，台湾的某些学者提出一种“独立发展说”。如黄宣范的理论认为，一定要从“中国意识和台湾意识的对立与抗衡”上了解台湾几十年来的语言政策……

郑良伟把两岸通用语归为两个类型。按他的说法，多语层之间的选择是海洋文化类型的语言特性，与之相对的是规范取向类型。“华语”（指大陆的普通话）属后者，“台湾华语”属于前者，是在台湾社区环境影响下逐渐演变为具有“海洋文化类型”特点的语言。这一说法正好与“大陆属于大陆文化，台湾属于海洋文化”的伪命题相呼应，旨在构建不同于大陆的台湾文化格局，从包括语言在内的每个文化要素证明：台湾已形成特定的文化共同体。【李行健，仇志群】

（四）民进党语言政策的社会影响

利用语言问题推行“文化台独”对台湾社会产生的影响主要分为两个方面：一是推行“‘国语’多元论”的语言主张，突显“台湾主体性”，打造所谓的“台湾主体文化”，弱化了“国语”的统一力量；二是在语言政策、语言规划方面通过多元文化主义的经营、渗透，构建一个所谓的“新台湾人”的“命运共同体”，疏远了台湾与祖国大陆的文化联系。归结起来看，“文化台独”对台湾社会影响的要害在于通过“去中国化”把“台湾意识”推向与“中国意识”相对立的位置，造成“台湾意识”向“台湾主体意识”或“台独意识”的异化，扭曲了台湾社会的民族认同、“国家认同”，为走向“政治台独”争取了“民意”。

……

不难看出，1980年代以来台湾在语言政策和语言教育上的一系列动作，实质上都起着强化“台湾意识”或“台湾主体意识”的作用。值得注意的是，“台独”势力多年的刻意经营，已产生了他们希望看到的结果。仅从媒体含有“国家认同”意义的相关词语的使用情况来看，把“我国”“国内”“国内外”等用语中“国”的所指限于台湾一地，已成为台湾社会普遍接受和理解的表述，这种“国家认同”含义传递出的“主体意识”又推动着“台湾意识”向“台湾主体意识”以至“台独意识”的转化。有调查显示，“台湾主体意识”已成为岛内主流民意，有高达80%到90%的支持率……台湾社会的这种身份认同的现状，甚至被看作是台湾社会的“认同危机”，应该引起我们的警惕和重视。【李行健，仇志群】

总而言之，笔者的调查、台湾学者的调查及台湾第八次人口普查家庭语言使用情况调查的结论趋于一致：台湾语言的使用与发展趋势是“国语”呈现稳定增长之势，乡土语言持续萎缩，语言转移持续进行。乡土语言政策并未动摇“国语”

的优势地位，改变“国语”的功能……然而，在“新”的语言政策下，“国语”有通用语之实，却无通用语之名；闽、客、少数民族语有“国家语言”之名，却无“国家语言”之实（特别是少数民族语使用频率极低）。

……

以语言现实论，台湾乡土语言政策是失败的；以政治论，却是成功了。配合其他“台独”策略，乡土语言政策显著影响了台湾的政治生态。如:（1）通过学校教育，打造了一代“天然独”。其危害性，可从以下事件管窥：2014 年太阳花学运、2015 年反课纲、2016 年时代力量占据“立法院”五个席位。（2）改变了台湾社会的主流民意，台湾民众的“国家认同”，从“大中国认同”逐渐转向“台湾认同”；从“中华文化认同”转向“多元文化认同”“台湾文化认同”。（3）“台独”年轻化、铁杆“台独”逐年增加。这个趋势会加剧两岸关系的动荡不安。【吴晓芳，林晓峰】

（本文）对台湾大学生的语言使用与语言态度中三种反差较大的现象进行了分析，这三种现象是“语言能力与语言情感的反差”“族群背景与母语认定的反差”“乡土语言学习与乡土语言价值的反差”，具体表现为:“国语”的普遍使用能力与乡土语言的较高情感体现；大部分人为闽、客族群，可选择“国语”为母语的却占了大多数；对在学校强力推行乡土语言教学持不同意见的为多，但对乡土语言的价值给予了较高的评价。

……

当今的台湾，一方面是多种语言并存，不同语言（包括方言）差异明显，各自有着明显的地域性，而跨方言存在的“国语”已高度普及，语言统一的倾向性与力量都呈现出格外的优势；另一方面执政者的语言政策却刻意在混淆主流语言的影响和地位，将十多种少数民族语言、闽方言、客方言都扩充为官方语言，力图消弭“国语”的一统之势，自毁语言统一这一至大的社会财富。在语言政策的制定与推广中放在首位考虑的不是全社会的协调发展与统一，而是政治之见、政党之私，尽管有时会被带上“本土化”“地域化”“在地化”的时尚说辞。语言政策与语言现实之间的极大不一致性，成为当今台湾语言生活的最突出现象。【苏新春，方慧，张期达】

（五）消除民进党语言政策社会影响的措施建议

尽管台湾的传统“国语”政策在“多元化”的“台独”思潮中受到冲击，“台湾主体意识”在增长扩散，侵蚀着台湾新生代的文化认同，但这一局面并非不可逆转和破解。社会群体的身份认同包括文化认同和政治认同两方面。在文化认同上，两岸仍有坚实的基础。从台湾语言生活现状来看，虽然台湾当局刻意推行冲淡主流语言影响的语言政策，“国语”在台湾语言生活中强势存在的地位并没有受到彻底撼动。这一方面是语言功能特征决定了社会对语言这一交际交流工具的理性选择，另一方面台湾民众对“国语”的情感和信任也来自对中华文化的亲和感。语言维系着文化，“国语”是中华文化的载体，在服务于社会交际交流活动的同时，也为两岸人民植入了共同的文化基因，在两岸结成一个难以撕裂的共同体，这一文化构成对试图“解构”侵蚀它的外侵力表现出很强的抗性。【李行健，仇志群】

面对台湾的政治体制、政治民心大势和“当局者”在文化、教育领域的“去中国化”措施，作为影响台湾社会的一个外部因素，我们没有实质性的途径来改变它的内部体制，我们应当如何抵制“文化台独”呢？从共识处着手，有共识才能沟通，有基础才能推动。建议从以下方面引导民众认清“语言台独”：

1. 在台湾民众人人可见的“国语”、方言母语使用情况的现实面前，科学阐明台“当局”推动闽南语“‘国语’化”的经济成本。

2. 借助岛内有识之士推动对现行语文政策及其实施效果的检讨、评估，重新检讨现行的“乡土语言政策”，倡议在中小学开展“国语”推广活动，质疑民进党的有明显文化“台独”倾向的语言地位规划。

3. 加强两岸民众交流。交流需要语言沟通，祖国大陆对台商、台湾青年、台湾民众的吸引力就是“国语”/普通话活力的后盾（闽南方言也是沟通的重要桥梁，但大陆使用人群与范围比较有限）。由此，间接地反制民进党的闽南语“‘国语’化”的文化理想。

4. 推动闽南方言、闽南文化寻根潮。民进党的文化理想是“重建与发扬台湾语言文化”，在民进党“当局”大力推广台湾语言文化的同时，因势利导、顺势而为，推动台湾语言文化寻根潮，推动祖籍地寻根。

……

5. 文字记录语言，汉字记录“国语”/普通话，继续推动台湾岛内繁简字共存、共生的局面，从而促进文化交流，也巩固“国语”在两岸交流中的地位。【吴晓芳，林晓峰】

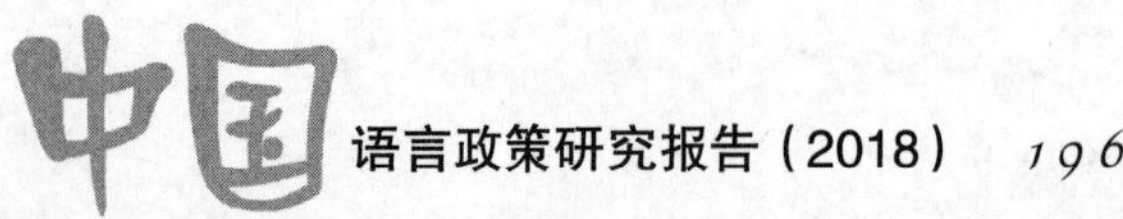

二 两岸语言关系处理

（一）两岸语言关系的本质

两岸语言基本面是相同的，如共同语语音和语法基本一致，词汇差异稍大，但百分之九十也是相同的；差异是变体，是两岸人民创造的财富，应珍惜，但分歧大了就影响交流，看同化异求通是两岸语言文字学者义不容辞的责任和义务。两岸语言生活研究既要看现实，看发展，也要看世界，看未来，从信息化、多元化和国际化视角，多层次、多方面、多角度观察，这样才能看趋势，看方向。【李宇明】

如何定位两岸通用语的关系，按照两岸语言发展的历史事实，我们曾提出“一语两话”的两岸语言观。“一语”指现代汉语通用语，“两话”指“大陆普通话”和“台湾‘国语’”，二者是现代汉语通用语在同一层次上的两个变体……“一语两话”语言观是对华语认识视角的一种调整，既面对汉民族共同语本体在整体汉语言文化圈内的共时表现，也着眼于“两话”之间密切联系的历史。更为重要的是该项表述所凸显出的社会意义。把握、定位两岸标准语的语言关系，不仅仅是语言学领域内的学术问题；“两岸语文相互关系的定位，决定着双方互动的方向，引领着双方语文方针政策的制定。这对于两岸语文能否化异为同、从融合达到统一有重大的影响”。社会语言学认为：语言规划，特别是语言地位的规划，一向是结合语言“本体”的实际和国家根本利益的需要来考虑、安排的……“一语两话”的两岸语言观有助于强化“国语”作为两岸标准语的统一力量，构建、维护中华文化共同体。当前以至很长一个时期，我国语言规划新设计的一个重要内容就是要把两岸的语言研究的最终目标定位在增强民族认同感和凝聚力、营造和平统一的文化基础上。语言规划，包括本体规划和地位规划，理应为促进国家统一、民族认同（族群认同和文化认同）发挥积极作用。这是我们在两岸文化交流不断深化的形势下应该具有的共识和策略。

……

为了遏制各种分裂势力，必须进一步维护我们的民族共同语，提高我们共同语的一致性，拓展它的通用性，使之更好地服务于两岸的和平发展，为祖国和平统一夯实坚固的文化基础……为了提高两岸共同语的一致性，逐步消除现存的分歧和差异，使祖国的语言更加健康地发展，更好地服务于两岸的经济和文化交流，当前大陆和台湾同胞要共同努力，促进两岸语言的融合。【李行健（2017a）】

（二）两岸语言文字的“求同化异”

过去两岸语文形成差异的原因，除了社会因素外，主要是两岸语文规划和政策理念的差异，今后要从促进两岸融合的方面多考虑，尽可能协调两岸的语文规划，力求减少已有差异，不再产生政策性的新差异。【李行健（2017b）】

就语文现代化而言，虽两岸的发展路径和取向存在分歧，但无论是大陆还是台湾都应认识到，两岸语文政策总体上都是在沿着新文化运动先驱们开辟的道路前进的，彼此应相互尊重和认同，共同开辟中国语文现代化的未来，而不应彼此贬斥和否定，各行其道，继续扩大分歧，那样的话就有违新文化运动的根本精神了。

……

两岸在处理语言文字分歧的时候，都应发扬新文化运动的精神，从中华民族和中华文化的复兴和传承计，抛弃前嫌，坦诚合作，立足语言文字的信息化和现代化来处理语言文字问题，共同制定消除语言文字分歧的规划和目标，共同研制统一的语言文字规范和标准。这不仅会为实现两岸书同文和复兴中华大业奠定信息化基础，也会为促进国际合作交流和世界文明进步做出我们中华民族的巨大贡献。

……

两岸汉字问题可以说也是新文化运动历史发展的结果，我们应依据当前对汉语言文字研究所获得的科学认识，依据今天我国政治、经济、科技发展水平和社会教育文化发展情状，客观理性而又富有前瞻地面对和处理汉字问题，这才是发扬新文化运动精神所应秉持的立场和态度。【黄德宽】

国家语言文字工作还要面对台湾和港澳以及汉字文化圈的工作，那更是“求同化异”的工作了。张世平、李行健两位先生讲到“一语两话”的现实和“一文两体”的状况。“一语”“一文”就是“大同”，“两话”“两体”就是“小异”。大陆普通话以北京语音为标准音，台湾“国语”以北平话为标准音，两者没有任何矛盾，是大同。笔者在台湾旅游，看到书店里在出售台湾出版的由李行健先生主编的汉语辞书，喜出望外。我们需要做的就是“求同化异”的工作，还可以加上

“求同存异”。能做的或可以做的，我们就“化异”。暂时不可以做的或不能做的就“存异”，这是需要仔细分析研究的。【宋欣桥】

基于以上语言事实，我们的基本判断是，目前台湾“国语”对大陆词语的引进和吸收已经步入“快车道”，不仅引进词语的范围拓展、数量增加、质量提高，而且引进后的融入过程也在加速，融入程度也在不断加深。上述事实清楚地说明，两岸民族共同语融合的天平，由最初大陆向台湾一方倾斜，到现在已经基本平衡，处于一种积极的双向互动之中，也可以说是两岸民族共同语化异为同的进程明显提速，这是我们非常希望和愿意看到的。【刁晏斌】

（三）两岸语言文字交流合作

海峡两岸的汉语汉字同宗同祖，现有差异不影响正常交流，大陆愿意并正在为两岸加强语言文字交流合作、缩小语言文字差异做出积极努力。两岸现已成立了语言文字交流合作协调小组，就两岸语言文字规范标准、科技术语、辞书编纂等问题进行沟通协调。【国家语言文字工作委员会】

2008 年以来，两岸语言文字交流步入快车道，特别是第五届两岸经贸文化论坛，对两岸语言文字交流做了高层次规划。在两岸相关部门有识之士的支持和努力下，语言文字交流取得了丰硕的成果，如两岸共编语文工具书、两岸共办汉字艺术节和青少年诵读活动等，这些成果成为两岸进一步发展的台阶和未来发展之基础。2013 年，两岸语言文字交流与合作协调小组成立，标志着两岸语言文字交流进入了新的发展阶段。小组成立后，发布了“汉字简繁文本智能转换系统”，召开了首届“两岸语言文字调查研究与语言生活”研讨会，两岸语言文字专题片也已摄制完成。这些活动如火如荼地开展，得益于两岸关系的改善，得益于两岸人民共同的智慧，得益于中华民族文化丰厚的底蕴。【李宇明】

这次会议还产生了一些共同设想与主张，希望今后能够逐项落实。一是持续举办两岸语言文字生活会议，两年召开一次，在大陆开两三届，再在台湾开一届。二是积极推进两岸合作研究，共同开展一些项目，如建构两岸常用字、通用字对照表；建设两岸语言文字规范对照数据库；两岸语言文字术语梳理；开展两岸语言文字生活实地调查；开展全球华语调查和研究；共编两岸闽南话词典等。只有两岸共同合作研究，才能将思想物化，物化才能固化，固化才能达成共识。三是积极推进两岸学会的学术交流，语言文字学会应在两岸语文生活中扮演更为重要的角色，学会集中了大批智者，大批能者，大批专家学者，可为两岸语言文字政策制定提供有价值的建议和对策，也可影响两岸民众对语言文字的认知，从而共同推动两岸语言生活相向而行。四是设置两岸学者互动项目，支持两岸青年学者交流。五是办电子刊物，及时将交流合作成果传递给两岸语言文字学者，了解两岸交流和合作动态。我们还呼吁台湾以语言学会为基础成立一个协调小组，以便两岸持久开展语言文字交流与合作。【李宇明】

（两岸合作编撰语文工具书）这种交流合作在台湾也得到热心于中国传统文化的人士的认同和参与。《中华语文大词典》的台湾版参编者将近 150 人，动员组织了台湾学术界、出版界的很大一部分力量。台湾“中华文化总会”前秘书长杨渡在该词典前言部分以“为断裂的历史搭起语词的桥梁”的评价称赞两岸的这项重大合作，并把这种成功的合作方式比喻为“一朵云，各自彩绘”。因为一部词典涉及政治、历史、经济、制度、习俗等社会生活的方方面面，两岸合编辞书为在求同存异的原则下解决好两岸之间的认识分歧提供了丰富的案例……交流的目的除增进相互了解，也起到了通过中华文化的传播交流，唤醒、重构台湾的中华意识的作用。今后两岸的语言文化交流要与时俱进地推出新内容、新形式，不管台湾的政治格局发生什么变化，这种合作交流只能加强不能削弱。【李行健，仇志群】

加强两岸语言的学术研究和成果交流，这是促进语文统一的基础性工作。现在每年在海峡两岸暨香港、澳门都分别有不同的相关学术研讨会，两岸语言文字研究的单位和人数也迅猛增加，学术成果也日益丰富，今后要深入研究两岸的语文差异，探索化异为同的有效途径。

为了两岸交流互通互用，努力编纂两岸通用的语文词典，除方便交流外，使两岸差异达到相互理解认同，使现存分歧不会成为交流的障碍，并逐渐融合统一，这是别的手段无法取代的。

简繁汉字本质上说，相互是一种异体字性质，当前双方可以把有差异的字视为自己用字的异体，逐步从多元到一元选择，使汉字达到同一，实现“书同文”。

采取上述措施的结果，将会在两岸关系中产生深远的影响，在国际上将形成重要的软实力。两岸语言差异成分是宝贵资源，通过相互吸收，择优选用，不仅可以逐步使语言达到统一，回复到“两岸一语”的状态，还可以使两岸统一后的民族共同语更加丰富。

当前世界出现汉语热，学汉语的外国人 4000 多万，孔子学院几百所，要促进汉语推广的深入发展，要增强我们国家的文化实力，就需要两岸语文的统一，拧成一股合力传播推广汉语，这样必将取得更好成绩，提高我国的国际声望和影响力！【李行健（2017b）】

来源文献

［1］刁晏斌．海峡两岸语言融合的历时考察［J］．云南师范大学学报（哲学社会科学版），2017（1）：17—28.

［2］国家语言文字工作委员会．中国语言文字事业发展报告（2017）［M］．北京：商务印书馆，2017.

［3］黄德宽．发扬新文化运动精神 共同推进两岸语文现代化［A］．李宇明．两岸语言文字调查与语文生活［C］．北京：商务印书馆，2017.

［4］李行健．深化两岸语言对比研究，促进民族共同语的融合统一［J］．语言文字应用，2017a（4）：2—10.

［5］李行健．试论两岸语文融合、统一之途径［A］．李宇明．两岸语言文字调查与语文生活［C］．北京：商务印书馆，2017b.

［6］李行健，仇志群．"文化台独"在语言问题上的表现及其政策思考［J］．台湾研究，2017（1）：13—20.

［7］李宇明．在交流中求同化异——序《两岸语言文字调查与语文生活》［A］．李宇明．两岸语言文字调查与语文生活［C］．北京：商务印书馆，2017.

［8］宋欣桥．我国语言文字工作者的"同异观"（上）［N］．语言文字周报，2017，11月22日第4版．

［9］苏新春，方 慧，张期达．台湾大学生语言使用和语言态度的调查与思考［A］．李宇明．两岸语言文字调查与语文生活［C］．北京：商务印书馆，2017.

［10］吴晓芳，林晓峰．台湾70年语言政策演变与语言使用现实及其政治影响［J］．云南师范大学学报（哲学社会科学版），2017（1）：29—35.

相关文献

［1］李行健，仇志群．一语两话：现代汉语通用语的共时状态［J］．云南师范大学学报（哲学社会科学版），2014（2）：23—30.

［2］苏新春，方 慧，张期达．台湾大学生语言生活中三大反差现象的思考［J］．语言文字应用，2015（4）：113—120.

［3］孙浩峰，苏新春．对台湾政权轮替后语言生活动态走向的思考［J］．文化软实力

研究，2016（2）：52—56.

［4］邬美丽．台湾民众语言态度的实证性研究［J］．台湾研究，2013（2）：53—58.

［5］吴晓芳．从台湾青年语言能力、母语认同看台湾乡土语言政策的成效［J］．福州大学学报（哲学社会科学版），2016（05）：24—31.

［6］熊南京．二战后台湾语言政策研究（1945—2006）［D］．中央民族大学博士学位论文，2007.

［7］熊南京，李芳兰，李雪强．荷兰殖民统治者对台湾原住民的语言政策及其对语言生态的影响［J］．南昌航空大学学报（社会科学版），2010（1）：76—81.

［8］熊南京，邬美丽．台湾民众语言使用的实证性研究［J］．百色学院学报，2013（3）：43—48.

［9］许长安．台湾"语文台独"述评［A］．中国语文现代化学会．中国语文现代化学会 2003 年年度会议论文集［C］．2003.

［10］许长安．台湾的语文政策沿革及语文使用现状［A］．马庆株，陈庆祜，谭汝为．语文现代化论丛（第七辑）［C］．北京：中央广播电视大学，2008.

［11］许长安．马英九"识正书简"述评［J］．北华大学学报（社会科学版），2009（5）：56—60.

［12］许长安．台湾语文政策概述［M］．北京：商务印书馆，2011.

［13］杨书俊．试论马英九的语言文字观［J］．云南师范大学学报（哲学社会科学版），2011（4）：60—64.

语言经济学视角下的孔子学院研究

经济学视角是孔子学院研究中一个十分值得关注的视角。将经济学的分析方法引入语言推广领域，从成本收益的角度分析汉语的国际推广和汉语推广机构的建设，有利于以最小的成本获得最大的收益，实现汉语的低成本、高效率推广。

国内最早从语言经济学视角进行孔子学院研究的是宁继鸣，他在其博士论文《汉语国际推广：关于孔子学院的经济学分析与建议》（2006）中，对语言推广进行了收益分析，并用公共产品理论、非营利组织理论、治理理论、契约理论等，就孔子学院（汉语国际推广机构）的性质、模式、治理、评估等进行了探讨，指出“孔子学院是具有中国特色和语言推广行业特征的非营利组织”。之后出现的相关研究在内容上主要包括三个方面：

——孔子学院和汉语国际推广的经济学意义。宁继鸣和他的博士生孔梓（宁继鸣 2008；宁继鸣，孔梓 2012；孔梓，宁继鸣 2014；孔梓 2015）指出，孔子学院和汉语国际推广的经济学意义体现在两个方面。（1）降低交易成本。语言文化的障碍会增加交易成本，汉语国际推广则有利于增进世界各国对中国和中国文化的认识和了解，在国际社会对中国有足够的认识和了解，甚至是喜爱的情况下，国外贸易商与中国进行贸易往来时，其信息收集成本、谈判成本和监督成本都将大大减少，与中国进行贸易合作的可能性将大大增加，从而中国面临的贸易机会也就相应地增加。（2）积累社会资本。社会资本是一种结构性资源，孔子学院社会资本的基础是其社会网络系统。孔子学院借助社会资本能够有效地应对资源配置过程中面临的挑战。孔子学院社会资本的核心是信任，社会资本通过约束合作、投资回报、心理认同这三条路径发挥资源配置的作用，这三条作用路径都是以信任为基础的，但不同作用路径依托的信任类型有所差别，分别是威慑型信任、了解型信任和认同型信任；不同信任类型之间能够相互转化、彼此加强，从而加深社会资本在孔子学院资源合理配置中的作用，使孔子学院的功能得到更好发挥。

——孔子学院与经济贸易的相关性。连大祥（2012a，2012b），苗莉青、陈聪（2015），林航等（2016），安亚伦、于晓宇、曾燕萍（2016），曲晓如、曾燕萍（2016），谢孟军（2016），许陈生、王永红（2016），李青、韩永辉（2016）等，分别就孔子学院与对外投资、经济贸易、对外工程承包、文化产品出口、非遗产品出口、教育出口、海外来华文化旅游、海外学生来华留学的相关性，运用国际贸易理论中的引力模型等进行了实证研究，结果显示，除了对外工程承包和海外学生来华留学，孔子学院对其他各项都具有正向促进作用。这些研究还对促进作用的差异性进行了实证分析，包括洲际差异性、国家（发达国家和发展中国家）差异性、文化距离远近差异性、华人华侨数量多寡差异性等，并基于这些结论提出了进一步大力发展孔子学院、针对差异性对孔子学院全球布局进行合理规划等政策建议。这些研究依托国内外经济学界关于“语言与经贸”“文化与经贸”等相关性分析的理论框架，主要是将孔子学院数据作为语言和文化的“代理变量”（谢孟军 2016）与经贸数据进行相关性实证考察。这一方面从经贸视角进一步论证了孔子学院的意义与价值，另一方面也让我们清醒地认识到，“孔子学院作为非营利机构，不能带来直接的经济收益”，而主要是“通过自身的媒介作用，为中外合作牵线搭桥，促进两国经贸合作与发展，间接促进当地和中国的经济合作”（连大祥等 2017）。

此外，王振顶（2009）、褚鑫和岳辉（2015a，2015b）、王琦（2015）、华国庆（2014）、张小文（2016）等探讨了汉语国际推广和孔子学院的市场化、孔子学院发展的财税保障和金融支持等问题。

2017 年，语言经济学视角下的孔子学院研究取得新进展。（1）在孔子学院的经济学意义方面，连大祥等（2017）进一步分析了孔子学院在降低交易成本、促进对外直接投资、促进进出口贸易发展、促进国际旅游发展方面的经贸效果；（2）在孔子学院与经济贸易的相关性实证研究方面，谢孟军（2017a，2017b）、谢孟军等（2017）在 2016 年基础上持续关注以孔子学院数据为代理变量的“文化走出去”与经贸增长的关系，并为更好地控制孔子学院（汉语国际推广、中华文化输出）与经贸之间的内生性[①]问题而使用了 GMM 估计方法；陈胤默等（2017）主要从文化距离的视角开展了实证研究，并增加了“是否签订双边投资协定”的新变量；（3）张云、宁继鸣（2017）关注了孔子学院作为教育服务组织的品牌关系质量的影响机制问题，这在以往经济学视角下的孔子学院研究中未见涉及。

需要指出的是，在孔子学院与经济贸易的相关性实证研究方面，不论是已有

① 指模型中的一个或多个解释变量与随机扰动项相关。原因有二：（1）变量有遗漏，且遗漏变量与引入模型的其他变量相关；（2）解释变量和被解释变量相互作用，相互影响，互为因果。

研究互相之间，还是2017年的研究与已有研究之间，由于内生性的客观存在，所有数据检验性的实证研究在支持基本结论的同时，表达的侧重点会有所不同，甚至在促进作用差异性（如国家差异性）方面的结论相左。孔子学院与经贸关系的相关性研究结论之所以相左，一方面是因为研究者采用的模型和方法不同以及考察的变量不同，另一方面是因为有的研究根据“相关分析”推出“因果关系”的结论造成的。因此，孔子学院的发展和经贸关系的实证研究必须建立在因果推论模型和统计分析方法的基础上，其结论才更可靠。这也再次提醒我们，可以量化观察的孔子学院只是不可量化观察的“汉语国际推广”和“中国文化走出去”的“代理变量”，在实证的基础上进一步从语言（文化）与经贸关系的理论角度讨论相关问题，才更有说服力。相关研究对我们进一步坚定不移地推动以孔子学院为代表的中华文化“走出去”，以及综合考虑语言（文化）距离等因素对孔子学院全球布局进行科学规划具有重要意义，但不应因此而导致简单追求孔子学院的数量增长。

2017年值得关注的研究内容摘编如下：

一　孔子学院的经贸效果

孔子学院作为非营利机构，不能带来直接的经济收益，但可以通过自身的媒介作用，为中外合作牵线搭桥，促进两国经贸合作与发展，间接促进当地和中国的经济合作。伴随世界经济一体化步伐的加快，语言与经济间的联系日益密切，以推广汉语为目的的孔子学院，在我国对外经济发展中的作用已显得日渐重要了。【连大祥，王录安，刘晓鸥】

（一）降低交易成本

语言可以增加商贸谈判中的便利，使得沟通更为顺畅，因此可以有效降低交易成本，不过在现有研究中，对政府机构、共同货币、贸易协议等因素的研究较多，语言在跨国贸易中的重要作用容易受到忽视。当两国或交易中的某一国可以使用相同语言时，双边贸易和对外直接投资额就会显著增长。孔子学院作为语言教学机构和信息交流平台，是中外商贸沟通的重要中介，为我国的对外贸易和直接投资提供了极大的便利和很好的机遇，在中外贸易的发展中起到了积极作用……由于语言学习需要花费时间、金钱和精力，语言的难易程度往往与交易成本成正向关系，即语言越难学，两国间进行交易的成本就越高，进行交易的收益就越小；语言越容易学，会的人越多，两国间的贸易成本就越低，进行交易的收益就越高。对个人而言，能够使得个人收益最大化的语言学习，往往也可以使贸易成本最小化，实现共赢的局面。语言学习还跟所学语言国家的人口有关，如果所学语言的人口越多，那么愿意学这种语言的人也越多。这从侧面印证了，孔子学院的发展跟我国经济、人口有很大关系。【连大祥，王录安，刘晓鸥】

（二）促进对外直接投资

首先，两国之间的沟通和交流可以促进对外直接投资的增加……由于对外直接投资一般是长期活动，信任发挥了较大作用，对语言和沟通的便利性要求更高，在孔子学院等稳定的语言推广机构出现后，可以有效增进贸易双方的了解和沟通，因此可以大大提高直接投资。而且孔子学院还可以增进两国民众之间的沟通和交流，促进跨国友谊和信任的建立，这些都可以弥补国与国之间的信息不对称，增进两国和人民之间的联系，降低交易和沟通成本，从而促进对外直接投资的显著增加。

其次，政治因素在对外直接投资中发挥重要作用……孔子学院的建立可以有效增进两国政府层面的沟通和交流，增加政治互信，架起两国互信的桥梁，为对外直接投资的增加开辟更加有利的环境。

第三，文化差异影响对外直接投资的发展……相似的语言和文化氛围可以增进投资双方的互信，方便沟通，避免文化冲突的不利影响。孔子学院正是为了推广汉语和弘扬中华文化而生的，因此可以作为交易双方沟通的平台，为其提供便利，有效促进对外直接投资的增长。【连大祥，王录安，刘晓鸥】

（三）促进进出口贸易的发展

沟通问题一直是不同国家进行贸易的最大障碍，尤其是在商贸谈判中，语言的作用就显得更为重要，多位学者的研究表明语言和贸易之间具有相辅相成的关系，语言沟通的顺畅可以有效降低两国之间的贸易成本，促进经贸往来……孔子学院对国与国之间贸易的影响正是通过语言的推广和文化的传播功能来实现的，孔子学院的建立和发展为国外学生学习汉语提供了固定场所，为他们了解中华文化提供了最佳途径，大大拓宽了中外双方的沟通渠道，并增进了互信，因而有利于双方的经贸来往。【连大祥，王录安，刘晓鸥】

（四）促进国际旅游的发展

近年来，国际旅游业发展十分迅速，在各国经济增长中的作用不断增强。文化和旅游之间往往具有十分密切的关系，其联系也随着世界经济一体化的发展日益紧密，文化旅游在国际旅游中的占比接近50%，且比例还有不断上升的趋势。为了获得更大的效用和保证安全，人们往往愿意去与自己文化氛围相近的地方；其中，商务旅游和工作旅游的人数更是易受文化差距的影响。如果自己可以讲旅游国的语言，那么不仅降低了旅游者获取相应旅游信息的难度，减少了出国旅游中可能遇到的沟通困难，还会大大提高旅游中的趣味性和安全感。因此，共同语言可以大大促进国际旅游人数的增加。有研究发现，孔子学院通过语言教育和文化推广拉近了中国与国际旅游者的文化距离，降低了旅游者来中国旅游的信息获取成本，从而显著提升了来中国旅游的人数。【连大祥，王录安，刘晓鸥】

二　语言文化与经济贸易实证分析：以孔子学院为代理变量

（一）文化输出与资本输出

文化“走出去”作为中国新时期“走出去”发展战略的重要内容，不仅是国家经济实力增强的必然结果，而且是中国“软实力”提高的重要表现。孔子学院作为中国文化“走出去”的最典型代表，以向世界传播中华文化及推广汉语为主要任务，同时对中国的资本输出产生重要影响。本文使用差分GMM和系统GMM两种估计方法对中国文化“走出去”的投资推动效应进行检验，得出以下重要结论:（1）中国的文化“走出去”表现出显著的投资增长效应。实证结果表明，代表文化输出的孔子学院相关系数显著为正，表示我国的文化输出对资本输出具有正向推动作用，中华文化的“走出去”显著地推动了中国对外直接投资的发展；（2）文化“走出去”的投资增长效应存在明显的经济差异性。中国在发展中国家建立孔子学院的投资增长效应大于发达国家。虽然中国是资本输出大国，但目前资本输出还处于发展阶段，和投资强国还有一定差距，现阶段向发展中国家的文化输出更能推动中国投资的发展;（3）文化“走出去”的投资增长效应表现出较强的洲际差异。孔子学院在所有洲际都表现出对我国对外直接投资的推动作用，其中在亚洲和非洲的效果最为明显，在美洲和大洋洲的效果相对较差。

本文的政策含义主要为，在未来相当长一段时间内“走出去”依然会居于国家发展战略中的重要地位，文化“走出去”对资本“走出去”的推动作用不容忽视。中国的文化“走出去”将会成为新时期的重要历史任务，孔子学院不仅加速了中华文化的世界传播及汉语的国际推广，而且推动了中国对外直接投资的发展。中国的文化“走出去”在进入新世纪后才正式开始，从建立世界第一所孔子学院至今才不过十余年的时间，但是发展速度很快，十年之间迅速扩展到 126 个国家（地区），这和中国政府的大力支持和中华文明深厚的文化底蕴密切相关。但是孔子学院自建立以来一直以数量扩张为主，在发展过程中出现很多亟须解决的问题，如各项规章制度需要进一步规范、办学质量有待进一步提高等，导致文化“走出去”的投资增长效应出现瓶颈。今后孔子学院应该从以数量扩张为主的外延式发展向以质量提升为主的内涵式发展转变，着重提高办学质量，更好地发挥文化“走出去”对资本“走出去”的推动作用，提高中国的国际影响力，加快推进汉语成为国际通用语的步伐。【谢孟军（2017a）】

本文以孔子学院作为中华文化“走出去”的代理变量，实证研究文化输出和资本输出之间的关系，主要贡献表现在：首先，基于局部均衡理论分析了文化交易成本影响对外直接投资的作用机理，进一步补充和完善现代跨国投资理论。认为文化交易成本产生文化壁垒对资本的跨国流动具有阻碍作用，文化输出是削弱甚至消除文化壁垒的重要途径，能推动对外直接投资的发展并提高整个社会的福利水平；其次，利用马氏距离匹配法为建立孔子学院的处理组国家（地区）匹配相应的控制组国家（地区），使用倍差法对文化“走出去”的投资推动效应进行实证分析，研究孔子学院对中国对外直接投资影响的国家类别差异效应、洲际差异效应、时滞效应及广度边际效应，以期得出科学合理的结论，为中华文化的世界传播及中国企业更好地“走出去”提供科学的理论依据和重要的决策参考。

……

改革开放以来，我国经济取得 30 多年的持续快速稳定增长，进入 21 世纪后对外开放实现从“引进来”到“走出去”的内涵升级，目前我国资本已“走向”世界五大洲近 200 个国家（地区），同时中华文化也已在全球各地得到广泛传播，世界对中国的了解不断增强，中国融入世界的程度逐步加深。本文从我国“走出去”发展战略的背景出发，把文化交易成本嵌入传统跨国投资理论进行拓展分析，

基于局部均衡理论阐释了文化影响资本跨国流动的作用机理，使用马氏距离匹配法和倍差法实证研究了文化输出和资本输出之间的相关关系，得出以下主要结论：（1）中国的文化输出显著推动了对外直接投资。文化交易成本产生文化壁垒对资本的跨国流动具有阻碍作用，文化输出是削弱甚至消除文化壁垒的重要途径，能推动对外直接投资的发展并提高整个社会的福利水平；（2）文化输出的投资推动作用具有明显的国家类别差异。在发展中国家建立孔子学院的投资推动效应大于发达国家，目前中华文化相对于西方主流文化还处于比较劣势地位，而与发展中国家文化相比则处于优势地位，推广难度相对较小，对投资的推动效应也相应较为明显；（3）文化输出的投资推动作用具有显著的洲际差异。孔子学院在亚洲和非洲的投资推动效应相对较强，而在经济较为发达的美洲和大洋洲则相对较弱；（4）文化输出的投资推动作用具有时滞性。东道国对中华文化的接受和认可需要一个过程，从接受中华文化到对中国对外直接投资产生推动作用需要四年左右的时间；（5）中华文化的输出能扩展中国对外直接投资的广度边际。中国的文化"走出去"不仅增加了对外直接投资的强度，而且提高了向建立孔子学院的未投资国家（地区）投资的概率。

美国始发的次贷危机迅速波及全球并对世界经济造成重大冲击，危机虽已过去，但后危机时代的消极影响依然存在，在全球经济增速放缓的国际大环境下，我国经济也步入降速提质的新常态，寻找新的经济增长点是今后很长一段时间的重要任务。随着经济全球化和区域一体化的纵深发展，关税壁垒和非关税壁垒的保护作用越来越小，文化壁垒在国际经贸关系中的作用将会越来越大。通过文化输出实现文化一体化可以削弱甚至消除文化壁垒，降低企业跨国投资的交易成本，不仅能推动双边投资的发展，而且可以提高社会的整体福利水平，中华文化的输出有望成为我国新一轮经济增长的重要原动力。目前世界的主流文化是西方文化，西方发达国家作为优势文化群体非常注重本国的文化输出，并获取了巨大的"文化红利"。中国的文化输出虽然起步较晚，但发展速度很快，十余年时间我国已在世界各地建立千余所孔子学院，逾千万人次自愿参加汉语水平考试，表明中华文化已得到世界各国的普遍接受和认可。我国的文化输出虽已取得阶段性成果但还处于发展阶段，实证结果显示我国的文化输出对对外直接投资的推动作用表现出波动性的特征，孔子学院在经济较为发达的美洲和大洋洲的效果尚未充分显现出来。今后我国的文化输出应从数量扩张为主的外延式发展向质量提升为主的内涵式发展转变，逐步实现向"降速提质"的传播模式转型，充分发挥孔子学院对我国资本输出的推动作用，进一步提升我国的国际影响力和国家“软实力”，为我国企业更好地“走出去”创造良好的发展条件。【谢孟军，汪同三，崔日明】

（二）文化距离与资本输出

本文基于2004年至2014年中国A股非金融类上市企业的对外直接投资数据，研究了孔子学院对中国上市企业到“一带一路”沿线国家直接投资的影响。研究发现：总体上孔子学院对中国企业到“一带一路”沿线国家的直接投资有正向促进作用；在与中国文化距离较大的国家，孔子学院对中国OFDI[①]的促进作用更加显著；在与中国签订BIT[②]的国家，孔子学院对中国OFDI的促进作用则会更强。之后又通过渠道测试检验发现：孔子学院对来华留学生的正向促进作用进一步地促进了中国对“一带一路”沿线国家的OFDI，在此本文从来华留学生的角度研究了孔子学院对OFDI的影响路径，从而为孔子学院对中国OFDI的影响机制提出了一个新的解释。

本文的结论有如下政策启示：第一，母国对外人文交流的积极举措，有助于促进中国与“一带一路”沿线国家的经贸往来，政府应当重视文化传播和交流合作的先行地位，为中国企业“走出去”奠定“民心相通”的文化和价值观认同的基础；第二，政府在建立孔子学院时，应注意更加科学地选址和布局，可在“一带一路”沿线与中国文化距离较大的国家设立相对较多的孔子学院或孔子课堂，以弥补文化差异过大给中国企业OFDI带来的负面影响；第三，注重与更多的“一带一路”沿线国家签订高标准的双边投资协定，以充分发挥孔子学院（非正式文化制度）和双边投资协定（正式制度）两者对于促进中国OFDI的互补功能；第四，扩大孔子学院对“一带一路”国家来华留学生的奖学金资助面，鼓励更多的留学生来华学习，进而通过部分中介效应促进中国企业的对外直接投资。【陈胤默，孙乾坤，张晓瑜】

（三）文化输出与出口贸易

目前我国文化的输出尚处于起步阶段，国内外学者关于文化“走出去”的研究局限于文化领域，对文化“走出去”的出口贸易效应的研究还属于崭新的研究领域。本文以孔子学院的产生与发展为切入点，对我国文化“走出去”的出口贸易效应进行实证研究，主要贡献表现在：首先，本文通过把文化变量嵌入贸易引

① “对外直接投资”的英文缩写。

② “双边投资协定”的英文缩写。

力模型进行理论推导为引力模型构建微观基础。长期以来由于引力模型缺乏微观基础而经常遭到批评，其分析结果也遭到学者们的质疑，为引力模型构建微观基础可以提高模型分析的科学性和可信度；其次，为了尽量避免可能的内生性，本文使用基于工具变量的系统GMM估计方法对文化“走出去”的出口贸易效应进行实证研究，从一个较新的视角把孔子学院作为我国文化“走出去”的代理变量，重点分析文化“走出去”对商品“走出去”的推动作用；最后，对文化“走出去”的经济偏好和区域差异性对比分析，研究文化“走出去”出口增长效应在发达国家和发展中国家之间以及不同洲际之间的差异。

……

孔子学院在世界各国（地区）的普遍建立和快速发展，不仅意味着其他国家（地区）对中华文化逐步认可和接受，而且对我国的出口贸易表现出显著的推动作用。本文通过搜集整理我国在126个国家（地区）的1326所孔子学院数据，使用系统GMM方法实证研究了文化“走出去”的出口贸易效应，并对出口贸易效应的经济偏好和洲际差异进行分析，得出以下主要结论：第一，文化“走出去”具有显著的出口增长效应。实证结果显示孔子学院作为我国文化“走出去”的最重要途径，不仅担负着向世界传播中华文化和推广汉语的历史使命，而且表现出相对稳定的出口贸易增长效应，显著地推动了我国出口贸易发展，文化“走出去”是推动商品输出的重要影响因素；第二，文化“走出去”偏好于经济发展水平较高的国家（地区）。经济发展水平较高的国家（地区）开放度较高，大都对外来文化持兼收并蓄的态度，我国有一半以上的孔子学院分布在发达国家，文化“走出去”在发达国家的出口贸易增长效应大于发展中国家；第三，文化“走出去”的出口贸易效应表现出洲际差异性。孔子学院在美洲和欧洲的分布相对集中，在非洲的分布相对分散，亚洲由于天然的地理位置优势，孔子学院的分布较为广泛，文化“走出去”在美洲和欧洲的出口贸易增长效应显著大于非洲和大洋洲。

本文的政策含义主要表现为，我国从改革开放初期的“引进来”发展战略逐步过渡到“走出去”发展战略，通过引进国外商品、吸引外资和学习西方先进文化等方式，推动了我国社会主义现代化建设，增强了我国的经济实力及国际竞争力。目前我国已是世界第二大经济体、世界第一大出口贸易国及世界第三大对外投资国，商品输出和资本输出已经相继发展到一个较高阶段。文化“走出去”是继商品输出和资本输出之后才逐步发展起来的，中华文化的输出不仅能让世界更加了解中国，而且可以让中国更好地融入世界，孔子学院作为中华文化与世界文化交流的桥梁，是中国文化“走出去”的最重要表现形式。孔子学院的建立和快速发展使世界对中华文化有了更新的认识，同时也提高了其他国家（地区）对中国商品的认可度，为树立中国良好的国际形象做出重大贡献。但目前我国的文化“走出去”还处于较低层次的发展阶段，孔子学院的快速发展一方面表现出对出口贸易的推动作用，同时在发展过程中也出现一些亟须解决的问题，各项经营管理制度还有待进一步规范，在某种程度上阻碍了出口贸易效应的发挥，今后孔子学院应该从以数量扩张为主的外延式发展逐步向以质量提升为主的内涵式发展转变，进一步提高办学质量，更好地促进中华文化和世界文化的交流，扩大中华文化的国际影响力，最大程度地发挥文化“走出去”的出口贸易增长效应，推动我国出口贸易的良性健康发展。汉语的国际推广能降低我国出口贸易的交易成本，有利于我国企业更好地“走出去”。通过向世界推广汉语可以节约我国学习其他国家语言的成本，降低出口贸易的交易成本。如果汉语成为国际语言，我们将不必支付学习外语的成本，有利于企业利润最大化目标的实现，提高企业的国际竞争力为企业更好地“走出去”创造良好的宏观环境。【谢孟军（2017b）】

三　孔子学院品牌关系质量的影响机制

（一）品牌关系质量

品牌关系质量（Brand Relationship Quality，BRQ）是由 Fournier 首先提出的概念，是指品牌与消费者之间联结的强度和持续发展能力，可用来衡量品牌关系的健康状况。Fournier 通过研究消费者与品牌之间的接触得出品牌关系质量的六个维度。根据研究需要，本文选取“满意”和“承诺”作为测量孔子学院品牌关系质量的主要维度。【张云，宁继鸣】

（二）品牌关系质量的影响机制

1. 顾客感知价值与品牌关系质量。一个品牌是否能够与消费者建立强有力的关系，在很大程度上取决于这一品牌能否为消费者提供可感知的价值，即顾客感知价值。根据研究需要，本文将顾客感知价值划分为功能价值和心理价值两个维度，其中，功能价值包含绩效价值和价格价值，心理价值包含情感价值和社会价值。

2. 消费体验与顾客感知价值。消费体验是顾客在消费过程中基于自身的认知

与经验对其消费经历所获得的主观感受及评价。良好的消费体验是提升顾客感知价值及品牌关系质量的重要基础。对于孔子学院这样一个教育服务品牌来说，顾客消费的是课程、文化体验及传播活动等服务型产品，消费在很大程度上是过程消费，顾客价值基本上是在服务过程中形成的。而服务的过程就是学员与教职员工及服务场景互动的过程，这种互动过程对顾客体验及其感知价值的形成具有决定性影响。研究显示，服务人员即教职员工与服务场景作为消费体验的重要内容，对顾客感知价值、顾客满意及顾客购买意愿及行为有显著影响。【张云，宁继鸣】

（三）孔子学院品牌关系质量的影响机制

本文实证检验了教育服务品牌中消费体验、顾客感知价值与品牌关系质量相互作用的影响机制。研究显示，核心服务、服务场景及教职员工等消费体验直接影响消费者的功能及心理价值感知，进而影响消费者对于品牌的满意度及忠诚度。从主要维度来看，核心服务对顾客总体价值感知的影响最大，但从各个变量来看，教职员工对顾客感知心理价值的正向影响最大，感知心理价值对品牌关系质量的影响明显高于感知功能价值对品牌关系质量的影响，加之教育服务生产与消费的无形性及不可分离性，消费者对于服务及其价值的感知均源于与教职员工的互动。因此，本研究认为，在保证核心服务基本规范与质量的前提下，教职员工是提升教育服务品牌关系质量进而助力品牌成长的核心动力。

服务场景对顾客感知心理价值影响的假设仅部分获得验证，结合深度访谈及问卷调查结果，可能的原因是：服务场景中，消费者虽然对孔子学院所提供的语言环境、人际氛围极为认可，但对物理空间的适宜度、舒适度及特色认可度偏低，其中有硬件的问题，更有软件的问题，同时也包含跨文化的问题，而这正是影响消费者心理价值的重要因素。【张云，宁继鸣】

来源文献

[1] 陈胤默，孙乾坤，张晓瑜 . 孔子学院促进中国企业对外直接投资吗？——基于“一带一路”沿线国家面板数据的分析 [J]. 国际贸易问题，2017（8）：84—95.

[2] 连大祥，王录安，刘晓鸥 . 孔子学院的教育与经济效果 [J]. 清华大学教育研究，2017（1）：37—45.

[3] 谢孟军 . 文化“走出去”的投资效应研究：全球 1326 所孔子学院的数据 [J]. 国

际贸易问题，2017a（1）：39—49.

［4］谢孟军.中华文化“走出去”对我国出口贸易的影响研究［J］.国际经贸探索，2017b（1）：32—46.

［5］谢孟军，汪同三，崔日明.中国的文化输出能推动对外直接投资吗？——基于孔子学院发展的实证检验［J］.经济学（季刊），2017（4）：1399—1420.

［6］张　云，宁继鸣.教育服务组织品牌关系质量影响机制研究——基于孔子学院的实证［J］.东岳论丛，2017（4）：135—141.

相关文献

［1］安亚伦，于晓宇，曾燕萍.语言文化推广机构对文化产品贸易的影响——以孔子学院为例［J］.国际经济合作，2016（12）：81—86.

［2］褚　鑫，岳　辉.孔子学院“有限市场化”发展战略模型与要素分析［J］.东北师大学报（哲学社会科学版），2015a（5）：211—215.

［3］褚　鑫，岳　辉.孔子学院“市场化”运作战略分析［J］.税务与经济，2015b（3）：55—60.

［4］华国庆.借鉴他国经验，建立完善的孔子学院财税保障体系［J］.比较教育研究，2014（2）：102—106.

［5］孔　梓.孔子学院社会资本研究［D］.山东大学博士学位论文，2015.

［6］孔　梓，宁继鸣.社会资本在孔子学院资源配置中的作用［J］.东岳论丛，2014（12）：136—139.

［7］李　青，韩永辉.“一带一路”区域贸易治理的文化功用：孔子学院证据［J］.改革，2016（12）：95—105.

［8］连大祥.孔子学院对海外汉语学习的影响［J］.上海金融学院学报，2012a（5）：81—91.

［9］连大祥.孔子学院对中国出口贸易及对外直接投资的影响［J］.中国人民大学学报，2012b（1）：88—98.

［10］林　航，谢志忠.孔子学院对中国非遗产品出口的影响——影响机理与实证检验［J］.西部论坛，2016（4）：72—82.

［11］林　航，谢志忠，池丽丽.孔子学院促进了中国文化产品出口吗？——基于2004—2014年37个国家的面板数据的实证分析［J］.山东工商学院学报，2016（3）：6—11.

[12] 林　航，谢志忠，阮李德．孔子学院促进了海外来华文化旅游吗？——基于2004—2014年32个国家面板数据的实证研究［J］．兰州财经大学学报，2016（5）：71—79.

[13] 林　航，谢志忠，夏莉莉．孔子学院促进了中国对外工程承包吗？——基于发展中国家面板数据的实证分析［J］．国际商务研究，2016（5）：75—83.

[14] 苗莉青，陈　聪．孔子学院对我国高等教育出口的影响——基于主要国家面板数据的实证研究［J］．国际商务（对外经济贸易大学学报），2015（6）：27—35.

[15] 宁继鸣．汉语国际推广：关于孔子学院的经济学分析与建议［D］．山东大学博士学位论文，2006.

[16] 宁继鸣．从交易成本角度看语言国际推广对全球化经济合作的影响［J］．山东大学学报（哲学社会科学版），2008（3）：141—148.

[17] 宁继鸣，孔　梓．社会资源的聚集与扩散——关于孔子学院社会功能的分析［J］．理论学刊，2012（12）：76—80.

[18] 曲如晓，曾燕萍．孔子学院对中国文化产品出口的影响［J］．经济与管理研究，2016（9）：69—76.

[19] 王　琦．孔子学院市场化运作初探［D］．山东大学硕士学位论文，2015.

[20] 王振顶．汉语国际传播的语言经济学研究［J］．云南师范大学学报（对外汉语教学与研究版），2009（6）：61—64.

[21] 谢孟军．文化能否引致出口："一带一路"的经验数据［J］．国际贸易问题，2016（1）：3—13.

[22] 许陈生，王永红．孔子学院对中国对外直接投资的影响研究［J］．国际商务（对外经济贸易大学学报），2016（2）：58—68.

[23] 张小文．金融支持孔子学院发展的可行性分析［J］．山东农业工程学院学报，2016（8）：165—166.

汉语中介语语料库建设

中介语是第二语言习得研究领域的一个重要课题。中介语理论源自国外，Selinker 1972年发表《中介语》一文是中介语理论正式建立的标志（鲁健骥1993）。中介语指的是“由于学习外语的人在学习过程中对于目的语的规律所做的不正确的归纳与推论而产生的一个语言系统，这个语言系统既不同于学习者的母语，又区别于他所学的目的语。中介语系统在语音、词汇、语法、文化等方面都有表现。但它又不是固定不变的，而是随着学习的发展，逐渐向目的语的正确形式靠拢”（鲁健骥1984）。

建设汉语中介语语料库，对推进汉语作为第二语言的习得研究，汉语国际教育理论、教材、考试等研究，以及与汉语国际教育相关的汉语本体研究，都具有重要意义。中介语理论在20世纪80年代被引入到我国之后，就有了汉语的中介语语料库建设。1995年，北京语言学院建成了中国第一个汉语中介语语料库。进入21世纪，汉语中介语语料库在汉语国际教育研究中的作用日益凸显，其建设渐成高潮，如北京语言大学的HSK动态作文语料库、南京师范大学的外国学生汉语中介语偏误信息语料库、中山大学的留学生中介语语料库、暨南大学华文学院的留学生汉语中介语语料库等先后问世（任海波2010；崔希亮等2011；肖奚强2011；张宝林2016）。

在取得重要成绩的同时，汉语中介语语料库建设也还存在一些问题。如张宝林（2010a）指出的问题主要包括：数量较少，规模较小，语料不够全面；语料库建设没有统一标准，建库实践带有很强的随意性；功能不够完善，有些中介语现象检索不便，甚至无法检索；语料标注效率不高，标注质量存在一定问题；语料库资源尚不能充分共享。

为不断提升汉语中介语语料库建设质量，近年来，学界就汉语中介语语料库建设的规划、原则、标准等展开了讨论，同时就汉语中介语语料库建设中的两个重大问题——平衡性问题和语料标注问题进行了理论探讨。

——汉语中介语语料库的建设规划。汉语中介语语料库类型多样：既有通用型语料库，也有专用型语料库；既有书面语语料库，也有口语语料库；既有单国别、单母语背景学习者语料库，也有多国别、多母语背景学习者语料库；既有侧重单项语言特征（如汉字）的语料库，也有涵盖综合语言特征的语料库；既有以截面语料为主的静态语料库，也有以纵向语料为主的发展语料库；既有经过标注的熟语料库，也有未标注的生语料库；在标注的语料库中既有只做了偏误标注的语料库，也有做了多维语言表现信息标注的语料库。周文华（2015）指出，语料库的建设需要根据使用目的进行详细的规划，由于中介语的特殊性，汉语中介语语料库在建设时要特别注意其多样性和层次性，这对语料库的建设具有导向性的作用。多样性主要体现在文本产出者属性、文本属性、文本类型以及文本的时间跨度上；层次性可分为形式的层次性和功能的层次性，形式的层次性又分为文本所反映的学习者中介语水平的层次性及文本处理的层次性，功能的层次性又有语料库的专用性和通用性之分。多样性和层次性的有机结合，可以实现从一维到多维再到立体的建设需求，并为中介语对比分析提供丰富的角度和数据。

——汉语中介语语料库的建设原则。汉语中介语语料库建设是一项复杂、繁重的工作，张宝林等（2015）根据实践经验和相关研究，将建设过程分为十个步骤：提出建库任务，进行总体设计→语料的收集与整理→语料相关背景信息的收集与整理→语料的录入与校对→制定标注规范与实施语料标注→开发人工辅助标注工具→各种数据的统计与表格编制→语料库管理软件与检索系统的开发研制→语料库集成与上网试运行→语料库发布与开放。其中，核心环节有三：语料收集、语料标注、语料检索与呈现。任海波（2010）、张宝林（2012）、张瑞朋（2012）等就这三个核心环节上的原则、要求、方法等进行了探讨，综合而言主要提出了以下观点：（1）语料收集的原则包括真实性（可靠性）、平衡性、随机性、系统性、动态性（连续性）等；（2）语料标注的要求包括全面性、科学性、准确性、统一性（一致性）等，在可能的情况下应对语料做更多的深加工；（3）语料检索与呈现的主要原则是界面友好，在检索语料时简单方便，在获取语料时足量快捷，在解读语料时清楚易懂。

——汉语中介语语料库的建设标准。张宝林和崔希亮（2015）、张宝林（2016）指出，汉语中介语语料库建设至今没有统一标准，建库实践中存在很大的随意性。这种随意性表现在语料收集的原则与类型、规模和方式、背景信息的项目与内容、语料标注的范围、内容、方法与代码的设置、语料及相关背景信息检索与呈现的内容与方式、语料库建成后是否开放、资源能否共享等诸多方面，其后果是使语料库在规模、功能、质量、用法等方面存在很大局限，尚不能满足用户的多方面使用需求。为此，他们提出了进行语料库建设标准研究的具体设想，认为可以把语料库建设过程细化为彼此相关的11个方面的工作，分别对这11个方面进行研究，得出11个方面的标准，进而整合为汉语中介语语料库建设的总标准，具体包括：语料库建设流程研究；语料收集标准研究；语料背景信息收集标准研究；语料录入标准研究；语料转写标准研究；语料标注原则研究；语料呈现标准研究；语料库使用标准研究；作者隐私的保护；语料库管理程序和检索系统标准研究；语料库建设质量标准研究。

——汉语中介语语料库建设的平衡性问题。“平衡性”是关乎汉语中介语语料库质量的重要理论问题。任海波（2010）和张宝林（2012）在探讨语料收集问题时都提到这一原则，不过没有进行理论性展开。任海波（2010）主要关注了语料产出者的国别与语料数量的平衡问题，以及语料产出者的汉语水平与语料数量的平衡问题；张宝林（2012）认为，平衡性主要指不同类型的语料在分布上应尽可能均匀，例如不同国籍、不同母语、不同学习时间、不同专业背景、不同专业方向、不同汉语水平的汉语学习者所产出的语料数量应尽量均匀。两位学者都指出，完全、彻底、真正的平衡在实践中是难以甚至无法做到的。施春宏（2013）就平衡性问题进行了深入的理论探讨。他指出，在语料库建设过程中，代表性和平衡性问题是有关语料库的性质和功能的重要问题，是决定语料库质量的两个相互区别而又紧密联系的问题；而实际上平衡性问题在一定程度上涉及代表性问题；对中介语语料库而言，平衡性问题甚至基本上可以覆盖代表性问题（只要所收语料满足真实性要求），因此平衡性问题才是中介语语料库建设过程中需要着力解决的关键问题。他将语料库的平衡性概括为“构成特定语料库中各部分语料的类型和比例相对适当，以满足语料库建设和使用中的合理性和可靠性等方面要求”，同时指出，“平衡既不是简单的文本特征的差异，也不是简单的比例相当，而是两者结合起来所达到的某种动态均衡”。他提出，实现中介语语料库平衡性要在参数选择合理、充分的前提下，语料规模做到可能大量和相对足量相结合，在语料库结构安排上适用于不同的研究理念和研究方法。为此，需要遵循“目标驱动、质稳量足”的基本原则，采取“急用先建、循序渐进”的基本策略。施春宏（2013）的研究显示，汉语中介语语料库的平衡性问题不仅是单个语料库要考虑的问题，更涉及宏观层面的规划问题，解决平衡性问题可以通过建设面向不同研究观念和目标的不同类型的多个语料库来实现，如通用性和专题性相结合，因此要“急用先建、循序渐进”。

——汉语中介语语料库建设的语料标注问题。这是关乎汉语中介语语料库质量的又一重大问题，也是学界讨论的热点。张宝林（2008）在偏误标注的基础上，首先提出了“基础标注”的概念（即对语料中正确的语言现象进行的标注），进而提出了“偏误标注＋基础标注”的语料标注模式；之后，又多次对这一标注模式进行了探讨和阐发（张宝林 2010a，2010b，2013）。曹贤文（2013）介绍了南京大学“汉语中介语纵向语料库”借鉴北京语言大学“HSK 动态作文语料库”的偏误标注形式，同时增加基础标注的内容，从准确性、流利性、复杂性和多样性四个维度对语料进行简洁性标注的情况。肖奚强、周文华（2014）从理论层面进行了更为深入的探讨。他们认为，标注的全面性和类别问题是汉语中介语语料库建设中的两个重要问题，直接关系到语料标注的科学性和可行性。标注的全面性应从标注的广度、深度、角度和准确度四个维度展开，贪大求全而不注重标注角度、深度和准确度的粗颗粒标注是不可取的；就中介语语料库的特点而言，汉语中介语标注的类别应分为正确信息和偏误信息两类；标注赋码的类别应与标注内容的类别相匹配，并注意正确信息和偏误信息赋码内在的一致性和逻辑关系。

除上述框架性研究以外，其他值得关注的研究如：黄伟（2015）探讨了多模态汉语中介语语料库建设问题，指出在收集语料时应注意多样性与丰富性，语料转写与标注方面应有别于文本语料库，需通过专用工具实现多层级标注信息与音视频语料的同步集成。郑通涛、曾小燕（2016）探讨了大数据时代如何建设汉语中介语语料库的问题，提出：基于大数据思维，“新一代汉语中介语语料库”的设计原则应增设词网技术、学习者特征、社会语言学特征三项；建设原则应遵循真实性、广泛性、历史性、跨学科、课内外、全媒体、无障碍共享等七项原则；实施方法应配置新一代互联网信息的管理系统和抽取系统、网络智能挖掘技术及网络代理。

2017 年相关研究的焦点仍在语料收集、处理和标注等关乎语料库质量的核心问题上。颜明、肖奚强（2017）深入分析了语料的种类和性质问题，并就语料标注与否的利弊从语料库使用的层面进行了探讨。李桂梅（2017）述介了“全球汉语中介语语料库”在追求语料库平衡性方面的基本原则和采取的措施，指出该语料库在语料采集、语料属性标注、确定入库语料、语料库检索系统的设计等每个阶段都采取措施努力实现语料库的平衡性，并为实现语料库的动态平衡、使用者的平衡创造条件。陈海峰（2017）论述了汉语中介语语料库的零位标注问题。

2017年值得关注的研究内容摘编如下：

一 汉语中介语语料的种类性质关涉的语料库建设方略

（一）语料的种类和性质

分清楚语料的不同种类和性质，并进行适当的筛选和取舍，对建库是非常必要的……注意到口语与书面表达的不同，无疑可以提示人们应分别加以观察和研究。但是认为口语比书面语更能反映语言能力，并不准确……我们认为口头表达语料和作文语料反映的是两种不同的言语能力，并不存在哪一个更能反映语言能力的可能；正如本族语者中，文笔很好而口头表达欠佳的现象也并不罕见。因此口头表达语料和作文语料具有同等重要的价值，并不存在孰优孰劣，对两种语料应该分别加以收集和研究并进行适当的比较。目前，国内外的语料库都是书面语语料库比口语语料库多而大，这主要是因为口语语料更难规模性地收集。

研究可以是纵向的也可以是断面的，相应的就有共时语料和历时语料。共时是相对的，而历时是绝对的。共时平面的划分因研究的需要或语料的多少一般分为初、中、高级，每一级时长为一年，现在大多数的研究都分为初、中、高三级。也有根据学期进一步区分为初级上、初级下、中级上、中级下、高级上、高级下的，比如储诚志、陈小荷所主持的首个汉语中介语语料库就按学期进行了语料分级。级与级之间的间隔太小或太大都不利于观察语言的发展变化。无论如何划分等级，等级与等级之间都会存在似断还连的现象，即存在亦此亦彼现象，这是因为静态的共时是相对的，而动态的历时是绝对的。阶段只是人为的划分，而学习的历程却是连续不断的。

由于追踪式的历时语料库的构建需要相当长的时间，所以人们往往对几种不同水平的学习者同时进行语料收集，假设成历时语料。目前的历时语料库一般都由这样的共时语料叠加而成……真正的追踪式的历时语料库即使有，也难以形成规模，因为可以追踪的学生毕竟不多。若在某一院校持续多年收集语料，其中将不乏追踪语料——切片式的叠加语料中包含着在该校学习多年的学生的语料……应该说，就目前的收集手段和条件而言，以切片式的叠加方式构建历时语料库是必要而可行的。【颜明，肖奚强】

（二）语料的自然性和连续性

首先是语料的自然性或曰真实性。

学界普遍认为语料库中的语料属于自然语料，其自然性是不言而喻的，这是语料库备受重视的重要因素。然而对中介语而言，语料库中的语料的自然性并不是不证自明的，因为语料的来源多种多样，稍有不慎就可能使语料中掺杂并不自然的成分。所以，建库之前应该对语料的来源及其自然性有所了解，而对外汉语教学界对这一点一直缺乏清晰的描述和认识。

中介语语料库中的各种语料的真实性各不相同，我们先看作文语料。不管是平时作文还是考试作文，教师为了提高学生的写作兴趣和热情，往往会事先给定作文题目。而事先给定题目的作文与课后作文均存在他人帮助的可能，因为有的学生为了颜面或高分往往会照搬照抄现成的语言片段，也会请人帮助甚至代笔。有教师认为即便如此，对学生的语言水平的提高也是有好处的。教师从教学的角度这样安排无可厚非，是否有利于提高水平也姑且不论，但这种得到汉语本族人或水平相对较高的学生的帮助甚至语言表达跟汉语本族人几乎无异的语料，对我们建设汉语中介语语料库则有害无益，因为它不仅是无效的，而且还会影响数据分析。所以在收集语料之前就应该对语料的产出有所控制，对收集到的语料要注明是什么情形下形成的，并且尽可能剔除与其水平不相符的语料。

同是口语语料，其真实性也不尽相同。口语语料中的个案辅导录音和课堂话语录音，事先准备的可能性较小（也有事先布置话题的课堂讨论）；而口语考试录音语料，往往存在事先准备甚至念稿子（至少有提纲）的可能。因为教师为了保证学生能够成段、较流利地表达，往往事先给定了口头表达的范围甚至题目。这种事先有准备的口头表达与即兴的口语还是存在差异的，不可混为一谈。语料收集和使用者应该心中有数。

事实上，我们在收集语料时并没有或者并不可能进行这样的规定或区分。因为规模性地收集，往往难以要求每一个提供语料的教师都能够有此认识。我们曾要求任课教师对于课堂作文、考试作文以及口语测试都不要事先给定题目或范围；但并不是每个教师都愿意配合，因为从促进教学、把握考试难度和学生成绩的角度考虑，事先给定题目和范围可能更便于控制。不争的事实是，只要语料不是我们语料库建设的参与者在自己的教学班里有意识地加以收集，而是多人从不同班级甚至不同学校收集而来，我们的语料中或多或少都会掺杂并不真实的成分。

其次是语料的连续性。

就我们所知，汉语中介语语料库中的作文语料取值间隔的时长各不相同，有的仅收集考试作文，有的还收集平时作文。仅仅是期中、期末的考试作文，间隔时间不可谓不长，更有仅收集期末考试作文的，那就间隔更长了。众所周知，初级阶段一般没有写作课，读写课或综合汉语课的教师也不一定都会安排平时的写作训练，即使安排，大多也是造句、完句之类。有学校跟我们交换的语料中初级阶段的语料都是一个个的单句，其语料价值与成段表达的语料不可同日而语。中、高级阶段有专门的写作课，读写课或综合汉语课中也会安排一定的作文练习，这些作文的间隔时间不会太长，但也不可能整齐划一。要想收集除考试作文以外的等距的连续性的语料，必须有事先的规划和合适、稳定的收集对象，语料库中也应有相应的规则和说明。但就目前而言，等距的连续性的语料收集很难规模性地展开。【颜明，肖奚强】

（三）语料的全面性与代表性

建库必须考虑语料的全面性与代表性及语料的同质性与可比性之间的关系。

理论上说，语料库无论多大，都只是学生语言表现的一个很小的子集，样本的有限性是无法避免的。语料库又希望能够通过有限的样本，反映无限的语言能力，这就需要所建语料库的语料具有相当的代表性。小型语料库具有较好的同质性和可比性，但因为数据的稀疏则难以保证具有较好的代表性。为使所建中介语语料库具有足够的代表性，应当尽可能地做到大容量，做到语体、体裁的多样性。目前，中介语语料库很难做到大容量，而语体、体裁方面也很难做到平衡，因为从多年的教学和语料收集经验看，口语语料难以收集自不待言，而议论文和说明文等文体和叙述文体比起来相对较难或比较乏味，学生大都不太愿意写，收集起来也比叙述文体困难。虽然各种文体的材料在现实生活中所占的比例并不均衡，对汉语学习者的影响也不一样，而且收集语料的难度也不尽相同，但我们建库过程中还是应该力求各种文体之间的平衡，以利比较。

目前汉语中介语语料库建设中最大的困扰是语料的话题、文体单一，存在话题重复、角度不丰富之弊。我们所建语料库以及 HSK 动态作文语料库都存在此类问题。一个学校收集而来的语料很容易产生话题、文体单调的弊端。同一门课，

同一位教师一教多年，往往形成固定模式，安排的作文练习也都雷同，带来的后果就是多年积累的语料，往往是相同话题的反复叠加。

……

追求语料收集的全面性、大而全，是语料库建设的理想状态。稀疏的数据不能反映真实的语言使用状况一直是语料库语言学遭受诟病的主要原因，但语料库也并非越大越好，尤其是在话题、文体相对单一的前提下，语料的增长，更多的可能只是相同语言因素的叠加，而语料库的功能并不一定同步增长。

追求全面性可能对话题、文体等方面的平衡有一定的作用，但不能不考虑不同背景对语料的同质性、可比性所带来的新的挑战。如何利用不同背景、不同质的语料展开后续的研究，是建库者不能不考虑的问题。

全面性与代表性之间存在一定的辩证关系。良好的全面性必然具有良好的代表性，反之则不然。全面性可从不同的维度加以考虑。主要包括:（1）母语背景。这一点由于学习者的严重不平衡，很难达到理想状态的全面。（2）语体、文体的全面性。中介语虽有口语和书面表达的不同，但由于学习者的水平有限，一段话语中文白相杂现象普遍存在而语体差异并不明显……

具有一定的代表性并不一定需要具备以上所说的全面性。从母语背景来说，建立相当规模的某一母语 / 国别背景的语料库，在特定母语背景的学习者方面就具有很好的代表性。比如：鲁东大学韩国留学生占绝大多数，福建师范大学有较多的菲律宾、印度尼西亚学生，而渤海大学则是非洲留学生居多，三校所建的相应国别的留学生语料库就很有代表性。同理，若受条件限制，仅收集了书面语料，且仅为初级阶段、仅有叙述文体，但只要有足够的量，仍然具有相当的代表性。理论上说，语料越全面越好，而在具体实践中，很难做到面面俱到的周全；所以，因地制宜地进行局部的有代表性的语料收集和建设也许有其不可替代的价值，也是必要而可行的。

语料的全面性还反映在口语语料的采录和转写方面。课堂或辅导的口语混合语料中，往往引导语（即教师或辅导教师的话语）比学生的话语更多，一般约占整个话语的 2/3，甚至更多。但收集和转录时，不可丢弃混合语料中的本族人（教师、辅导教师）的语言，这些话语提供适当的语言环境和背景，有助于分析学生的话语。如果仅仅转录学生的话语，没有适当的上下文，有时往往不知所云。【颜明，肖奚强】

（四）语料的标注问题

关于语料的标注问题。语料库语言学对语料是否标注历来存在两种截然相反的态度，一种是基于语料库的研究，主张依据一定的理论对语料进行标注，认为标注可以使语料增值；一种是语料库驱动的研究，强调“干净文本”，主张不标注，即事先不依赖任何理论，直接观察纯净文本，从中发现问题、解决问题，认为人为的标注会减少语料库的价值。对汉语中介语研究而言，标注与否各有利弊。完备的标注语料可以提取诸如遗漏、误代之类的偏误信息；但如果标注不完备，则可能误导使用者。施春宏、张瑞朋、肖奚强、周文华已经注意到对外汉语教学界大多采用基于语料库的研究方法，汉语中介语语料库的建设者们从一开始就很注重语料库的标注工作，重视标注规则、规范和标准的研制与讨论，如任海波、张宝林、肖奚强、周文华等。汉语中介语语料库建设采用基于语料库的研究方法，从本质上来说符合学科发展的需要，因为一般而言我们是理论的消费者和应用者，并不准备创造新的理论，而是依照语言理论和教学规则，发现习得规律，促进教学。对建库者而言，如果缺乏相应的理论素养和知识储备，也拿不出切合实际、可资操作的标注系统，却一味谈论创造理论，并不能解决任何实际问题。但这并不是说，标注就可以不管现有理论基础地尽可能详尽。因为理论上说，任何深加工的语料库其标注集都与当时的理论背景、建库者的学养、目标和认识相关联，任何人都不可能制定出超出时代和本人学养的所谓全面的标注集来。没有全面、合理而可行的标注集，想对语料进行全面而深入的标注，显然是不可能的。建设者和使用者都不可能指望语料库可以提供一切可能的检索，有些研究项目需要研究者亲自查阅或标注语料。语料库的标注应随着学术的发展以及建库者思想的深化而逐步细化、深入，以满足更多的检索需求；但希望毕其功于一役，期待一个语料库尽善尽美，显然也是不现实的。

观察未标注的生语料未必就是语料库驱动型的研究，完全可能是研究者接触到个别的语言现象引发了一定的思考，然后依据一定的理论，来观察或检索语料；但这个语言项目可能是无标记的，也可能是语料库中并未标注的，所以无法规模性地提取，那么只能靠研究者自己查检语料；但语料库拥有者目前一般并不提供这方面的服务。如果研究者本身不是语料库的建设者，手头没有足够的可资查检的语料，这项研究就很难展开。【颜明，肖奚强】

二 “全球汉语中介语语料库”的平衡性考虑

（一）影响汉语中介语语料库平衡性的关键因素

影响汉语中介语语料库平衡性的关键因素主要有语料采集、语料类型的确定、语料比例的安排三个方面。大规模中介语语料库建设需要在一定时间内获得符合预期建库规模和要求的语料，同时获得实现平衡性所必备的各种背景信息。在此基础上按照特定的角度对语料进行分类，确定语料的属性标签，并且安排不同类型语料的比例。【李桂梅】

（二）“全球汉语中介语语料库”的平衡性原则

建设汉语中介语语料库的目的是为汉语作为第二语言的教学研究和习得研究服务。从这个目的出发，“全球汉语中介语语料库”建设的总体平衡性原则是以汉语国际教育的现实情况为主要参照，兼顾代表性和覆盖范围。

以语料的国别来源和语别来源（指语料作者的母语）属性为例，当前汉语国际教育的现状是以韩国为首的亚洲学习者居多，同时学界对这些学习者的研究需求也相对较多，因此语料库中收入的这些学习者的语料会相对较多。同时，我们也要兼顾代表性和覆盖范围。欧美学习者、母语为阿拉伯语的学习者、来自非洲国家的汉语学习者等也都是汉语国际教育的对象，并且有的人数还在呈上升的趋势。因此语料库中也要尽量多地收入这些学习者的语料，争取最大程度地覆盖所有汉语学习者的国别和语别。

再以语料所代表的学习者的学习层次属性为例，当前汉语国际教育的现实情况是初级水平和中级水平的学习者较多，高级水平的学习者相对较少，因此语料库中初级水平和中级水平学习者的语料也会较多。然而，高级水平汉语学习者产出的语料也有很高的研究价值，尤其是在一些高级表达手段和语篇研究方面，因此语料库中也会尽量多地收集高级水平汉语学习者产出的语料，努力实现对学习者水平层次的全部覆盖。【李桂梅】

（三）“全球汉语中介语语料库”的平衡性措施

1. 语料采集方面。

“全球汉语中介语语料库建设和研究”课题组与国内外十几所高校的汉语国际

教育部门建立了合作关系，签订子课题协议书。子课题的主要任务就是采集语料（有的涉及标注）。较之简单地委托汉语教师业余收集，子课题的形式具有以下几个优势。

首先，以子课题的形式收集语料更能引起参与语料收集工作的教学部门和教师的重视，在语料真实性和语料背景信息的获得方面更有保证。其次，课题组在签订子课题的时候考虑到了地区分布，比如东部地区的高校如鲁东大学、同济大学等日韩学习者较多，西部地区如西北师大中亚学习者较多，南方地区如广西师大南亚学习者较多，南京大学欧美学习者较多等事实，这样在语料收集阶段就为语料库的国别及语别的平衡创造了很好的条件。课题组也收到诸多海外教学机构提供的语料，为实现教学和学习环境的平衡创造条件。再次，由于不同地区不同教学单位的生源不同、教学层次不同、教学优势不同，来自多个教学单位的语料客观上也使获得的语料在水平层次、文体特征和话题类型上多种多样，粗略来说整合在一起将实现语料层次、语料类型覆盖全面的预期。最后，多个高校和教学单位参与的全球共建模式大大提高了效率，缩短了语料收集的过程。

同时，“全球汉语中介语语料库建设和研究”课题组有严格的语料验收环节，不合要求或语料背景信息严重缺乏的语料将不能通过验收。

此外，课题组还将探索通过网络收集语料的形式。在信息网络高度发展的今天，学习者自己上传语料是个很好的尝试。“全球汉语中介语语料库”拟建立一个网站，提供一定的物质或其他形式的奖励，鼓励全球的汉语学习者将自己的文本语料、音频语料或视频语料上传到该网站，并填写与语料和作者相关的各项信息。

2. 语料属性标注方面。

语料属性概括来说有两大类，一是语料作者的背景信息，二是语料自身的背景信息。“全球汉语中介语语料库建设和研究”课题组制定了《语料作者背景信息表》和《语料背景信息表》，每收集一份语料都要填写表格中要求的信息。语料作者的背景属性有 17 项，语料背景信息有 10 项，合计 27 项。

大部分的语料信息标注都必须由语料采集者在语料采集的同时完成，但是“汉语水平层次、文体类别、话题类别”这三项信息需要由课题组集中填写。就“汉语水平层次”来说，因为语料来自不同国家、不同地区的不同学校，教学系统与教学内容都有很大不同，此学校的二年级和彼学校的二年级学生水平可能相差很大，而语料库中的全部语料必须有一个统一的水平量表，这样才能方便语料库使用者进行检索。因此课题组将根据语料的语言面貌，参考语料作者目前的汉语学习情况和以前的汉语学习经历统一为每篇语料标注水平等级。为了避免判别的误差，水平等级宜粗不宜细，按照学界的基本共识，分为初级、中级和高级三类。同时，语料库的使用者可以参考作者的学习背景，如写作语料时所在的学校和年级、学习经历等综合使用这一信息。

语料背景信息中的“文体类别”和“话题类别”也由课题组统一标注，以做到体系和分类角度的统一。参照学界的基本共识，并考虑收集到的大部分汉语语料的实际情况，将“文体类别”分为叙述、议论、说明，其中叙述和议论占大部分。“话题类别”分为学习生活、工作情况、个人爱好、生活经历、旅游地理、人物介绍、恋爱婚姻家庭、气候天气、社会文化、教育、交通等。这两项信息的划分比较粗疏，主要是根据所得语料的实际情况而定，不一定符合文章学对体裁和题材分类的严密逻辑。同时，这两项信息的判定不可避免地会带有一定的主观性，但根本目的是为语料库使用者选取语料提供一个大致的框架，并体现语料库的语料在体裁和题材上的基本构成。根据需要，语料库使用者也可在此基础上进行更细致的甄别。

最理想的情况是每篇语料都附带这 27 项信息，但囿于现实条件，常常收集不全。有的信息本身就没有，比如有的学习者没有参加过 HSK 考试。其他一些与学习者有关的个人信息在作者不在场的情况下再去追及也比较困难。针对这一情况，课题组除在语料收集之初强调背景信息的收集外，还将在确定入库语料时优先选择背景信息丰富的语料。

3. 确定入库语料方面。

收集到附带多项背景信息的原始语料后，小规模的中介语语料库会按照一定的原则进行抽样，之后确定入库语料。例如早前的“汉语中介语语料库检索系统”其主要做法是“损有余而补不足”，兼顾不同种类学生人数和语料来源差别的实际情况，主要考虑因素有作者、第一语言、年龄、话题类别、学时、语料类型等。对于“全球汉语中介语语料库”这样的大型中介语语料库来说，我们在考虑上述因素的同时，把工作重点放在“补不足”方面。在语料的收集工作进行到一个阶段后，我们将根据所得语料的情况，对于某些重要属性如国别、语别、水平层次等数量和比例较少的语料进行专门补充；对于数量和比例较多的，将优先选择那些各项背景信息较全的语料，放弃关键信息缺失的语料。而如果多出的语料各项背景信息都比较齐全，我们可以放在生语料中。对于当今的计算机和网络条件来说，容量已经不是问题，背景信息齐全的语料总会有它可利用的研究价值。作为一个对学习者开放上传语料的语料库建设系统来说，只要语料符合要求、背景信息齐全，我们就没有理由放弃。

4. 语料库检索系统设计方面。

中介语语料库的平衡是语料库建设者根据自己的建设理念确定下来的一种固定状态的平衡，能否满足使用者的个体研究需求无疑具有一定的不确定性。正如黄昌宁、李涓子谈母语语料库时所言，“当前解决语料库平衡问题时大部分建设者采用的还是按题材和体裁等来进行的，由于题材和体裁的分类有角度和层次的不同，因而这方面的平衡问题显然依赖于建库者对观察角度的选择、语料特征的鉴别和分类层次的分析”。这是针对母语语料库而言的，而中介语语料库平衡性涉及的属性因素和属性内部类别的划分更多更复杂，受建库者主观认识的影响也更大。同时随着研究领域的拓展和深入，语料库使用者的关注点也是不断发展变化的，这就势必在建库者的主观认识与使用者个体需求之间产生差异和矛盾。

“全球汉语中介语语料库”将通过设计有利的检索系统来降低这一差异。“全球汉语中介语语料库”的语料检索系统除了可按单个背景信息检索语料外，还将可以合并两项或两项以上的背景信息进行检索，例如可以检索某个国别的语料，也可以检索同时满足某个国别、某个水平层次、某类话题条件的语料。这实际上是根据语料的属性标签确定了多个不同的子语料库，以及不同子语料库的交集语料库。这一措施在语料库总体语料结构的框架下满足了使用者自己定义语料选取范围的要求，是由使用者自己定义的平衡，为语料库使用者进行更精细的研究提供了条件，在一定程度上缓解了建库者的主观认识与使用者的个体需求之间的差异问题。【李桂梅】

三 汉语中介语语料库的零位标注

（一）零位标注的内涵

我们认为，中介语语料库的标注对象既要包括显性言语偏离形式，也要包括潜性言语偏离形式。基础标注标注的是显性言语偏离形式（包括正确句言语偏离形式），现有偏误标注多是针对显性言语偏离形式的标注，未有效对潜性言语偏离形式进行标注。零位标注是一种特殊的偏误标注，是对有意识地回避和无意识

地遗漏产生的潜性言语偏离形式的标注。

……

卢景文指出，“零位”本身表示一定的时空，而时空是一种实体存在的外在条件，它标志着实体的存在。零位普遍存在于现代汉语之中，“零声母”“改（得）好”都是对零位这个操作的零度在共时平面下的偏离。“零位标注”在汉语中介语语料库中是对潜性言语偏离形式的标注。例如有意识地回避或无意识地遗漏语言内容和表达方式，潜性言语偏离形式可能偏离为一个语法正确却无语用意义的语句，可能偏离为一个存在语用偏误的语句，也可能偏离为一个偏误语句。前三种情况可做零位标注，第四种情况可做偏误标注，不在本文讨论之列。伊斯兰教国家的学习者对与“猪”有关的词语和话题的回避可做零位标注。“陈老师放书，书在桌子上”是一个无语用意义的句子，可做零位标注，应出现在中介语语料库中的显性言语偏离形式为“陈老师把书放在桌子上了”。“你是印尼人，你应该会说印尼语”在一定的语境无法表达出“你是印尼人，难道你不会说印尼语吗？”这个非真性询问疑问句所传达的附加言语意义，是一个存在语用偏误的偏离形式，可做零位标注。零位标注参照零声母的符号“Φ”来标注，同时标注潜性言语偏离形式的类型。【陈海峰】

（二）零位标注的类型

零位标注的类型包括五种：（1）话题的零位标注；（2）词类的零位标注；（3）关联词的零位标注；（4）句型和句式的零位标注；（5）独具汉语符号特征语句的零位标注。【陈海峰】

（三）潜性言语偏离形式

学习者有意识地回避或无意识地遗漏产生了潜性言语偏离形式，包括以下三种情况：（1）在由潜性言语偏离形式转化为显性言语偏离形式临界点前的某一时点未能输出的潜性言语偏离形式就不能出现在汉语中介语语料库之中；（2）学习者从初步习得到自动化阶段因采用包括但不限于近似词替代、随意造词、迂回表达、母语翻译等“冒险策略”有意识地回避或无意识地遗漏目标规定之内的语言内容和表达方式而产生的非有效输出；（3）学习者已经习得且达到了有效输出自动化程度，但因宗教等习俗原因有意识地回避产生潜性言语偏离形式。【陈海峰】

来源文献

［1］陈海峰．汉语中介语语料库的零位标注［J］．海外华文教育，2017（2）：174—180.

［2］李桂梅．“全球汉语中介语语料库”的平衡性考虑［J］．华文教学与研究，2017（2）：46—51.

［3］颜　明，肖奚强．论汉语中介语语料库建设的基本问题［J］．语言文字应用，2017（1）：136—144.

相关文献

［1］曹贤文．留学生汉语中介语纵向语料库建设的若干问题［J］．语言文字应用，2013（2）：127—134.

［2］崔希亮，张宝林．全球汉语学习者语料库建设方案［J］．语言文字应用，2011（2）：100—108.

［3］黄　伟．多模态汉语中介语语料库建设刍议［J］．国际汉语教学研究，2015（3）：60—66.

［4］鲁健骥．中介语理论与外国人学习汉语的语音偏误分析［J］．语言教学与研究，1984（3）：44—56.

［5］鲁健骥．中介语研究中的几个问题［J］．语言文字应用，1993（1）：21—25.

［6］任海波．关于中介语语料库建设的几点思考——以“HSK 动态作文语料库”为例［J］．语言教学与研究，2010（6）：8—15.

［7］施春宏，张瑞朋．论中介语语料库的平衡性问题［J］．语言文字应用，2013（2）：117—126.

［8］肖奚强．汉语中介语研究论略［J］．语言文字应用，2011（2）：109—115.

［9］肖奚强，周文华．汉语中介语语料库标注的全面性及类别问题［J］．世界汉语教学，2014（3）：368—377.

［10］张宝林．“外国留学生汉语学习过程语料库”总体设计［A］．张普，徐娟，甘瑞瑗．数字化汉语教学进展与深化［C］．北京：清华大学出版社，2008.

［11］张宝林．汉语中介语语料库建设的现状与对策［J］．语言文字应用，2010a（3）：

129—138.

［12］张宝林．基础标注的内容与方法［A］．张普，宋继华，徐娟．数字化对外汉语教学实践与反思［C］．北京：清华大学出版社，2010b.

［13］张宝林．关于汉语中介语语料库建设的若干重要问题［A］．李晓琪，张建民，徐娟．数字化汉语教学：2012［C］．北京：清华大学出版社，2012.

［14］张宝林．关于通用型汉语中介语语料库标注模式的再认识［J］．世界汉语教学，2013（1）：128—140.

［15］张宝林．再谈汉语中介语语料库的建设标准［J］．语料库语言学，2016（1）：21—30，115—116.

［16］张宝林，崔希亮．谈汉语中介语语料库的建设标准［J］．语言文字应用，2015（2）：125—134.

［17］张瑞朋．留学生汉语中介语语料库建设若干问题探讨——以中山大学汉字偏误中介语语料库为例［J］．语言文字应用，2012（2）：131—136.

［18］郑通涛，曾小燕．大数据时代的汉语中介语语料库建设［J］．厦门大学学报（哲学社会科学版），2016（2）：53—63.

［19］周文华．汉语中介语语料库建设的多样性和层次性［J］．汉语学习，2015（6）：97—105.

语言产业的理论探讨与发展战略

语言产业作为一种产业形态由来已久，作为语言规划的一个研究视域发端于2010年，作为国家语言政策的关注对象始于2012年。

2010年9月，我国成立了第一个关于语言产业的专业研究机构——北京语言产业研究中心。该中心是北京市语委的研究基地，依托首都师范大学设立，成立后开展了大量基础研究工作，并在两年不到的时间里就开始产出成果。2012年，我国第一部语言产业研究专著《语言产业导论》出版，《语言文字应用》杂志在第3期编发"语言产业研究"专栏论文，首届语言产业论坛召开。之后，语言产业在我国逐步发展为一个独立的研究领域。

伴随着相关研究的兴起，语言产业进入了国家语言政策的视野。2012年底，教育部、国家语言文字工作委员会（以下简称"国家语委"）发布《国家中长期语言文字事业改革和发展规划纲要（2012—2020年）》（简称《中长期规划》），提出"结合文化产业发展，注重开发语言资源，支持发展语言产业，为社会提供多样化语言文字服务"。2016年，教育部、国家语委发布《国家语言文字事业"十三五"发展规划》（简称《"十三五"规划》），进一步强调"增强语言经济意识，启动语言产业调查，大力支持语言产业发展，推动生成新的经济增长点"，并将其列为"主要任务"中"提高国家语言文字服务能力"的重要方面。可见，国家语言规划部门主要是在"语言服务"的政策思想下看待和把握语言产业问题，《中长期规划》强调通过发展语言产业为社会提供语言文字服务，《"十三五"规划》进一步强调通过发展语言产业服务国家建设（推动生成新的经济增长点）。

国内学界关于语言产业的研究可以分为两大部分，一是探讨相关基础理论问题，包括语言产业的内涵定义、外延界定（业态分析）、要素分析，以及经济贡献度计算、经济增长理论机制等；二是深入语言培训、语言翻译、语言技术、语言康复、语言会展等具体业态，考察各业态发展现状及未来趋势，述介国外发展经验，探讨面临问题及对策措施。值得关注的有以下方面：

——语言产业的概念定义。贺宏志（2012）认为，"语言产业是以语言文字作为生产的原料和内容（语言本体），或是以语言文字作为加工处理的对象（以语言为工具），生产各种语言产品或提供各种语言服务的产业”，涉及语言资源、语言价值、语言技术、语言产品、语言市场、语言消费、语言职业、语言人才、语言经济等范畴。陈鹏（2012）将语言产业界定为“以语言为内容、材料，或是以语言为加工、处理对象，生产出各种语言产品以满足各种语言需求的产业形态”。黄少安等（2012）认为，语言产业是“采取市场化的经营方式生产语言类产品或者语言服务，以满足国家或者个人对各种语言类产品或者语言服务的多层次需求的一种生产和服务活动”。三个定义之间，前两个大同小异，而与第三个有两处差异：前者的中心词是“产业（形态）”，后者的中心词是“生产和服务活动”；后者强调“市场化经营方式”，前者未明确。就此而言，语言产业是否包括公共财政投入的“语言事业”，值得进一步探讨。

——语言产业的经济贡献度。苏剑（2014b）阐释了语言产业对经济增长的理论机制，认为语言产业可以对经济增长产生直接和间接的影响，直接影响主要表现在语言产业的产值不仅是GDP的组成部分，而且语言产业可以培养专业的语言人才，提升和盘活人力资本容量，促进经济增长；间接影响表现在繁荣市场、新市场的开辟等。陈鹏（2016）在语言产业经济贡献度研究的视野下，考察了语言产业的边界、语言产业经济统计等问题，指出：语言产业相关经济数据的统计存在“语言产品边界不清”和“语言产业基本标准缺乏”两大难题，因此语言产业经济贡献度研究的目标应当不限于某个细分的语言行业，而是尽可能提供一个较全面的语言产业规模数据及相关分析；可以“优先在几个主要的语言行业中尝试建立相关的统计标准、统计方法和统计渠道，然后再合理地测算出整体的语言产业规模”。

——语言产业发展战略。黄少安等（2012）在分析我国语言产业发展状况的基础上，提出了五大策略：尽快制定基于国家经济社会发展总体战略的语言产业战略，重视语言经济学研究及其成果的普及，重视相关人才培养和技术支持，制定和完善相关的法律和政策，围绕语言产业的相关统计指标建立数据库。苏剑（2014a）进一步提出，要借鉴西方国家构建与发展语言产业的经验，制定语言产业分类标准、构建数据库，实现语言产业、文化产业、教育产业良性互动，重视语言产业人才培养和技术支持，开发利用少数民族语言资源、获取语言资源红利，制定和完善相关法律和政策。

——语言产业政策。贺宏志、陈鹏（2013）从经济政策的视角提出了产业政策的框架体系，包括产业扶持政策（科技扶持、财政税收扶持、金融扶持）、人才培养政策、规范市场管理政策、建立语言产业科技园区、知识产权保护等。刘国辉等（2013）认为，应建立语言产业的分类标准、实施水平管制、建立产学研一体的开发管理体系。

——语言产业的具体业态及其发展方略。在业态分类方面，陈鹏（2012）、贺宏志和陈鹏等（2013）将语言产业分为三大类（语言能力产业、语言内容产业、语言处理产业）和九个具体业态（语言培训业、语言出版业、语言翻译业、语言文字信息处理业、语言艺术业、语言康复业、语言会展业、语言创意业、语文能力测评业）。在各业态发展方略方面，刘国辉和张卫国（2013）、李艳和陆洁（2013）、高传智（2013）等已有研究主要涉及语言翻译、语言培训、语言科技（语言文字信息处理）等产业，内容包括国外经验、国内现状和发展措施建议。

此外，也有学者对我国语言产业研究状况进行了综述，如丁云亮和李源（2014）、徐艳平（2014）等；还有学者探讨了特定区域、地域语言产业的发展方略，其中广西关注度最高，浙江次之，其他还有北京、河北、河南、海南等。

总体上看，近年来我国关于语言产业的研究逐年升温，从交叉学科、边缘学科的现象研究到范式研究，逐步走向成熟。

2017年，我国举办了“首届中国北京国际语言文化博览会”，既展示了国内外各语言产业业态的发展现状，自身也是语言产业的一种业态，进一步带动了相关研究的深入开展。2017年值得关注的研究内容主要有：（1）在相关理论问题探讨方面，李艳（2017a，2017b，2017c）提出了将提供公益语言服务的政府机构、语言事业单位也纳入语言产业调查与研究范畴的“大语言产业观”，这显然与早期黄少安等（2012）对语言产业“市场化”性质的认定不同，十分期待有更多学者加入探讨；张日培（2017）探讨了语言产业与语言政策的关系，认为语言产业既是语言政策的实施手段和决策依据，也应是语言政策的管理对象。（2）在产业发展战略和产业政策方面，陈鹏（2017）梳理了我国语言产业的发展历程；沈骑（2017）提出了语言产业规划的六个维度；贺宏志（2017）进一步强调了对语言产业开展经济统计的重要性，并提出了具体建议。（3）在具体业态的发展方略方面，年内研究主要涉及语言培训业、语言会展业、语言康复业，其中，廖敏、高立群（2017）关于美国语言康复业法规保障的研究尤其值得关注。（4）在地区语言产业发展方略方面，年内研究主要涉及山东、广西、海南等地。

2017年值得关注的研究内容摘编如下：

一 语言产业研究的有关理论问题

（一）公共语言服务的产业属性探讨

近两年，随着学界对语言服务、语言产品相关问题研究的不断深入，特别是我国建设服务型政府的步伐不断加快、效果逐渐显现，语言产业研究者也开始更多地思考公共语言服务与语言产业的关系问题，认为包括语言政策与规划、语言规范与标准、语言资源整理与保护、通用语言的推广、语言数据库建设以及语言研究在内的非营利性的公共语言服务是语言产业发展的重要基础，因此，有必要观照语言产业的整体建设与发展环境，为其研究设立一个相对宏观的研究边界，即不拘泥于营利与否，将提供公益语言服务的政府机构、语言事业单位也纳入到语言产业的调查与研究范畴。

我们可以将这种界定方式称为“大语言产业观”，以区分于之前对于“语言产业”的基本界定，同时，需要明确的是，“大语言产业观”不是对语言产业边界的无限放大，也并非是对“语言产业”基本界定方式的否定，而是基于对语言服务体系，特别是对公共语言服务与营利性语言服务（语言商品）相互间关系认识的不断深入而提出的一个研究概念，或是统计意义上的概念。【李艳（2017a）】

（二）语言政策视角下的语言产业研究

在语言政策视角下，语言产业有三个角色身份。

其一，政策手段……作为生产语言产品、供给语言服务的经济业态，语言产业是语言政策实施的重要柔性手段，同时还是重要的隐性手段。一个在语言政策规划指导下的成熟的语言产业体系，可以并应当在协调语言关系、消弭语言冲突、传播语言规范、实施语言保护、促进语言教育、提高语言能力、传承语言文化、落实语言服务，尤其是弥补政府公共语言服务的不足等方面，发挥重要作用，进而对人们的语言意识和语言行为施以潜移默化的隐性影响……

其二，决策依据。语言产业的蓬勃发展必将广泛而深刻地改变人们的语言生活，语言生活的变化发展呼唤与之相适应的语言政策。比如语言技术、语言培训等产业的发展将影响甚至改变人们对语言、语言问题、不同语言之间关系，尤其是语言多样性和发展性的看法，从而影响语言政策在解决语言问题时的价值判断和路径选择。为此，应密切关注、深入研判各业态语言产业发展在哪些方面、以何种方式、在何种程度影响并改变了语言生活，进而探讨语言政策应当如何相应做出调适。

其三，规划对象。鉴于语言政策与语言产业的互动关系，国家应当将语言产业纳入语言政策体系的重要方面，予以科学规划。在科学规划的基础上制定语言产业政策，需要妥善处理好三对关系。第一，政府和市场的关系……第二，自上而下与自下而上的关系……第三，语言产业的语言责任与经济责任的关系……主要从语言政策中获得机遇和资源的语言产业，当然有义务履行实施语言政策的责任，问题在于语言政策如何监督指导各产业形态中的市场主体自觉履行这种责任并为此放弃部分经济利益。其背后的根本理论问题是，语言产业的公益性目标与营利性目标如何兼顾，语言的经济功能与政治、文化等其他功能的关系如何处理。

从上述三个角色身份看，语言政策视角下的语言产业政策体系至少应当包括产业布局、发展重点、扶持措施、监督管理等方面的内容，而该体系的成型有赖于充分的基于语言政策视角的语言产业研究。【张日培】

（三）语言消费的基本理论问题与研究框架

什么是“语言消费”？为什么要研究“语言消费”？应如何研究“语言消费”？可以搭建一个怎样的“语言消费”研究框架？这些问题是语言产业、语言服务研究领域亟待关注与思考的，同时，也是与语言规划、语言战略、语言政策等领域的研究密切相关的。

随着国内学者对“语言产业”研究的关注，“语言产品”的概念也逐渐清晰。以语言为核心要素或主导要素、以满足某种语言需求为目标的产品形态，都被归入“语言产品（服务）”，对这些语言产品（服务）的消费，都属于“语言消费”。如果将“语言消费”研究拓展到传播学、社会学、经济学等人文社会科学领域，那么，“语言服务”的主体随之扩大，可以从语言行业拓展到非语言行业。广义的“语言消费”包括了以语言产业为供给主体的“典型性语言消费”和以窗口服务行业为供给主体的“伴随式语言消费”。其中，对以政府、非营利性质的科研院所、社会公益机构为供给主体的语言政策、语言文字规范标准、语言教育、语言数据、语言康复等服务的消费，可归入“典型性语言消费”。

在“语言消费”研究中，需要根据语言产品（服务）的特性进行分类，在统

一分析的基础上，探讨不同类型语言产品（服务）的消费动因、需求、方式以及所适用的研究方法。

西方的消费理论、行为消费理论、消费社会学研究以及国内外关于文化消费、语言经济学的研究可以为“语言消费”研究提供一定的理论基础和方法借鉴。在此基础上，还需要把握语言消费相对于其他消费的差异性、独特性，从而搭建适用于语言消费研究的基本框架。对于语言消费中与文化消费有交叉的部分，可以借鉴文化消费研究的分析方法；对于语言消费中相对独立、不属于文化消费的部分，需要对产品（服务）特性以及消费者的消费动因、需要等进行分析，确定其适用的分析方法。同时，借鉴西方经济学、社会学中对影响消费、文化消费的宏观环境、收入、社会阶层、文化资本、偏好、消费惯性等要素的研究及其具体的测量方法，结合当前语言产品（服务）消费的特性，确定适当的研究方法。

语言消费研究可以根据研究纵深度的开掘，划分为三个层次：第一层为关于“是什么”的语言消费基础问题研究（研究内容包括语言消费的主体、对象、需求、方式以及供给主体、供需状况、供给对策等）；第二层是关于“为什么”的语言消费“动力机制”研究（研究内容包括语言消费需求的形成机制、影响语言消费行为的内部与外部因素、语言消费习惯的稳定程度及其动态变化过程、“理性消费致瘾”和“消费中学习”在语言消费中是否存在及其作用模式等）；第三层为关于“怎么样”的语言消费贡献度研究、关于“怎么办”的语言消费宏观决策研究（研究内容包括语言消费的现有总体规模及潜在规模、语言消费对于语言产业发展和国民经济发展的推动作用、国家相关语言规划与语言政策等）。

语言消费研究的框架中，三个层面的研究既层层推进，又首尾相连，第三层直接为第一层所提出的供需问题做出宏观决策的回应，通过国家语言规划与语言政策研究，回应前两个层面研究所发现的问题，探讨语言消费与国家战略的关系，并思考如何从宏观规划与政策层面解决语言消费中存在的问题，从而在柱形框架的基础上，又构建了一个循环往复的关联系统。【李艳（2017c）】

二　语言产业发展的历史进程与战略规划

（一）中国语言产业的兴起

随着改革开放的历史进程，语言的基础性地位、社会文化地位以及市场地位日益突显，各方面的语言需求被激发出来，中国规模化的语言产业才得以呈现。概括起来，主要有以下几个方面：其一，社会的开放与流动激发语言需求……其二，市场化进程促使语言能力成为一种重要的竞争力……其三，语言类考试的刚性地位决定了语言经济活动最基本的市场地位……其四，国际化、全球化进程激发外语需求……其五，信息化导致新型语言产业的兴起……其六，综合国力的提升促使汉语的国际化需求迅速增长。

上面的因素聚合起来，加上国内的人口规模和市场规模，中国语言产业的兴起和持续增长就成了必然。其中，全球化（多语需求）和信息化（语言技术进步）是两个最重要的引擎（李宇明 2011）。【陈鹏】

（二）中国语言产业发展的三次浪潮

近 30 年，中国语言产业的发展势头一浪高过一浪，表现为三次浪潮。三次浪潮不同于三个发展阶段，它们是前一波推着后一波，后一波在某种程度上叠加了前一波的内容，或者说每一波都以某种方式汇入到新的浪潮之中。

1. 第一次浪潮（1990 年起）：传统语言产业的发展。

改革开放后，市场经济快速发展，对外开放程度不断增加，个人和单位的各类语言需求被空前地激发出来，因而导致了中国语言产业的第一波发展，这一波发展的主体是传统语言产业。在这一波发展中，外语需求最为显著：一类是个人的外语学习和外语考试需求，它的目标是提升个人的外语能力；一类是企业的外语需求，无论是中方企业“走出去”，还是外方企业“走进来”，都需要专业的多语种服务。

……

总体上说，传统语言产业的这一波发展浪潮大致起于 1990 年，在 2005 年前后达到高峰。之后，它虽然仍有一定的规模性增长，但从宏观上来看，传统形态的语言产业已经增长乏力，如纸质出版、面对面的课堂培训、人工翻译以及卷面测试等产业形态已经不可能对语言产业的内部结构产生根本性影响，也很难激发出新一轮的语言需求。

2. 第二次浪潮（2000 年起）：语言信息技术产业的兴盛。

如果说语言产业的第一次浪潮主要是社会开放、语言交往的直接需求所导致的，那么语言产业的第二次浪潮则是语言信息技术革命所引领的。

……所谓语言信息技术产业就是运用计算机、网络等信息技术对自然语言进

行信息化处理和运用的产业形态，在这个产业形态中，语言信息技术及设备本身就是语言产品。

……以 2010 年为例，据估算，国内包含语言翻译、语言培训、语言出版、语言信息技术等的整个语言产业的总产值应不少于 2000 亿。其中严格意义上的语言信息技术产业应不少于 300 亿，至于其他与语言信息技术应用直接相关的语言教育、语言出版等产值应占有更大的比例。

3. 第三次浪潮（2010 年起）：基于全方位语言信息技术的语言产业。

一波未平，一波又起，在语言产业的第二次浪潮和第一次浪潮之间产生融合效应之后（不是简单叠加），当互联网技术和智能手机终端深度整合成新的应用平台时，便催生了语言产业发展的第三次浪潮，即基于全方位语言信息技术平台的语言产业，换一种说法就是专业语言服务或语言产业的信息化时代。语言信息技术的发展首先是催生了新型的语言信息产业，诸如输入法产业、智能语音产业、机器翻译产业、语义智能产业等；同时，这些语言信息技术不断渗透到培训、出版、翻译、测试等传统语言产业之中，形成一个基于现代信息技术的语言产业形态；尤其是互联网技术和智能手机终端的广泛应用，使得语言产业的新一轮发展不再是规模性数量上的增长，而是质的变化。与传统语言产业相比，我们可以把这个基于信息技术的语言产业称为语言产业 2.0 版。这一波浪潮将长期引领语言产业的发展。

……

从全球角度看，中国的语言产业进程基本与世界同步，这主要是因为中国抓住了全球化、信息化的产业发展机遇。从语言产业的内在进程看，语言产业的发展就是与信息技术不断融合的过程。由于自然语言本身就是一种信息形态，导致语言产业的“信息技术 +”与其他产业的“信息技术 +”有着根本的不同。语言产业的最新发展将围绕人工语言智能展开……不同形态的语言产品都将不同程度地融入语言智能这一新的技术平台，未来语言产业的发展无疑将是“语言智能 +”的时代。【陈鹏】

（三）语言产业战略规划的六个维度

事实上，语言产业不仅要将语言视为工具，还应当从语言作为资源的角度思考战略规划问题。语言资源观最早由美国著名语言学家鲁伊兹提出，他认为语言资源性包括语言工具性取向，但并不仅限于此，如果过度强调语言工具性，会致使语言资源性在智识、文化、政治、社会和权利等方面的价值形式被忽视。鲁伊兹语言工具性和资源性的辩证论述阐明了两者之间的博弈关系，而非二元对立关系，这一观点对于语言产业研究有所启示。我认为语言产业战略规划应该从如下六个维度开展全面规划。第一，经济维度。在全球化3.0时代，语言产业战略规划需要进一步开发新兴语言产业，拓展语言消费和语言服务的深度和广度，最大限度地创造语言红利。第二，智识维度。在信息化和大数据时代，以语言智能、语言技术和语言创意产业为重要业态代表着未来人工智能的发展方向，也是国家科技创新变革的核心领域之一，前景大好。第三，文化维度。语言产业也是国家文化产业发展的主力军。在语言文化知识库建设方面，当前，国家全球治理战略急需建立一个全球知识体系，而语言文化知识库则是这个全球知识体系的基础资源，具有重要战略价值。此外，语言产业也需要为提升国家跨文化语言能力提供文化维度的支持。第四，社会维度。语言产业作为新兴产业，需要尽快在国家产业格局中建立产业体系和分类标准，进入社会大众的视野，提升全社会的语言产业意识。第五，政治维度。语言产业发展肩负着重要政治使命。如服务“一带一路”汉语国际传播，各类对外型语言辞书的编纂工作就是一项政治任务，必须尽快提上议事日程。第六，权利维度。语言产业不能盲目逐利，也应该承担一定的社会责任。语言康复等语言服务产业对特殊弱势群体语言权利保障方面具有重要意义，需要得到全社会的关注和支持，这是营造和谐公平语言社会的关键问题。【沈骑】

（四）语言产业发展与国民经济统计

语言产业统计工作是发展语言产业的一项基础性工作。只有掌握了语言产业发展状况的基础数据，才能客观、全面、真实地了解中国语言产业基本状态，才能把握其总体规模、产业结构特征、发展现状和未来趋势，并在此基础上制定语言产业发展政策。为此，应着手建立语言产业统计调查制度，将语言产业统计纳入国民经济统计核算体系，列为统计部门常规统计工作内容。

产业统计工作是该产业发展到一定成熟度的产物，反过来，产业统计纳入国民经济统计体系又将极大地促进该产业的发展。这些年来，中国语言培训、语言翻译、语言出版、语言文字信息处理、语言艺术、语言康复、语言创意、语言能力测试等语言产业的各业态都得到了快速发展，目前语言文字工作部门、文化产业管理部门、投资方、企业、研究机构等都急需语言产业数据，但由于没有建立国家层面的语言产业统计调查制度，因而无法开展面向数量巨大的语言产业活动单位的数据采集工作。

……

建议国家开展语言产业统计工作，由国家统计部门牵头，语言产业各业态涉及的相关部门配合，研究发布《国家语言产业统计分类》；确立语言产业统计指标体系，建立和完善语言产业统计调查制度，对语言产业统计调查工作进行统一部署；把语言产业纳入国民经济统计体系中，统一测算语言产业对 GDP 的贡献；整合统计资源，依托全国统计系统的队伍优势，将语言产业统计归口到统计部门；每年发布语言产业统计数据，为研制语言产业政策、加快发展语言产业发挥指导和引导作用；统计工作兼顾生产和消费两条主线，促进语言产业活动上下游链条更完整。【贺宏志】

三 领域语言产业发展方略

（一）语言培训业

从国家语言战略出发所制定的语言培训相关政策、提供的公共语言服务，是以国家利益、社会利益为目标的公共抉择，其主要是一种政治考量；个体的语言培训产品（服务）消费决策与行为，是以自身利益、家庭利益为目标的，其主要是一种经济考量。当然，前者在以政治为主要诉求的前提下，也会带来经济方面利益的回报；后者在以经济为主要诉求的前提下，也会通过自身人力资本的提升，为家庭积累更多的社会资本，从而实现向上的社会流动。

从国内外语言培训产品（服务）的供需状况来看，国家语言战略或是直接对个体的语言消费行为形成影响，或是通过市场这只“看不见的手”来影响后者；同时，凝聚了众多个体的需求也会通过市场将信号传递给国家，从而对国家语言政策的制定产生影响。

当前我国语言培训业态发展的相应对策：（1）由国家语言文字主管部门牵头，对语言培训产品（服务）的大“产业链”进行统筹分析，提高供给效能；（2）建立行业准入和自律机制，对语言培训市场进行有效监管，推动语言培训服务规范化、标准化；（3）定期调查、发布语言培训行业调查报告，及时关注、合理引导语言培训产品（服务）的消费行为。【李艳（2017a）】

（二）语言会展业

语言会展业对语言产业的促进作用可具体归纳为:（1）推动语言服务升级;（2）提升语言技术水平;（3）培育语言产业品牌;（4）促进语言产品贸易;（5）优化语言产业结构;（6）整合语言产业链条。从欧洲语言会展业情况来看，语言会展以其高效、多赢的物质交换、精神交流、信息传递，带来可观的经济效益、显著的社会效益。

在我国，语言会展业要实现“初创阶段”稳健起步,“成长阶段”与其他关联产业协调发展,“成熟阶段”具备较强的持续发展能力，需做好以下工作：加快推进立法进程；科学制定发展规划；引导行业组织发展；培育语言会展产业链；鼓励全方位的会展创新；建立展后跟踪反馈机制；集中力量，打造知名语言会展品牌；面向市场，推出特色鲜明的语言会展；合理谋划，推动语言会展梯度布局；深入挖掘，发展语言文化节庆旅游；加强专业人才教育培训；重视应用现代信息技术；建立语言会展业统计指标。【王巍，戈兆一】

（三）语言康复业

语言康复行业是一个面向特殊人群提供产品与服务的行业，这也决定了其较为复杂的行业性质。语言产业研究者将其列为与语言培训、语言翻译等行业并列的一个语言产业分支行业，是基于对该行业中提供“语言商品”的那一部分主体及其经济活动的性质界定；但同时，该行业所提供的部分产品与服务并非是以营利为目的的，其属于“语言福利”，其供给主体可以是政府部门、事业机构，也可以是语言产业所属企业或是其他企业、社会团体。因此，语言康复行业是融公共语言服务、语言产业服务于一体，既提供“语言福利”性质的“语言产品”，又生产、销售“语言商品”的行业。并且,“语言福利”性质的语言康复服务还不同于一般的公共语言服务，其关系到语言弱势人群的平等发展和社会的整体进步，与语言规划服务、语言政策服务一样，属于国家语言服务。那么，对于这样一个具有特殊性的行业现状与发展的考量，要兼顾经济价值与社会价值，并且要理清其经济价值与社会价值的关系，认识到经济价值的创造与提升对于实现社会价值的重要性。

语言康复业态由技术与业务的指导机构、诊断与治疗机构、研究与人才培养机构以及语言障碍诊疗、康复所需的硬件设备的设计、生产和销售机构组成。目前从全国来看，不同省份之间、城乡之间在语言康复服务的供给能力上还存在着明显的差距。除了语言康复服务机构、语言康复服务人才在全国分布的不均衡之外，患儿家长对语言障碍问题的了解程度、认识水平以及患者家庭的经济状况也成为影响语言康复服务供给的一个因素。因此，语言康复服务能否及时跟上、满足需求，不仅是医学问题、语言学问题，更是一个社会问题。

对导致语言康复供给难以满足需求的制约因素进行有效分析，探寻对策，科学制定行业的发展规划，是语言康复行业实现健康、快速发展的重要前提。(1)作为国家语言服务的重要内容，语言康复服务需要语言学领域的有效参与。(2)创造性解决资金问题，提高语言康复服务的覆盖率。(3)多途径解决机构和人才问题，更好地满足语言康复服务需求。(4)推进融合教育，为语言康复营造良好的社会氛围。【李艳（2017b）】

从语言康复产业要素的分析观点出发，对照美国的相关立法情况，结合中国国情，对中国未来语言康复相关法规建设提出以下建议。

1. 语言康复产品和服务应摆脱“医学主导模式”。

中国目前将语言康复理解为“医疗服务”，这一误区有公众缺乏知识的原因，但也有主管部门在法规建设方面有以医代教的倾向。政府将语言康复等同于医学康复，将医学康复等同于医学治疗的错误认识非常普遍。于是，语言康复服务部门的设置、语言治疗职业技能的认定、语言康复费用的报销等都绑定在医院和医生身上。事实是，医院和医生大多仅能提供患者器质性疾病的诊断和治疗，而对语言功能康复则知之甚少，无能为力。

美国不仅早在1975年就从法律上将语言康复和医疗服务进行了严格区分，而且在语言康复的执行上也有具体体现。美国54%的语言治疗师在学校系统工作，而在医院工作的仅占12%。正是因为语言康复服务和医疗服务的彻底分离，才造就了美国语言康复产业在20世纪80年代以后的蓬勃发展。

造成中国目前语言康复“医学主导模式”的原因有认识不足和发展阶段的局限，但不可否认“利益驱动”也是其中的重要原因。因此，应从残疾人康复立法方面对语言康复服务和医疗服务进行严格区分，使语言康复产业尽早摆脱医疗产业的束缚。

2. 语言康复需求应通过法规的详细规定贯彻个别化精准康复的原则。

障碍人士的差异非常大，难以用同样的方法去康复和教育所有的人。因此个别化教学已经是目前国际语言康复和特殊教育领域的共识。欧美等发达国家包括中国的台湾和香港地区都以法律的形式规定了个别化教学的计划、实施、考核的程序、方法和执行责任人。中国最近推出的《残疾人教育条例》虽然明确提出了实施个别化教学的要求和原则，但是对实施的具体步骤和办法没有进一步说明。因此应通过具体的法规条文将个别化教学和精准康复的理念落实下来。

3. 语言康复消费对象应与医疗消费对象区分开。

中国目前的几部法规仍旧以“疾病”和肢体“残缺”为依据，将“残疾人”界定为特殊教育和康复服务的主体。这有悖于现行的“国际功能分类标准”，导致语言康复服务的对象限制在患有疾病的个体。虽然很多需要进行语言康复的障碍人士患有某种疾病，但是还有很多没有疾病的人也存在语言沟通障碍，例如口吃、阅读障碍、特殊语言障碍和学习障碍等都需要进行语言康复，而且这类人群的比例要比因患病而导致语言障碍的人群高数倍。因此，未来有关特殊教育和康复服务的法规建设应采取“国际功能分类标准”来界定语言康复对象，才能扩大语言康复的消费群体，促进语言康复产业服务规模的升级。

4. 语言康复职业应通过国家的法规明确列入职业大典。

国际康复专业在70年前就已开始行业细化和专业分化，语言治疗师、听力师、物理治疗师、职业康复师、呼吸治疗师等早已先后成了专门职业，所属专业、学科、人才培养模式、就业岗位和服务类别都各成体系。并且这些行业细化和分工在法律层面都已明确。而中国目前仍以“康复治疗”笼统地囊括上述所有专业。这种状况不仅导致语言康复、物理治疗和职业康复的人才培养严重落后，而且所培养的人才也处于“门门学过，样样稀松”的状态，临床服务质量和康复水平很差。因此应通过国家职业法规建设，将语言治疗师、听力师等列入职业大典，从就业岗位和职业定位角度解决束缚语言康复人才培养的问题，为语言康复产业源源不断地提供人力资源。

5. 语言康复产业投入应坚持中央政府主导、地方政府主体、社会各界协助的方向。

中国目前由政府每年投入特殊教育领域的经费已达到35亿左右，医疗领域也有近50亿的资金投入康复领域。但是这些投入绝大多数都是中央政府的投入，而地方财政的投入除个别省市外，基本上很少。造成这一局面有多种原因，不一而足。但是解决的有效方法只有一个，就是通过立法强制要求地方财政为特殊教育和康复提供财政投入。虽然语言康复产业具有社会公益的属性，但是仅靠社会公

益捐助和中央财政的投入是远远不能解决问题的。语言康复产业的发展必须坚持地方政府承担主体责任。【廖敏，高立群】

四 区域语言产业发展方略

（一）山东

地方政府支持语言产业的发展具有很强的必要性，可以服务国家发展战略，增强文化“软实力”……地方政府支持语言产业的发展具有可行性，以山东省为例，表现在:（1）多数高校都设有语言专业、学院，包括汉语、外语，而且有不少的语言资源开发与应用的平台、语言服务的平台，发展语言产业有很好的学科基础;（2）人口大省，语言服务需求量大;（3）与日韩相邻，具有地域优势;（4）绿色环保。语言产业是典型的“知识经济”“低碳经济”“绿色经济”产业。发展语言产业不会造成环境的破坏与污染，这与当前经济发展，特别是胶东沿海经济发展方向是一致的;（5）环境优美，气候宜人，可以吸引大量的语言产业人才……语言产业与其他产业不同，它需要的其他自然资源较少，当前的互联网基本可以满足其需求，因此，在胶东地区发展语言产业具有得天独厚的条件；我们应该把当前自发的、分散的相关业态聚集在语言产业这一平台上加以培育、扶植，产生聚合效应，促成自觉发展，有助于形成新的经济增长点，有助于生成新的业态形式和新兴职业，有助于扩大就业和创业。【亢世勇】

（二）广西

民族语言产业和效能在各民族语言中具有不平衡性，11 种少数民族语言中，壮语使用人口众多、分布区域广泛，其交际价值和文化价值比较凸显，由此所引起的经济附属价值也相当明显。目前，壮语在语言教育和培训、语言传媒、语言出版以及语言翻译和信息处理等方面具有产业的规模化倾向和较为明显的经济效能。与壮语相比，广西其他民族语言由于交际人口、交际区域的限制，语言的经济功能难以得到体现。

广西各民族语言的产业类型比较单一化。以状语为例，状语的教育培训及与此相关的图书出版产业发展具有一定的规模化，取得了较好的经济效能，而其他如壮语翻译、壮语信息处理、壮语会展、壮语创意等经济效能不明显。各民族语言产业的语言和区位优势没有得到有效的发挥。广西各民族语言产业的发展还未形成规范化和协调性管理。没有构成有组织的、规范化的体系，制约了广西民族语言产业的发展，形成不了规模化的产业链。【樊中元】

整体看，广西语言服务产业的发展远远落后于经济发展的需求，语言产业的发展仍存在许多亟待解决的问题。为适应“一带一路”建设需要，应科学构建起广西的语言服务产业体系，可从以下几方面着手：（1）尽快制定适应民族地区经济发展的扶持语言产业的相关政策。（2）制定语言产业规范政策，使语言产业实现规范化管理。（3）创建以“多元语言服务体系”为核心的多元语言服务环境。（4）提升语言服务意识。（5）积极建设语言资产管理平台。【郑丽萍】

（三）海南

海南语言产业的业态主要分布在旅游业领域、外语教育培训、翻译服务三个方面，且已经积累了一定发展基础。（1）旅游业。为进一步推动海南旅游行业国际化语言环境建设，营造良好的国际语言氛围，提升海南旅游服务质量和水平，海南省旅游发展委员会于 2016 年 3 月制定和公布了《海南省推进国际语言环境建设三年行动计划》，该行动计划从旅游行政管理人员、旅游业从业人员、公共场所标示系统、旅游咨询系统等多个方面确定了提升语言服务的具体任务。（2）外语教育培训。目前，海南高等教育在培养小语种人才方面虽然积累了一定基础，但仍有很大差距。海南的外语培训行业也起步较晚，目前还没有形成规模效应。（3）翻译服务。存在专业翻译人才较少、缺乏长远发展理念、政府部门监管不力等问题。

对策建议：（1）海南地处“海上丝绸之路”的门户位置，要以此为契机，打造面向东南亚、辐射东北亚的语言产业基地。（2）要加强与其他产业结合，优先发展旅游—语言产业、会展—语言产业和创意—语言产业等复合型业态。（3）将语言服务全面融入海南全域旅游规划和营销的过程。（4）加强海南本地区和区域间的产学结合，加快培养语言服务人才。【程海东】

来源文献

［1］陈　鹏 . 当代中国语言产业发展的三次浪潮［J］. 语言战略研究，2017（5）：20—28.

［2］程海东 . 海南省语言产业现状及发展路径分析［J］. 新东方，2017（4）：54—57.

[3] 樊中元.广西民族语言产业及其经济效能特征分析[J].桂林师范高等专科学校学报，2017(3)：41—44.

[4] 贺宏志.应将语言产业纳入国民经济统计体系[J].语言战略研究，2017(5)：59.

[5] 亢世勇.地方政府应该支持语言产业发展[J].语言战略研究，2017(5)：62—63.

[6] 李　艳.基于大语言产业观的语言培训业供给侧治理思考[J].语言战略研究，2017a(5)：40—47.

[7] 李　艳.基于语言服务视角的语言康复行业状况及对策研究[J].语言政策与规划研究，2017b(1)：44—45，92—93.

[8] 李　艳.语言消费：基本理论问题与亟待搭建的研究框架[J].语言文字应用，2017c(4)：132—141.

[9] 廖　敏，高立群.美国语言康复业快速发展的法规保障及其启示[J].语言战略研究，2017(5)：29—39.

[10] 沈　骑.语言产业战略规划的六个维度[J].语言战略研究，2017(5)：61—62.

[11] 王　巍，戈兆一.语言会展业：欧洲经验与中国发展路径[J].语言战略研究，2017(5)：48—58.

[12] 张日培.语言政策视角下语言产业的角色定位[J].语言战略研究，2017(5)：60.

[13] 郑丽萍."一带一路"经济发展战略中广西地区语言服务产业体系的构建[J].长沙大学学报，2017(6)：29—33.

相关文献

[1] 陈　鹏.语言产业的基本概念及要素分析[J].语言文字应用，2012(3)：16—24.

[2] 陈　鹏.语言产业经济贡献度研究的若干问题[J].语言文字应用，2016(3)：86—93.

[3] 丁云亮，李　源.我国语言产业研究的现状与前景[J].湖南大众传媒职业技术学院学报，2014(6)：68—71.

[4] 高传智.当前我国语言产业的发展状况及相关思考[J].云南师范大学学报(哲学社会科学版)，2013(5)：48—54.

[5] 贺宏志 . 发展语言产业，创造语言红利——语言产业研究与实践综述 [J]. 语言文字应用，2012（3）：9—15.

[6] 贺宏志，陈 鹏 . 语言产业引论 [M]. 北京：语文出版社，2013.

[7] 黄少安，苏 剑，张卫国 . 语言产业的涵义与我国语言产业发展战略 [J]. 经济纵横，2012（5）：24—28.

[8] 李 艳，陆 洁 . 产品供给视角下的美国语言教育培训行业分析 [J]. 云南师范大学学报（哲学社会科学版），2013（5）：41—47.

[9] 刘国辉，张卫国 . 从“产业倡议”到“语言红利”：加拿大的语言产业及其对中国的启示 [J]. 云南师范大学学报（哲学社会科学版），2013（5）：34—40.

[10] 苏 剑 . 构建和发展我国语言产业的思考 [J]. 中国社会科学院研究生院学报，2014a（2）：108—112.

[11] 苏 剑 . 语言产业对我国经济增长贡献率的定量估算 [J]. 社会科学家，2014b（4）：57—60.

[12] 徐艳平 . 我国语言产业研究的现状与前景 [J]. 黄河科技大学学报，2014（6）：103—105.

第三部分

理论篇

家庭语言政策研究

家庭语言政策（也称“家庭语言规划”）是语言政策与规划领域一个新兴的研究热点。20 世纪 80 年代末，Cooper 指出，语言的规划不仅运作于宏观层面，也运作于微观层面，因此语言政策也同样适用于较小的社会群体，一些研究视角逐渐开始放在家庭层面；Spolsky 于 2004 年首次在界定语言政策的适用范围时加入了社会群体存在的最小单位，划定了语言政策的七个范围，包括家庭、学校、宗教及宗教组织、工作场所、当地政府、超国家群体以及国家组织，此后家庭语言政策正式作为语言政策的一个微观领域引起了很多研究者的关注（参见李丽芳 2013；叶小燕，高健 2016）。

根据 Spolsky（2004）的“语言政策三要素论”，家庭语言政策也相应包括三个层次的内容:（1）家庭语言信念（也称“语言意识形态”），即家庭成员对所选择使用的语言所持的态度和观念;（2）家庭语言实践，即家庭成员在习惯上选择使用哪种语言;（3）家庭语言管理，即家庭成员利用干预、规划或管理来改变或影响家庭语言实践所做出的努力。此外，Spolsky 还讨论了家庭语言规划发生的三种情形：一是当家庭中的权威角色改变其他家庭成员的语言实践时；二是当家庭成员渐渐开始说不同语言时；三是当家庭移民到另一个语言环境时。不同于其他范围内的语言政策，如政府、学校或者宗教组织，家庭语言政策没有显性的管理和成文的语言规章制度，只存在基于语言实践和语言信念的语言选择问题。家庭语言政策研究关注的核心问题是多语家庭日常生活中的语言选择，具体涉及家庭语言保持和语言转用、儿童语言习得与发展等话题。国外的家庭语言政策研究已经取得了较大进展，李丽芳（2013）、叶小燕和高健（2016）进行了述介。国内的相关研究则可以分为两个阶段：

一是在“家庭语言政策”的概念尚未引入和受到关注之前，家庭语言保持或转用、儿童语言习得与发展等问题已经进入国内学者的视野，并开展了相关实证研究，不过没有冠以“家庭语言政策”之名，当然也不可能用前述理论框架来进行解释或验证。如，伍巍（2003）以两个家庭 20 年来的语言生活为调查对象，分析了家庭语言变化的特点；丁石庆（2007，2012）对北京少数民族社区与家庭语言情况进行了调研和个案分析；邬美丽（2008）以家庭语言使用模式为考察对象，分析了在京少数民族大学生家庭语言使用模式的代际差异；王立（2008）分析了家长对孩子学习使用普通话的语言期望与中小学生语言成长及城市方言保持传承的关系；俞玮奇（2011）考察了苏州市外来人口第二代的语言转用（转用普通话）情况；尹小荣和刘静（2013）从语言使用、语言能力和语言态度三个方面对新疆察布查尔锡伯自治县的家庭语言保持现状进行了调查；王浩宇（2015）对甘肃天祝藏族自治县的两个家庭的语言使用情况进行了个案研究，分析了藏语在当地藏族家庭中的使用与传承情况。这些研究主要探讨少数民族语言和汉语方言在家庭中的保持与传承问题，研究对象多为城市移民家庭，也包括虽未移民但处于多语社区中的家庭。

二是在“家庭语言政策”概念引入之后，相关实证研究开始以国外学者提出的理论框架或相关理论视角来观察、分析、解释或验证家庭语言生活中的各类现象。如，康晓娟（2015）调查了马来西亚华裔家庭的华语学习和使用情况，了解他们对子女学习华语的期待与实现途径；王玲（2016）通过对南京市区 300 多个家庭的问卷调查，研究分析了父母语言意识与家庭语言规划以及儿童最终语言使用状况的关系；李秀锦和刘媛媛（2016）依托 Spolsky 的语言政策模型，以及 Darvin 和 Norton 的语言投资模型，通过对两例民族志案例的分析，探讨了家庭语言政策对于儿童文化认同建构的影响；阿拉腾宝力格（2016）基于家庭语言政策研究的基础理论和方法论，对内蒙古自治区蒙古族家庭语言使用现状、语言选择及其影响因素等方面进行了全面分析，阐明家庭语言政策的规划、调控、管理等因素对内蒙古自治区蒙古族母语的保护与传承中具有重要意义。家庭语言政策研究总体上还刚刚起步。

2017 年，家庭语言政策成为语言政策与规划研究的重要热点。《语言战略研究》杂志设立“家庭语言问题”专题研究，从家庭语言政策规划入手，重点关注多语家庭日常生活中的语言选择问题。张晓兰（2017）在栏目引语中进一步综述了国外家庭语言政策研究的进展情况，并就该专题的六篇文章介绍指出，“其中有三篇文章采用实证研究、利用人类文化学数据及语言学数据展现了在不同的国家和不同社会背景下家庭语言政策是如何建立、协商和实施的。另外三篇文章从不同方面阐述了家庭语言政策的早期和近期发展。这些文章根据国内外不同的研究主题和研究方法等对家庭语言规划进行了总结和分析，反映了国际、国内本领域的现状和趋势，值得学界关注和重视”。《语言战略研究》杂志同期还推出《“家庭语言生活”多人谈》，众多学者就家庭语言政策研究的价值、任务等谈了自己的看法。此外，刘群（2017）探讨了家庭语言政策与语言关系处理问题。

从内容上看，2017年的研究可以分为两大部分。（1）国外家庭语言政策研究综述，又包括两个方面：一是关于概念内涵、对象内容、理论基础等基本理论问题的研究情况综述；二是关于家庭语言政策与儿童语言发展的研究情况综述，这是家庭语言政策研究的关键话题之一。这些综述和引介在前期李丽芳（2013）、叶小燕和高健（2016）等的基础上，更加全面、深入、细致地展现了国外家庭语言政策研究的历史脉络和最新动态。（2）关于国内家庭语言政策研究的任务、方略、主要话题等的探讨，这些探讨有助于将国内相关研究引向深入。

2017年值得关注的研究内容摘编如下：

一　国外家庭语言政策研究综述

（一）家庭语言政策的概念内涵

所谓家庭语言政策，指家庭成员对家庭语言使用和启蒙文化教育读写实践所做的明确公开的规划。它可以是明确、可观察的，也可以是受意识形态、信念等影响而无意识产生的。它的形成多受家庭成员语言意识形态或信念的影响，即语言决策是否可以提高家庭社会地位，是否能最大限度地服务和支持家庭成员达成人生目标。家庭语言政策的构成体系与Spolsky语言政策理论一样由三部分组成：语言意识形态、语言实践和语言管理……语言意识形态是家庭语言政策的原动力，因为任何家庭语言政策都是“建立在对不同语言的价值、权利和用途的认识基础上的”。Spolsky指出，在家庭外部，存在四种与家庭语言政策共生的语言或非语言因素，而且这些因素相互关联、相互作用。它们具体为：社会语言因素、社会文化因素、社会经济因素和社会政治因素。【张晓兰】

家庭语言规划是指在家庭内部，对家庭成员之间的语言使用进行显性或隐性的规划活动。家庭语言规划为亲子之间的互动语言研究和儿童语言发展等提供了理论基础，也反映了父母的语言意识，进而揭示更广阔的社会对语言和家庭教育的态度和意识。【尹小荣，李国芳】

（二）家庭语言政策研究的对象内容

作为一个新兴领域，家庭语言政策的主要研究对象是聚居在双语 / 多语环境下的移民家庭，如加拿大、美国、英国，涉及的语言包括英语、法语、汉语、土耳其语等。在这些移民家庭中，语言替换及语言流失严重影响了移民后代中遗产语言的维护及可持续性学习。家庭语言政策研究关注家庭成员的语言意识形态、语言管理及语言实践之间的相互影响和作用，探索影响家庭语言生态和语言行为的内因和外因。研究显示移民家庭的父母在与宏观社会政治意识形态 / 语言政策的接触过程中对主流语言和遗产语言的价值、权利和效用产生不同的感知，形成不同的语言意识形态，从而影响家庭语言管理和语言实践。同时，子女在家庭环境中的语言使用一定程度上也会影响父母在语言管理上的制定和执行。家庭语言政策既是宏观语言政策和社会环境的映射，也受微观家庭因素的影响。【孙宝琦】

家庭语言规划根植并贡献于语言政策和儿童语言习得两个方向。从语言政策角度出发，研究家庭语言理念或意识，家庭语言实践，以及为修正其他家庭成员的语言实践而采取的一切语言干预、规划或管理的活动。这个角度是将家庭语言规划作为动态的社会、文化和意识的一部分加以研究。而将家庭语言作为语言使用域考察其与外部学校和工作等公共域互动时，则更多关注到了语言活力的保持、复兴或转用问题。儿童语言习得主要研究儿童早期学习一种或更多语言时的机制或条件。其研究重点在于家庭环境中亲子互动的话语分析，儿童的单语、双语或多语习得的能力标准及其测试。

……

运用内容分析法，参照 King 的范畴分类，本文认为相关研究的主题可分为以下四类：（1）家庭因素作为其他主题的辅助变量；（2）家庭语言规划的内外部因素；（3）家庭语言规划的工作机制；（4）家庭语言规划的主体间性。【尹小荣，李国芳】

全球化进程日益加快的今天，为了应对全球化对社会、个人语言能力的全新要求，社会和家长也将对儿童语言发展注入全新的关注内容：应对全球化，是选择双语还是单语？应对区域内自由流动又兼顾地域、民族情感认同，是选择区域标准语还是方言、少数民族语言并举？应对快节奏、高科技的现代社会，还要从历史传统中找到心灵情感的归属和慰藉，是选择日新月异的现代语言还是从古典

语言中吸取养分？应对数字网络社会全面来临，想在虚拟社区中消除不适感，是选择纯洁的规范语言还是新语用规则下的网络语言？这些错综复杂的家庭语言意识，影响着家庭成员的语言选择，管理着各种语言之间的关系，最终将决定各种语言的生存状况和社会的语言前途。然而，以前的儿童语言发展研究和经典语言政策研究都很少涉猎这些内容，而这正是家庭语言政策大有可为之处。【许静荣】

（三）家庭语言政策研究的理论基础

本次文献中所引用主要理论包括民族语言活力理论（28 篇）、语言管理理论（28 篇）、言语适应理论（8 篇）、社会资本理论（7 篇）、语言社会化理论（6 篇）、语言中介理论、社会文化理论、文化历史活动理论、实践社区和言语社区理论、马尔斯韦伯的行动理论、社会惯习理论以及新自由主义理论等……民族语言活力理论和语言管理理论长期处于优势地位，且逐年稳步增长。这是宏观社会语言学与语言规划研究贡献于家庭语言规划的表现，且该结论也符合 King 的研究进展分析。即当下研究的主流是通过宏观的社会语言学调查，揭示跨族、跨国、少数民族等非传统家庭与复杂社会条件之间的关系，揭示各家庭成员的意识和实践的互动关系。其次，社会资本、语言社会化和言语适应等理论虽然所占比例不高，但第三阶段都有显著增长，其中社会资本理论从无到有，尤以为甚。究其原因，笔者认为是社会资本理论的应用领域及解释力使然。由布迪厄创立，经由科尔曼、林南、帕特南等人的发展，社会资本理论已进入经济与社会发展、社会转型—社会分层、劳动就业、社会参与民主政治、科技创新、教育与家庭、城市问题研究等领域。而这些恰恰是当代移民、少数民族、跨国跨族等非传统家庭面临挑战的领域。这些家庭往往在以上领域不享有可支配、可利用的资源，也无法通过投资而给他们增加社会收益，因而无法获得地域性的福利和庇护。使用社会资本理论能够揭示官方政策下家庭所面临的隐性不正义和不公平。【尹小荣，李国芳】

（四）家庭语言政策的三要素研究

1. 家庭语言意识研究。

为探讨这些因素[①]对语言意识形态的影响，研究者采用了多种科研方法。宏观研究方面，在针对英、美等国家移民群体的调查中，研究者发现社会政治和社会经济因素是驱动父母决定小孩儿应该学习和使用哪些语言的重要因素。父母对政

① 指社会语言因素、社会文化因素、社会经济因素和社会政治因素。

治强势语言既崇尚又抵触的矛盾心理往往会带来强制同化的效果。因为他们一方面担心使用少数族群语言会阻碍他们获得社会和教育上的公平，另一方面又笃信强势语言说得好会促进个体进一步的经济发展。微观层面关于父母语言意识形态的研究则进一步表明，父母的语言学习经历、情感 / 教育期望和教育背景对其家庭语言政策的形成发挥着极其重要的作用。King 和 Fogle 在《家庭语言政策》中通过对 24 个双语家庭的调查发现，影响父母语言选择的主要因素包括两点：通过阅读文献了解到的双语在认知上的优势和家长自身语言学习的经历。在对位于蒙特利尔的英语、汉语两个截然不同的社区的研究中，Riches 和 Curdt-Christiansen 在《儿童语言发展和知识能力培养：来自蒙特利尔社区父母的研究》一文中发现，父母的期望和教育背景在他们对孩子的语言教育决定中起着至关重要的作用。【张晓兰】

在移民家庭中，语言意识形态往往包括父母对移民国家的官方语言和祖语（母语）的价值、权利及效用的衡量；同时也体现出他们在宏观和微观的层面上对于不同语言表达出的或重叠或竞争的语言态度。宏观社会因素对于语言意识形态的影响是模型的一个主体组成部分。移民在社会中通过与宏观社会环境（包括社会经济、政治、语言、文化等）的不断接触和交往，形成了对于语言价值、语言特权、语言功能及语言活力的不同的感知。而这些语言方面的感知则会通过语言意识形态在家庭语言行为中得到体现。

……

在家庭语言政策语言的三个方面的体现中，语言意识形态被认为在家庭语言政策中起决定性作用，因为其联结了家庭外部的宏观社会因素以及家庭内部的微观生态。家庭中的语言意识形态是对于宏观社会环境的映射，间接参与到家庭环境中的语言实践和语言管理的决策过程中，存在于父母与儿童的沟通互动过程中。因此，家庭语言政策实际受到意识形态支配，很多家庭成员对于家庭语言政策的决策和执行是在无意识或者下意识中进行的。【李国芳，孙茁】

2. 家庭语言实践研究。

这方面的研究在了解父母日常生活中家庭语言决策过程和语言选择时，重点关注家庭日常交流中父母的话语策略和家庭语言模式（例如，一人一语，即在家里每个家庭成员仅使用自己的母语或第一语言）。有些学者，结合家庭所处的社会环境，探讨父母和孩子是如何将他们的家庭语言政策转化成日常的具体语言交流

的。比如Lanza归纳出五种家庭日常交流话语策略。Gafaranga在《家庭交流中的语言迁移》一文中对比利时的卢旺达移民家庭语言迁移问题研究中发现，卢旺达语—法语双语儿童经常使用“媒介请求”策略来协商家庭语言政策并对成人的语言使用产生影响。Xiao Lan和Curdt-Christiansen在《家庭语言政策协商之家庭作业》一文中也通过分析父母辅导孩子家庭作业时的语言互动，具体展示了孩子是如何遵守或抵制父母的话语策略和语言输入的。【张晓兰】

3. 家庭语言管理研究。

研究人员开始将家庭启蒙文化教育作为语言管理措施的一部分纳入家庭语言政策的理论体系中。

家庭启蒙文化领域的研究着重从家庭环境、父母参与以及父母受教育程度等方面，诠释对多语儿童发展有意义的家庭启蒙教育实践。该领域研究把家庭启蒙教育看成一种社会实践，因此家庭启蒙教育不仅受社会意识形态观念支配，同时也反映了家庭成员的价值观念、生活态度和文化取向。家庭环境包括与多语学习相关的资源；父母参与包括获取孩子正规教育大纲信息，辅导家庭作业，为孩子阅读或亲子阅读，与孩子讨论学校学习和生活情况，等等。【张晓兰】

（五）国外家庭语言政策研究评价

通过对国外相关文献的介绍，我们不得不承认无论是家庭语言规划的专题研究还是其他课题中的家庭因素研究，国外学者研究的思路非常开阔，论述也很细致、有力。这十几年来又涌现出了一批重要的研究机构和知名学者。他们结合了教育学、社会语言学、分析心理学和发展心理学、政治学以及民族学等学科的理念和研究方法，将家庭语言规划研究不断导向科学性、系统性和理论性。首先，理论旁征博引，关注社会正义。在高引用的理论当中，有的注重分析跨国、移民家庭的语言文化适应和社会公平；有的指导少数族裔的语言保持与语言权利保护；有的调查低收入家庭的社会资本及其可能收益，提高家庭的社会地位。这些研究不仅有助于家庭语言规划领域的学科理论建构，还兼顾了人文关怀。其次，探索工作机制，开拓多维视野。本文仅从家庭单位、情感和心理三个方面介绍了家庭语言规划的工作机制。但实际上，还有一些家庭文化内核、家庭行为、家庭动力、读写实践等视角的探索，限于篇幅而没有纳入进来。笔者认为不断进行理论探索，摸清家庭语言规划的工作机制，对少数民族语言保护、儿童语言习得以及家庭凝聚力的提高都必将大有益处。再次，通盘统筹考察，做到内外兼修。诚然家庭语言规划是社会最终端的语言规划，但我们不能因此而将思维拘泥于家门之内。应通盘考虑家庭的外部政治、经济、文化和语言条件，同时结合家庭几代的移民或传承特征，用历史唯物主义的方法考察家庭语言意识、实践形成的历史原因和当代外部条件，为广大家庭合理规划提出建设性的意见和建议。同时使家庭语言规划与社区、领域、行业、国家、超国家等各个层级的语言规划有机结合，形成一个多网格、立体化的规划格局。【尹小荣，李国芳】

二　国外家庭语言政策与儿童语言发展研究述介

（一）家庭语言政策与儿童语言发展的关系

传统的儿童语言习得领域，主要研究早期儿童在什么样的机制和条件下，进行一种或几种语言的学习。儿童语言习得研究主要集中分析家庭或实验条件下孩子与监护人之间语言交互作用的细节，却很少关心孩子的家庭语言学习目标、态度以及动机，而这些正是家庭语言政策要涉猎的问题。此外，大多数儿童语言习得的研究成果集中在孩子的第一语言习得及单语的发展状况上，却很少关注孩子二语和双语习得的情况。事实上，家庭语言政策的研究为儿童语言发展、幼儿早教及儿童与养育者之间的相互关系等研究设立了系统的框架，也为研究父母的语言意识及社会语言态度提供了一个窗口。【许静荣】

（二）家长的“影响力”及影响家长语言意识的因素

De Houwer 提出“影响力信念”的概念，并将其定义为“父母可以对子女的语言功用进行某种控制的家长信念”。这种信念可以很强势，如父母对某些语言实践进行负面约束，从而控制子女的语言使用；也可以很微弱，如父母对孩子采取“放任自流”的态度。因此，De Houwer 指出，父母的信念和态度将会影响父母自身的语言实践以及与孩子的互动策略，继而影响孩子的语言发展。【伊丽莎白·兰扎等】

就家庭语言管理规划来看，父母的引导和管理在中国城市家庭儿童语言发展中起决定性作用。这与国外最近的一些家庭语言研究有所不同。这些国外的研究显示孩子们具备很强的能动性直接影响家庭语言决策。然而我们的研究则表明孩子的主观能动性在中国家庭语言规划中体现并不明显。国内家长普遍对孩

子的未来抱有很高期望，因此，他们坚信自己对培养孩子未来需要的语言能力负有重任，即 De Houwer 所说的“影响力信念”。这点在普通话和英语的课外辅导及培训上表现得很明显。但是这种“影响力信念”却丝毫没有在方言学习中体现出来。大部分家长采用的是自由放任、不干涉主义的措施和态度。【汪卫红，张晓兰】

结合中国国内的经验，我们把影响家长语言意识的因素分为以下五类：

第一类，语言发展与认知能力……大多数家庭在儿童语言发展上予以干预，看重的是儿童认知能力的发展。因此，只要对认知能力有益的语言发展途径，他们都会尝试、运用，比如吟诵、唱儿歌、讲故事等。而这种语言意识的来源，往往是一些早教机构、儿保机构、婴幼儿产品的经销商等。

第二类，国家宏观语言政策和语言观。国家语言政策对家庭语言意识的影响很大，尤其在经典语言政策时期……

第三类，家庭的身份文化认同。自然代际传承的语言是我们身份文化认同的载体，家庭里的祖辈、父辈认为，语言传承决定了传统文化的传衍，因此对身份文化的认同感是影响家庭语言意识的第三大因素。这种语言意识来自于家庭内部祖父辈及种族群体文化价值观的压力。很多家庭在同质化的言语社区中往往没有种族语言传承的压力，但当移民到了新的异质的言语社区后，相反会产生文化自觉，有了传承祖语及文化的语言意识，并产生了家庭的语言实践。这样的实例多发生在少数民族聚居区家庭和海外及城市移民家庭中。

第四类，国民教育政策。Spolsky 认为影响家庭语言的外部压力中，最值得一提的是学校领域……学校的语言教育政策以及文化教育政策，都会直接影响家庭的语言态度和语言选择。

第五类，子女未来的职业领域。影响家庭语言意识的另一个领域是工作领域……中国家庭中，父母对子女未来职业领域的倾向决定了受教育路径，从而也影响了家庭语言的选择。

以上五类影响因素分别代表了语言作用于家庭成员的五个心理层级。家长对子女的语言期望，首先是能力健全，其次是满足基本的普遍交流需要，再次是家庭身份文化的归属，更高一级是通过获得语言文化教育机会提升社会尊重，最后是满足未来自我发展的需求，即生理层级（语言和认知能力）、安全层级（获取普遍交流的能力）、归属层级（文化认同）、尊重层级（教育等级）和发展层级

（未来职业发展），可以与马斯洛的层级理论对应起来。【许静荣】

研究发现，父母的意识形态往往与媒体和大众文学（包括报纸文章、育儿杂志、有关双语育儿的网站以及受欢迎的育儿书籍）所提供的信息和建议相吻合……King 和 Fogle 还指出，父母的语言意识形态也与一些文化特有的观念密切相关，如效果良好的教养子女的实践。【伊丽莎白·兰扎等】

（三）家长语言意识对儿童语言发展的影响方式

在家庭中，父母的语言意识一般以三种方式起作用。第一种，父母常常很清楚自己的孩子应该为了什么目的使用什么语言。这样的家长，即使政府提供一些免费双语教育的机会，他们也会坚持自己的选择，不受政府政策的影响……第二种，父母特殊的语言习惯会影响子女，比如俚语、混合语、黑话之类，这些语言的作用往往是为了建立一种特殊社群成员的身份……第三种，父母对待语言学习和双语的态度潜移默化地渗透到他们的交际策略中……

家长们的语言实践也并非都是理性的。也有一些中产阶级家庭一旦认定培养多语儿童是一种精英教育，就会有意识、有计划地培养双语儿童，对于他们来说，在孩子的语言履历中增加第二种或第三种语言，相当于为孩子争取到了重要的利益和社会资本，就像学习了钢琴、数学等特长一样，但这样的家庭，大多数的双语学习策略只是处于“随便”的状态。只有少数家长能够理性地为孩子选择需要学习的语言，并在家庭中实施具体的二语学习策略。

尽管这样，也有研究者认为，父母语言意识和孩子的双语能力之间很少有直接联系，对孩子双语能力起作用的是社会的普遍文化态度。然而如果没有家庭语言政策，语言实践也一定不能实现，所以家庭语言政策之于语言实践效果，是一种必要非充分条件。【许静荣】

（四）儿童语言习得中的家庭语言政策模型

社会文化、身份认同等因素影响了家庭中父母或其他养育者的语言意识，语言意识引导父母或养育者制定隐性或显性的家庭语言政策，通过对子女的语言习得方式和语言习得过程进行干预，取得各种语言习得效果，最终实现家庭语言政策对应的社会文化、身份认同等诉求，这个过程将循环往复，不断积淀。值得一提的是，子女的整个语言习得过程又始终包围在各种社会语言环境中，它们会与家庭语言环境互相影响，最终影响习得效果。

这样一个家庭语言政策模型的研究可以包括以下七个部分:(1)语言意识研究(包括来源、影响因素、作用机制等);(2)主体对象研究(父母及其他养育者的语言背景、文化背景、经济背景、政治背景、种族背景、受教育程度、社会阶层地位);(3)客体对象研究(子女的性别、年龄阶段、长幼次序);(4)语言环境研究(言语社区、城市方言、学校语言、儿童玩伴的语言、邻里关系);(5)儿童语言习得方式研究(显性或隐性的语言使用规则);(6)儿童语言习得过程研究(不同语言使用的时间配比、频率、使用范围、生理年龄对语言习得的影响);(7)儿童语言习得效果研究(偏重单一语言及文化、流利双语、双语文化、语码转换)。【许静荣】

(五)多语家庭中儿童的语言输入模式

输入对语言发展的影响也会因儿童双语发展过程中的输入条件而有所不同。现有研究中很多是对"一家长一语言"(one-parent-one-language,1P1L)家庭进行的个案分析,而且通常是语言学家对其孩子语言发展的研究。在1P1L家庭中每位父母分别对孩子使用一种语言,也就是以自己的母语和孩子交流。许多研究者对1P1L策略的利弊进行过讨论。1P1L绝不是唯一能够促进儿童双语发展的策略。"一家长两语言"(one-parent-two-languages,1P2L)就是另一种选择,指的是父母双方或其中一方讲两种语言且用两种语言和孩子交流。在许多双语和多语的语言环境中,通常的做法是每位家长都用两种或多种语言与孩子交流。家长与目标语言之间并没有严格的一一对应关系。孩子能从同一位家长口中听到好几种语言。1P2L家庭中父母的语码混合频率往往比1P1L中的更高。有一点需要注意,这两种语言策略在培养双语儿童时可能是同样有效的。究竟哪种策略更好或哪种策略是达成双语目的的必要充分条件,尚无证据可以说明。【叶彩燕等】

所谓的"一人一语"策略,就是父母在家庭中分别使用各自不同的母语与子女交流,其中一位家长所使用的语言可能与社区广泛使用交流的语言一致,也有父母各自使用的语言是少数民族语言且与社区使用的主流通用语不一致的情况,这样的家庭最后形成三语环境,而第三种语言就是家庭外使用的社区主流语言。还有一些其他的"一人一语"家庭语言模式研究,比如,一位家长使用并非自身母语的少数民族语言的情况……

在西方,"一人一语"策略模式的研究成果很多,有价值的结论包括:孩子最终的双语能力与接触两种语言的频率相关，除非每种语言的习得时间各占50%，否则，双语儿童还是会在两种语言中有所倾向；也没有直接证据证明儿童在语言发展中的语码混合和语言延迟现象是父母忽视家庭语言规划的双语育儿行为造成的。

此外，非“一人一语”的家庭语言模式研究也在不断出现，包括父母双方都使用少数民族语言，还包括家里雇用了使用混合语言的保姆的情况，保姆常常表现出语码转换，还有一些研究发现家庭里既不是“一人一语”，也不是非“一人一语”，比如雇用了一个保姆，她除了自己经常使用的语言，还会讲某种少数民族语言。这些家庭的语言习得策略丰富了双语习得途径的研究。【许静荣】

Romaine综述了幼儿双语领域的研究，并基于对Harding和Riley的类型学研究，提出了家庭语言选择模式的六种基本类型，这些模式因父母母语、社区语言和父母对孩子的策略不同而有差异。这六种类型如下：（1）一人一语；（2）非主导家庭语言/一门语言——一种环境；（3）无社区支持的非主导家庭语言；（4）无社区支持的双非主导家庭语言；（5）非本族语的父母；（6）混合语言。

某些类型的语言选择模式更容易使儿童形成同时性双语（例如，“一人一语”策略），而在家中使用非主导语言、在外面使用主导语言的那些语言选择模式可能会使儿童形成次第性双语。然而，如果儿童在家中接触两种语言，而在外面使用其他语言，这就可能导致儿童的双语模式既有同时性又有次第性。但是，Romaine的分类并没有涉及家庭双语的其他方面，例如父母和社区的语言意识形态、父母之间的交流语言、同龄人或兄弟姐妹的语言使用等。此外，第六种类型的混合语言实际上与其他类型重合（例如，父母声称坚持“一人一语”原则，但却时常进行语码转换）。【伊丽莎白·兰扎等】

（六）促进儿童语言发展的家庭语言策略

家庭语言政策除了在习得策略上会影响儿童语言发展，在儿童习得语言的不同时期扮演了不同的角色。

1.家庭语言政策在早期语言习得中的角色。

父母的行为特征及语言使用的个体差异也会通过影响儿童的语言经验最终影响儿童获得词汇的速率和方式，儿童显著地受到其父母讲话特征的影响。所以作为家庭语言政策主体的父母，可以在应答性、参与交流的程度、对子女使用词汇

量的多少等变量上有意识地改变，从而影响儿童语言发展。

2. 家庭语言政策在后期语言习得中的角色。

随着儿童年龄的增长，儿童语言会逐渐社会化。家庭语言模式的习得和使用会影响社会语言模式，反之亦被社会语言模式所影响，社会和家庭模式之间的这种双向循环、相互影响的关系也常常发生在代际间的语言传承过程中。

此外，随着社会的全面数字网络化，儿童接触多语言类型的电影、电视、网络、手机、各种应用软件的概率大大提升，家庭的语言规划中，家长对于子女的电子产品的语言接触规划对儿童语言的发展也有巨大的影响。【许静荣】

Döpke 的分析显示，父母互动策略越是以孩子为中心，孩子就越可能成为积极双语者，从而使用少数群体语言。以孩子为中心的交流模式可以定义为使用各种话语结构来鼓励孩子交谈。总体理念就是，在父母与子女交流过程中质量比数量更重要。这些发现为双语家庭语言社会化研究做出了重要贡献。

Döpke 在研究中建议父母进行常规性交流，这样一来，记录的母子对话和父子对话就能涉及不同的日常活动。这种方法的确使研究变得自然，因此更适合研究儿童的语言社会化。但是，Döpke 也指出，由于自由模式更多的是以儿童为中心的交谈，这些发现也可以解读为假说成立，即，讲少数群体语言的父母与孩子交流得越多，孩子成为积极双语者的可能性就越大。由此可见，在不同文化背景下，父母的社会建构似乎会影响最终结果。【伊丽莎白 · 兰扎等】

（七）儿童在家庭语言政策中的能动性

就本文的案例来分析，除了宏观社会的影响，社区环境、父母本身的学习、移民经历，以及儿童的能动性因素等都会影响家庭的家庭语言政策的形成及语言管理。其中，King 等人提出的儿童能动性因素推翻了人们对于父母是家庭语言政策核心制定者及执行者的惯常认识，他们认为儿童作为家庭外部社会文化活动的参与者，其语言意识形态和家庭语言实践同样会对家庭语言政策的形成和流动产生积极影响。

……

此外，子女作为重要家庭成员的能动性并没有被囊括在家庭语言政策模型中。尽管社会及家庭环境在父母语言意识形态形成过程中起到了关键性的作用，并在很大程度上决定了父母在语言管理方面的决策和潜能，但社区环境及儿童个体能动性也极大地影响了家庭环境中的实际语言使用，即语言实践。家庭语言政策中语言意识形态、语言管理及语言实践这三个构成部分相互关联，家庭语言实践同样可以反作用于语言意识形态，因而为家庭语言政策的动态形成、发展提供另一个维度的解读。【李国芳，孙茁】

三　国内家庭语言政策研究的任务与方略

（一）家庭语言政策研究的方法与理念

我们认为中国学者可以在以下方面有所作为：第一，描述中国语言，丰富研究对象。已有研究欧洲、北美、亚洲占多数。但只有一篇文章、一个作者来自中国内地。而目前国家语委与多个大学联合成立的研究中心，都只在宏观层面展开国家语言战略和外语战略研究。无论国家部委还是研究机构，对家庭语言规划的重视还远远不够。我们认为国内学者可以结合语言规划、儿童语言习得、双语教育与教学等领域，从各个主题展开理论和实证研究，让国际学者听到更多的中国声音。第二，质化、量化结合，完善研究方法。与整个应用语言学研究相比，家庭语言规划更应该加强质化研究和历时研究。就家庭语言的情感性、私密性特征而言，话语分析、文化心理分析、情感调查等方法能深刻揭示家庭语言意识，详细描述家庭语言实践。而国内为数不多的家庭语言研究中，大部分是采用社会语言学的调查方法对家庭语言态度和使用进行描述，不能深层次揭示家庭语言变化的原因以及家庭语言规划运行的内部机理。第三，自下而上规划，促进主体联动。国外语言规划研究已由自上而下拓展到自下而上。小到家庭权力关系中的子女与父母，大到社会权力关系中的族群与国家，人人都是政策的制定者、执行者和被执行者。因此，笔者建议，未来的家庭语言规划研究应采用可伸缩的规划观，研究子女与父母、家庭与学校、社区、社会和国家各层面的互动关系。【尹小荣，李国芳】

（二）家庭语言政策研究视域的拓展与深化

我们可从以下几个方面拓展家庭语言政策研究的深度和广度：

第一，综合考察家庭语言政策的各个要素，有利于全面了解家庭语言生活的内部影响机制。根据 Spolsky 的语言管理理论，要全面了解家庭语言政策，不仅需要调查家庭语言生活实践，还要考察家庭成员对相应语言的信念、态度和家庭语言管理措施，以及这几大要素之间的互动关系。如父母如何引导、管理孩子的语言使用和学习往往反映了父母对语言的态度和价值判断，而父母对语言的态度和价值判断则会影响家庭的语言实践和语言管理。

第二，研究家庭语言生活与社区、学校语言环境之间的联系，有利于厘清家庭语言生活的外部影响机制。家庭语言生活不是孤立的，受到诸多外部宏观因素的影响，如社会发展、人口流动、国家语言政策等，但家庭、社区和学校是儿童语言使用与变化发生的重要场所。例如，一些家庭可能同时使用家乡方言和普通话，在社区可能会用到当地的方言，而在学校使用的又是普通话，同时通常还会学习一门或多门外语。因此，研究家庭语言政策就需要考察其与社区、学校语言政策间的互动关系。此类研究对科学制定语言政策具有重要意义。

第三，从社会、文化和心理视角研究家庭语言政策，有助于厘清家庭语言生活与文化传承、情感表达以及身份认同之间的关联。语言不仅具有交际功能，还兼具文化传承、情感表达、身份认同与建构等多重功能。【雷军】

（三）家庭语言政策的规划与指导

对家庭语言规划提供系统的顶层指导，是科学提升语言能力的有力保证，并具有一定的可行性。第一，以家庭为单位进行语言规划有强大的支持基础。孩子的教育问题是当前家庭普遍重视的工作，如何合理规划孩子对不同语言学习的指导，将会有强大的家庭单元的支持。而家庭的及早介入将能产生更好效果。如有顶层指导，通过家庭语言规划提升语言能力是可行有效的。第二，引导家庭营造多语种语言学习的兴趣。当前全球化背景下，世界越来越成为一个地球村，引导家长懂得让孩子成为“世界公民”的重要性，在孩子习得语言的关键时期，鼓励家长从家庭语言规划做起，给孩子创造条件，将当前小学及以下学龄孩子的语言习得作为一个长远工程。语言习得者都有习得关键期，但关键期的儿童还不具备独立判断能力，这一时期是否习得外语及习得何种母语主要是由家长决定的。第三，以家庭为基础单位，建立家庭、学校、社区、政府四级语言能力提高的共建工程。孩子语言能力的提高，单靠一方面的努力是不行的。建立四级共建工程，将会更加高效保证学龄儿童语言能力的提升。调查显示，即使在高校工作的家长，对于在家庭中应该如何更好引导孩子学习多种语言也是迷茫的。他们无法相对客观地了解到何种语言的学习是当前需要的。因此，政府及早制定家庭语言政策，

实现顶层设计非常必要。【付伊】

（四）家庭语库的丰富与管理

当今家庭语言生活发展的一大趋势是家庭语库越来越丰富多彩。导致家庭语库丰富的主要原因有三。第一，家庭对语言需求的多元化。双语或多语是现代社会语言使用的一个特点，它体现在社会的各个领域中。为了顺应社会，个人和家庭对双语或多语的需求（如求学、工作、旅游）在不断扩大和加强。第二，家庭外部语言环境的多样化。越来越多的家庭由于各种原因而永久性或阶段性地离开了原居住地，如国内外移民家庭、难民家庭、阶段性移居家庭（即在异地居住数月或数年的家庭）。这些家庭虽然成员未变，但家庭外部的语言环境已改。他们为了方便生活或更好地融入当地而不得不或多或少地学习和使用当地语言或方言。第三，家庭结构的复杂化。全球化和城市化分别促进了跨国婚姻和跨族或跨区域婚姻，前者在多数情况下是跨语言婚姻，后者在多数情况下则属跨语言或跨方言婚姻。于是，夫妻使用不同母语（包括方言）的家庭越来越多。

家庭语库的丰富性必然增加家庭语言管理的内容。首先是语言的选择问题。多语意味着经常需要进行语言选择，如家庭共同语的选择，家庭不同成员间交流时的语言选择，一般家庭中儿童第一、第二外语的选择，跨国婚姻中儿童第一、第二语言的选择，富裕家庭中保姆语言的选择。其次是语言的学习与使用问题。多语还意味着经常需要进行语言的学习和使用，如儿童何时开始学习外语，是否需要参加外语补习班，对不良语言的使用如何管理，如何科学地为新生婴儿取名。【张治国】

（五）跨国婚姻家庭的语言政策研究

近年来，中国国内的跨国婚姻逐渐增多……随之而来的是探讨这些世界家庭应采取什么样的家庭语言政策，如何利用天然多语环境来发展子女的多语言能力。

规范和固定世界家庭中父母的语言选择并不是子女形成多语言能力的关键；而在世界家庭中增强子女对于父母所代表的文化的身份认同感，鼓励子女采用无论何种语言参与多元文化互动，是其发展子女多语言能力的基石，也是保证子女成为平衡双语者的关键。尤其是对于那些能够顺利度过文化适应期的世界家庭来讲，他们构建的和谐家庭氛围和沟通机制可以使他们的子女更容易获取“多重认同参照系”，即子女们能够在不同国家的文化系统中切换，文化情境采用更为“本土”的视角来诠释和解决问题。从这个意义上讲，世界家庭中的语言规划落脚

点不是单纯的多语言能力发展和语言技能的提升，而是根植于日常语言生活和文化实践的探讨，是超越语言本身的探讨。【盛静】

（六）在华国际家庭的语言政策研究

由于缺乏相关调查与研究，目前在华国际家庭子女的汉语需求和学习状况基本处于真空状态。如果能够把握背后支持在华移民家庭语言选择和实践的语言意识，考察社会、政治、经济、文化如何影响移民家庭子女的汉语学习，并对国际家庭子女汉语学习的动机、策略、方式、成效等进行较长时间的跟踪，然后可以根据这些研究成果对汉语教学的师资、教材、教法等进行有针对性的调整。对于汉语国际传播来说，在华国际家庭是不可忽略的庞大群体，该给予更大程度的重视和学习支持。尤其是伴随着中国国际化程度的日益提高，中国境内的汉语传播与学习更值得关注。同时，国际家庭的汉语学习和掌握仅仅依靠家庭个体的努力远远不够，还需要政府、学校、社区等多层面全方位的支持。加强汉语学习，一方面不仅有利于提高在华国际人士的汉语水平，更有利于他们更好地工作和生活，另一方面，也有利于汉语传播的可持续发展。因此，有学者指出应该适时通过各种渠道和方式为他们提供相应的免费或付费的语言或者语言学习机会。尤其应该让国际移民家庭的父母感受到汉语学习的回报率要远高于汉语学习成本，这样将有助于他们更有动力促进子女学好汉语。总之，对在华国际家庭的汉语学习情况进行全面研究，将有望成为汉语国际传播新的增长点。【李英姿】

四　国内家庭语言政策研究的主要话题

（一）家庭语言政策与少数民族语言保护传承

大量的语言调查显示，家庭语言环境在语言传承上有关键意义。只要子女在家里还说母语，母语就还在传承。只要有足够的家庭还在说母语，村寨和乡镇的民族语言就能维持。不幸的是，由于子女走出家庭进入社会后，使用汉语的机会越来越多，汉语能力越来越强，母语能力越来越弱，父母为了迁就子女，在家庭中开始用汉语和子女对话，子女的母语能力进一步减弱，孙辈开始只能说汉语，母语转用就开始发生了。民族语言转用为汉语的过程中，最关键的环节出现在长辈没有坚持和子女相互用民族语言对话。家庭语言环境是民族语言传承的最后家园。家庭对话有很强的母语认同感和亲情感，不会轻易换用其他语言，只要父母不迁就子女，坚持用母语对话，母语就能传承。这比在社会环境中坚持母语要容易得多。【陈保亚】

（二）家庭语言政策与方言保护传承

城市化推进带动各地人员的频繁流动，家庭范围内的语言使用也变得更加复杂：普通话与一种或多种方言并存的情况并不少见。那么在家庭的语言生态里，普通话与方言的生存空间如何，家庭成员如何看待普通话和方言，如何有意识/无意识地“规划”普通话和方言在家庭范围内的使用，如何形成家庭语言政策，都是非常值得深入研究的问题……宏观层面上的政治、经济及教育因素是否/如何在微观层面上影响家庭成员对普通话和方言语言价值的感知，进而影响普通话和方言在家庭范围内的使用？父母的语言学习经历、教育背景及对孩子未来的预期是否/如何在家庭生活中对普通话和方言的规划发挥作用？家庭语言政策无疑为深入探讨这些问题提供了一个自下而上的视角，其研究成果将会为探索普通话和方言的关系及充分发挥其各自的作用提供理论和实践依据。【孙宝琦】

首先，家庭是方言传承的基本场所。然而我们的研究发现，父母在儿童家庭语言规划中，因担心方言对普通话形成干扰，刻意对其边缘化，致使方言面临代际传承的困境。作为我们的根语言、个体语言文化遗产，方言在文化传承、身份认同、情感寄托方面意义重大。因此，方言代际传承问题应引起国家的高度重视。

其次，国家语言政策从促进交流的角度提倡推广普通话，但在实际家庭语言规划中，却因为普通话较高的实用价值和社会地位被广泛应用于家庭日常交流，极大地侵占了方言的使用空间。我们的语言政策并不希望消除方言，而是希望通过对普通话和方言理性的合理分工，营造出健康和谐的双言双语生活。所以为保持方言不流失，提高方言地位，应该加强方言的使用功能。以方言为基础的文化娱乐节目应适当地推广，从而减少这种因为语言功能划分而引起语言价值区分、等级区分的现象。【汪卫红，张晓兰】

（三）家庭语言政策与华语传承

华文教育肩负传承中华语言文化的使命，其发展历程与华侨华人的家庭语言规划密切相关。华人家庭的家庭语言规划，涉及家庭核心成员或权威成员如何看

待语言的角色和价值，进而影响其语言选择——这是语言传承的关键，为维护语言选择，家庭要开展一系列语言管理活动。早期华文教育的实施除了私塾、华文学校等途径以外，还有一个非常关键的基础就是通过家庭来实现语言的自然代际传承……以往华文学校被视为华文教育的主要场所，现在我们应该正确认识家庭语言规划对华文教育的作用，重申家庭语言规划在华文教育中的地位。此外，更重要的是为家庭权威成员提供更加科学和多样化的家庭语言管理方案。多年来家长强迫孩子学中文、孩子厌学的事例屡见不鲜，家长与子女的语言冲突时有发生，很大程度上与其家庭语言管理有关。华文教育历来重视家长的作用，但是家庭语言管理还缺乏多样性的选择和精细化的解决方案。如何有效地加强华侨华人对汉语的语言信仰和语言忠诚度，进而影响家庭的语言选择，并为其提供良好的语言管理策略，是做好华文教育工作的基础性问题之一。【白娟】

就语言意识形态而言，加拿大的华裔家庭一般要衡量英文、法文及中文对于他们的重要性，以及每种语言在他们孩子的社会经济、政治资源方面的用途，因此呈现出“英语即优势”“双语 / 多语即优势”和“母语即资源”等不同的感知模式。这些不同的语言意识形态影响华裔家庭的语言管理模式，特别是中文、英文或法文在家庭语言使用中所占的比重以及父母对每种语言学习在人力及财力上的投资。按照中文在家庭语言使用中所占的比重，可以归为四种典型的家庭语言政策，即“零中文”、中文作为过渡语言、多语及中文作为唯一语言的家庭语言政策。这些不同的家庭语言意识形态，不同的家庭语言管理及实践形成了不同的家庭语言政策。【李国芳，孙茁】

（四）家庭语言政策与外语教育

尽管英语在中国现代化、国际化进程中的工具性作用得到高度认可，学习英语也不应该只看其实用价值。语言是学习知识的重要媒体，除了功能性外，还有很多认知与开发智能的作用。而且外语的学习不应只局限在英语。然而，因为民众以语言实用价值为导向的语言规划，对英语的渴望远远超出其外语学习的范畴。越来越多的家庭创造条件帮助小孩学习英语。我们的研究发现，在家庭语言规划与实践中，家长们把英美英语、英美文化、英语本族语者视为典范，这些典范成为小孩英语学习追捧的对象。虽然宏观社会环境对儿童的语言习得具有更根本性的决定作用，家庭语言实践环境及家长语言意识形态对于母语保持的作用可能大于对外语学习的促进作用，但就广大城市家庭而言，父母的语言取向及管理实践无疑对儿童语言培养和习得结果具有极为重要的作用。在当今中国的广大城市家庭，如本文所展示的语言政策与规划在多大程度上能满足我国语言战略的需要，对中国的语言文化有什么样的影响，都是国家语言政策和家庭语言规划研究需要重视的课题。【汪卫红，张晓兰】

（五）家庭中的语言关系平衡

总的来说，在以上三组家庭语言关系中，国家通用语和所对应的语言之间的联系度、亲密度不尽相同。国家通用语和民族（语）的和谐相处局面在家庭语境中已慢慢形成，国家通用语的强势地位使得方言在家庭语言中的使用地位急剧下降，家长对英语教育的重视程度挑战着国家通用语在家庭语言教育中的权威。

……

要有效地平衡家庭中的各种语言关系，也应该考虑家庭的内部因素和外部因素。

1. 语言关系的平衡需要语言工作者提供相应的家庭语言规划指导。

家庭在选择家庭语言、实施语言教育时，更多的是对语言以及语言社会功能、社会地位的感性认识，所以，有失偏颇也是很正常的。因此，语言工作者提供相应的专业指导就显得非常重要。指导的前提是先要研究清楚。

2. 语言关系的平衡需要社会和政府的积极引导。

家长的语言意识、语言信仰以及由此带来的语言选择、语言教育等诸类信息，主要来自社会，特别是政府对某种语言的态度及其制定的某些措施……尽管家长可以以显性指令要求家庭成员说什么和学什么，但是，国家层面不可能以法律条文或政府文件等显性方式直接干预家庭语言生活，最恰当的做法是以语言实践活动体现出一定的语言倾向，将“政府推动与社会演进合力进行”，以此引导家庭语言生活。

3. 语言关系的平衡需要家庭语言使用者（特别是家长）理性的配合。

Spolsky 反复强调家长在家庭语言生活中的主导性作用……毋庸置疑，家庭语言的规划者和执行者是家长……大多数家长并不具备科学规划孩子或家庭其他成员语言发展和语言选择的能力，其规划的结果，或者过于感性，或者带有一定的盲从性。作为不可缺位的角色，一方面，家长自身的语言知识、对语言关系的处理能力和判断能力都有待于借助一定的形式提升；另一方面，家长也需理性配合语言工作者和社会、政府的语言规划理念，选择正确的语言规划路径和方法。根植于家长科学语言观之上的家庭语言规划才具有现实意义和推广价值。

Calvet 在论述“语言战争”时，把家庭描述为“语言战场”。这个隐喻的确反映了家庭多种语言之间博弈与撕扯的真实状态。探讨家庭语言关系，我们既要认识到三类语言关系内部彼此之间的辩证联系、社会功能及其在家庭的功能分配，又要在厘清三类语言关系的基础上，追求语言的生态性，即家庭语言多语共存。【刘群】

（六）城市中产家庭的语言意识

1. 语言资本价值高于语言认同价值。

很多研究证明语言与身份文化认同有着紧密的联系。本研究显示语言传承与文化的认同感并不是中国家长在为孩子做语言规划时考虑的最主要因素。国外大多研究发现，对自己身份文化的认同感是影响家庭语言意识形态的重要因素，作为身份认同和文化传衍重要载体的代际传承语言也因此成为家庭语言规划的重要内容。但我们的调查表明，影响家庭语言规划更多的是语言价值。父母语言意识形态受语言资本观影响比较大。这与 Curdt-Christiansen 在新加坡所做的家庭语言调查相符合。方言虽然是根，但社会流动性不强，从经济价值的角度来看，比英语和普通话能带来的语言资本要低。因此家长在对孩子的语言教育方面，更看重语言的资本价值，而对文化的认同却没有高度强调。【汪卫红，张晓兰】

2. 宏观社会环境的影响高于国家政策。

从语言的意识形态角度来看，我们的研究显示，宏观社会环境比语言政策和教育政策对家庭语言规划的影响更大。中国的语言政策强调普通话和方言使用的合理分工，但是家长们却因为方言较弱的社会流动性、较低的资本价值而不重视方言环境的建设与发展。同样，家长们对孩子的英语教育目的似乎也与国家教育政策不一致。国家政策强调把英语作为国际交流用语，用来传播中国文化。但是大部分家长却更重视英语的实用价值，把英语作为孩子们未来生活中不可缺少的上升移动语言。这种意识形态与社会评价体系以及人们对英语的盲目崇拜有直接的关系。【汪卫红，张晓兰】

来源文献

[1] 白　娟. 家庭语言规划在华文教育中具有重要的地位 [J]. 语言战略研究，2017（6）：87.

[2] 陈保亚. 家庭语言环境：传承母语的最后家园 [J]. 语言战略研究，2017（6）：81.

[3] 付　伊. 家庭语言规划亟须指导 [J]. 语言战略研究，2017（6）：88.

[4] 雷　军. 家庭语言政策研究的视域拓展 [J]. 语言战略研究，2017（6）：86.

[5] 李国芳，孙　茁. 加拿大华人家庭语言政策类型及成因 [J]. 语言战略研究，2017（6）：46—56.

[6] 李英姿. 重视在华国际家庭的语言教育规划研究，推动汉语传播 [J]. 语言战略研究，2017（6）：83—84.

[7] 刘　群. 家庭语言规划和语言关系 [J]. 江西师范大学学报（哲学社会科学版），2017（6）：117—121.

[8] 盛　静. 世界家庭中的多语言发展与规划 [J]. 语言战略研究，2017（6）：87—88.

[9] 孙宝琦. 家庭语言政策为探索普通话与方言关系提供新视角 [J]. 语言战略研究，2017（6）：86—87.

[10] 汪卫红，张晓兰. 中国儿童语言培养的家庭语言规划研究：以城市中产阶级为例 [J]. 语言战略研究，2017（6）：25—34.

[11] 许静荣. 家庭语言政策与儿童语言发展 [J]. 语言战略研究，2017（6）：15—24.

[12] 叶彩燕，马诗帆. 父母语言策略与粤英双语儿童语码混合现象 [J]. 傅彦琦，代风菊，杨纯纯（译）. 语言战略研究，2017（6）：35—45.

[13] 伊丽莎白·兰扎. 家庭与多语发展 [J]. 何　霜，叶延容（译）. 语言战略研究，2017（6）：57—67.

[14] 尹小荣，李国芳. 国外家庭语言规划研究综述（2000—2016）[J]. 语言战略研究，2017（6）：68—79.

[15] 张晓兰. 家庭语言政策研究之过去、现在与未来 [J]. 语言战略研究,2017（6）：12—14.

[16] 张治国. 家庭语库的不断丰富及其管理 [J]. 语言战略研究，2017（6）：84—85.

相关文献

[1] 阿拉腾宝力格．蒙古族家庭语言政策研究［D］．内蒙古大学博士学位论文，2016.

[2] 丁石庆．社区语言与家庭语言——北京少数民族社区及家庭语言调查研究之一［C］．北京：民族出版社，2007.

[3] 丁石庆．达斡尔语的传据语用策略［J］．民族语文，2012（6）：73—77.

[4] 康晓娟．海外华裔儿童华语学习、使用及其家庭语言规划调查研究——以马来西亚3—6岁华裔儿童家庭为例［J］．语言文字应用，2015（2）：10—18.

[5] 李丽芳．国外家庭语言政策研究现状分析［J］．云南农业大学学报（社会科学版），2013（5）：87—90.

[6] 李秀锦，刘媛媛．家庭语言政策与儿童文化认同建构——两例民族志研究个案报告［J］．语言政策与语言教育，2016（2）：13—22，120.

[7] 王浩宇．论民族语言在家庭语域中的使用与传承——以民族语言衰微地区的调查材料为例［J］．西藏研究，2015（3）：81—89.

[8] 王　立．语言期望与中小学生的语言成长［J］．语言文字应用，2008（4）：37—44.

[9] 王　玲．语言意识与家庭语言规划［J］．语言研究，2016（1）：112—120.

[10] 邬美丽．家庭语言使用的代际差异及思考［J］．语言文字应用，2008（4）：43—52.

[11] 伍　巍．家庭语言交际格局的动态研究——两个家庭20年来语言生活的历时调查分析［J］．语言文字应用，2003（1）：104—109.

[12] 叶小燕，高　健．家庭语言政策研究述评［J］．语言政策与语言教育，2016（1）：98—109，122.

[13] 尹小荣，刘　静．锡伯族家庭语言保持现状透析［J］．新疆师范大学学报，2013（6）：95—100.

[14] 俞玮奇．苏州市外来人口第二代的语言转用考察［J］．语言教学与研究，2011（1）：82—88.

[15] Spolsky, B. *Language Policy*［M］. Cambridge：CUP, 2004.

语言景观研究

语言景观（linguistic landscape）是社会语言学中一个新兴的研究领域，着重考察公共空间中各类语言标牌的象征意义。1997年，Bourhis和Landry最先提出并使用“语言景观”概念，并将其界定为“出现在公共路牌、广告牌、街名、地名、商铺招牌以及政府楼宇的公共标牌之上的语言共同构成某个属地、地区或城市群的语言景观”，这是语言景观研究中最经典、引用最广泛的定义（尚国文，赵守辉 2014a）。

语言景观是了解一个地区语言生态的有效途径，可以透视某个地域范围内的语言权势与族群的社会身份和地位，语言景观研究的实证数据可以为语言政策制定者提供参考（尚国文，赵守辉 2014b）。因此，语言景观研究是语言政策与规划（LPP）领域的重要课题。

自引入国内以来，我国的语言景观研究不断增长，2015年以来成为一个关注度颇高的热门学术话题，并形成了以下主要特点：

——核心术语的中文译名经历了一个规约化过程。linguistic landscape最早由杨永林等（2007）引入并译为“语言风貌”，2010年之前在翻译界尤其是公示语翻译研究领域使用较多；2011年以来，“语言景观”得到普及，基本完成了术语的规约化过程。这个规约化过程，实际上反映了国内语言景观研究发展的两个阶段。早期研究关注的焦点是公示语译写的规范与质量问题，2011年之后才进入了真正意义上的语言景观研究。语言景观与公示语既有联系又有区别，早期相当一部分研究“虽然冠以语言景观视域之名，但未严格区分语言景观和公示语，整体研究思路与传统的公示语研究无异”（巫喜丽等 2017）。

——在述介国外研究的基础上展开理论探讨。国外的语言景观研究日臻成熟，多位学者进行了引介。其中，尚国文和赵守辉（2014a，2014b）[①]从理论框架、研究方法、研究维度等方面介绍了语言景观研究概貌，分析了语言景观研究中的关键问题，是迄今为止较为全面系统的语言景观研究综述（巫喜丽等 2017），尤其

① 两位分别是新加坡和挪威的华裔学者，用汉语在国内学术刊物上发表文章。本报告视作国内研究。

值得关注。其他值得关注的综述类研究还有李丽生（2015）、葛俊丽（2016）、梁斯华（2016）、李贻（2012）、段袁冰（2016）等。在国外学者提出的地理符号学（场所符号学）、公共标牌语言选择理论、三维空间模型、SPEAKING 模型、语言景观构建原则等语言景观专有理论的基础上，国内相关研究也试图从其他不同理论视角来推进我国的语言景观研究，如张捷等（2012）的文化地理学视角、田飞洋和张维佳（2014）的全球化社会语言学视角、杨金龙（2015）的生态语言学视角、彭国跃（2015）的历史社会语言学视角、徐茗等（2105）的语言地理学视角、尚国文（2016）的语言经济学视角等。

——关键话题均有涉及。语言景观研究的关键话题包括多语现象、英语全球化、民族语言活力、官方语言政策等。在多语现象方面，李贻（2011）、邓骁菲（2015）、俞玮奇等（2016）、张媛媛等（2016）、聂平俊（2016）等调查了北京、上海、广州、澳门等城市语言景观中的多语使用情况，分析了汉语、英语、韩语、葡语等不同语言在不同城市、不同社区（如外国人聚居区）语言景观中的不同权势地位，英语全球化问题在该类研究中均有涉及；在少数民族语言活力方面，徐红罡等（2015）、单菲菲等（2016）调查了少数民族地区语言景观中民族文字、民族文化符号的呈现情况，进而探讨了民族语言的活力问题；在国家语言政策方面，邱莹（2016）探讨了上饶市语言景观中拼写不规范、用字不规范、翻译不规范问题；在语言景观的历史发展方面，彭国跃（2015）对上海南京路从 1870 年到 2013 年百余年间的语言景观进行了历时考察。同时，相关研究还关注了汉语（华语）语境下的特有话题，如刘慧（2016）考察了印尼三地华族集聚区华语标牌与族群认同之间的互动关系，发现三地的族群认同、语言能力、语言使用存在较高的一致性，已形成华人言语社区；张捷等（2012）探讨了书法景观的空间分布特征及其在全球化城市景观更新背景下的演化规律，认为书法景观具备空间地方界定和定义的功能，并促成了城镇文化象征空间和地方感的形成以及书法景观的空间分异。此外，“还有学者着眼于语言景观的空间维度、互文性、语料库的建设等问题的探究，为语言景观提供了丰富的研究素材和跨学科视角，丰富了该领域研究的外延和内涵”（巫喜丽等 2017）。

2017 年，我国的语言景观研究取得了新进展，值得关注的有以下几个方面。（1）进一步对国外语言景观研究进行了深度述评，特别是徐茗（2017）全面梳理了发展历程、分析了发展趋势；尚国文（2017）就国外语言景观与语言教学研究状况进行了专题述介。（2）对国内近十年来语言景观研究进行了回顾和梳理，巫喜丽、战菊、刘晓波（2017）特别就理论创新、研究话题分布、研究方法等方面存在的不足进行了点评。(3)在实证研究基础上形成的研究话题多样，涉及语言景观的分类标准、语言景观与城市映像、语言景观中的语言权势与文化权势、外国移民聚居区的语言景观观察、语言景观中的少数民族语言活力、商业店名的语言学考察等。总体而言，观察视角、思考深度、理论探讨较往年均有明显进步，同时仍有相当提升空间。如关于店名的语言学考察，冠以“语言景观”研究之名，但基本仍是传统的语言学研究方法，“店名是语言景观的重要组成部分，两者的衔接有待加强”(巫喜丽，战菊，刘晓波 2017)。(4)出现了一批实证性研究。既有期刊论文，也有学位论文；实证调查对象涉及北京、郑州、开封、汕头、东莞、义乌等东中部城市，也涉及满洲里等少数民族聚居区城市，还有黄山、扬州等旅游景区，较以往数量不足有明显改善，质量方面仍有进一步提升空间。

以下，就上述(1)—(3)方面值得关注的研究内容予以摘编；受篇幅限制，第(4)方面的内容从略。

一 国外语言景观研究述评

(一)国外语言景观研究的发展历程

1. 早期萌芽阶段(1997年之前)。

该阶段语言景观研究的对象虽然是公共空间的语言标志，但尚未独立提出语言景观的概念，语言景观研究主要作为语言研究问题中的一部分出现，表现出零散的、无系统的、自发的、无意识的特征，文献数量有限。

2. 中期理论探索阶段(1997—2007年)。

该阶段首次提出了语言景观的概念，系统探讨其研究框架和理论方法，形成了语言景观作为社会语言学分支学科领域的雏形，表现出有一定规模的、较系统的、自觉的、有意识的研究特征，研究文献出现了较快的增长。

3. 近期快速发展阶段(2008年至今)。

该阶段涌现出大量的期刊论文，涵盖语言景观的基本概念、理论建设、研究方法、实际应用等各个方面，出现了专门的学术会议、研究小组和学术刊物，语言景观研究学术共同体初步形成，研究文献出现指数级增长，该阶段表现出大规模、组织化、网络化、系统化的研究特征，开始为其他学科领域贡献新知识，语言景观分支学科的地位和影响力进一步显性化。【徐茗】

（二）国外语言景观研究的发展趋势

1. 语言标志的边界不断扩大。

随着研究的发展，除了路牌、广告牌、壁画、灯箱海报、招贴上的标志等，其他一些可视化的语言材料也可作为研究对象，主要是日常消费不可缺少的印刷材料，如标签、小册子、传单、邮票、车票、账单、钞票、菜单、明信片等，还有墙上的涂鸦，甚至是井盖……一些学者认为只强调静止的标志，可能限制了公共空间内标志的丰富性，所以除了固定的标志，还应该包括诸如交通工具、行人的服饰等移动物体上的语言文字。此外，最近的技术发展增加了很多新的标志载体，如电子显示屏、LED 霓虹灯、充气标志和滚动的标语等。

2. 公共空间范围逐渐拓展。

最初的公共空间指的是物理空间，包括暴露于公众关注下的社团或社会中的每一个空间，如街道、公园、广告牌、店铺、商店和办公室……随着研究的进一步扩展，研究者们的视线开始转向对较大的地理区域如波罗的海、跨境语言如朝鲜语 / 韩语的语言景观进行比较。绝大部分研究均关注城市空间的语言景观，但近期开始关注农村地区的语言景观……尤为重要的是，随着数字通信方面多语能力的增长，虚拟空间的多语选择变得更加流行，语言景观不仅通过物理空间来界定，还可以通过电子空间、全球旅行、流行文化和互联网的虚拟空间等来界定……公共空间一般被视作政府（官方）和私人范围之间的缓冲地带，但是这种缓冲正日趋模糊，语言景观研究开始向私人空间渗透，如 Hanauer 通过微生物实验室内个人空间的语言景观分析来研究实验室身份。

3. 理论解释日益多学科化。

很多的语言景观研究建立在两个理论假设之上：一是认为语言景观有助于利用书面语言构建社会语言学语境，二是认为公共空间的语言呈现方式会影响不同语言之地位的感知及相应的语言行为。学者们尝试从社会语言学、语言生态学、社会学、符号学、地理学等不同学科视角构建该领域的理论框架，对语言景观的理论解释日益多学科化。

4. 研究方法趋向多样化。

语言景观数据的重要来源是调查区域内的语言标志，很多研究者受到扎根理论的启发，用大量采集的语言标志照片作为调查的起点……为了解标志阅读者的态度和感受，研究者们也会辅以访谈、问卷调查和观察法……比较特别的还有实验法，如 Kopinska 设计了一个半实验性的环境来检测语言实践可以被标志上使用的语言所影响这一假设……语言景观研究者普遍采用定量分析的方法……数码相机的普及更是从技术上极大地促进了语言景观的定量研究……与此同时，定性分析法也是语言景观研究常用的方法，研究者更加重视对标志上语言使用的观察……近期话语分析法的引入带来了语言景观定性分析法的转向……

随着科技发展，现实世界中语言可视化的新载体不断出现，智能手机、交互式数字广告、移动互联网、网络社区、商业街区 LED 显示屏等不断涌现，未来增强实境（Augmented Reality）、镜像翻译机（Word Lens）和谷歌眼镜（Google Project Glass）技术一旦结合起来，将会给语言景观产品、感知和体验带来巨大变化，这些都将为语言景观研究方法的创新带来巨大的空间。【徐茗】

由 Rani Rubdy 和 Selim Ben Said 担任主编，麦克米兰出版社 2015 年出版的《语言景观中的冲突、排他及异见》（*Conflict, Exclusion and Dissent in the Linguistic Landscape*）一书，通过语言景观的视角，关注并探讨由语言政策、语言政治和语言等级观念等导致的冲突、排他与异见，以及相关的意识形态与身份建构等问题。该书代表了国际语言景观研究的最新发展方向。【韩艳梅】

（三）国外语言景观研究的理论视角

自语言景观概念提出以来，国外学者从跨学科的视角不断丰富语言景观的理论建构，使其日臻完善。Spolsky 从语言规划的角度提出了标牌语言选择的三大条件。罗恩·斯科隆和苏西·王·斯科隆基于克雷斯和鲁文的视觉符号理论提出了“地理符号学”（geosemiotics）的概念及一套包含语码取向、字刻、文本矢量、配色方案等多个变量在内的语言景观分析框架。其他较为成型的语言景观专有理论还包括 Ben-Rafael 基于社会学理论提出的四条构建原则、特兰佩·赫奇特基于空间理论提出的三维空间分析模型等。可见，语言景观的跨学科性质令其能兼收并蓄相关学科的理论方法，具有自身特色的理论体系初现雏形。32 篇文章涉及不同学科理论 17 类，被引述频次最多的三个理论依次为社会认知理论、SPEAKING 模型和语言选择理论。已有研究涉及的理论庞杂，较为集中的理论取向包括社会认知理论、语言景观专有理论、翻译理论及地理学相关理论。【巫喜丽，战菊，刘晓波】

（四）国外语言景观研究的热点问题

（近20年国际语言景观研究中[①]）语言景观（linguistic landscape，69次）、语言（language，42次）和景观（landscape，30次）三个关键词出现的频次最高，也是最大的三个节点。除了这三个关键词外，下列是排在前十位的关键词:（语言）多样性（diversity，22次）、身份认同（identity，17次）、多语（multilingualism，15次）、空间（space，13次）、英语（English，11次）、语言政策（language policy，11次）、话语（discourse，9次）、全球化（globalization，9次）、感知（perspective，8次）、旅游（tourism，7次）。这些关键词是图谱中关键的节点，也是语言景观研究的热点课题。【李光慧，徐茗，卢松】

（五）国外语言景观研究评价

国外语言景观研究也存在一些问题:（1）语言景观分析单元和语言标志条目的确定方法尚未统一。现有研究中对于语言标志的确定，表述多较为笼统，缺少对语言标志取舍的详细说明和操作规范，不可避免地带有一定主观性。这种状况不利于已有研究及其结果间的相互比较。（2）语言景观标注体系不完善。目前尚无普遍认可的语言景观标注体系。研究者一般都采用实地采集照片的方式收集语言景观条目，但在收集过程中，观察、记录与标志采集相关的哪些内容（场所、领域、地点等）还需要进一步探讨；而且在统计、分析语料时，应该采用哪些变量也缺少标准。（3）语言景观的景观研究不足。目前语言景观成果主要是由语言学家完成的，而少有景观学者。从分析要素的整体性考虑，未来在传统社会语言学的大旗下加强和拓展语言景观的景观研究将是必要的。【徐茗】

迄今为止，国内外学者对语言景观研究方法的基础问题尚未达成共识，主要包括：如何选择抽样区以确保样本的代表性？语言景观的研究范围包括哪些标牌？如何确定计量单位，是将每一个标牌视为一个分析单元，还是将所有出现在某一机构的标牌整体作为计量单位？标牌语言如何标注及量化？如何结合定量分

① 该研究的数据来源于安徽师范大学图书馆收录的Web of Science核心合集数据库（包含SCI-EXPANDED、SSCI、A&HCI三大引文数据库）。以“linguistic landscape”为检索词进行主题检索；将数据时间限定为1997—2016年，文献类型限定为“论文”和“会议论文”；通过人工筛查排除明显不属于本领域的文献，初步检索结果为355篇文献（施引文献2438篇），作为分析样本，数据下载时间截止为2016年4月12日。

析和定性分析方法增加研究结果的说服力？以这些问题为出发点设计研究步骤，将有助于提高相关研究的规范化、可控性和可复制性。【巫喜丽，战菊，刘晓波】

二　国外语言景观与语言教学研究述介

（一）语言景观与语言学习

1. 语言景观与偶发性学习。

城市语言景观中大量的外语文字，为学习者学得和习得语言提供了客观、真实的文字环境。无论在街道、商场等休闲娱乐场所，还是校园、公共图书馆、补习中心等学习场所，这些公共空间中设置和展示的文字往往并不是以语言教学为目的，但它们仍有可能成为二语 / 外语偶发性学习的输入来源。

需要指出的是，语言景观对偶发性学习的作用是不可控的，很难把语言景观与其他形式的语言输入独立开来，看它对语言学习产生的效果。另外，通过注意力或意识实验来评估语言景观对学习者的作用也不易操作，因为很难判断语言景观中的哪些因素吸引学习者的注意力以及学习者在多大程度上意识到这些过程。考察语言景观对语言学习重要性的可行的方法是问卷调查或访谈，询问学习者对于语言景观在语言习得中作用的看法。

2. 语言景观与语言意识。

语言景观虽然遍布于人们的生活空间，但大多数语言学习者往往不会留意周围环境中的文字使用，更不会反思语言选择所涉及的社会现实问题。因此，引导学习者关注身边的语言景观，可提高他们对社会环境中多语现象及语言的地位和价值等的意识。而对儿童来说，语言景观也可以用来强化语言意识，以帮助他们发展语言形式多样性的知识。

3. 语言景观与语用能力。

在外语学习中，在真实语境中获得外语交际的机会有限，而语言景观可以为学习者语用能力的发展提供资源。公共空间中的语言有时包含完整句子，但大多数情况下都是与语境意义相关的单个词语或词组，这些书写文字常常使用间接语言或隐喻，在交际过程中包含不同的言语行为……语言景观中包含不同功能的文本，这些功能与言语行为的多样性说明语言景观可以为语用能力的培养提供适当的输入。语言教师的主要职责之一是让学生更清楚地认识诸如语言使用者的交际意图、选用的语言形式以及交际行为发生的情景语境等语言交际因素及其联系。

4. 语言景观与多模态技能。

语言景观的一个显著特点是文字以多语言、多模态的表征形式塑造空间。语言的多模态性（multimodality）指的是意义的表征除了语言本身之外，还包括图像、声音、色彩、姿态等多种符号形式，它们在交际中共同构建完整的意义。

语言景观可以让学习者体验公共空间中的多模态文本，从而对二语 / 外语的功能表达方式加深了解。阅读是一种社会行为，涵盖了文本和语境的意义潜势以及读者所具有的资源。二语习得通常把语言作为核心甚至是唯一的交际形式，但事实上，很多读者不仅阅读文字，同时也会阅读与文本相依相存的色彩和图像等……Cenoz 和 Gorter 也指出，解读语言景观构建的意义，需要学习者关注文本的实体形式、相关的图像以及所占据的空间，从而培养学生从不同模态视角进行阅读和理解，帮助他们发展多模态能力。

5. 语言景观与多语能力。

语言景观中的语言并非相互隔离开来，多语并存是客观事实，而不同语言提供的信息不一定等同，因此多语能力或象征能力便成为全方位解读语言景观的关键。在一项小规模研究中，Cenoz 和 Gorter 发现，二语学习者在面对语言景观中的多语标牌时，大多会阅读标牌上的多种语言，而不是只阅读一种语言。从多语能力的培养来看，多语混合的语言景观可以成为发展此能力的一个输入来源。【尚国文】

（二）语言景观与少数语言复兴

除城市公共场所之外，校园中的语言景观也可以成为语言维持的一个阵地。校园景观是师生学校生活全貌中的重要组成部分，其设置可看作社会政治意识形态转变成为实体形式。校园具有自己的语言生态系统，它们构成并再生产宏观和微观层面的意识形态。在世界各地，校园环境通常都是推广主导语言的阵地，而地方语言和少数语言在校园景观中往往难觅踪影。“大众语言作为唯一交际语言”的主导意识形态常常在主流学校中贯彻，但提供双语教育的学校有机会通过标牌构建双语或多语空间。提供双语教育的学校在面向家长及公众的标牌上使用双语，一方面可以提升学校“双语教育”的形象，另一方面，学生会对周围标牌上各种语言的相对重要性产生意识。此外，校园语言景观也可以成为推动少数族群语言

复兴的场所。【尚国文】

（三）语言景观在语言教学中的应用方法

1. 田野徒步法。

田野徒步指的是教师带领学生走进城市街道、展览馆、公园、旅游景点等场所，边走边观察阅览周围环境中的语言使用，提高多语意识的活动。街道的语言标牌上使用了多种语言，为年幼的学习者提供了接触拼音、汉字、英语词汇等的机会。在徒步之前，教师可以利用景观图片引起学生对景观中外语文字的注意。教师可以让学生猜测照片中的标牌出现的场所、辨认上面的语言文字等。在徒步过程中，教师可以让学生关注某些具体的标牌，也可鼓励学生独自发现并拍下他们感兴趣的图片。在徒步之后，教师可以安排一系列活动来训练学生的语言意识和能力。

2. 研究课题驱动法。

对于已具有一定语言水平的学习者来说，语言景观融入课程时则要更注重学习者的主观能动性，培养学生分析问题、解决问题的能力。教师可以布置一个语言景观的研究课题，让学生带着问题进入现实的文字环境中搜集语料，通过分析真实语言使用对某些语言问题提供解释，得出结论，从课题的实施过程中培养学生创造性、批判性地思考语言问题。

3. 空间三维教学法。

耶鲁大学学者 David Malinowski 在以上教学法的基础上，依据法国社会学家亨利 · 勒菲弗尔的空间理论及 Trumper-Hecht 的语言景观三维分析模型，提出了一个用语言景观协助语言学习的综合教学法框架……相应地，Malinowski 的语言教学法框架也包括了感知空间、构想空间和生活空间三个领域的教学活动。这个框架的具体形式可表述如下：

首先，构想空间涉及宏观、政策性的文本，学习者可以通过对官方性质的文件进行批判性阅读、比较、分析、评价等活动，理解语言意识形态、社会权势和关系等。

其次，学习者可以通过标牌对语言文本进行解码。感知空间涉及标牌语言在环境中的实际分布，是语言景观文献中分析最多的部分，在语言课堂上可运用的方式也最丰富。

最后，学习者可通过访谈来了解人们对各种语言的认知和态度。生活空间涉

及标牌创设者及读者的主观体验，学习者可以亲身参与语言景观的田野调查，获取一手资料和信息。教师可指导学习者按照民族志的方法对标牌话语主体的观点和体验进行考察，解析语言景观的主观意义。具体教学活动可包括对商铺业主、居民、游客等进行访谈，通过日记或笔记记录学习者对景观的体会和反思，在城市徒步中对语言景观实践进行观察和批判等。此外，教师还可以设计一些艺术性和想象性的活动，如标牌设计、壁画创作等，考察学习者对语言的感知和态度。【尚国文】

三　国内语言景观研究述评

（一）国内语言景观研究存在的不足

从目前的研究现状来看，国内学者对国外已成型的语言景观专有理论关注度偏低，理论研究仍处于自我摸索阶段。基于不同的学科背景和研究兴趣，研究者倾向于借鉴不同的解释性理论分析语言景观现象，相当一部分研究仍停留在对有关理论的简单借用和检验层面，理论创新不足。

……

对比国外同类研究，国内现有研究基本涵盖了语言景观主流研究热点，但对传统议题如英语的传播、语言政策缺乏专题研究，新兴课题如语言景观对二语习得的影响、多模态语言景观、层积现象（layering）、乡村语言景观等研究领域尚属空白。近年来，国内语言景观研究的问题取向日趋多样化，研究重心开始由微观层面的语言形式特征等本体研究逐步向多语权势地位、民族语言活力、空间维度等宏观层面问题转向。但整体而言，研究数量较为匮乏，尚未形成系统、连贯的研究积累。

……

相比之下，国内学者对官方标牌和非官方标牌的语言差异研究较少，主要聚焦多语标牌的语言使用状况……英语的传播问题在该类研究[①]中皆有涉及，但鲜有对其表现特征及影响的深入分析。

……

国内的语言景观研究以非实证性研究为主（68.8%），实证性研究为辅

① 指多语现象类研究。

（31.2%），实证性研究比例偏低。常用的研究方法包括：以数码影像为主的田野调查、问卷调查、访谈、数据统计等。数据统计较为简单，采用频次、百分比为主要参数。研究区域多选择语言标牌集中的城市商业区、旅游景点或其他多语并存地区。研究对象主要包括典型标牌（如公共路牌、广告牌、街名、地名、店铺招牌等），个别研究覆盖了非典型标牌（如海报、横幅、标语、告示牌、电子显示屏等）。总体而言，国内研究普遍存在研究设计不严谨的问题：对计量单位没有明确界定；研究结果侧重表象描述，缺乏深入的内因分析。【巫喜丽，战菊，刘晓波】

在我们这个“英语作为外语”的学习者人数最多的国家，虽然教育主管部门非常重视各个学习阶段的英语教学，在课程设置、教学时限、师资培训、评估等多个方面不断调整政策，但对于教育环境中的外语使用却无具体建议。英语和汉语在中国语言景观中的使用情况和功能，以及语言景观如何促进语言教育（尤其是外语学习），目前尚无具体深入的考察。【尚国文】

在实例研究时语料大多来自于城市的商业地区以及旅游景区，所涵盖的领域也以商业领域居多，因此在进行语言景观的研究时存在着语料来源过于单一的问题。【高珊，付伊】

（二）国内语言景观研究的发展建议

一是要加强对国外理论体系及研究动态的引介和批判性借鉴，提升国内理论研究水平；加强基于中国视角的语言景观创新性理论构建，推动国内研究与国际研究的双向学术对话。二是要丰富研究视角，拓宽研究深度和广度；整合公示语、店名等传统研究成果；加大对多语现象、语言形式特征、英语的传播、语言政策、少数民族语言活力等传统研究热点的专题研究力度，填补对多模态语言景观研究、语言景观对二语习得的影响、语言景观历时性研究、乡村语言景观研究、虚拟空间语言景观等新兴课题的研究空白，发掘具有中国特色的研究题材。三是要重视质化和量化相结合的实证研究，结合新技术手段优化研究方法，建设完善语言景观语料库。四是要壮大语言景观研究队伍，打破学科壁垒，加强跨学科团队开展研究，加强语言景观研究与相关学科的横向联合。我国是一个多民族、多语言、多方言的国家，语言生态错综复杂。语言景观作为一种普遍的语言实践，能为语言规划、多语现象、语言接触、民族语言活力等诸多问题提供新的研究视角。【巫喜丽，战菊，刘晓波】

（关于店名的）传统研究多从词汇学、修辞学、语用学层面研究店铺名的语言形式特征和命名规律，然后从社会历史文化内涵和商业功能溯因。这些研究虽不乏社会语言学的视角，但囿于对微观层面的语言本体考察，尚未进入语言景观研究的视野。店名是语言景观的重要组成部分，两者的衔接有待加强。【巫喜丽，战菊，刘晓波】

四　国内语言景观研究的热点话题

（一）语言景观的分类标准

目前语言景观研究中对样本的官方与非官方分类未能完整反映语言景观的全部特性。语言景观的受众，即针对言语社区内部成员的标牌和针对言语社区外部群体的标牌在语言使用上同样存在巨大差异，这一因语言景观受众不同而导致的语言使用上的差异在澳门社区的语言景观中已经得到证实。本文将这一分类标准放在香港社区中进行检验，发现香港社区的语言景观也具有明显“内外不同”的性质。同时这一分类也可以在言语社区理论中的言语社区语言性质这一问题中找到依据。基于此，本文认为语言景观的分类标准应将语言景观的受众考虑在内，由以往的“官民不同”发展完善为“官民不同、内外有别”，这是一条更符合语言事实且具有普遍性的分类标准。【张媛媛】

（二）语言景观与城市映像

城市语言景观在一定程度上反映了城市的形象，反映了城市民众的语言生活状况、语言意识形态，也反映了城市的文化特征、历史传统和现代发展。语言景观是城市人文生态的映像。城市和城市之间既有共性也有差异。江西上饶、鹰潭、抚州、赣州四城市整体上都属于中国内陆欠发达城市，其语言景观所显示的国际化程度整体不高，语种比较单一，除了英语之外，其他语言出现的数量都非常少。另一方面，由于地理位置或其他原因，四城市的发展速度并不一致，上饶得高铁之便，发展速度最快，民众语言观念似乎更开放，其店名中出现外语的比例最高，能指和所指关系割裂的时尚店名比例最高，繁体字使用频次最高，简化字重复使用的比率最低，店名语言景观更具有多样性。【刘楚群】

（三）语言景观中的语言权势与文化权势

在城市语言生态系统中，私人标牌所体现出的语言权势并不能直接体现所对应社会群体的社会地位，而是受该系统中的文化权势的影响。权势高的文化会使对应的语言获得高于其对应群体社会地位的语言权势，而权势低的文化会使对应的语言权势降低，甚至其主体地位会被其他强势语言取代。上海的城市语言系统正是如此，英语所对应的社会群体地位低于汉语所对应的主体群体，但是在私人标牌中，由于英语对应的文化权势过高，英语的语言权势也获得了过度的提升，甚至在某些方面超过了汉语。同时，我们发现在通过语言景观分析文化权势时不能认为单语与单一文化、多语与多元文化是一一对应的，单语中所包含的对应其他文化的文化先例本质上也体现了另一种文化的文化权势。【苏杰】

（四）外国移民聚居区的语言景观观察

外国移民聚居区是全球化背景下城市空间重构的产物，其人口组合和语言文化的异质性使其语言生态甚为复杂。本研究调查结果显示的多语地位关系趋于一致[①]：汉语是国家通用语言，处于绝对主导地位；英语是该地区语言景观的第一辅助外语；阿拉伯语为第二辅助外语，法语及维吾尔语同为最弱势语码。不同主体标牌的语码类型分布特征表明，官方标牌的语言呈现较为单一，以汉语单语为主，汉英双语次之，且绝大部分官方多语标牌选择汉语作为优势语码；非官方标牌倾向于使用多语组合形式，多语标牌几近一半，在语码类型及优势语码选择上较之官方标牌更为灵活多样。此外，标牌多语文本类型的分析表明，该地区双语标牌以含互译文本的多语文本类型为主，强势语码提供完整或实用信息，其他弱势语码信息功能相对缺失。整体而言，标牌信息对于非汉语单语族群阅读辅助功能有限，说明该地区与国际化多语社区的区域定位仍有一定差距，政府的语言管理及服务能力有待提高。

……

随着全球化的推进，国际化大都市将面临更多诸如外国移民聚居区的去疆域化“亚社区”植入，语言问题错综复杂。如何站在国家战略的高度科学规划各语言的权势地位，从宏观层面厘清国家通用语与民族语言、民族共同语与方言、母语与外语、强势语言与弱势语言等多重关系，对于平衡语言生态、保障社会和谐稳定具有重大意义。语言景观是对研究区域内语言接触及博弈的反应机制，也是政治、经济、文化等众多因素合力作用的结果，希望本个案研究的社会语言学视角对上述宏观问题的进一步研究起到借鉴的作用。【巫喜丽，战菊】

---

① 该研究调查对象是广州市非洲街。

（五）语言景观中的少数民族语言活力

东巴文作为纳西族的文字，尽管已处于濒危状态，但在所调查的两条街道[①]上的语言景观中都在大量使用。在语言景观标牌中大量使用少数民族语言文字，这不仅与相关的文化保护和语言使用规定有着直接的关系，也在一定程度上反映了少数民族语言文字的价值和地位……

但是，需要指出的是……从本项调查结果来看，尽管东巴文在所调查的街道上大量使用，即其能见性很高，但由于东巴文自古以来主要用于宗教经文书写，仅由少数东巴（智者）掌握，在现实生活中，绝大多数纳西族本族语者并不使用东巴文，或者根本不懂东巴文，且青年人对纳西语的熟练程度已不如汉语，丽江古城内语言景观中的东巴文更多是作为一种文化资源或者旅游资源来使用的……丽江古城语言标牌中东巴文的使用更多的是体现了其作为旅游经济资源使用的文化符号。

此外，徐红罡和任燕的调查也发现，丽江束河古镇东巴文景观虽然突出，但其使用重形式不重内容，且缺乏规范性，从而减弱了它的信息功能，加剧不可识别性与不可交流性，因此，语言景观中的东巴文仅具有象征功能，承载地方语言文化特色，成为一种旅游商业符号，缺乏真正支撑语言活力的信息功能。这种结果与 Landry 和 Bourhis 所说的"语言景观或许是居住在某一特定行政管理地区的各少数族群语言活力的最明显的标志"的论断并不一致。相反，我们的调查结果更符合 Barni 和 Bagna 的论断，即"某一地区语言的可见性与其活力之间没有直接的联系"。这种结果同时也表明"当地公共场所中所展示的各种语言形式并不总是反映当地人们日常生活中实际使用的口头语言"，语言景观现象其实更是一种"公共空间的象征意义建构"。【李丽生，夏娜】

本文以语言景观研究法为基础，调查西昌市老城区和商业区彝文语言景观使用现状及不同群体对此现象的认识。研究发现：两地双语和多语标牌占多数，彝文使用率较高；总体看，彝文并非标牌中的优势语言，不同区域、类型的标牌中彝文所处地位不同；老城区对彝文语言景观的认可度高于商业区，彝文更具优势。官方标牌和私人标牌使用彝文的初衷不同，前者多出于民族平等、旅游经济考虑，后者多是语言政策要求。当地彝文语言景观的象征功能大于信息功能，政府语言规划与民众认知并不一致。【聂鹏，木乃热哈】

① 该研究调查对象是丽江古城区。

此外，本文[①]对于研究城市务工少数民族群体的语言使用状况也具有一定的启示作用。因宗教纽带关系，广州市“非洲街”的新疆维吾尔族个体经营者众多，然而维吾尔语在私人标牌中无一使用。这一结果既反映了少数民族族群尤其是少数民族移民群体在流入城市中被“边缘化”，自我认同感偏低，在标牌制作中倾向于通过优势语码的符号性构建“他者”身份认同；同时也说明少数民族语言在民族共同语、全球通用语及其他优势语码夹攻之下语言活力偏低，容易出现语言转用的结果。如何在推广国家通用语的同时，从强化少数民族群体自我身份文化认同的层面保持少数民族语言的活力，是值得深入探究的课题。【巫喜丽，战菊】

（六）仿古文化景区商业店名的语言学考察

通过对锦里和宽窄巷子商业店名所构成的语言景观的分析，发现店名在语义上契合了仿古文化景区的功能定位，音节以有效表达的三、四音节长度为主，综合运用了拟人、引用、仿词等多种修辞手法。与此同时，景区内店名混合形式的掺杂、繁简转化的失误，在一定程度上流露出商业店名在命名背后的求异心态和不足之处。在这样的背景下，政府应该完善相关法律法规，管理部门要加大执法力度，全民更应该加强语言文字修养，让商业店名在景区建设和文化传播的过程中扮演应有的角色。【余智勇】

来源文献

［1］高　珊，付　伊 . 国内语言景观研究综述［J］. 湖州师范学院学报，2017（5）：73—78.

［2］韩艳梅 . 国际语言景观研究的新视野和新趋势——《语言景观中的冲突、排他及异见》评介［J］. 语言战略研究，2017（3）：94—96.

［3］李光慧，徐　茗，卢　松 . 近二十年国际语言景观研究的知识图谱分析——基于Web of Science 数据库［J］. 重庆交通大学学报（社会科学版），2017（6）：139—145.

［4］李丽生，夏　娜 . 少数民族地区城市语言景观中的语言使用状况——以丽江市古城区为例［J］. 语言战略研究，2017（2）：35—42.

［5］刘楚群 . 语言景观之城市映像研究［J］. 语言战略研究，2017（2）：20—26.

① 指对广州市“非洲街”语言景观的调查研究。

[6] 聂　鹏，木乃热哈．西昌市彝文语言景观调查研究［J］．语言文字应用，2017（1）：70—79.

[7] 尚国文．语言景观与语言教学：从资源到工具［J］．语言战略研究，2017（2）：11—19.

[8] 苏　杰．上海私人标牌中的语言权势与文化权势［J］．语言战略研究，2017（2）：27—34.

[9] 巫喜丽，战　菊．全球化背景下广州市非洲街语言景观实探［J］．外语研究，2017（2）：6—11.

[10] 巫喜丽，战　菊，刘晓波．语言景观研究的理论视角、问题取向及研究方法——国内语言景观研究十年综述［J］．学术研究，2017（7）：170—174.

[11] 徐　茗．国外语言景观研究历程与发展趋势［J］．语言战略研究，2017（2）：57—64.

[12] 余智勇．成都市仿古文化景区商业店名的语言学考察——以锦里和宽窄巷子为例［J］．现代语文（语言研究版），2017（7）：116—118.

[13] 张媛媛．从言语社区理论看语言景观的分类标准［J］．语言战略研究，2017（2）：43—49.

相关文献

[1] 邓骁菲．豫园商城和上海老街语言景观对比分析［J］．现代语文（语言研究版），2015（10）：170—174.

[2] 段袁冰．全球化背景下的语言景观研究——多语研究的新路径［J］．湖南社会科学，2016（2）：214—217.

[3] 葛俊丽．语言与空间：语言景观研究视角［J］．北京第二外国语学院学报，2016（4）：68—80，134.

[4] 李丽生．国外语言景观研究评述及其启示［J］．北京第二外国语学院学报，2015（4）：1—7.

[5] 李　贻．语言景观研究法：对广州北京路的历时性调查［J］．海外英语，2011（13）：300—301.

[6] 李　贻．《语言景观：研究多语现象的新路径》论文集评介［J］．商丘职业技术学院学报，2012（4）：87—88.

[7] 梁斯华．语言景观研究的理论与方法创新——评 Blommaert 的《民族志、超级多样性与语言景观》［J］．语言学研究，2016（2）：209—217.

［8］刘 慧．印尼华族集聚区语言景观与族群认同——以沓淡、坤甸、北干巴鲁三地为例［J］．语言战略研究，2016（1）：42—49.

［9］聂平俊．外国人聚居社区的语言景观考察——以北京“韩国城社区”为例［J］．语言学研究，2016（2）：179—190.

［10］彭国跃．上海南京路上语言景观的百年变迁——历史社会语言学个案研究［J］．中国社会语言学，2015（1）：52—68.

［11］邱 莹．上饶市语言景观调查研究［J］．语言文字应用，2016（3）：40—49.

［12］单菲菲，刘承宇．民族旅游村寨语言景观调查研究——基于社会符号学与文化资本理论视角［J］．广西民族研究，2016（6）：153—161.

［13］尚国文．语言景观的语言经济学分析——以新马泰为例［J］．语言战略研究，2016（4）：83—91.

［14］尚国文．语言景观的语言经济学分析［J］．语言战略研究，2016（4）：83—91.

［15］尚国文，赵守辉．语言景观研究的视角、理论与方法［J］．外语教学与研究，2014a（2）：214—223.

［16］尚国文，赵守辉．语言景观的分析维度与理论建构［J］．外国语，2014b（6）：81—89.

［17］田飞洋，张维佳．全球化社会语言学：语言景观研究的新理论——以北京市学院路双语公示语为例［J］．语言文字应用，2014（2）：38—45.

［18］徐红罡，任 燕．旅游对纳西东巴文语言景观的影响［J］．旅游学刊，2015（1）：102—111.

［19］徐 茗，卢 松．城市语言景观研究进展及展望［J］．人文地理，2015（1）：21—25.

［20］杨金龙．语言景观：生态语言学研究新视角［J］．兴义民族师范学院学报，2015（6）：49—53.

［21］杨永林，程绍霖，刘春霞．北京地区双语公共标识的社会语言学调查——理论方法篇［J］．语言教学与研究，2007（3）：1—6.

［22］俞玮奇，王婷婷，孙亚楠．国际化大都市外侨聚居区的多语景观实态——以北京望京和上海古北为例［J］．语言文字应用，2016（1）：36—44.

［23］张 捷，张宏磊，唐 文．中国城镇书法景观空间分异及其地方意义——以城镇商业街区为例［J］．地理学报，2012（12）：1675—1685.

［24］张媛媛，张斌华．语言景观中的澳门多语状况［J］．语言文字应用，2016（1）：45—54.

继承语研究

所谓“继承语”，可以简单理解为一个介乎于母语（第一语言）和外语（第二语言）之间的概念。对特定个体而言，继承语指祖辈使用并在家庭里传续下来，但掌握得不完整、不熟练因而称不上是母语，但又不同于外语的那种语言。比如对海外华裔的后代而言，华语就是继承语，是祖辈使用并在家庭里传续的，但是他们由于各种原因（如日常主要学习使用所在言语社区的通用语），对华语掌握得并不熟练，掌握得相当熟练就可以视为母语，完全不掌握又等同于外语。因此，继承语概念的使用环境一定是在多语社会，一定是由于某种原因（如多为移民）发生了语言转用但不完全（不发生转用仍可用母语指称，完全转用就等同于外语），一定是指多语社会中的弱势语言。继承语概念的提出有两方面价值：一是语言政策价值，体现了对弱势语言的关注，对维护语言多样性、保护语言生态的体认；二是语言教学价值，对特定个体的继承语教学有其特殊规律，与母语教学和外语教学既有联系，又有很多不同之处，“被认为是母语和二语的交叉点”（张广勇 2014）。

国内引入继承语这个概念，并以这个概念为视角开展独立研究，对华语传承、汉语国际传播、华人华侨的中华认同、汉语方言及少数民族语言的保护与传承，都具有重要意义。国内关于继承语的研究刚刚起步，数量很少，且以概念和理论引介为主，内容涉及以下方面：

——述介国外学者关于继承语概念内涵的定义。目前学界尚未就继承语的概念内涵达成一致，何纬芸和苗瑞琴（2007）、高虹（2010）、朱波（2010）、吴文（2012）等介绍了国外不同学者给出的不同定义。其中，张广勇（2014）的研究颇值得关注，他将这些不同的定义分为三种类型：（1）类型学定义。类型学定义“就是依据一定的特征或是标准对现有的继承语进行归类。一种归类方法是以使用者的‘特殊身份’为标准，将继承语定义为‘移民语、殖民语或美国原生居民使用的语言’或‘逃亡难民使用的语言’。另一种分类则是以英语为参照对象，将继承语定义为‘除英语以外所有的语言’，因此，西班牙语、法语、汉语、日语等语言都可视为继承语。类型学定义充分反映了继承语的社会地位和特征”。(2)生态学定义。生态学定义的“侧重点不是使用者特征差异，而是语言使用的环境，尤其是语言使用者之间的联系和共同点。据此，继承语是‘家庭语’‘社区语言’或‘祖辈语’。不管使用环境是家庭还是在社区成员之间，使用者都必须具备一定的语言水平，尤其是听说能力。所以，一个继承语学习者应当‘在非英语家庭环境中成长，继承语水平只限于听和说，同时在一定程度上是双语学习者’”。(3)描述性定义。这是通过特征描述的方式对继承语学习者进行描写，“Carreira认为继承语学习者至少具有四个特征：来自某一个特定的语言共同体；语言学习目的是为了保持家庭和民族的联系；具有一定的继承语水平；没有语言水平但参加课堂学习的学习者有强烈的身份认同感。这些特征基本是生态学定义考虑的范围，唯一的不同是对语言学习者的水平没有严格的要求”。张广勇（2014）指出，“继承语的概念内涵至今依然是一个尚存争议的问题，争议的焦点在于是否将语言水平作为判断的标准”。据萧旸（2017）介绍，“在继承语领域不可能存在一个一刀切的通用定义，因为没有一个定义可以穷尽所有潜在的继承语语言状况”。

——探讨 heritage language 的中文译名。目前，国内关于 heritage language 的中文译名使用很不统一，有继承语、传承语、祖语、祖裔语、祖传语、遗产语、族裔语等七八种之多。何纬芸、苗瑞琴（2007）“结合语言社会化理论，把语言习得和语言社会化融为一体，认为学习者不仅是重习忘却的母语，而且是重拾丢失的传统，主张把它译为‘继承语’”（转引自高虹 2010）；高虹（2010）认为，heritage language 是在通用语言环境中消失的母语，译作“继承语”，不仅体现出其本质特征，也反映出 heritage learner 和 heritage language 之间的特殊关系。自那时以来，“继承语”在诸多中文译名中使用频率最高。

——述介国外继承语研究的兴起与发展。继承语首先由加拿大“安大略继承语项目”（Ontario Heritage Languages Programs）组提出，20 世纪 90 年代后期传入美国，逐渐成为应用语言学界关注的焦点。高虹（2010）就此做了简要述介。吴文（2012）做了详尽梳理，并认为到 2008 年继承语正式独立为一个专门的研究领域，“具备了学术界认同的作为一个专门研究领域的所有条件：一群相对固定的研究群体、标志性的事件（美国继承语语言学年会）、相应的学术期刊（*Heritage Language*）以及奠基性的学术研究成果（*Heritage Language Education: A New Field Emerging*）”。此外，朱波（2010）介绍了美国社会不同类型的继承语现状，认为美国继承语研究发展有三大原因：维护语言生态、顺应人口变化、促进族裔认同，指出继承语研究将成为美国语言教育的新方向；张广勇（2014）述介了国外继承语习得研究情况，指出继承语习得研究拓展了二语习得研究的范围；陈建伟（2013）述介了国外继承语代际传播研究情况，指出除了性别、出生地、居住时段、移入时间、父母的国籍、家庭社会经济地位、族群的规模和居住地等因素，“近十年的研究表明，制约继承语传播的因素还包括政策支持、言语社区、家庭环境、家庭语言策略、语言意识等”。

——探讨中国开展继承语研究的必要性和可能性。张广勇（2014）认为，继承语学习者在国内客观存在，包括港澳地区继承语学习者、以前移民国外的华人后裔回国学习汉语者、继承语为少数民族语言的继承语学习者，因此“在国内开展继承语习得研究不仅具有现实可能性，而且也是促进二语习得等研究领域向前发展的一个机遇”。曹贤文（2014）将继承语理论运用于海外华文教学的研究，认为华文教学就是汉语继承语教学，狭义的华文教学具有既不等同于汉语第一语言教学也不等同于汉语第二语言教学的特点，提出针对汉语继承语学习者应采取相应的有效路径和方法。此外，伊丽娜（2013）、牟蕾（2016）就汉语作为继承语对华文教育的启示、汉语继承语者的多语能力发展开展了实证性研究。

2017年，《语言战略研究》杂志在第3期组织“语言传承研究”专题，刊出了一组关于继承语研究的文章，推动国内的继承语研究取得了新进展，表现在以下四个方面：（1）方小兵（2017）、曹贤文（2017）对国外继承语研究状况进行了更深入细致的引介。（2）郭熙（2017）综合国外已有研究情况分析指出了继承语的性质与特点，郭熙（2017）和方小兵（2017）就 heritage language 的中文译名展开了专门探讨，推进了国内的继承语理论建设。（3）继承语传承问题引发专题关注，郭熙（2017）建构了继承语的传承类型并提出了继承语传承研究的迫切话题，李嵬等（2017）就“想象”在继承语传承与转用中的作用通过长达十年的实证观察进行了深入探讨。（4）萧旸（2017）探讨了在继承语教育语境下建立“身份—焦虑”这一新的理论关联模式的意义与价值，并开展了相关实证研究。

以下，对2017年值得关注的研究内容予以摘编介绍。其中，标题中的术语名称根据国内学界目前的使用习惯，统一为“继承语”，具体摘录时则尊重保留了各作者的使用习惯。

一 国外继承语研究述评

（一）国外继承语研究的关键话题

基于对《祖传语期刊》所发表原创性论文的总结和梳理，依据发文量、学术影响力和争论程度，本文从数据和话题中提取出六个焦点话题："祖传语"与"母语"的术语辨析、"祖传语者"界定中的语言能力与文化关联之争、"祖传语教育"中的变体选择、社会因素对祖传语态度的影响、"祖传语权利"的非完整性和"祖传语教育政策"的社区性。下面分为六个部分进行专题介绍。

1. 术语辨析：祖传语与母语的区别。

祖传语不是传统意义上的母语，祖传语者虽然大多从小就习得该语言，但却无法以母语者自居。祖传语学习者的母语输入不足是祖传语研究的重要话题，该研究可以帮助人们了解母语习得至少需要多少时间才能保证母语的最终建构和完整习得，也有助于了解外部因素（如社会因素）和内部因素（如学习者心理因素）在语言习得中所起的作用。

2. 祖传语者的界定标准：语言能力与文化关联之争。

虽然语言能力和文化关联是界定祖传语者的两个最重要的标准，然而学习者的实际语言能力究竟需要达到什么水平？最低（单项语言能力）应该符合什么要求？文化关联又在多大程度上起作用？在家庭被动习得祖传语的学生一定就具有文化认同需求和语言寻根愿望吗？这些都是存在争议的……

为了解决这一问题，Polinsky 和 Kagan 提出了广义祖传语和狭义祖传语的区分。广义祖传语指的是与个人有着某种关联的任何非主体民族语言，不考虑讲话人实际的语言能力，这样的祖传语者是"一个对该语言有情感依赖和渴望学习的人"；狭义祖传语指的是个人成长过程中家庭所使用的语言，祖传语者能够说或至少能听懂该语言……类似的，Carreira 将"祖传语学习者"这一概念与"二语学习者"（SLL）、"一语学习者"（L1L）区分开来：与二语学习者不同，祖传语学习者是在语言方面有家庭背景、文化方面有身份标志的学生；与一语学习者不同，祖传语学习者不能通过在家庭和社区充分接触其语言和文化来满足基本的语言和身份需求，他们只能依靠在学校的语言学习来满足这些需求。

3. 对民族身份的超越：祖传语教育中的变体选择。

在祖传语认同中，可能会出现“跃层现象”，即祖传语者超越自身的民族身份，认同更高层次的文化身份，从而影响祖传语教育中的语言变体选择。

……

类似的，尽管美国许多华裔移民的家庭语言实际上是相互之间不能通话的汉语方言，但移民到美国后，他们大多鼓励孩子学习普通话，将中国的国家通用语作为其祖传语，而放弃各地的方言。变体选择是祖传语教育中不可忽视的影响因素，对于学习者的语言认同、学习动机、语言迁移、文化摄入等都有重要影响。

4. 年龄、阶层与性别：社会因素对祖传语态度的影响。

许多研究揭示，年龄、阶层和性别等社会因素会对人们的祖传语态度产生影响，这也在一定程度上说明了认同的建构性和动态性。

5. 祖传语权利：非完整的语言权利。

可以看出，美国的“祖传语”享受的是消极语言权利，即“宽容型少数民族权利”（toleranceoriented minority rights），对于少数群体在私人领域使用自己语言的行为，国家不干涉也不鼓励；欧洲的“母语”享受的是积极语言权利，即“促进型少数民族权利”（promotionoriented minority rights），国家承诺在公共机关认可和使用少数民族语言，并通过立法、行政和教育来促进少数群体语言。

6. 祖传语教育政策：“自下而上”的社区政策。

可以说，美国的祖传语教育政策是由家庭或社区制定，并直接为家庭或社区服务的“自下而上的语言规划”，是源自民间或草根组织自行开展的“扭转语言转用”活动，属于 Spolsky 的“家庭域”和“语言活动者群体域”语言管理范围。【方小兵】

（二）国外继承语教育研究的热点问题

1. 传承语和传承语学习者的定义。

传承语和传承语学习者本身都是十分复杂的现象，需要从不同角度进行深入研究。各取所需的多元化研究视角已经成为本领域的研究常态。例如，人们在做学习动机、身份认同等研究时，常采用宽式定义；在做语言习得、教学等研究时，一般采用窄式定义。从语言教学角度来看，采用宽式定义的传承语学习者在学习动机和对文化的熟悉度方面不同于二语学习者，但在语言水平方面可能没有不同。因此，传承语宽式定义对于激发学习动机和促进目的语文化学习等具有一定的积极作用，而根据学习者语言能力所做的窄式定义对设计具体的语言教学更有针对性。这种左右逢源的做法反映了在形塑一门新兴的传承语学科时，保持跨学科视角之间的弹性，既是解决传承语教育实践问题的需要，也“给我们对语言、文化、身份认同等之间的联系留下了思考的空间”。

2. 传承语习得特征。

在传承语理论提出之前，语言习得采用一语习得与二语习得二分模式，要么属于一语习得要么属于二语习得。“传承语”理论则认为窄式传承语习得具有独特的特征，与一语习得、二语习得均不同，提出了传承语习得与一语习得、二语习得并立的三分模式。作为一种独立的语言习得模式，研究其独特的语言特征和习得规律是能否成为一个专门研究领域的核心内容。

……由于传承语学习者在语言发展的重要阶段（习得关键期），转向另一门优势语言而中断了传承语的学习，因此，传承语习得可以视为发生在双语而非单语环境下未完成的一语习得，同时又具有二语习得的许多特点，即具有一语习得与二语习得的双重特征，但又与常规的一语习得和二语习得存在较大差异。

除了传承语习得呈现的这些一般性特征以外，不同语言、不同背景、不同层次的传承语语音、语法和词汇等特征也得到了比较深入的研究。总之，十几年来传承语教育领域一直非常关注传承语从儿童到成年期的语言特征研究，这些研究既加深了对传承语及其习得特征的了解，也大大促进了传承语教育实践的发展。

3. 传承语学习者的身份认同。

传承语习得是传承语教育研究的中心内容，除了研究传承语习得的语言特征以外，习得中的个体差异研究也受到了较多关注。学习者个体差异因素通常包括语言接触年龄、语言学能、学习动机、交际意愿、认知风格、学习策略、学习焦虑、身份认同等。这些个体差异因素的相关研究，在传承语习得研究中都有涉及，其中最受关注的是传承语学习者的身份认同研究。

4. 传承语教学研究。

上述研究表明，传承语学习者具有既不同于传统母语学习者又不同于外语学习者的特点，因此，针对传承语学习者的教学既有别于传统的母语教学，也有别于外语或者第二语言教学。然而，目前美、加、澳等国主流的教育体系，基本上都把传承语学习者跟外语学习者放在一起并采用外语教学模式进行教学。在这样的教学模式下，传承语学生的教育需求常常遭到忽视，他们经常被视为有问题的一类，传承语教育理论的提出为这些学生的学习开辟了一个适合教育和讨论的空间。

针对典型的传承语学习者与外语学习者的不同特点，Kagan 和 Dillon 提出应分别采取宏观和微观两种教学路径进行针对性教学。【曹贤文】

（三）国外继承语研究评价

既有研究成果中体现出一些先进的语言生态保护理念和语言教育思想，对于开展语言教学和制定语言教育政策都提供了有益的启示。比如，在语言教育中区分“祖传语学习者”与“非祖传语学习者”，以充分发挥祖传语者已有的语言基础和文化知识等方面的优势。又如，关注祖传语学习者群体的异质性，“在课程设置和教学方式上因地施策，因人施策”。

尽管国外祖传语研究已经取得了较为丰硕的成果，但仍存在许多不足，主要体现在以下几个方面：第一，理论探讨尚无明显突破。第二，研究方法单一，研究范式陈旧。第三，研究语种不均衡。第四，研究内容尚需深化。【方小兵】

二　继承语的性质与特点

（一）继承语的性质

对祖语性质和特点的认识可以有多个角度，包括族裔、历史和社会政治，语言功能（如认同功能、情感功能和交际功能），语言学习等。下面主要从祖语的发展和现实中的地位出发做些讨论。

1. 历史性。

就理论上说，祖语之所以成为祖语，一定有“祖”的历史存在。祖语现象大都是在一定的历史条件下形成的……在中国，国家通用语言的推广和使用，国内经济快速发展和人口迁徙流动以及国家通用语言基础方言的天然主体地位，汉族作为中华民族主体民族的地位，使得一些民族语言（如满语、畲语等）或方言正在或已经“祖语化”。充分认识祖语现象发生的历史性，对于建立科学理性的祖语认识观非常重要。

2. 象征性。

在不少情况下，祖语教育的象征意义却大于实际意义。祖语与家族、家庭、认同、归属密切相关，它是与生俱来的、有特殊情感关系的语言。这种情感，主要是父辈的情感，随着代际距离的拉大逐渐减弱，大量移民第三代语言发生转移的现象已经证明了这一点。或许也正是因为如此，父辈希望通过祖语教育来努力拉近或提升这一感情。除了大规模移民而且又处于聚居状态，同时有系统的祖语教育之外，其语言文化传承是相当困难的，有的或许无法避免地衰减为一种象征性的纯粹的文化符号，真正成为所谓的“遗产语言”。这种象征性的祖语很难长久维持所属者的归属感。

3. 资源性。

“语言是资源”的观念近年来得到越来越多的认可。祖语虽然是一种被边缘化的语言，但它的资源性并没有改变。祖语的资源性是其价值的一个体现。有人把祖语当作一种政治资源或社会资源，更有学者指出，语言是一种人力资源。在语言传承问题上，祖语在个体人力资源方面或许会缺乏活力，因为它往往不能直接获取个体利益；但作为族群或社会群体资源，祖语则具有指向群体利益的作用，成为族群的黏合剂，成为一种文化符号。【郭熙】

（二）继承语的特点

1. 边缘化。

被“边缘化”是祖语的一大特点。从历史和现状看，随着祖语使用者社会生活环境发生的各种变化，祖语的应用价值不断衰减。这种衰减首先表现在交际功能的弱化上。作为主流社会以外的语言，祖语的使用范围受到一定的限制，是劣势语，它的交际范围和场合十分有限，通常主要是在家庭或社区使用，在更广阔的领域往往失去了交际功能，甚至在社区和家庭也无法讨论“高层次”的问题。

2. 需要学习。

关于祖语需要学习的情况，Lynch 有过详细的讨论。Chao 发现，美国华人原先的语言在一代或两代人以后就会消失。“第二代”只对口语拥有有限的被动知识，而“第三代”就完全融合在这个大熔炉里了。父母和祖辈常常煞费苦心保留祖语，但所有这一切都全盘消失。

祖语学习也不同于一般的二语学习，可惜的是我们在这方面还所知甚少。就

目前的情况看，有习得的，也有非习得的；所习得的，有的是方言，有的是共同语。习得有不同的过程，学习也有不同的阶段。可以从静态的角度去看，也可以从动态的角度去看；可以从群体的角度去看，也可以从个体的角度去看。祖语生在祖语学习中有两端。一端是社会或家庭希望传承的语言，另一端则是祖语生的语言使用结果。【郭熙】

三　heritage language 的中文译名建议

（一）主张译作“祖语”的意见

在我们看来，简单地把 heritage 翻译成“遗产”“继承”或“传承”，在某种程度上限制了思考问题的范围。用“祖语”这个名称或许更能准确地表达 heritage language 的含义，更容易为中国人所理解，也更容易凸显语言传承研究的对象和范围。我们希望“祖语”这一术语能有助于从宏观上把握祖语传承的方方面面，为中国乃至世界范围的祖语传承研究的理论建设提供一些思考。

跟“传承语、继承语、族裔语、遗产语言”等相比，“祖语”的结合能力更强，更易构成概念链，相关术语的语义透明度也比较高，容易“见字明义”。例如：

祖语现象、祖语能力、祖语生、祖语政策……

本文的“祖语”虽源自 heritage language，但我们对它的认识则有所发展。这里的“祖语”取字面上的“祖传语言”之义，主要指社会主体语言之外作为语言文化传承的祖辈语言。

……

最后要说明的是，本文所说的祖语和历史语言学中作为原始母语的祖语名同实异，不是同一概念；西方也有学者用 ancestral language 这个概念，与我们的想法相符。【郭熙】

（二）主张译作“祖传语”的意见

目前术语 heritage language 在国内有多个译名，包括“遗产语言”“传承语”“继承语”“族裔语”“祖裔语”“族裔传承语”“祖籍传承语”和“祖语”。在这八种译名中，除了“语”字外，出现最多的是“祖”“传”和“承”三个字。笔者建议取其中的“祖”和“传”两个字，将 heritage language 译作“祖传语”。之所以采用“祖”字，是因为一些西方学者常常将 heritage language 等同于 ancestral language（祖先的语言）；之所以采用“传”字，是因为这方面的研究就是为了“传承语言文化”。同时，“祖传”一词常常表明某物具有一定的价值，值得珍惜并传承下去，如“祖传手艺”“祖传秘方”等，并且表达出 heritage 一词所具有的“语言资源”含义，即译名“遗产语言”欲传达的意义。最后，通常在提到“祖传（的东西）”时，人们往往担心能否继续传承、会不会失传这类问题，这正是 heritage language 目前所面临的最大问题。【方小兵】

四 继承语传承

（一）继承语传承的类型

1. 完全传承。

完全传承者通常有其社会和家庭基础，除了完整习得母语外，还有机会接受系统的祖语教育，例如马来西亚华裔、新加坡部分华裔。

2. 传承中断。

祖语传承中断的情况远比我们过去所想的复杂。就新移民后代而言，大体有两种情况：一是习得期中断；二是语言教育期中断。例如西班牙、葡萄牙、意大利、匈牙利有大量的新移民，其后代有的尚未完成母语习得，即随父母到新的居住地生活；也有不少是在学龄阶段随父母到这些地方。

3. 完全隔绝。

这里所说的完全隔绝是说下一代完全没有接触祖语的情况。当然，所谓完全隔绝其实并不绝对，因为他们所处的祖语家庭或者社区或多或少地给了他们一定程度的接触机会。【郭熙】

（二）继承语传承研究的迫切话题

1. 母语到祖语的演变过程。

从母语到祖语，是一个复杂的演变过程。祖语传承研究应该重视这一演变过程。祖语现象多发生在移民及其后裔身上……联合国教科文组织曾就濒危语言的确定制定了各种活力指标，母语和祖语的鉴别似乎也需要类似的指标或标准。事实上，明确了这些指标，也就明确了祖语形成的条件；而了解了这些条件，也就

为防止“祖语化”打下了基础，做好了准备。

2. 祖语教育目标的确定。

……因此，如何建立与之相适合的教育目标非常重要。祖语生有责任也有权利学习和掌握祖语，重拾丢失的传统以再造历史。祖语教育是一种特殊情况下的语言文化传承教育。中国素有祖语教育的传统，打开华文教育的历史，到处都可以看到对祖语的重视。从私塾式教学到新式学堂，都是以祖语文化传承为目标的。然而，中国的祖语教育传统的贡献只是近年来才为人们所重视。

3. 祖语保持与祖语教育的形式。

祖语保持是祖语社群所迫切希望的。在祖语、当地主流语言和国际语言之间的角逐中，祖语保持并不占优势。祖语保持需要多重努力，祖语教育是一个重要方面，但不是唯一的方面。祖语生组成复杂，背景动机各异，如何有针对性地开展教育，用何种方式进行教育，需要有更多的研究投入。祖语保持一直以来的理念是建立在教育上的，但“永久第二代”应该是很有诱惑力的一种假想。教育的关键期应该予以重视。有必要进行关键期前的祖语储备，一旦祖语生的祖语意识得到增强，这将为他们提供更好的学习资源。

4. 祖语本体研究。

祖语有原祖语，也有变异或本土化后的祖语。祖语的混合和交错也是常见现象。祖语在核心区会继续发展，这种发展的新形式也属于祖语；祖语使用者因种种原因也会拉大与祖语母体的距离，“世界英语”“世界西班牙语”和“全球华语”这些概念都表明了语言在不同区域的发展和变化。其中的共性和个性及其关系，需要有更多的关注。

5. 祖语资源库建设。

祖语是一种资源，建设祖语资源库既是祖语传承教育的需要，也是语言研究的需要，更是语言服务的需要。祖语资源库可以给祖语传承者提供线上虚拟现实服务。祖语资源库可以包括语言景观或风貌、语言实况的数字化转化，以及语料、相关典藏、数据等。不少语言研究者都在濒危语言、方言方面做了类似的工作，但祖语资源库的建设还很少看到，而这些祖语在各地的足迹留下的历史印证，是一批宝贵的语言遗产。《全球华语词典》《全球华语语法》的编纂和研究过程一再给我们提出了类似的警示。

6. 祖语活力调查与祖语能力评估。

祖语活力是从社会的角度看相关祖语的存活状况或前景预测。可以通过不同的方式评价一种祖语的活力，应该充分认识祖语的外部生态和内部生态，就内部而言，包括祖语政策和祖语地位、祖语使用者及下一代的祖语态度、祖语的功能、祖语使用的场合等。

祖语能力评估则是祖语使用或学习者个体的祖语潜力和使用能力。祖语能力缺失有群体和个体两种情况。就华语作为祖语来说，目前所谓的“华二代”“华三代”规律在不同的地方情况并不相同。“华二代”未必是实际上的第二代，在有的地方，第四代、第五代，仍然可能是祖语的第一代。如何保持祖语处于第二代状态应该是祖语传承的一个重要任务。【郭熙】

（三）“想象”在继承语传承 / 转用中的作用

想象指人们对自己未来的设想，包括将来在什么地方生活，成为什么样的人等。在异国生活中，跨国移居家庭在传承语维持和转用问题上面临诸多选择：是否维持家庭传承语？如何维持传承语？是否放弃传承语？放弃传承语后学习并使用什么语言？在这一抉择过程中，想象发挥着关键作用。

我们既研究个体想象又研究群体想象，后者特指一个家庭对于未来的共同设想。个体与群体的想象并不总是保持一致，如何解决个体想象与群体共有想象之间的差异与冲突，会影响家庭所有成员。个体想象在个人决策中能成为一个决定性因素，而家庭共有想象是构成所属社会群体族语活力的一个重要部分。同时，想象可能是积极乐观的，也可能是消极悲观的。积极的想象凸显光明的、令人兴奋的且成功的未来，而消极的想象则强调阴暗负面的未来。两种想象都会对语言的维持与转用产生影响。

……

本文主要是为了说明在语言维持与转用的研究中我们应该重视想象所发挥的作用。在研究了大量的访谈数据后，我们意识到尽管影响语言维持与转用的因素很多，但之前，并没有人系统研究过跨国移居家庭是如何对未来进行想象的，而想象却至关重要。就像上述例子和引文所表明的那样，想象会使期待和归属融合，反过来又会给人们一种憧憬，成为促使人们在日常奋斗中前进的内在力量源泉。移民和他们的家人并不一直都是“追溯”的；他们也会以未来为出发点，开发在当前环境中的潜在可能。想象既受到个人与家庭过去经验的影响，也受到现状的影响，与包括语言选择和实践在内的决定社会行为的其他因素相互作用。同时，我们还观察研究了其他一些更为物质的因素，这些因素同样影响人们的语言维持与转用，包括是否要求在使用英语的地方工作，在家里是否有一种共同的语言（例如就像简家一样大家都可以说客家话与广东话），以及与他们的（外）祖父/母是住在一起还是住在他们附近。下一步，我们要重点研究这些更为持久的因素对想象的影响，想象对这些因素的影响，以及他们共同对跨国移居个人和对新离散思维带来的影响，同时进一步研究想象与这些因素的相互作用。

人们构建想象与表达想象的方法，有时是明确的，有时是隐含的。人们的想象既有积极的，也有消极的。但是，人们应对同一类想象的策略却不同。例如，一些家庭想象着他们在英国长住，因此他们想确保孩子能够把中文维持在较高的水平；而另外一些家庭则认为他们应该好好利用在英国的（想象的）短暂时间，把英语提高到一个很高的水平。对于所有家庭来说，想象随着周围情形的变化而变化，在同一家庭的不同个体之间存在着想象方面的差异和冲突，这就使得大家在态度和行为上也会出现差异。想象和重新想象有助于生成有关"传承"和"传承语"的新的动态概念，也有助于产生更加复杂的归属感。【李嵬等】

五　民族认同与继承语焦虑

（一）民族认同、语言焦虑、继承语水平之间的相关性

本研究的一个重要发现是民族认同和传承语读写焦虑（负相关）以及读写技能（正相关）之间的显著相关性。

首先，本研究分项考察了华裔传承语学习者的民族认同（及其双维度）与五项语言技能焦虑之间的相关性。结果表明华裔传承语学习者的民族认同感与多项语言焦虑之间存在负相关。这一结论在一定程度上能确定基于以往文献结论做出的预测：由于民族认同与传承语水平之间具有正向相关，而语言能力往往能降低语言焦虑感，所以发现民族认同与语言焦虑之间存在负相关符合一般推测。但是对两个民族认同维度（承诺、探索）与五项语言焦虑（听、说、读、写、文化）之间做细致的考察，两者之间的负相关呈现出有趣的分布特征。具体来说，这种相关性似乎只出现在民族认同与某些特定的技能焦虑之间：由听说技能引起的焦虑与民族认同及其两个维度之间并没有显示出统计上显著的相关性；而阅读焦虑则与民族认同和两个维度之间显示出全面的负相关。此外，就民族认同的维度而

言，如果对华裔这一身份背景有更强正面情感关联（承诺）的学习者，则与华裔背景相关的语言焦虑越低；而对华人民族有更强探索欲的学习者，写作焦虑越低。

其次，尽管民族认同与传承语水平之间大体上的正相关关系与过往文献结论一致，但是本研究结果进一步显示，这种正相关关系也主要体现在民族认同与读写水平之间。另外，从民族认同的两个维度来看，这种正相关关系亦出现了有趣的分化：其中承诺维度与听说水平有显著正相关，而探索维度与读写水平呈现显著正相关。

以上相关分析中的两个细节也值得格外的关注。首先是与华裔背景有关的语言焦虑与民族认同及其两个维度之间有全面的、较强的负相关；另外，学习者对自己的文化技能水平评价与民族认同及其两个维度之间有全面的、较强的正相关。

这种民族认同与特定语言技能焦虑及水平之间相关性的分布特征在以往文献中尚未见论述。读写技能焦虑在这组相关性中占据重要地位，主要原因可能是与传承语学习者的语言面貌相关。传承语使用者的语言面貌有别于母语者和二语学习者，其典型表现是具有接近母语的语音能力，而读写与正式表达能力往往在很大程度上落后于听说和非正式的口语表达。另外一个原因可能是中文语言本体特征。作为一个具有丰厚读写传统的语言，中文的文字与书写传统成为民族认同的标杆，在维系传承语学习者与中文的情感纽带上扮演重要的角色。不管哪种原因占了主导因素，这些相关性分析结果揭示了民族认同、语言焦虑、语言能力这三个概念构架之间存在的内部复杂性，值得进一步探讨。【萧旸】

（二）华裔继承语学习者在民族认同与语言焦虑上的群体差异性

就群体差异性而言，这项研究的结果表明不同传承语背景的学习者在民族认同和语言焦虑上差别明显，而不同移民代的学习者之间虽有差异性，却不如前者明显。

来自不同家庭语言背景华裔传承语学习者在民族认同和语言焦虑上有截然不同的表现：传承语背景为广东话的学生体现出较强的民族认同感，也有较高听说技能焦虑，而普通话背景的学习者则体现出较高的读写焦虑。两组在与华裔身份相关的语言焦虑方面没有表现出不同。虽然使用了不同的焦虑测量量表，这一发现与 Luo 的传承语学习者内部分组比较的结论有一致之处，即普通话背景的学生表现出较强的读写焦虑；不同之处在于 Luo 没有发现两组在写作焦虑上的不同，而本文中两组间在读写焦虑上都有统计上明显的差异。具有不同传承语背景的学习者在技能焦虑上的这种分化可能主要与两组学生在语言技能上的不同表现有关。具有方言背景的传承语学习者听说技能不如普通话组的学生，而在读写能力上与普通话组差距相对较小，也因此他们的听说技能与读写技能之间的差距也较小，这一情况可能使方言组学生的焦虑感集中体现在听说技能上，而没有产生对读写技能的突出焦虑。对于普通话组的学生来说，由于读写大幅度落后于他们的听说能力，学生对这种差距的感知可能加剧他们对弱势技能（读写）的焦虑感。另外一个值得探讨的可能性在于民族认同与中文读写之间的关系可能导致相关焦虑度的波动。本研究的方言组体现出较强的民族认同，而民族认同与读写技能之间体现出较强的相关性。

相比之下，传承语学习者中的第一代移民与第二代移民在民族认同以及各项焦虑度上的差异较小。与第一代移民相比，第二代移民表现出更高的听说焦虑。这与两代移民之间的实际听说水平差距可能有关，另外一个可能的原因是两代移民在语言使用方式以及机会上有差异，第二代移民在家庭及社交环境中使用传承语的机会较少，对于语言的陌生感往往导致听说上的焦虑。本组数据显示，第一代移民与第二代移民之间并没有体现出整体民族认同感上的差异。比较出乎意料的是，第二代移民反而对民族身份所携带的文化内涵表现出更强的探索意愿。现有文献对移民群体在民族认同和语言焦虑上的代际差异也略有论及：Oh 和 Fuligni 比较了第一代与第二代亚裔移民在传承语使用上的区别，没有发现两者在民族认同强度上的区别；在针对土耳其传承语使用者的分析中，Sevinc 和 Dewaele 以及 Sevinc 做了三代移民的代际比较，并发现第三代传承语使用者相较于第一代和第二代显示出更强的传承语焦虑，而第一代与第二代移民主要感受到主流语言焦虑。不过，这两组文献中的考察对象都是传承语使用者，而非教育环境里的传承语学习者；他们对移民代的定义也有不同。本文的这一发现丰富了以往研究中的相关论述，也对传承语教育发展有直接的启示作用。【萧旸】

（三）对继承语教育发展的启示

首先，发展健康积极的民族认同对传承语教育至关重要。我们已经知道传承语能力对民族认同感有促进作用，本项研究则指出较强的民族认同感能帮助降低传承语学习中的焦虑度。

第二，本项研究也提醒语言教育者和政策制定方注意学习者在民族认同上的流动性和差异性，避免在教学中出现强加式的民族意识灌输。

第三，这项研究也对传承语教育的理论建设有所帮助。解决传承语定义困境需要对传承语学习者的群体差异性做更加深入的勘察，本文在这一方向上有所贡献。另外，本文考察了民族认同——语言焦虑之间的关联性，这一联结的建立，与已有的传承语——民族认同的联结互相对应，填补了目前的传承语教育的理论模式的建构中缺失的一环。这种身份与焦虑之间的关联也推动对目前语言焦虑研究的重新审视，在传承语语境下，语言焦虑的来源与影响不再囿于语言课堂四壁之内，延展到传承语学习者个体的日常生活与自我认知中。传承语焦虑理论的发展应该与身份理论与民族认同理论相结合，并将相关描述和考量整合入传承语焦虑测量工具中。【萧旸】

来源文献

［1］曹贤文．海外传承语教育研究综述［J］．语言战略研究，2017（3）：67—77.

［2］方小兵．国际祖传语研究焦点分析——基于《祖传语期刊》历年文献［J］．语言战略研究，2017（3）：56—66.

［3］郭　熙．论祖语与祖语传承［J］．语言战略研究，2017（3）：10—19.

［4］李　嵬，祝　华，连美丽．想象：跨国移居家庭传承语维持与转用的关键因素［J］．语言战略研究，2017（3）：20—37.

［5］萧　旸．民族认同与传承语焦虑［J］．语言战略研究，2017（3）：38—55.

相关文献

［1］曹贤文．“继承语”理论视角下的海外华文教学再考察［J］．华文教学与研究，2014（4）：48—56.

［2］陈建伟．国外继承语代际传播研究综述［J］．广州广播电视大学学报，2013（6）：71—74，97，110.

［3］高　虹．Heritage language 的由来及其中文译名［J］．中国科技术语，2010（2）：48—50.

［4］何纬芸，苗瑞琴．继承语之习得及其社会化［A］．姬建国，蒋楠．应用语言学——西方人文社科前沿述评［C］．北京：中国人民大学出版社，2007.

［5］牟　蕾．汉语继承语者多语发展社会性动因研究［A］．北京大学对外汉语教育学院．第六届东亚汉语教学研究生论坛暨第九届北京地区对外汉语教学研究生学术论坛论文

集［C］. 北京：北京大学对外汉语教育学院，2016.

［6］吴　文. 继承语研究：应用语言学界冉冉升起的新星［J］. 西安外国语大学学报，2012（1）：27，51—54.

［7］伊丽娜. 汉语作为继承语及其对中国华文教育启示［D］. 浙江大学硕士学位论文，2013.

［8］张广勇. 国外继承语习得研究新进展［J］. 现代外语，2014（1）：127—136，147.

［9］朱　波. 继承语在美国的发展及其原因［J］. 学海，2010（6）：21，169—173.

第四部分

参考篇

中亚五国的“去俄罗斯化”语言政策

地处中亚的哈萨克斯坦、吉尔吉斯斯坦、塔吉克斯坦、乌兹别克斯坦、土库曼斯坦，原来都是苏联的加盟共和国，苏联解体后独立。独立以来，五国都采取了“去俄罗斯化”的语言政策。

所谓“去俄罗斯化”，据张宏莉、张玉艳（2010）介绍，是指“将俄语从由于自愿或‘俄罗斯化’而在一定时期内处于俄语环境中的某些人群的生活中排挤出去或彻底根除的过程”；吴爱荣（2017）通过对“维基百科”俄语原文的翻译是“将俄罗斯人或者以俄语为母语的其他民族的人、俄语和俄罗斯文化从某个特定人群的各个生活领域排挤出去的过程”，同时，“该术语也可用来表示为了推广本地的语言或文化而将以俄语为母语的人们的语言、文化和其他标志物边缘化”。据此，“去俄罗斯化”语言政策的内容可以概括为三个方面：主体民族语言国语化、主体民族文字拉丁化[①]或波斯化[②]、俄语边缘化。具体表现为将主体民族语言确立为国语，提高国语在政治、司法、教育、文化等各领域的政治地位和社会功能，降低俄语的政治地位、限制俄语的使用范围，同时将主体民族文字的字母体系由基里尔字母[③]（俄文字母）转换为拉丁字母或阿拉伯字母。

中亚五国独立以来的语言政策，为语言政策研究提供了生动的案例。已有研究主要对中亚五国语言政策的成因、过程及其对语言生态和经济社会发展的影响，进行了具体深入的述介，分析了其主要特点，探讨了其未来趋势。

——政策成因。（1）对苏联时期打压本土国语、强制推行“俄罗斯化”的反弹。对中亚国家而言，苏联时期的“俄罗斯化”政策既有其积极意义，也带来很多负面影响（海淑英 2013）。马磊、周庆生（2017）指出，“苏联中后期，由于强制推行俄语，各民族语言和外语的学习需求得不到应有的重视，单一化的语言政

---

① 哈萨克语、吉尔吉斯语、乌兹别克语、土库曼语同属于突厥语系，与土耳其语同源，土耳其文字于1928年实施了拉丁化。故哈萨克斯坦、吉尔吉斯斯坦、乌兹别克斯坦、土库曼斯坦四国的文字改革方向是拉丁化。

② 塔吉克语属于波斯语系，故塔吉克斯坦的文字改革方向是波斯化。波斯文以阿拉伯字母为主体，32个字母中 28 个是阿拉伯字母，4 个是新创的波斯字母。

③ 也译作“西里尔”。国内对该中文译名的使用还不统一。

策，加剧了民族间的矛盾，也加速了苏联的解体”。实际上“去俄罗斯化”思潮在苏联解体前夜已经在各加盟共和国蔓延，有大量研究对此进行了描述；苏联解体以后，打压俄语就自然成为矫正历史上语言强权的主要工具（侯昌丽 2012）。（2）建构独立以后新的国家认同。张宏莉（2015）指出，“中亚国家宣布独立后，迫切需要建立新的国家认同意识。一方面存在建立新国家的迫切性，另一方面，新的国家概念尽可能要有别于旧的、将俄语作为官方语言甚至国语的国家（指苏联）”；侯昌丽（2012）认为，排挤俄语是缓解民族国家认同危机的有效途径。（3）“泛突厥化”的影响。安蕾（2011）指出，四个突厥语国家的拉丁化文字改革受到了土耳其主导的“泛突厥化”的影响。

——政策过程。“去俄罗斯化”语言政策的实施并不顺利，各国“语言法或宪法中有关语言地位的条文都经历了多次修订”（张宏莉 2015）。（1）一开始都比较激进，但由于侵害了俄罗斯语民族的利益，以及忽视了其他少数民族语言的发展，遭到非主体民族的反对，导致民族关系紧张甚至引发流血冲突（安蕾 2011）；加之实际语言生活中，主体民族语言并不能充分履行国语功能，因此经常出现调整和反复。廖成梅（2011）甚至做出了这样的描述：“独立以来中亚国家的语言政策是复杂和矛盾的。”但应该说，调整和反复都是局部的，在“去俄罗斯化”这一根本方向上还是一以贯之的。（2）各国对俄语的态度，受到地缘政治的深刻影响，各国政策的激进与温和程度，同与俄罗斯外交关系的起伏成正相关，“俄语的语言功能被认知为与俄罗斯讨价还价的利器”（张宏莉，刘敬敏 2010；张宏莉 2015）。或者说，语言政策成为各国实施“大国平衡”外交战略、进行外交博弈的工具。五国中，哈萨克斯坦、吉尔吉斯斯坦的语言政策由激进而走向温和；乌兹别克斯坦、土库曼斯坦的语言政策始终比较激进，但也都不同程度地在局部做出过调整；塔吉克斯坦则呈现出“温和→激进→放松”的发展态势，正是与俄罗斯外交关系变化的生动体现（张宏莉 2015；于淼 2012 等）。（3）就文字改革情况而言，乌兹别克斯坦、土库曼斯坦的拉丁化改革比较激进，已经基本完成，但普遍认为并不十分成功，目前还是拉丁字母和基里尔字母两套系统并用；哈萨克斯坦、吉尔吉斯斯坦的拉丁化改革相对稳妥，但也并不顺利，并面临不同意见的争论，目前正在进程之中；塔吉克斯坦的波斯化改革则还在讨论之中。

——对语言生态的影响。主要可以从两方面来看：（1）本土国语地位提升、功能增强。张治国、陈乐（2016）指出，国家独立有利于本土国语的保护与发展。刘宏宇（2013）分析哈萨克语使用情况后认为，哈萨克语的社会实践虽然没有达到政府的预期效果，但其社会功能有所加强，并且有进一步强化的趋势。(2)俄语的社会地位被"边缘化"。张宏莉（2015）指出："在哈萨克斯坦和吉尔吉斯斯坦，俄语从族际交际语提升为官方语言，但从目前情况看，俄语的官方语言地位受到挑战；而在乌兹别克斯坦和土库曼斯坦，俄语不再是族际交际语，而只是一门外语；塔吉克斯坦的宪法虽然还保留着俄语作为族际交际语的地位，但其在语言法中的地位丧失殆尽。"（3）俄语的交际功能和实际应用性并没有因法律地位的下降而大幅度降低，经过一段激进期之后，除土库曼斯坦以外，各国的俄语学习需求都有回升。俄语历史上对中亚民族文化教育的发展功不可没，目前仍是能够获得经济效益的有利语言资源（张宏莉 2015），在技术领域拥有很高的声望（李雅 2014），俄语仍会在相当长的时间里占据交际语言的地位（邢欣，梁云 2016）。

——对经济社会发展的影响。已有研究普遍认为，"去俄罗斯化"的语言政策给经济社会发展带来了负面影响。具体表现在语言环境恶化导致俄罗斯族人口外迁、字母拉丁化导致教育质量下降、不懂俄语制约劳务输出等方面（廖成梅 2011；张宏莉 2015；赵亮 2015；朱晔 2016 等）。

——未来发展趋势预测。(1）面对"去俄罗斯化"语言政策面临的困境，已有研究认为或认同中亚国家语言政策应妥善处理好本土国语和俄语的关系，乃至和英语、汉语等外语的关系，向"多语制"发展。目前，哈萨克等国已经初步显现了这方面的态势。刘宏宇（2013）认为，经过改良的"俄语－哈萨克语"双语状况占据了社会语言使用的主流；哈萨克语和俄语在哈萨克斯坦的社会生活中以一种相对比较平衡的方式履行着各自的功能。李雅（2014）认为，一种比较宽容的语言文化在塔吉克斯坦已经开始出现，期待其语言状况走向持续健康发展的道路。(2）各国主体民族语言要真正履行国语功能，还有很长的路要走，特别是拉丁化改革，将是一个漫长而艰难的过程。(3）俄语还将长时间在社会功能方面占据优势，于淼（2012）、张治国（2016）等深入分析了背后包括社会语言意识、历史文化传承和科技教育现状等方面的原因。不过，张宏莉（2015）对俄语在中亚国家的未来并不乐观，她在对人口因素、经济因素、地缘政治因素进行全面分析后指出，"今后几十年，俄语仍然是主要的族际交际语言，但是，随着俄语被缓慢地排挤出社会生活的各个领域、大量俄罗斯人不断返回俄罗斯、主体民族人口数量的急剧增长，俄语会逐渐退出中亚市场，当然，这可能要经历一个漫长的过程，俄罗斯绝不会轻易放弃中亚这个战略要地"。

已有研究普遍认为，中亚五国的语言政策与政治挂钩，将语言问题政治化，太过看重语言的象征功能，而背离现实需求，给社会发展造成了负面影响。此外，朱晔（2016）指出，中亚国家的语言规划诸环节脱节，本体规划和习得规划严重滞后于地位规划；相关语言政策调整过于频繁，制定与实施缺乏全面统筹和长远规划。总体而言，已有研究对中亚国家语言政策的评价偏于负面。正如海力古丽·尼牙孜、田成鹏（2017）指出的，"语言规划的目标是解决语言问题，但语言规划的制定也可能引发语言问题，甚至是语言冲突"。

已有研究准确指出了中亚五国语言政策的核心难点是本土国语和俄语的关系处理问题，基本指出了中亚五国语言政策发展的影响因素，对"去俄罗斯化"语言政策的负面影响也做了比较充分的论述。同时，"去俄罗斯化"语言政策的根本动因是建构新的国家认同，但未见有研究考察"去俄罗斯化"语言政策在这一根本动因层面的实际效果，也未见有研究探讨中亚五国面对如此之多的负面影响为什么不改弦更张，就客观评价"去俄罗斯化"语言政策的得失而言，还存在缺憾。此外，据黄行（2015）介绍，哈萨克斯坦、吉尔吉斯斯坦、乌兹别克斯坦、土库曼斯坦，四国的国语与我国跨境使用，其语言政策、特别是文字改革，对我国境内少数民族语言文字使用与改革会产生怎样的影响，我国应采取什么样的对策，迫切需要开展相关研究。

2017年，中亚五国语言政策继续受到国内学术界的较多关注。相关研究具有以下特点：吴爱荣（2017）译介的"去俄罗斯化"的概念定义更加完整和全面，而其对乌兹别克斯坦"去俄罗斯化"的观察视角也不限于语言而更开阔；就中亚国家语言政策的影响因素而言，王莉（2017）、谢倩（2017）等在已有研究基础上，进一步关注了民族构成、宗教环境等对语言政策的影响；就俄语在中亚国家的前途命运而言，王莉（2017）的分析显然比张宏莉（2015）要乐观；就文字拉丁化而言，以往的研究停留于泛泛介绍相关政策法令，海力古丽·尼牙孜、田成鹏（2017）深入介绍了哈萨克语拉丁化的筹备过程、基本原则，并分析了拉丁化的积极意义和可能面临的消极影响；就中亚国家未来语言政策选择而言，马磊、周庆生（2017）梳理了吉尔吉斯斯坦多语教育政策的发展脉络，认为"现行的多语教育顺应了世界多元文化教育的潮流"，并预测，在当前国家发展环境下，吉尔吉斯学校多语教育将获得持续、稳定发展。

2017年4月12日，哈萨克斯坦总统纳扎尔巴耶夫在哈萨克斯坦《主权哈萨克斯坦》报上发表署名文章，阐述了哈萨克斯坦文字改革的意义、作用和影响，提出了制定文字改革时间表的要求。纳扎尔巴耶夫在文章中要求政府相关部门在语言文字专家的协助下尽快制定哈萨克文字母的拉丁化统一标准，并从2018年开始培训拉丁文字推广人员和编写拉丁文字中学教材。哈萨克文拉丁字母专项改革工作组年内也已成立,《光明日报》4 月 26 日的相关报道指出,“哈萨克文字由西里尔文向拉丁文字母回归的文字改革正式启动”。这显示，中亚国家的“去俄罗斯化”仍在继续，必将引发国内学界的新一轮关注。

2017 年值得关注的研究内容摘编如下：

一　中亚国家语言政策的影响因素

（一）民族构成对语言政策的影响

社会语言学家 Fishman 曾将中亚各国语言类型分为三类：A 类是指国家中占主导地位的语言人口是第二大语言人口数量的两倍多（或大于两倍），而其他各民族人口比例仅占国家总人口的 10% 或更低，此类国家有乌兹别克斯坦和土库曼斯坦；B 类是指国家中占主导地位的语言人口是第二大语言人口数量的两倍（或大于两倍），但至少有一种其他民族语言人口超过国家总人口的 10%，塔吉克斯坦就属于这种类型；混合模式是指国家中没有一种语言人口占人口数量的绝对优势，哈萨克斯坦和吉尔吉斯斯坦同属于这种类型。

……

属于混合模式的哈萨克斯坦和吉尔吉斯斯坦，由于国内没有占绝对优势的民族语言，对各民族语言的发展相较宽容……

属于 A 类模式的乌兹别克斯坦和土库曼斯坦实施的是比较激进的“去俄罗斯化”政策……

属于 B 类模式的塔吉克斯坦的语言变革介于 A 类和混合模式之间……【谢倩】

中亚地区文化碰撞和民族融合的悠久历史形成了各国复杂的民族构成。各国主体民族是社会发展的历史结果；俄罗斯族和乌克兰族是人口迁移的结果；日耳曼族、鞑靼族与朝鲜族是 20 世纪 40 年代政治性流放的结果，属于苏联时期人口民族政策的遗产。总体而言，迁入各民族人口在地区工业化和现代化过程中发挥了重要的作用，俄语的族际交际语言地位也是社会发展的自然选择结果。【王莉】

（二）宗教环境对语言政策的影响

公元 8 世纪起，中亚地区各民族居民多信奉佛教、景教（基督教聂斯脱里派)、拜火教(祆教、摩尼教)和一些原始宗教。随着阿拉伯帝国崛起,中亚地区开始了伊斯兰化进程,并最终在13世纪60年代以后的蒙古统治时期基本完成了伊斯兰化,语言文字随之实现了阿拉伯化。沙俄时期,随着俄罗斯移民的迁入,中亚地区形成了伊斯兰教为主、基督教具有一定影响的宗教格局,即使是苏联时期的无神论意识形态政策也未根本改变该地区的宗教基础。

当前,中亚地区的伊斯兰教人口在比例上处于绝对优势,哈萨克斯坦为70.2%,吉尔吉斯斯坦为82.7%,塔吉克斯坦为99.4%,乌兹别克斯坦为93%,土库曼斯坦为89%。基督教人口比例次之,主要分布在哈萨克斯坦(26.2%)、吉尔吉斯斯坦(16%)和土库曼斯坦(11%),乌兹别克斯坦(4%)比例很少,塔吉克斯坦(0.5%)几乎可以忽略不计。同时,在哈萨克斯坦、吉尔吉斯斯坦和乌兹别克斯坦还有少量其他宗教人口。通过某种语言文字工具传播特定的宗教观念,而宗教观念的普及将进一步强化该语言的社会地位,以伊斯兰教为基础的社会文化深刻影响着各国的语言政策。

通过对中亚五国语言政策、民族构成和宗教环境的回顾,人口的民族构成比重是各国制定语言政策的重要依据,基于民族和宗教的政治因素是主要推动力量。政策目标为主体民族语言国语化和文字拉丁化,政策实践则在政治理想和社会现实间徘徊,在“去俄罗斯化”和“俄语功能化”间寻求平衡。【王莉】

二 “去俄罗斯化”的多视角观察

(一)“去俄罗斯化”的概念内涵

“去俄罗斯化(дерусификация)”是指将俄罗斯人或者以俄语为母语的其他民族的人、俄语和俄罗斯文化从某个特定人群的各个生活领域排挤出去的过程。该术语也可用来表示为了推广本地的语言或文化而将以俄语为母语的人们的语言、文化和其他标志物边缘化。【吴爱荣】

(二)“去俄罗斯化”的多视角观察:以乌兹别克斯坦为例

1. 历史方面:改写苏联时期的历史。

乌兹别克斯坦独立后,政府便开始有目的地改写该国在苏联时期的历史。乌兹别克斯坦学生使用的历史教科书中,不再使用“伟大卫国战争”的提法,而是代之以"第二次世界大战"。在这些书中，苏联被描述成俄罗斯殖民主义帝国新的化身，而乌兹别克斯坦共和国作为苏联加盟共和国的历史则被看作是苦难、屈辱和被剥削的一段经历。俄罗斯人则被等同于殖民者。不仅如此，苏联时期来自各个加盟共和国的专家帮助乌兹别克斯坦建设学校、工厂、医院，苏联政府支持乌兹别克斯坦文学、戏剧等文化领域的发展，来自苏联全国的志愿者帮助塔什干震后重建等历史事实，在这些历史教科书中都只字未提。

2. 建筑方面。

（1）拆除与俄罗斯和苏联有关的纪念碑和铭牌。乌兹别克斯坦独立后，有目的地拆毁了几乎所有与俄罗斯和苏联有关的纪念碑……

（2）街道、地铁改名。乌兹别克斯坦独立后，许多城市的街道和地铁站都被改了名，以表示彻底脱离与苏联的关系。例如，塔什干的基洛夫大街被改名为凯末尔大街（凯末尔是土耳其现代国家之父）……塔什干的地铁也不再叫"伟大十月革命七十周年"，地铁的各个站点也都改为了其他名称，并且把车站附近与苏联有关的一切东西都拆除了。

3. 语言方面。

（1）确立乌兹别克语为国语。1989 年 10 月 21 日，当时还是苏联加盟共和国的乌兹别克斯坦通过了自己的语言法《乌兹别克斯坦共和国国语法》。根据该法，乌兹别克语被确定为国语，俄语成了族际交际语。1991 年 9 月 1 日乌兹别克斯坦正式宣布独立，1992 年 12 月 8 通过的宪法更是明确规定："乌兹别克斯坦的国语是乌兹别克语。" 1995 年 12 月 21 日颁布的新语言法《乌兹别克斯坦国语法》以及 2004 年该法修正案再次从法律上明确了乌兹别克语的国语地位。

（2）乌兹别克语拉丁字母化。古时乌兹别克语使用阿拉伯字母拼写。苏联时期，苏维埃政府把乌兹别克语改用俄文字母拼写。独立后，乌兹别克斯坦进行了文字改革。1993 年 9 月 2 日乌兹别克斯坦通过了《关于使用拉丁字母拼写乌兹别克语》的法律，开始乌兹别克语拉丁字母化，彻底切断了乌兹别克语与俄语的关系。该法还规定，1996 年 9 月 1 日入学的小学生开始使用拉丁字母书写的乌兹别克语课本，从 2001 年开始全面使用拉丁字母拼写，到 2005 年要完全取代俄文字母，实现乌兹别克语彻底拉丁字母化，后又于 2002 年将乌兹别克语彻底拉丁字母化的最后期限推迟到 2010 年。

（3）限制俄语的使用范围。乌兹别克斯坦独立后，政府限制俄语在各个领域的使用，规定乌兹别克斯坦各级政府使用乌兹别克语作为公文事务用语，并且

“近年来所有文件都要用乌兹别克语书写”；电视和广播等大众传媒中俄语节目的播出受到了限制，只能在一定的时间段播出；而在中小学、大学等教育机构中，俄语的使用范围更是以惊人的速度在缩小，特别是在独立初期，俄语学校的数量减少了1/24。

4. 文化方面。

（1）销毁苏联时期出版的书籍。乌兹别克斯坦独立后，苏联时期出版的许多俄语书籍被直接销毁，甚至还有许多与新独立的乌兹别克斯坦国家制度和重写苏联历史相悖的十月革命前和苏联时期的俄语档案资料也被销毁了。

（2）将原苏联时期的节日取消或改名。乌兹别克斯坦独立后，“十月革命节”等与苏联有关的节日被取消，仅保留了5月9日——不过将其改名为纪念和荣耀日（День памяти и почестей），而且它也不再是为了纪念反法西斯战争的胜利，而是用以纪念几百年来英勇无私保卫乌兹别克斯坦国家边疆、为使国家获得独立和自由、人民过上和平生活而献出宝贵生命的英雄们。

5. 干部任用方面：将俄罗斯人排除在领导层之外。

乌兹别克斯坦独立后，不仅明确“在宪法写上了乌兹别克族一族执掌国家权力的历史经验”，而且为提高和加强本民族的地位，实行向本民族倾斜的干部任用政策，俄罗斯人很难获得在国家政府、各级地方机关和企事业单位中担任领导职务的机会，逐渐被排除在领导层之外……就连一个偏远地区师范学院的俄语教研室主任也要由乌兹别克族的教师来担任。【吴爱荣】

（三）“去俄罗斯化”的社会影响：以乌兹别克斯坦为例

乌兹别克斯坦的“去俄罗斯化”政策对该国社会发展产生了巨大影响，特别是对该国的俄语、俄罗斯人、乌兹别克语以及该国的文化和教育水平、经济、民族心理等领域的影响尤为显著。

……

独立后20多年的实际情况表明，这些“去俄罗斯化”措施是一把双刃剑，虽然成功限制了俄语的使用，缩小了俄语的使用范围，并将居住在该国的俄罗斯人排挤出了领导层，似乎是在一定程度上达到了“去俄罗斯化”的目的，但这一政策不仅并未促进乌兹别克语的发展和使用，反而导致整个社会的文化和教育水平严重下降，还对该国独立初期的经济产生了不利的影响，实际上对整个社会的发展造成了巨大伤害。【吴爱荣】

（四）"去俄罗斯化"的摇摆不定：以塔吉克斯坦为例

塔吉克斯坦"去俄罗斯化"是由点及面、由温和到强势发展的特点，但需强调的是：从2012年至今，塔吉克斯坦对俄语的态度又一次开始放缓，"去俄罗斯化"在一定程度上被"暂停"，这与俄塔双方的彼此妥协不无关系，但是，中亚地区的"去俄罗斯化"之路还在继续（2017年4月12日，纳扎尔巴耶夫提出哈萨克字母拉丁化），这对塔吉克斯坦"去俄罗斯化"势必会产生一定的影响。因此，塔吉克斯坦"去俄罗斯化"的发展是一个动态的变化过程。【何金科】

三 "文字拉丁化"的动因与影响

（一）"文字拉丁化"的动因：以哈萨克斯坦为例

从语言体系出发，该国大部分学者认为基里尔字母不利于哈萨克语的发展。其原因是俄语属于斯拉夫语系，而哈萨克语属于突厥语系，由于使用基里尔字母，在语音结构、音节体系、语音和谐等方面，哈萨克语的特点没有得到充分体现，从而导致口语和书写形式之间出现一定的差异。由于俄语长期以来被广泛使用，使俄语在语义、句法方面对哈萨克语也产生了较大的影响，部分哈萨克语句子甚至以俄语的句法规则进行构建，这对哈萨克语自身的发展不利。此外，一般情况下，一种语言中的字母数量应少于音位的数量。但哈萨克语语音体系中只有28个音位，却需要用33个基里尔字母及9个标注哈萨克语特有音素的字母来表示，这使得哈萨克语的文字体系变得复杂冗长，增加了学习的难度。

从社会文化发展角度来看，文字拉丁化改革似乎更加适应当代信息技术时代的要求。纳扎尔巴耶夫总统在2012年国情咨文中表示，"为了孩子们的未来，我们必须进行文字拉丁化改革，这将为我们实现国际化、掌握英语及计算机语言创造条件，最重要的是这将促进哈萨克语的现代化"。目前，哈萨克语共有42个字母，多于电脑键盘上字母键数量，因此对哈萨克语文字输入、信息查询等造成极大不便，影响哈萨克斯坦民众上网效率及网络技术的发展。

此外，纳扎尔巴耶夫总统在《哈萨克斯坦至2050年战略发展纲要》中强调要发展哈萨克斯坦文化，扩大其影响力。哈萨克斯坦文化是全球文化中不可分割的一部分，要采取措施使哈萨克斯坦文化成为世界上最易辨识的30种文化之一。进行文字拉丁化改革应该能促进哈萨克斯坦国民与世界其他地区民众进行更有效的交流，宣传哈萨克斯坦文化，同时也方便国外民众学习哈萨克语，这对提高哈萨克斯坦文化在世界范围内的知名度无疑是有帮助的。

从政治因素分析，进行哈萨克语文字拉丁化改革可减弱俄语及俄罗斯文化对哈萨克斯坦的影响，从而达到进一步“去俄罗斯化”的目的。自哈萨克斯坦1989年颁布《语言法》确定哈萨克语为国语以来，虽然政府采取各种措施促进哈萨克语的发展，但目前无论从哈萨克语的内部结构和功能发展，还是从它的社会基础和规范形式来看，都与其国语地位不相称。俄语在哈萨克斯坦的科学、教育及媒体等领域仍占明显优势地位，是哈萨克斯坦族际交流时使用的主要语言，比哈萨克语具有更广泛的社会基础和交际功用。俄语的强势与哈萨克语的相对弱势地位一直是困扰部分哈萨克斯坦精英的重要问题之一，继续使用基里尔字母自然被部分民众视为苏联时期的产物和俄罗斯“文化影响”的延续。哈萨克斯坦试图通过文字拉丁化改革以摆脱俄语、俄罗斯文化对哈萨克斯坦社会及民众产生的深远影响。

从国际背景看，土耳其于1928年起就实行文字拉丁化改革。1993年3月，阿塞拜疆、乌兹别克斯坦、土库曼斯坦、哈萨克斯坦及吉尔吉斯斯坦等五国与会代表一致同意将积极推动本国民族语言文字拉丁化进程。与会各国学者还共同制定了由34个拉丁字母组成的突厥语国家字母表，各国可根据自身语言特点对字母表进行相应改动。目前，世界上部分操突厥语的国家，如土耳其、阿塞拜疆、土库曼斯坦、乌兹别克斯坦等已完成文字拉丁化改革。因此，进行拉丁化改革可能进一步促进哈萨克斯坦与其他操突厥语国家的交流合作，这也是其进行文字改革的一个不可忽视的因素。【海力古丽·尼牙孜，田成鹏】

（二）“文字拉丁化”的基本原则：以哈萨克语为例

目前，哈萨克斯坦学术界已经初步确定哈萨克语拉丁化改革的五种备选方案，最终结果还有待专家学者进一步论证和完善。哈萨克斯坦科学和教育部相关研究所学者制定的哈萨克语文字拉丁化的准则包括：字母数不应超过音位数；文字书写应对等呈现哈萨克语的元音和谐原则；字母表中不应有多余的字母；字母表应统一，不应包含其他语言体系中的折中元素；字母表应方便书写及阅读；应遵循“一个音素对应一个字母”的原则；字母表中不应出现妨碍阅读的特殊符号；尽可能减少单音双字母和单音三字母的使用；应制定明确的外来术语的音译转写规则；任何一个使用新字母书写的单词应易辨认等。

应当说，哈萨克斯坦国语文字拉丁化的改革已经具备一定的民意与现实基础。【海力古丽·尼牙孜，田成鹏】

（三）"文字拉丁化"的实际影响：以乌兹别克斯坦为例

在实际使用中，乌兹别克人对使用拉丁字母拼写乌兹别克语十分抵触，而"最主要的原因是人们根本不需要它"。除 1996 年开始上学的小学生外，所有识字的人都只习惯使用俄文字母拼写乌兹别克语，这种突然的改变让人们极不适应，甚至一开始，一些年纪大的人因看不懂拉丁字母书写的乌兹别克语而几乎重新变成了"文盲"。因此，乌兹别克语拉丁字母化进展十分缓慢，最后期限从原定的 2005 年推迟到了 2010 年。尽管目前乌兹别克语拉丁字母化进程已基本完成，但是拉丁字母书写的乌兹别克语使用范围有限，在许多领域拉丁字母和俄语字母两种书写方式并存。

……

由于俄语的地位下降，仅为乌兹别克斯坦大中小学学校里教授的一门外语，乌兹别克族的年轻人多不会俄语，无法阅读俄语书籍。虽然苏联时期乌兹别克斯坦共和国出版了大量使用俄文字母书写的乌兹别克语文学、科学等方面的书籍，但是由于乌兹别克语拉丁字母化，从 1996 年开始上小学的中小学的学生和大学生只认识使用拉丁字母拼写的乌兹别克语，他们无法阅读用俄文字母拼写的乌兹别克语书籍，包括科学著作、文学作品、专业文献和论文等，而现在出版的用拉丁字母书写的乌兹别克语书籍很少，因此乌兹别克年轻人的阅读量很小，整个社会的文化水平已大幅下降。

由于乌兹别克语拉丁字母化，以前使用俄文字母书写的乌兹别克语教材无法继续使用，乌兹别克斯坦教育领域出现的最大问题是：缺少使用拉丁字母书写的乌兹别克语教材。中学教材不仅缺少，而且已出版的教材质量也很低，这是因为缺少既懂乌兹别克语又懂专业的编者。同样，大学里也没有高质量的教材。许多苏联时期的旧教材在独立初期就被销毁了，而现在没有出版过完整的大学教材，只是出版了几十本小册子。大学学习所必需的科学参考书籍，更是没有乌兹别克语的。大学生们为了学习，只好转用俄语的参考书，但是许多人根本不会俄语或俄语水平很低，因此，乌兹别克斯坦的教育水平也大幅下降。【吴爱荣】

（四）“文字拉丁化”的可能影响：以哈萨克斯坦为例

土耳其的文字改革是哈萨克斯坦国语文字拉丁化改革的重要参考。哈萨克斯坦学者常以土耳其的成功经验作为最主要的依据，认为如果哈萨克语文字拉丁化改革取得成功，也势必对哈萨克斯坦社会经济及文化发展产生积极影响。

第一，增强民众的国家认同感……

第二，有利于哈萨克斯坦及哈萨克语的现代化……

第三，将便于全世界哈萨克人进行交流……

……

哈萨克斯坦在哈萨克语文字拉丁化的进程中如处理不慎，也可能面临类似的问题：

第一，从文化传承来看，哈萨克语文字拉丁化改革可能会导致该国国内出现“文化断层”……

第二，从语言自身发展来看，哈萨克语文字拉丁化改革可能使哈萨克语更加脆弱……哈萨克语在专业术语、修辞体系和语言规范等方面存在一些缺陷，这使哈萨克语自身的发展仍不完善，在国家社会生活各领域的使用受到一定的限制……在哈萨克语发展尚未成熟、仍处于弱势情况下进行文字改革可能会使哈萨克语变得更加脆弱。另一方面，进行文字改革会增加以俄语为母语的民众学习哈萨克语的难度，可能引起对哈萨克语的排斥心理，从而使他们中的大部分转向使用俄语。

第三，从民族和谐来看，哈萨克语文字拉丁化改革或将影响其国内民族的和睦……

第四，从教育角度分析，哈萨克语文字改革可能导致教育水平的下降。文字拉丁化改革对国家整个教育体系来说存在较大风险。首先是如何解决大中小学的教材基里尔字母版本与拉丁字母版本的衔接问题，以及今后各类相关配套书籍的出版发行问题。如果改革不成功，就有可能面临同乌兹别克斯坦一样的改革后果：由于使用拉丁字母出版的教材和书籍不足，年轻一代无法接触更多的信息，获得更多的知识，同时由于已经转用了拉丁字母，年轻人对以往使用基里尔字母出版的书籍存在阅读障碍，导致国家教育水平下降，民众文化水平倒退。【海力古丽·尼牙孜，田成鹏】

（五）“文字拉丁化”的发展前景：以哈萨克斯坦为例

哈萨克斯坦在制定国语文字拉丁化改革规划时能充分借鉴他国的成败经验，对可能出现的影响进行风险评估，并做出相应的准备，其进程应该比乌兹别克斯坦顺利。但文字改革是循序渐进的过程，其进程中不乏变数，能否至2025年完成文字改革还是个未知数。现在能够预测的是，随着哈萨克斯坦与俄罗斯战略伙伴关系的升级，哈萨克斯坦国内对俄语的需求会有增无减，俄语的地位及使用范围也会因此得到相应提高和扩大。在未来很长一段时间内，哈萨克斯坦国语将同时使用基里尔字母和拉丁字母两种体系进行书写。在必要的时候，哈萨克斯坦的语言政策也可能进行相应的调整。【海力古丽·尼牙孜，田成鹏】

四　俄语在中亚国家的现状与未来发展

（一）俄语在中亚国家的现状

据 ИнститутРускогозарубежья[①] 数据：俄语人口在中亚五国比例不一，哈萨克斯坦为84%，吉尔吉斯斯坦为49%，塔吉克斯坦为33%，乌兹别克斯坦为41%，土库曼斯坦为18%。数据显示，中亚俄语分布可分为两个区域：第一区域为哈萨克斯坦和吉尔吉斯斯坦，第二区域为塔吉克斯坦、土库曼斯坦和乌兹别克斯坦。

中亚五国独立后，除了土库曼斯坦以外，俄语发展仍然呈上升趋势。由于全球化背景，近几年来，中亚各国的俄语学校和学习俄语的人数出现了增加的趋势。在哈萨克斯坦，2001年至2006年，俄语学校增加了57所。在吉尔吉斯斯坦，从2006年至2010年，俄语学校由143所增加到将近160所。随着俄语学校数量的增加，在校俄语学生人数也在大幅增加。事实上，在中亚五国中，俄语授课学校数量减少最多的国家是哈萨克斯坦和土库曼斯坦，吉尔吉斯斯坦是唯一一个近20年学习俄语的中学生数量增加的国家。

……在中亚五国，由于历史传统、俄语资源、经贸关系、劳动移民和跨民族交际功能的支撑，即使是“去俄罗斯化”浪潮的背景下，俄语也未失去吸引力。

① 即海外俄罗斯人研究所。

其一，共同的国家历史经历是俄语存在和发展的历史基础……

其二，俄语资讯的传媒市场优势是俄语存在和发展的文化基础……

其三，主体民族语言功能弱化是俄语存在和发展的社会基础……

其四，苏联地理空间的各国贸易依存是俄语存在和发展的经济基础……

其五，中亚地区的地缘重要性是俄语存在和发展的政治基础……【王莉】

（二）俄语在中亚国家的未来发展

中亚国家语言政策的演变和俄语地位的变迁表明，主体民族语言的政治正确与俄语的工具功能的博弈还将持续下去。一方面中亚五国把主体民族语言法定为国语，视为独立的象征。另一方面主体民族语言无力全面承担国语的任务，迫使各国政府不得不采取务实的法定双语制（主体民族语言和俄语）。同时，在中亚居民的潜意识里，掌握俄语不仅是一技之长，也是一种身份的象征。对知识的渴望和攀高的竞争心理赋予俄语以新的生命力。

……

归根结底，国际互联网、经济全球化和区域经济一体化加剧了国家间的语言文化竞争。语言的传播广度反映了一个民族国家的经济实力和政治影响力。一种语言能否担当起跨境交际工具的任务，必将取决于语言母国的综合实力。必须承认，以俄罗斯的综合国力、对中亚的战略定位和深厚的历史渊源，俄语作为中亚地区的跨境交际语言是其他语言所不可替代的。【王莉】

五　中亚国家未来的语言政策选择

（一）多语竞争的历史变化：以吉尔吉斯斯坦为例

总体看，吉尔吉斯斯坦正经历着俄语、吉尔吉斯语、少数民族母语和外语等多种语言此消彼长的历史变化。苏联初期，基于民族平等的语言政策极大地促进了俄语、吉尔吉斯语和其他民族语言的均衡快速发展，为吉尔吉斯多语教育传统和多民族和谐发展氛围的形成奠定了基础。苏联中后期，由于强制推行俄语，各民族语言和外语的学习需求得不到应有的重视，单一化的语言政策，加剧了民族间的矛盾，也加速了苏联的解体。独立后的吉尔吉斯斯坦，一方面，受民族主义思潮影响，吉尔吉斯语的国家语言地位日益凸显，俄语作为族际共通语的官方语言地位不断被弱化。另一方面，历经 2010 年街头革命和南部骚乱，吉尔吉斯新政府更加重视民族问题，倡导各民族团结和睦，政府在语言政策方面也做出了一些调整，更加重视其他民族发展母语的权利和公民学习外语的需求。【马磊，周庆生】

（二）多语政策的未来趋势：以吉尔吉斯斯坦为例

每个时期国家语言政策调整都会对学校语言教育产生重要的影响，这些影响，最直接的体现就是学校教学计划、语言课程大纲、师资、教材和教法的调整和变化。但是，在吉尔吉斯斯坦，多语教育模式是一种传统，更是一种发展趋势，同时也是民族学校发展的历史必然选择。

……

吉尔吉斯斯坦现行的多语教育顺应了世界多元文化教育的潮流。尽管二道沟东干中学多语教育存在诸多问题，但是调查结果显示学校多语教育在保持和发展东干语言和传统文化方面，在促进二道沟多语社会形成及多元文化社会生态形成方面取得了一定成效。学校多语教育使年轻一代掌握更多语言，从而为多语交流提供了可能，同时也保持了语言和文化的多样性。通畅的语言交流促进了不同民族间的理解与合作，形成一个社区多元化和一体化发展的和谐态势，从而缩小了各民族间的差距，这也为我国少数民族学校双语教育提供了一定启示。

当前，吉尔吉斯斯坦经济发展缓慢，政局依然不稳，民族、宗教问题日趋复杂。吉尔吉斯政府正加快进入欧亚经济联盟以促进经济改革，试图通过多语教育破解经济社会发展僵局。此时，保持国家稳定和民族团结显得尤为重要。阿塔巴耶夫总统将 2013 年命名为“吉尔吉斯国家巩固和民族和睦年”，体现出了国家领导对国家稳定和民族团结的重视。可以预测，在当前国家发展环境下，吉尔吉斯学校多语教育将获得持续、稳定发展。【马磊，周庆生】

来源文献

[1] 海力古丽·尼牙孜，田成鹏. 哈萨克斯坦国语文字拉丁化改革规划：动因与影响 [J]. 新疆大学学报（哲学·人文社会科学版），2017（2）：59—64.

[2] 何金科. 塔吉克斯坦“去俄罗斯化”政策进程分析及其反思 [D]. 新疆师范大学硕士学位论文，2017.

[3] 马　磊，周庆生. 从伊塞克湖州二道沟村东干中学看吉尔吉斯斯坦共和国的多语教育 [J]. 双语教育研究，2017 (1)：58—63.

[4] 王　莉. 从政治理想到社会现实：中亚五国语言政策评析 [J]. 河南师范大学学报（哲学社会科学版），2017 (3)：107—113.

[5] 吴爱荣. 乌兹别克斯坦“去俄罗斯化”进程探析 [J]. 俄罗斯东欧中亚研究，2017 (1)：133—146.

[6] 谢　倩. 中亚五国语言变革对我国新丝绸之路民族语言政策规划的影响 [J]. 宁夏社会科学，2017 (4)：141—145.

相关文献

[1] 安　蕾. 中亚突厥语国家独立后的语言政策调整及背景因素分析 [J]. 中国社会科学院研究生院学报，2011 (6)：108—111.

[2] 海淑英. 吉尔吉斯斯坦的语言政策及其双语教育 [J]. 民族教育研究，2013 (1)：88—93.

[3] 侯昌丽. 试析乌克兰语言政策的去俄罗斯化 [J]. 西伯利亚研究，2012 (3)：46—49.

[4] 黄　行. 国家民族政策与民族语言政策 [J]. 中国社会语言学，2015 (2)：20—26.

[5] 李　雅. 塔吉克斯坦独立后的语言政策变迁 [J]. 新疆师范大学学报（哲学社会科学版），2014 (1)：74—80.

[6] 廖成梅. 中亚国家的语言政策论析 [J]. 国际关系学院学报，2011 (6)：101—105.

[7] 刘宏宇. 建国后哈萨克斯坦语言政策变迁 [J]. 新疆师范大学学报（哲学社会科学版），2013 (4)：59—65.

[8] 邢　欣，梁　云. “一带一路”背景下的中亚国家语言需求 [J]. 语言战略研究，2016 (2)：39—46.

[9] 于　淼. 塔吉克斯坦的“去俄罗斯化” [J]. 宜春学院学报，2012 (11)：24—27.

[10] 张宏莉. 中亚国家语言政策及其发展走向分析 [J]. 新疆社会科学，2015 (2)：72—79，161.

［11］张宏莉，刘敬敬．俄罗斯诸共和国语言问题探析［J］．西伯利亚研究，2010（6）：37—42.

［12］张宏莉，张玉艳．语言法：塔吉克斯坦“去俄罗斯化”的新发展［J］．俄罗斯中亚东欧研究，2010（4）：25—30.

［13］张治国，陈　乐．中亚邻国哈萨克斯坦的语言生态及语言政策［J］．语言政策与规划研究，2016（2）：51—62，97—98.

［14］赵　亮．多元视角下中亚国家的语言政策［J］．信阳师范学院学报（哲学社会科学版），2015（5）：110—113.

［15］朱　晔．“一带一路”战略视角下中亚五国独立后的语言政策：评析与应对［J］．语言政策与规划研究，2016（2）：41—50，97.

多语制下的欧盟机构语言政策和欧盟法律一体化

欧洲联盟（简称“欧盟”）是介于一般国际组织和主权国家之间的超国家治理性质的主权国家联合体，现有28个成员国。[①]在这个政体内，成员国将部分国家主权让渡给组织，以在政治、经济、法律等领域由协调走向趋同，最终实现一体化。但是，文化主权仍在各成员国手中，从1958年欧共体[②]成立时的《罗马条约》到当前的欧盟，“对成员国多样化的语言的尊重和保护从一开始就位于‘欧洲工程’建设的中心位置”（王雅梅 2010）。

基于这一政治基础，欧盟实施多语制[③]的语言政策。常被称作《欧盟语言宪章》的《欧共体第1号语言规定》（以下简称《1号规定》或《1号条例》，1958年4月15日颁布）第一条明确规定，各成员国的官方语言地位平等，都是组织的官方语和工作语。欧盟现有24种官方语言，包括英语、法语、德语、意大利语、西班牙语、葡萄牙语、荷兰语、丹麦语、瑞典语、芬兰语、希腊语、波兰语、斯洛伐克语、马耳他语、匈牙利语、立陶宛语、拉脱维亚语、斯洛文尼亚语、捷克语、爱沙尼亚语、爱尔兰语、保加利亚语、罗马尼亚语、克罗地亚语。上述语言均享有同等权利，欧盟所有官方文件、出版物、重要会议以及官方网站，均须同时使用这些语言，“官方语言资格即意味着欧共体的基础条约以及共同体机构通过的有关立法文件应同时具有按上述各种语言做成的不同的文本，而且各种文本均为准文本，具有同等的法律效力”（谢军瑞 2001）。

欧盟的多语制在尊重各成员国的文化特征、保障各成员国人民运用自己的语

① 英国脱欧仍在谈判阶段，目前仍是欧盟成员国。

② 欧洲经济共同体是欧盟的前身，成立于1958年1月。

③ 这里的“多语制”指确立多个地位平等、权利同等的官方语言的政策。国内学者对欧盟语言政策的翻译或称呼不统一，有“多元化语言政策”“多语政策”“多语主义政策”等，实际上各概念内涵应有严格区分。“多元化语言政策”“多语政策”并不意味着多官方语言，“多语主义”则属于思想理论范畴。如对少数民族语言的保护，不是“多语制”要讨论的问题，但其他三个概念可以涵盖。

言参与欧洲建设及维护自身民主权利等方面无疑起到了十分重要的作用；然而它同样为欧盟机构的正常运行造成了很大的压力。欧盟的多边性和其成员国语言背景的多样性决定了欧盟语言环境的复杂性和特殊性，吸引了众多国内学者的关注。新世纪以来，国内关于欧盟多语制语言政策的研究主要包括以下方面：

——分析欧盟多语制的政策成因。傅荣（2003）、刘海涛（2005）、田鹏（2010）、王雅梅（2010）、林嘉新（2013）等研究从不同视角进行了分析，综合看，欧盟多语制的动因主要包括：（1）欧洲文化多样性的历史现实；（2）促进欧洲认同、追求欧洲统一，但强调“统一于多样”或“多元一体”的思想理论基础；（3）坚守民主平等的政治原则，但在语言领域缺乏“中立语”作为通用语或唯一官方语言的客观条件限制；（4）抵御盎格鲁－撒克逊化、美英文化、语言帝国主义的民族心态。可以说，处理好语言问题是欧盟一体化顺利推进的重要保证，多语制是欧盟“一个深思熟虑的治理工具”。

——述介欧盟多语制的基本原则。1996 年旨在修改《马斯特里赫特条约》[1] 的政府间会议讨论了成员国之间的交流和语言问题，纳入考虑的基本原则包括：平等性原则、差异性原则、非歧视性原则、民主和效率原则（吴远宁 2001）。

——述介欧盟多语制遇到的困境。从赵广周（2002）开始，相关研究几乎都对欧盟多语制在现实中遇到的困境进行了详尽的述介。（1）翻译工作不堪重负，24 种官方语言之间两两互译理论上多达 276 种组合；（2）内部语言竞争激烈，各成员国政府异常关注本国语言在欧盟机构中的地位问题，语言平等并未实现，英语、法语、德语等在众多官方语言中居于强势地位，形成了“一超多强”的语言态势。总体而言，核心性的困境问题是语言公平和语言效率的矛盾，而在欧盟，语言“不是纯粹为功能服务的”（伍慧萍 2004），因此不论遭遇多大困境，欧盟对保持语言多样性的信心都十分坚定（刘海涛 2005）。

——述介欧盟面对困境的政策调适。（1）傅荣（2003）等介绍了欧盟试图通过培养欧盟公民的多语言能力来解决多语言交流问题的努力，欧盟为此提出了“1+2”多语教育政策，“1”为母语，“2”为欧盟内的其他两门语言；刘海涛（2005）指出，欧盟的“1+2”与印度的“1+2”存在本质性区别，印度的“1”是通行于全国的英语。但欧盟 2012 年自己开展的调查显示，效果并不明显，青少年并未掌握多种语言，多语人的比例不升反降。（2）刘海涛（2005）等介绍了欧盟有意模糊“官方语言”和“工作语言”的策略，将多语制的具体执行权力下放至

① 即《欧洲联盟条约》。

各个机构，实际上是“鸵鸟式”的“放任自流、安于现状”的语言政策，各机构具体执行中的差别很大，“英语乘虚而入”，法语、德语等也被高频使用，各官方语言在实践中实际并未被平等对待。

——在述介国外学者建议主张的基础上探讨欧盟走出语言困境的出路。赵广周（2002）、刘海涛（2005）都认同以世界语为欧盟通用语的主张，尽管反对意见较多，但欧盟有官员在实践中遇到语言选择困境时有过使用世界语的先例。伍慧萍（2004）认为应将官方语言和工作语言区分开来，并限制工作语言数量，将英语、法语、德语作为工作语言。彭增安、张少云（2007）认为，“可以根据使用语言的人口比例和数量确定工作语言”，同时强化外语意识，接纳不同文化。王小海（2007）介绍了国外学者提出的“2-5-25”机制，即：以英语、法语两种语言作为欧盟机构的工作语言；以英、法、德、波、西五种语言作为公共领域公开辩论的中介语，一种语言代表一个语系；再通过这五种语言的搭桥转译成其他各国的官方语言，于是欧洲民众就可以用25种母语相互沟通了。

2017年国内关于欧盟语言政策的研究，值得关注的主要是戴曼纯（2017）和戴曼纯、何山华（2017）对多语制下欧盟机构语言政策和欧盟法律一体化问题的考察与探讨。他们认为，欧盟机构出于不同原因无法真正实现语言平等和多语制，政治考量、机构性质、地域及个人因素均对多语政策的实施产生制约作用；多语制所带来的负面影响将长期伴随欧盟的法律一体化进程，但不会对这一进程造成根本性的障碍，欧盟可以采取改革工作机制等方式进行改善。

2017年值得关注的研究内容摘编如下：

一 欧盟多语制的内涵

（一）多语制、语言多样性与语言平等

多语制政策、语言多样性的客观现实、语言平等的政治原则貌似协调一致，但是三个概念的侧重点有很大的不同。多语制提倡母语之外学习两门外语，很容易演变为倾向于学习某些大语种，有利于主流语言的传播。语言多样性意在尊重并保护小族语言，而基本上只有小族语言群体学习自己的语言，大族语言母语者鲜有学习小族语言的情况，小族语言的传播远没有大族语言的优势条件。面对这种严酷的现实，语言平等原则纯属政治理念，就像一直提倡的“人人平等”那样，

很难得到落实……从政治角度讲，多语制、语言多样性和语言平等原则为欧盟创造了一个能被人接受的一体化机制。【戴曼纯】

（二）司法领域的多语制

在法律领域，多语制除了指多种语言的使用，也具有一些特定的内涵。如欧洲检察组织（Eurojust）有专家提出“法律多语制”及其下义概念“司法多语制”，指出多语制对欧盟司法合作中的规范解读和实际操作均有深刻影响，并有特定的表现形式。有欧盟委员会官员指出，多语制在欧盟立法过程中意味着一种新的语言使用方式：欧盟关于法律草案的撰写和讨论往往以某一种语言的文本为基础，这一过程会对这一语言的结构进行改造（主要是简化和接受其他语种结构的迁移），以适应大量非母语人员的参与，并对其词汇赋予新的意义，以表达欧盟特有的自洽（autonomous）概念，这实际上是综合多语元素而创造出了一种新的语言。【戴曼纯，何山华】

二　欧盟多语制的政治基础

（一）欧盟多语制的思想基础

一般认为，欧盟的语言多样性是重要财富，人们需要学会跨语言交流，以加强人民之间的团结；语言承载并传递着思想概念和社会习俗，是民族文化的重要组成部分，欧盟必须尊重每一种文化。1996 年巴塞罗那通过的《世界语言权利宣言》（*Universal Declaration of Linguistic Rights*）宣称所有语言社团享有平等权利。这一平等原则在 2002 年欧盟关于促进语言多样性及语言学习的决议中得到进一步诠释，即从文化视角看，所有欧洲语言有平等的价值和尊严，都是欧洲文化和文明不可缺少的组成部分……

欧盟委员会负责语言文化类事务的委员 Vassiliou 在 2014 年 9 月 25 日举行的欧洲语言日大会上发言时，专门谈到多语制的重要性，指出语言是人的宝贵工具，是学习和工作的基本技能，推行多语制、改进语言教学是欧盟政策的基石。尽管教育和语言政策由各成员国自行负责，欧盟对语言和文化的影响力非常有限，但是欧盟一直致力于保护语言多样性，推行多语政策。这一决心的动因主要出于对文化身份和社会整合及团结的考量，因为一体化的欧洲创造的经济、教育和工作

机会更利于多语人，劳动力的流动对提升欧盟经济竞争力至关重要。【戴曼纯】

多语制作为欧洲一体化的基本政治原则发挥着重要作用，欧盟通过多语制创建新的公共空间，树立自己的公共权威。欧盟提倡社会流动自由，通过教育及文化交流培养真正的归属感，使欧盟实现真正意义上的一体化。

推行多语制不但符合欧盟的利益，而且有利于许多成员国在英语全球化的大环境中维护本国语言的权益，包括官方语言和地方语言。因此，法国极力维护其法语地位是正当合理的。欧盟成员国的政府负责制定自己的语言政策，许多国家（如法国、波罗的海沿岸国家）积极推行单一国语政策，一方面试图通过语言同质化达到国家和民族统一的目的，另一方面在全球化语境中保护自己相对弱小的语言。有的国家担心英语对本国语言造成冲击，便采取措施对本国语言进行保护，例如，波兰和匈牙利政府通过立法限制英语的传播，瑞典议会也提议通过立法积极维护瑞典语在瑞典乃至欧盟的地位。欧盟成员国在入盟之前早已通过宪法或其他立法手段制定了本国的语言政策，因此欧盟多语制有利于保护影响力相对较小的语言，包括法国历史上因推行“一国、一族、一语”政策受到排挤或边缘化的地方语言。可以说，语言文化平等是一种通俗易懂的政治原则，多语制既是实现这一原则的政策又是其目标。【戴曼纯】

（二）欧盟多语制的政治基础

欧盟委员会对“多语制”的官方定义为：社会、机构、群体或个人在每天的生活中经常使用一种以上语言的能力；亦指在一个地理区域、政治地理区域或政治实体内，多种语言的共存。根据欧盟理事会 1958 年《1 号条例》，欧盟实行多语制，各成员国的官方语言都是欧盟的官方语言和工作语言，欧盟法令必须以所有官方语言发布，欧盟机构必须使用公民选用的语言与其交流。【戴曼纯，何山华】

……多语制的构想由来已久。自 1957 年欧洲经济共同体建立之初（创建欧共体的《罗马条约》于 1958 年 1 月 1 日正式生效）到当前的欧盟，一直视多语制为联盟的重要目标，具有法律地位和约束力，是行政和组织架构上系统执行的基本原则，这一思想业已全面渗透至欧盟各核心机构的日常运作中。

欧盟多语制政策的源头可追溯到欧共体创建之初有关成员国签署的条约。欧共体条约第 217 款为建立多语制这一语言体制（language regime）确立了法律基础，条款要求欧洲理事会一致推行多语制。1958 年 4 月 15 日，欧洲理事会采纳第 217 款第 1 条规定，将成员国的官方语言确立为欧共体的官方语言，因此初期共有法语、荷兰语、德语和意大利语四种官方语言。这一决定改变了以往欧洲煤炭钢铁共同体的单语制做法（即法语作为条约立约、内部交流及管理语言）。《1号规定》的前言部分指出，四种语言的任何一种在欧共体成员国均视为官方语言。《1号规定》有时被称作《欧盟语言宪章》，为后来欧共体扩大时语言体制的相应变化确立了法律基础。这一规定要求文件的起草、官方刊物的出版、欧洲法院的司法必须使用所有官方语言。《1号规定》第6条允许欧共体机构自行制定何种情况使用何种语言的规则，第1条还宣称官方语言和工作语言具有同等地位。多语制与后来的《欧盟基本权利宪章》完全吻合，宪章第5章第41款第4条明确规定，欧盟公民可以使用《欧洲联盟条约》规定的任何语言与欧盟机构进行书面交流，且机构的回复必须使用相同的语言。这些文件为推行多语制奠定了基础。

由于语言象征着权力，欧盟成员国的官方语言进入国际交流空间意味着享有更高的地位及更大的发展空间，也意味着更强的政治权力。欧盟的多语制采取一种自上而下的推行方式，不只是关注机构内部多语言的使用，而且还将多语理念推广至成员国及其公民，提倡个人多语能力，以便个人获得更大的发展空间。欧盟于2007年设立多语专员（Commissioner of Multilingualism）职位，专职负责在成员国推行并保障多语制。Leonard Orban专员的言论表明其实用主义态度，他特别强调掌握多门语言对工作和事业的积极影响。欧盟如果能向人们证明学好外语有益于未来，将有助于繁荣欧洲的多语现象和文化交流，不论是在个人层面还是到欧盟整体层面，都会促进欧洲的团结和统一。【戴曼纯】

三　欧盟机构实施多语制面临的困境

（一）多语制政策实施的偏差及其影响因素

欧盟堪称现代社会中一块多语制的新型试验田，可为多语国家语言政策的制定和实施提供有借鉴价值的经验教训。欧盟的多语制政策和语言文化平等原则在实施过程中容易产生矛盾冲突。政策的实施可能出现很大的偏差。一是语言使用者容易受地域和传统的影响，往往偏爱使用自己认同的语言。二是多语制和语言多样性有时会出现政策冲突。有调查报告的分析显示，语言学习政策一般深受经济竞争、劳动市场流动等首要因素的影响，语言多样性则容易受包容和人权等软问题的影响……

欧盟机构是实施多语政策的示范场，理应严格遵守多语政策。然而，其工作人员来自不同语言文化和教育背景，不由自主地把本国的语言政策及语言偏好带进了欧盟机构，他们的工作性质也决定了语言使用，使语言政策的实际执行与文件规定出现明显的差异，例如：欧盟机构由于工作性质不同形成了自己的语言使用习惯，偏离多语制和语言平等原则，总部设在德国的欧洲中央银行对内对外交际均使用英语就是一个典型例证。

虽然欧盟规定每一位欧盟公民原则上均有权使用本国语言与欧盟机构进行口头和书面交流，但是欧盟机构落实这一原则的情况并不统一，偏离多语原则的方式和程度取决于具体的欧盟机构。例如，欧盟（部长）理事会处理事务时，议事日程上的所有文件提供各语言版本，同时提供同传服务；欧洲议会的正式会议也提供同传服务。而欧盟理事会非正式会议往往只使用英语、法语和会议主席的语言。各委员会的会议也出于实际原因限制语言种类（虽然往往加上一句因“这次情况特殊”而违反了多语原则），官员之间的交流几乎全用英语和法语，偶尔使用德语。

根据欧盟建盟宗旨，如今欧盟 28 个成员国的 24 种官方语言皆为工作语言。而在实际操作中，官方语言和工作语言的区别取决于机构与个人使用者。换言之，欧盟文件界定了官方语言，即欧盟机构与外界沟通使用的语言；机构内部、机构之间的交际，以及欧盟机构召开的内部会议使用的语言被视为工作语言。与官方语言相比，工作语言的使用更容易受机构工作性质、语言政策的不同解读及个人因素的影响。【戴曼纯】

（二）不同机构多语制政策实施的差异

总体而言，欧盟各机构自身的语言政策有其特殊性，不是每一个机构都适合采用同样的多语政策。多语政策在机构中的实施受多种因素影响，特别是政治因素和工作效率制约着多语政策的具体执行。而对于不同机构而言，这些因素的权重有大小之分，机构似乎有自己的权重排序。

欧洲议会一直走在推行多语制的最前端，这是政治因素所致。代表欧盟公民利益的政治家必须以维护语言文化多样性为宗旨，议员使用什么样的语言有非常明显的象征意义。根据 Gazzola 的调查，欧洲议会、欧洲理事会、欧洲

经济和社会委员会、欧洲地区委员会能较好地体现多语制原则，官方语言和工作语言数量一致。欧盟理事会（即部长级会议）也能做到官方语言和工作语言同等。

但是，欧盟委员会和欧盟审计院的工作语言为英语、法语和德语；欧洲央行偏用英语，欧洲法院使用法语。很显然，这些机构的多语制管理方式存在很大差异。工作语言的选择很大程度上取决于机构和个人使用习惯和工作性质，英语、法语、德语只是机构内部最常用的语言，并不代表它们获得了"官方"工作语言地位。尤其需要注意的是，压缩工作语言数量的机构都是欧盟日常运行必不可少的常设机构，工作人员每天面临工作效率问题，集中使用少数几种（甚至一种）语言可以大大提高交际效率。有的学者甚至认为欧盟机构应当进一步压缩工作语言数量，将英语作为唯一的工作语言。也有学者提倡维持多种机构工作语言，建议根据欧盟范围内某语言的母语使用者和非母语使用者人数、语言在欧盟的国际地位这两个标准确立工作语言。根据这两条标准，欧盟机构的工作语言将有以下三类五种：（1）英语；（2）法语和德语；（3）意大利语和西班牙语。Ammon 声称，这是作为学者站在客观中立的角度提出的建议，符合欧盟的整体利益。【戴曼纯】

四　欧盟法律一体化多语制面临的困境与出路

（一）欧盟法律一体化的维度

总的来说，欧盟的法律一体化有纵向和横向两个维度：纵向的整合是一个自上而下的过程，即建立一个具有高低等级的法律秩序，确立欧洲法院和欧盟法高于成员国法院的权威，使成员国法院服从这一权威而做出相同的判决。与此相一致的是法律的统一（unification），即通过制定统一的新规则体系来取代各国原有的分歧性规则，如欧盟基础条约和派生性条例，均对成员国甚至个人具有普遍而直接的法律效力。横向整合指的是各成员国法律体系间通过互相借鉴、模仿和学习，逐步趋同和融合。欧盟成员国高等法院间常有对话，高院法官间会自觉地借鉴别国法官的判决、推理和理论思考，并应用到自己的推理和判决中。这种交流促进了成员国不同法律体系和法律概念间相互影响，不断融合，逐步趋同。欧盟长期以来推动的法律协调（harmonization）就属横向整合，如欧盟颁布的各项指令，要求成员国在一定期限内将指令的内容转化为本国法律，但只设目标和标准而不限具体内容。【戴曼纯，何山华】

（二）欧盟刑事司法一体化中的语言问题

1. 欧盟法律概念的模糊性。

多语制对于欧盟立法工作的一大挑战就是法律术语的构建。欧洲法院要求欧盟法律中的术语形成一个全新的自洽体系，可以作为一种新的语言予以解读，换言之，就是要在所有成员国的法律语言之上建立一种新的元法律语言。欧盟立法者基于这一原则，在实际操作中创造了大量新的法律概念，所用词汇或从非法律词汇中吸收，或对现有术语赋予新的意义。在此背景下，为了找到一个所有成员国近 800 位欧盟议员都能接受的词汇，往往特别需要使用创造性或模糊性的表达方式。这就不可避免地造成欧盟法律中存在着大量中性、模糊、充满歧义的术语，给律师和法官的解读工作造成了极大的困难。

2. 欧盟法律概念与成员国术语之间的分离。

多语制对欧盟法律构建的另一个影响就是欧盟和成员国法律术语体系的人为分离。鉴于欧洲法院所要求的自洽性，欧盟立法者在起草法律时更多地注重行文的流畅与前后一致，而很少考虑其中的术语是否与各成员国现有术语存在冲突，即使借用了某语言现有的法律术语，也在新的语境下对其赋予新的意义和法律效果。这就使欧盟与成员国的术语体系间形成了人为的分离。而当译员在将欧盟法律译回该国语言时，又会自创新词以避开现成术语，以免造成混淆，这种做法进一步扩大了这种距离。

3. 不同语言法律文本间的差异。

在法律领域实施多语制的另一个困难是确保所有语言版本法律间的对等。欧盟成员国既有属于英美法系的，也有属于大陆法系的，有的兼而有之，在长期的演变中发展出了各自独特的法律文化。这就意味着各国法律语言中很难有真正准确对应的术语，或者存在着大量貌似对应实则相异的“虚假对等”词汇。此外，立法者和译员都自创了大量新词以表达新的概念。在这种情况下，要保证所有语种法律文本间的完全对等，几乎是不可能的。

4. 语言间的不平等。

多语制的一个重要的象征性功能就是体现平等。在这一原则下，欧盟的法律

在颁布之后，所有语言版本的法律都是同等有效的，所有的版本都是源文本，起草法律时使用的基础语言版本也不再具有优势。以英语为例，在理论上欧盟所使用的英语与莎士比亚的英语毫无关联，它是一种剥离自源语的人工语言，经过了语义和结构的简化，并掺入了其他语言的成分。但很显然，这种语言机制的创新是不彻底的，英语在法律起草和协商过程中的大量使用，必然会使其概念和价值渗透到最终法律文本中，导致其事实上的优势地位。此外，欧洲法院在解读法律时，通常会参考多种语言版本，但最终只以其中某一种语言的表述为准，这实际上也造成了对其他语言的歧视。

5. 难以避免的翻译错误。

欧盟法律文本基于语言平等原则，从不使用“译本”（translation）这个词，而是使用“语言版本”（language version），以避免造成歧视。但实际上欧盟的绝大多数语言的法律文本都是译员翻译出来的，而且有很多是在比较恶劣的工作环境下完成的。由于翻译是一种很难进行标准化的工作，其成果质量受制于很多客观和主观因素，因此劣译甚至错译势必难免。欧洲检察组织每年的总结报告里都有一个引人注目的内容，即抱怨跨国司法合作请求函（international request）翻译质量之糟糕。很多时候，由于译员缺乏专业知识，源语和目标语缺乏对应术语，一些跨国请求函完全不知所云。即使欧盟提供的在线术语对照数据库也包含数量惊人的错误。翻译错误或翻译不当，极有可能将是伴随欧盟多语制的一个永恒话题。

6. 极高的翻译成本。

随着欧盟官方语言数量的增加，欧盟所承担的翻译成本逐渐增加。欧盟除聘用了数以千计的全职口译、笔译及数量更多的兼职译员外，还聘用了大量专职的法律译员，如欧盟委员会聘用了约 60 名法律条文校订员，欧盟理事会和欧洲议会各聘用了约 70 名法律译员。这些法律译员主要有两种，一种是接受了法律培训的语言专业人士，一种是接受了语言培训的法律专业人士，但实际上法律和语言皆佳的译员极少，需求仍然很大。除了为这些法律译员支付薪水，欧盟每年也投入大量经费对相关从业人员进行培训，而且这一花费还在持续增加。【戴曼纯，何山华】

（三）欧盟法律一体化多语制羁绊的出路

多语制对欧盟法律一体化进程所带来的挑战是多方面的，而造成当前困境的原因也是多方面的，这个问题很难在短期内得到彻底解决。不过欧盟并非全无选择，依然有一些措施切实可行，能够在一定程度上减少多语制带来的弊端。

首先，放弃目前的强力多语制，是一个简单有效但可行性不太高的方案。有学者指出，欧盟法律目前面临的最大挑战就是“所有语言版本同等有效”原则难以实现。鉴于不同语言版本法律之间的差异是绝对存在的，所有版本同等有效的目标就是一个幻想，因此一个可能的出路是修改欧盟《1号条例》，将强力多语制改为弱多语制，即只承认一种语言的法律有效性，其余语言版本均视为译本。我们认为，这一建议既与欧盟反对语言歧视的立场相背，也不符合欧洲的民意诉求，是一个不太现实的想法。目前比较占优势的意见是通过改革工作机制，减少欧盟各机构工作语言的数量，以提高工作效率。但是，这也同样会招致弱势语言群体的反对。

一个比较易行的措施是建立统一的法律术语库。欧盟可以委托专家着手对欧盟各领域法律中的术语进行标准化，建立一个通用的参考框架，在此基础上建立一套新的、可以在所有国家语言中使用的通用法律术语。例如，已于2009年付印的欧盟私法领域的《通用参考框架草案》，不仅是一个法律体系，而且是一部法律词典。

另外一个重要的措施是提高欧洲司法人员的多语能力。有学者提出对相关人员进行培训，要求律师学习外语、译员学习法律，以便突破目前多语制在司法合作中造成的壁垒，并在此基础上孵化一种共同的欧洲司法文化。很可能未来欧洲各国与法律相关的职业将把外语学习作为职业训练的一个常规部分，因为多语能力将成为欧洲法官和律师的必备职业素养。

更为彻底的解决方式依赖于欧盟运行机制的创新。有学者指出，必须承认多语制是目前欧盟法律一体化的一个现实障碍，要一劳永逸地解决多语制带来的弊端，需要创立一系列全新的欧盟司法组织，面向整个欧盟进行工作，使语言不再构成各国间交流的障碍。实际上，鉴于欧盟反欺诈署（European Anti-Fraud Office）的成功经验，欧盟正在认真考虑扩大这种实验性做法，目前正在论证的刑事司法组织包括欧盟公共检察官办公室（European Public Prosecutor's Office）、欧盟法官（European Judge）等。比如“欧盟公共检察官”（European Public Prosecutor）一职，在《里斯本条约》86条中已明确提出，很有可能将于近期在欧洲检察组织的基础上设立，以统一协调欧盟范围内的相关事务。【戴曼纯，何山华】

来源文献

［1］戴曼纯．欧盟多语制与机构语言政策［J］．语言政策与规划研究，2017（1）：1—11，91.

［2］戴曼纯，何山华．多语制与后里斯本时代的欧盟法律一体化的障碍与出路——以刑事司法领域为例［J］．北华大学学报（社会科学版），2017（1）：9—16.

相关文献

［1］傅　荣．论欧洲联盟的语言多元化政策［J］．四川外语学院学报，2003（3）：110—113.

［2］林嘉新．欧盟多语主义政策及其推行中的困境［J］．西安电子科技大学学报（社会科学版），2013（5）：156—160.

［3］刘海涛．国际语言交流中的社会公正问题［A］．北京市社会科学界联合会．和谐社会：社会公正与风险管理——2005 学术前沿论坛论文集（下卷）［C］．北京：北京市社会科学界联合会，2005.

［4］彭增安，张少云．欧盟的语言困境及其出路［J］．中州学刊，2007（2）：245—247.

［5］田　鹏．认同视角下的欧盟语言政策研究［D］．上海外国语大学博士学位论文，2010.

［6］王小海．欧盟语言多元化现状、问题与对策［J］．广东外语外贸大学学报，2007（3）：42—45.

［7］王雅梅．从欧盟的“特性”透视欧盟多语政策［J］．德国研究，2010（1）：19—25，78—79.

［8］吴远宁．欧盟的语言选择［J］．湖南商学院学报，2001（1）：122—124.

［9］伍慧萍．欧盟机构的语言机制——机构语言问题的误区及重新定位［J］．德国研究，2004（2）：14—18，77.

［10］谢军瑞．欧洲联盟的多官方语言制度［J］．欧洲研究，2001（1）：74—78，110.

［11］赵广周．欧洲联合的语言困境与世界语［J］．世界，2002（9）：12—17.

第五部分

附　录

2017年语言政策与规划类书目

一　语言规划理论

《多语环境下的母语建构与母语社区规划研究》，方小兵著，中国社会科学出版社。

《区域视角：中国语言规划学》，薄守生、赖慧玲著，中国社会科学出版社。

二　通用语政策与语言规范

《辞书研究与辞书发展论集（第三辑）》，亢世勇主编，上海辞书出版社。

《基于网络媒体监测语料库的性别语言差异研究》，王宇波著，科学出版社。

《两岸语言文字调查与语文生活》，李宇明主编，商务印书馆。

《新时期语言文字规范化问题研究》，沈阳、邵敬敏主编，商务印书馆。

《2016汉语新词语》，侯敏、邹煜主编，商务印书馆。

三　语言保护

《语言资源的保护与传承》，许鲜明、白碧波主编，民族出版社。

《〈中国语言文化典藏〉系列丛书》，曹志耘主编，商务印书馆。

四　语言教育

《外语教育政策价值国际比较研究》，沈骑著，复旦大学出版社。

《21世纪新课标基础教育语文教材语言研究》，苏新春、杨书松、孙园园著，广东教育出版社。

《2016中国外语教育年度报告》，王文斌、徐浩主编，外语教学与研究出版社。

五 语言传播

《东南亚华文媒体用字用语研究》，刘华著，暨南大学出版社。

《华文教育研究（第1集）》，曾毅平主编，暨南大学出版社。

《中国华文教育政策历史研究：语言规划理论透视》，姚敏著，复旦大学出版社。

六 语言服务

《语言经济学导论》，黄少安、张卫国、苏剑著，商务印书馆。

七 世界参考

《阿拉伯国家语言战略发展研究》，孔令涛著，复旦大学出版社。

《“一带一路”国家语言状况与语言政策（第二卷）》，王辉主编，社会科学文献出版社。

《中法语言政策研究（第三辑）》，李宇明主编，商务印书馆。

《中国语言文字事业发展报告(2018)》目录

《中国语言生活状况报告(2018)》目录

《世界语言生活状况报告(2018)》目录

图书在版编目(CIP)数据

中国语言政策研究报告.2018/国家语言文字工作委员会组编.—北京:商务印书馆,2019
ISBN 978-7-100-17082-6

Ⅰ.①中… Ⅱ.①国… Ⅲ.①汉语—语言政策—研究报告—中国—2018 Ⅳ.①H102

中国版本图书馆CIP数据核字(2019)第023695号

中国语言政策研究报告(2018)

国家语言文字工作委员会 组编

商务印书馆出版
(北京王府井大街36号 邮政编码100710)
商务印书馆发行
北京通州皇家印刷厂印刷
ISBN 978-7-100-17082-6

2019年2月第1版 开本787×1092 1/16
2019年2月北京第1次印刷 印张22¾

定价:59.00元